Die Erklärung ist die Heilung.

ullstein

Der Autor

Dr. Joseph Murphy wurde 1898 in Irland geboren und wanderte in die USA aus, wo er in Religionswissenschaften, Philosophie und Jura promovierte. 1962 publizierte er sein Hauptwerk, den Weltbestseller *Die Macht Ihres Unterbewußtseins*. Durch dieses und zahlreiche weitere Erfolgsbücher wurde er zum führenden Wegbereiter des positiven Denkens, dessen Werke auch in Deutschland in Millionenauflagen verbreitet sind. Murphy starb 1981 in Laguna Hills, Kalifornien, aber seine Bücher sind bis heute die Standardwerke des positiven Denkens geblieben.

Dr. Joseph Murphy

Das Erfolgsbuch

Wie Sie alles im Leben erreichen können

Aus dem Amerikanischen
von Thomas Görden

Ullstein

Besuchen Sie uns im Internet:
www.ullstein.de

Wir verpflichten uns zu Nachhaltigkeit

- Papiere aus nachhaltiger Waldwirtschaft und anderen kontrollierten Quellen
- ullstein.de/nachhaltigkeit

Neuausgabe im Ullstein Taschenbuch
1. Auflage Mai 2007
10. Auflage 2025
© für die deutsche Ausgabe Ullstein Buchverlage GmbH,
Friedrichstraße 126, 10117 Berlin 2005
Wir behalten uns die Nutzung unserer Inhalte für Text und Data Mining
im Sinne von § 44b UrhG ausdrücklich vor.
Bei Fragen zur Produktsicherheit wenden Sie sich bitte an
produktsicherheit@ullstein.de
© der deutschsprachigen Ausgabe bei
Wilhelm Heyne Verlag GmbH & Co. KG, München 2002
© 2001 by Mrs. Jean Murphy
Titel der Originalausgabe: *The Best of Dr. Joseph Murphy – Programming
Your Subconscious Mind For Success*
Umschlaggestaltung: HildenDesign, München
(nach einer Vorlage von Büro Hamburg)
Titelabbildung: © mauritius-images / Busse Yankushev
Druckerei: ScandBook, Litauen
ISBN 978-3-548-36942-6

Inhaltsverzeichnis

Zum Gebrauch dieses Buches 9

TEIL EINS:

**Die großen Gesetze,
Prinzipien und Techniken des Geistes** 11

1. Kapitel: Das Unterbewusstsein 13
2. Kapitel: Die Macht der Gedanken 50
3. Kapitel: Der Glaube 69
4. Kapitel: Wahrer und blinder Glaube 88
5. Kapitel: Die Kraft des Gebets 98
6. Kapitel: Liebe 131
7. Kapitel: Vergebung 139
8. Kapitel: Wünsche und Sehnsüchte 157
9. Kapitel: Dankbarkeit 175
10. Kapitel: Affirmationen 185
11. Kapitel: Visualisieren und Imaginieren 192
12. Kapitel: Gott 211
13. Kapitel: Gottes Wille oder Menschenwille? 224
14. Kapitel: Frieden, innere Ruhe und Gelassenheit . 228

TEIL ZWEI:
Die praktische Anwendung der Gesetze, Prinzipien und Techniken des Geistes 241

15. Kapitel: Sorgen und Ängste 243

16. Kapitel: Negatives Denken 263

17. Kapitel: Wohlstand 274

18. Kapitel: Den Zehnten geben 308

19. Kapitel: Erfolg 316

20. Kapitel: Arbeit 330

21. Kapitel: Selbstliebe 331

22. Kapitel: Warum Sie hier sind 344

23. Kapitel: Persönliches Wachstum 349

24. Kapitel: Beziehungen zu anderen Menschen 355

25. Kapitel: Gut und Böse, Lohn und Strafe 367

26. Kapitel: Schlaf 383

27. Kapitel: Träume 390

28. Kapitel: Gesundheit und Heilung 404

29. Kapitel: Entscheidungen 429

30. Kapitel: Glück 436

31. Kapitel: Innere Führung 442

32. Kapitel: Intuition 463

33. Kapitel: Liebe und Ehe 475

34. Kapitel: Scheidung 490

35. Kapitel: Alter 496

36. Kapitel: Weltfrieden 507

Zum Gebrauch dieses Buches

Dieses Buch ist nicht dazu gedacht, es in einem Stück vom Anfang bis zum Ende durchzulesen. Lesen Sie zunächst Teil eins, um Einblick in die Grundprinzipien von Joseph Murphys Philosophie zu gewinnen. Ein klares Verständnis dieser Prinzipien ist unerlässlich. Die Kapitel von Teil zwei sollten Sie dann wie ein persönliches Gespräch zwischen Ihnen und Joseph Murphy auffassen, bei dem Sie mit ihm jeweils über ein bestimmtes Thema reden, das für Sie gerade von Interesse ist. Wenn Sie diese Kapitel eilig und alle auf einmal lesen, so ist das, als würden Sie gleichzeitig mehrere Unterhaltungen führen.
Wählen Sie ein Kapitel aus. Lesen Sie es. Lassen Sie die Ideen einige Zeit auf sich wirken. Denken Sie darüber nach. Probieren Sie aus, wie sie sich auf Ihre momentane Situation anwenden lassen. Und nehmen Sie sich erst danach ein anderes Kapitel vor.
Lernen und wachsen Sie. Denn Joseph Murphy kann Sie viel lehren. Und, um es mit seinen Worten auszudrücken: Mögen alle Ihre Wege freudig und friedvoll sein.

Der Herausgeber

TEIL EINS

Die großen Gesetze, Prinzipien und Techniken des Geistes

---

1. KAPITEL

Das Unterbewusstsein

*Das Unterbewusstsein ist die Kraft,
die die Welt bewegt.
Was Sie sich vorstellen können, das können
Sie auch erreichen –
mit Hilfe der Weisheit und Macht Ihres
Unterbewusstseins.*

Das Unterbewusstsein ist mit Ihrem Alltagsbewusstsein verbunden und funktioniert in dieser Hinsicht nach psychologischen Gesetzen. Aber es hat auch Anteil am universellen Geist und funktioniert nach spirituellen Gesetzen. Um die Funktionsweise und die Kräfte des Unterbewusstseins wirklich zu verstehen, sollten wir diese beiden Aspekte und ihr Wirken getrennt betrachten. Damit soll nicht gesagt werden, dass das Unterbewusstsein tatsächlich aus zwei Teilen besteht.
Es bildet eine Einheit, die aber auf zwei unterschiedliche Weisen arbeiten kann. Auch muss erwähnt werden, dass alles, was über das Unterbewusstsein als Teil unseres alltäglichen Bewusstseins psychologisch ausgesagt werden kann, wesentlich ist, um das Unterbewusstsein als Ausdrucksform des universellen Geistes verstehen zu können.

1. Das Unterbewusstsein auf der psychologischen Alltagsebene

Oft scheint es, als würden wir in zwei Welten leben: einer äußeren und einer inneren, einer sichtbaren und einer unsichtbaren, einer objektiven und einer subjektiven.
Die äußere Welt erhält durch die fünf Sinne Zutritt zu Ihrem Bewusstsein und Sie teilen sie mit allen anderen Menschen. Daneben gibt es eine innere Welt der Gedanken, Gefühle, Vorstellungen, Empfindungen, Überzeugungen und Reaktionen. Sie ist unsichtbar und gehört Ihnen allein.
Nehmen wir an, Sie sind zu einem Fest eingeladen. Alles, was Sie dort sehen, hören, schmecken, riechen und berühren, gehört der äußeren Welt an, der Welt, die sich Ihnen durch die fünf Sinne offenbart. Alles, was Sie denken und fühlen, was Ihnen gefällt oder missfällt, gehört zu Ihrer inneren Welt. In gewisser Weise könnte man sagen, dass Sie zwei Feste besuchen: das Fest Ihrer sinnlichen Erfahrung und das Fest Ihrer subjektiven Erfahrung. Letztendlich gibt es aber nur ein Fest: das Fest Ihrer subjektiven Erfahrung. Ihre Sinneseindrücke wären an sich bedeutungslos, würden sie nicht zum Bestandteil Ihres subjektiven Erlebens, das Ihnen sagt, was Sie mögen und nicht mögen, was Sie gerne tun und was Ihnen unangenehm ist, was Sie sich wünschen und was Sie ablehnen.
Fragen Sie sich: »In welcher Welt lebe ich? Lebe ich in der Welt, die mir von den fünf Sinnen enthüllt wird, oder in der inneren Welt?«
In Wirklichkeit leben Sie die ganze Zeit über in der inneren Welt. Auch wenn Sie sich dessen nicht bewusst sind, ist es doch stets die innere Welt, in der Ihre wahre Existenz stattfindet. Das ist die Welt Ihres Unterbewusstseins.

Die Welt, in der Sie fühlen und leiden. Die Welt, die Sie bewusst wertschätzen und anerkennen sollten, wenn Sie möchten, dass Ihre Herzenswünsche sich verwirklichen.

———

Das Unterbewusstsein wird durch das bewusste Denken gesteuert. Es ist äußerst empfänglich für Ihre Gedanken. Man nennt es manchmal auch subjektives Bewusstsein.

———

Das Gesetz des Geistes lautet wie folgt: Die Reaktion oder Antwort Ihres Unterbewusstseins entspricht immer exakt den Gedanken und Ideen, auf die Sie Ihre bewusste Aufmerksamkeit richten.

———

Ihr Unterbewusstsein folgt festen Prinzipien. Damit meine ich die Prinzipien, nach denen alle Dinge funktionieren. Ihr Unterbewusstsein funktioniert prinzipiell gemäß dem Gesetz des Glaubens.

———

Gebräuchliche Bezeichnungen für die beiden Funktionen unseres Bewusstseins sind unter anderem: objektives und subjektives Bewusstsein, wachendes und schlafendes Bewusstsein, Oberflächen-Selbst und Tiefen-Selbst, willkürlicher und unwillkürlicher Geist, männlich und weiblich. Ich benutze die Bezeichnungen »Bewusstsein« und »Unterbewusstsein«, um diese duale Natur des Geistes zu benennen.
Dabei darf man aber niemals vergessen, dass es sich letztlich immer nur um ein einziges, ungetrenntes Bewusstsein handelt. In diesem Bewusstsein existieren lediglich zwei

Sphären der Aktivität. Demnach haben Sie nur ein einziges Bewusstsein, das aber zwei unterscheidbare Charakteristika besitzt und auf zwei verschiedenen Ebenen funktioniert. Die Aufgabenbereiche dieser zwei Sphären sind jedoch unterschiedlich. Jede dieser Sphären hat ihre eigenen Attribute und Fähigkeiten.
In Ihrem Unterbewusstsein finden Sie die Ursache für jede Wirkung. Die äußeren Lebensumstände, Ihre persönliche Umwelt, sind nicht die Ursachen Ihres Lebens – sie sind die Wirkungen.
Das Bewusstsein der fünf Sinne, das alltägliche Bewusstsein, arbeitet auf der Ebene der äußeren Lebensumstände, der Umwelt, doch die Ursachen für jede Wirkung finden Sie allein in Ihrem Unterbewusstsein.

Ihr Alltagsbewusstsein erwartet Dinge und Ereignisse. Ihr tieferes Bewusstsein weiß, wie Erwartungen erfüllt werden können.

Ihre innere Welt der Gedanken, Gefühle und Vorstellungsbilder ist es, durch die Ihre äußere Welt erschaffen wird. Daher ist sie die einzige schöpferische Kraft und alles, was Sie in Ihrer äußeren Welt des Ausdrucks antreffen, wurde von der inneren Welt Ihres Geistes hervorgebracht – bewusst oder unbewusst.
Das lässt sich anhand eines Bildes veranschaulichen: Der Kapitän eines Schiffes führt das Schiff, indem er Anweisungen an die Männer erteilt, die unten im Maschinenraum die Kessel, Instrumente und Ventile bedienen. Die Männer im Maschinenraum sehen nicht, wohin der Kapitän das Schiff dirigiert. Sie führen lediglich seine Anwei-

sungen aus. Wenn der Mensch oben auf der Brücke falsche Anweisungen erteilt, wird das Schiff gegen die Felsen fahren.

Der Kapitän erteilt Befehle, die automatisch befolgt werden. Die Leute im Maschinenraum diskutieren nicht mit ihm, sondern tun, was er ihnen sagt.

Unsere unbewussten Überzeugungen und Glaubenssätze diktieren und kontrollieren alle unsere bewussten Handlungen.

Das Unterbewusstsein arbeitet nach klaren, immer gültigen Gesetzen.

Das Gesetz, das Sie gegenwärtig in Fesseln hält, kann aber auch zu Ihrer Befreiung beitragen. Eine negative Gewohnheit, die Sie einengt und einschränkt, lässt sich in eine positive Gewohnheit transformieren, wenn Sie Ihre bewusste Aufmerksamkeit immer wieder beharrlich und mit Überzeugung auf die positive neue Absicht konzentrieren.

Mit anderen Worten: Gewohnheiten werden gebildet, indem man bestimmte Gedankenmuster oder Handlungen ständig wiederholt, bis sie sich dem Unterbewusstsein als Muster eingeprägt haben. Eine solche Prägung Ihres Unterbewusstseins erreichen Sie durch Wiederholung, Glauben und Erwartung. Alles, was Sie sehr oft wiederholen, wird als gewohnheitsmäßiges Muster etabliert und dadurch zu einem kontrollierenden Faktor.

Durch tiefe Überzeugung und ständige Wiederholung können Sie bewirken, dass das, was Sie bewusst wollen, auch zu Ihrem unbewussten Willen wird, sodass Ihr unbewusster Wille nicht länger Ihren bewussten Willen sabotiert.

———

Ihr Unterbewusstsein ist vierundzwanzig Stunden täglich an der Arbeit und sorgt dafür, dass Sie die Früchte Ihres gewohnheitsmäßigen Denkens ernten.

———

Dem Gesetz des Unterbewusstseins sind alle Menschen gleichermaßen unterworfen, reiche wie arme, gute wie böse. Unbeirrbar bringt das Unterbewusstsein hervor, was Sie ihm durch Ihr bewusstes Denken eingeben. Wenn Sie ein scheußliches Bild vor einen Spiegel halten, wird er dieses Bild mit absoluter Genauigkeit reflektieren. Das Unterbewusstsein hält Königen und Bettlern unbestechlich den Spiegel vor. Stets spiegelt es mit mathematischer Genauigkeit die Inhalte Ihres Denkens wider. Es macht keine Unterschiede. Darum wird dieses Gesetz als gut, ja sogar als sehr gut bezeichnet.

———

Wie ein Mensch in seinem Herzen [seinem Unterbewusstsein] *denkt, so ist er.*

———

Ein Chirurg hat Vertrauen in seine Fähigkeiten, weil er die Techniken des Operierens erlernt hat und über genaue Kenntnisse der menschlichen Anatomie und Physiologie verfügt. Auf ähnliche Weise können auch Sie durch Studium und praktische Anwendung des erworbenen Wissens Vertrauen in die zwei Funktionsprinzipien Ihres Geistes gewinnen, Vertrauen in Ihr Bewusstsein und in Ihr Unterbewusstsein. Sie können lernen, dass das

Unterbewusstsein auf Ihr gewohnheitsmäßiges Denken reagiert: Wenn Sie Ihre Gedanken sorgfältig auswählen, versetzt Sie das in die Lage, auch Ihre Reaktionen auf das Leben bewusst zu wählen und sich so ein Leben nach Ihren Wünschen zu erschaffen.

Das Bewusstsein ist der vernünftige, denkende Geist. Es ist jener Teil des Geistes, der wählt und Entscheidungen trifft. Alle Entscheidungen werden mit dem Bewusstsein getroffen.
Das Unterbewusstsein ist der Sitz der Emotionen und der Kreativität.
Die meisten Menschen erwarten sich Erfolg, Glück und Wohlergehen, ohne diese Wahrheiten zu kennen – dabei würden sie nie auf die Idee kommen, ein Auto zu fahren, ohne zuvor Fahrstunden genommen zu haben, oder ein Chemielabor zu betreiben, ohne Ahnung von Chemie zu haben.

Das Bewusstsein wählt aus, aber es erschafft nicht, es ist nicht schöpferisch. Das Unterbewusstsein ist die schöpferische Macht in Ihnen. Durch das Zusammenwirken von Bewusstsein und Unterbewusstsein werden Sie zur Gesamtsumme Ihrer bewusst getroffenen Entscheidungen.

Wenn Sie zu Ihrem Unterbewusstsein sagen: »Wecke mich um sechs Uhr«, wird es Sie genau zur gewünschten Zeit aufwecken. Das Unterbewusstsein versagt niemals. Es ist eine allmächtige Kraftquelle.

Wenn Sie im Alltag Ihr eigenes Verhalten bewusst beobachten und alle Ideen, die in Ihrem Bewusstsein auftauchen, aufmerksam registrieren, werden Sie erkennen, dass Ihr Unterbewusstsein stets bestrebt ist, Sie über alles zu informieren, was sich auf der subjektiven Ebene Ihres Lebens abspielt. Es bemüht sich stets, Ihnen zu helfen. Selbsterhaltung ist ein Gesetz des Lebens.

Welche Ideen, Wünsche und Konzepte Sie zum Gegenstand Ihres bewussten Denkens machen, können Sie völlig frei entscheiden. In diesem Sinne sind Sie frei. Haben Sie aber einmal eine Idee als lebendige Realität akzeptiert, übernimmt das Unterbewusstsein die Kontrolle. Alle weiteren Schritte werden dann vom Unterbewusstsein gesteuert, das nach dem Gesetz des Zwanges arbeitet. Jene Überzeugungen und Annahmen, die in Ihr Unterbewusstsein Einlass fanden, diktieren und kontrollieren von dort aus alle Ihre bewussten Handlungen.
Nur durch bewusste Techniken, mit denen Sie Ihre unterbewussten Überzeugungen positiv verändern, können Sie das Gesetz des Zwanges in Ihrem Leben auf fruchtbarere Weise nutzen.

Die Weisheit Ihres Unterbewusstseins bemüht sich immer, in Ihrem Sinne zu wirken. Wenn Sie sich darin üben, mit dieser Weisheit zusammenzuarbeiten, statt gegen sie, werden alle Ihre Wege freudig und friedvoll sein.

Das Gesetz des Unterbewusstseins ist das universelle und natürliche Prinzip von Aktion und Reaktion. Das heißt,

Ihr Unterbewusstsein verwirklicht alles, was Sie ihm bewusst einprägen.

Emerson sagte: »Alle meine Gedanken neigen dazu, sich sehr schnell in reale Kräfte zu verwandeln, die in meinem Leben gestalterisch wirksam werden.«

»*Was der Mensch sät, wird er ernten.*« (Galater 6,7)*
Dieses Bibelzitat bezieht sich auf die Auswirkungen unseres Denkens. Wir *säen* Gedanken, wenn wir sie von ganzem Herzen für wahr halten. Unser Unterbewusstsein ist wie ein Gartenbeet. Es wird jede Saat aufnehmen und wachsen lassen, die wir im Garten unseres Geistes aussäen. Und entsprechend wird unsere Ernte ausfallen.

Ihr Unterbewusstsein verwirklicht von zwei Ideen, Gefühlen oder Phantasien immer die vorherrschende. Daher wird Ihr gesamtes Leben von den Ideen, Gefühlen, Phantasien oder inneren Bildern kontrolliert, die in Ihrem Bewusstsein vorherrschen.

Bei der Beschäftigung mit Ihrem Unterbewusstsein sollten Sie bedenken, dass es deduktiv arbeitet. Es verwirklicht in logischer Folgerichtigkeit all jene Gedanken, Gefühle und Bilder, mit denen Ihr Bewusstsein sich hauptsächlich beschäftigt. Es lässt die Resultate Ihres Denkens in Ihrem Leben sichtbar Gestalt annehmen.

---

* Sämtliche Bibelzitate folgen der Einheitsübersetzung der Heiligen Schrift. Die Bibel, Gesamtausgabe, Copyright © Katholische Bibelanstalt GmbH, Stuttgart 1980.

Das Bewusstsein wird manchmal auch als objektiver Geist bezeichnet, weil es sich mit äußeren Objekten befasst. Es nimmt zur Kenntnis, was in der äußeren Welt geschieht. Das objektive Bewusstsein ist Ihr Führer bei allen Kontakten mit der Umwelt. Es lernt durch Beobachtung, Erfahrung und Erziehung, indem es mit Hilfe der fünf Sinne Wissen erwirbt.
Das Unterbewusstsein wird oft auch als subjektives Bewusstsein bezeichnet. Der subjektive Geist gelangt unabhängig von den fünf Sinnen an Informationen über die äußere Welt. Seine Wahrnehmungsquelle ist die Intuition. Das Unterbewusstsein ist Sitz der Emotionen und Speicher der Erinnerung.

Sie müssen nur Ihr Unterbewusstsein dazu bringen, eine bestimmte Vorstellung als wahr zu akzeptieren, dann wird es diese Vorstellung unbeirrbar verwirklichen. Sie müssen nur den entsprechenden Befehl erteilen und Ihr Unterbewusstsein wird getreulich alle Vorstellungen reproduzieren, die Sie ihm einprägen.

Zahlreiche von Psychologen und anderen Wissenschaftlern durchgeführte Experimente mit Hypnose haben bewiesen, dass das Unterbewusstsein unfähig ist, Unterscheidungen zu treffen und Vergleiche anzustellen, die für einen vernunftgesteuerten Entscheidungsprozess unerlässlich sind. Das Unterbewusstsein akzeptiert jede Suggestion, wie falsch sie auch sein mag. Hat es eine Suggestion einmal akzeptiert, reagiert es entsprechend.

Das Unterbewusstsein arbeitet auf einer assoziativen Basis und nutzt sämtliches Wissen, das Sie in Ihrem bisherigen Leben angesammelt haben, um seine Ziele zu verwirklichen. Sobald das Unterbewusstsein eine Idee akzeptiert hat, beginnt es unverzüglich, sie zu verwirklichen. Gemäß dem Gesetz des Zwanges unterscheidet es nicht zwischen guten und schlechten Ideen, sondern verwirklicht alle gleichermaßen. Es bewertet und vergleicht nicht wie Ihr Bewusstsein und es widerspricht Ihnen niemals. Es prüft nicht, ob Ihre Gedanken gut oder schlecht, wahr oder falsch sind, sondern akzeptiert, was ihm eingeprägt wird oder was Sie bewusst glauben. Alles, was Sie innerlich als wahr empfinden, wird von Ihrem Unterbewusstsein akzeptiert. Es wird dann die entsprechenden Erfahrungen für Sie erschaffen. So wird das, was Sie für wahr halten, in Ihrem Leben zu erfahrbarer Realität.
Die Reaktion Ihres Unterbewusstseins entspricht immer der Art Ihres bewussten Denkens: Wenn Sie Gutes denken, wird Gutes die Folge sein. Wenn Sie Böses denken, wird dies böse Folgen nach sich ziehen.
Das ist das Funktionsprinzip Ihres Geistes.
Es handelt sich hierbei um nichts anderes als das Gesetz von Ursache und Wirkung, das universell gültig ist.

Wir sind Gewohnheitstiere. Wenn wir Gedanken oder Handlungen oft genug wiederholen und sie dadurch in unserem Unterbewusstsein verankern, werden sie zu zwanghaften Gewohnheiten, weil Gewohnheit einfach eine Funktion unseres Unterbewusstseins darstellt. Wir haben schwimmen, tanzen, Fahrrad und Auto fahren gelernt, indem wir diese Dinge für eine gewisse Zeit bewusst taten, bis sie sich unserem Unterbewusstsein fest

eingeprägt hatten. Dann sprang die Gewohnheitsfunktion des Unterbewusstseins ein, sodass diese Fertigkeiten uns »in Fleisch und Blut« übergingen und wir gar nicht mehr bewusst darüber nachdenken müssen.
Wir haben die Freiheit, unsere Gedanken zu wählen – wir können uns für edle oder niedere Gedanken entscheiden. Entsprechend unserer Wahl wird unser Leben dann von guten oder von schlechten Gewohnheiten beherrscht.
Letztlich haben wir also die Wahl, uns für gute oder für schlechte Gewohnheiten zu entscheiden.

Sie schreiben ständig selbst am Buch Ihres Lebens, denn das, was Sie denken, wird zu Ihrer Lebensrealität.
Das, was Sie innerlich auf die Tafel Ihres Geistes schreiben, werden Sie in der Außenwelt in Form von Ereignissen und Lebensumständen erfahren. Ihr Unterbewusstsein wird Himmel und Erde in Bewegung setzen, um Ihre Gedanken und Vorstellungsbilder in äußere Realität zu verwandeln.
Übermitteln Sie Ihrem Unterbewusstsein also gute Ideen und konstruktive Gedanken, denn, wie es Emerson ausdrückte: »Der Mensch ist, was er den ganzen Tag lang denkt.«

William James, der Vater der amerikanischen Psychologie, behauptete, dass in unserem Unterbewusstsein Kräfte schlummern, die die Welt verändern können.

Wir erleben so viel Schmerz und persönliches Leiden, weil wir das Zusammenspiel von Bewusstsein und Unterbewusstsein nicht richtig verstehen. Das Unterbewusstsein folgt einem festen Gesetz: Es arrangiert alle bewussten Gedanken, die wir in ihm abspeichern, zu komplexen Mustern. Diese Muster sind die Ursache all unserer Leiden wie auch die Quelle unserer triumphalsten Erfolge.

Psychiater und Psychologen haben nachgewiesen, dass wir uns dieser inneren Muster in der Regel nicht bewusst sind. Da wir sie meist nicht bewusst geschaffen haben, glauben wir oft nicht, dass solche Muster überhaupt existieren. Stattdessen greifen wir zu Ausflüchten und Entschuldigungen, um uns und unsere schlechten Gewohnheiten zu rechtfertigen.

Solange wir nicht über diese Zusammenhänge aufgeklärt sind, stört das Bewusstsein mit seiner auf die fünf Sinne gestützten, scheinbar so realistischen Wahrnehmung häufig das angeborene positive Wirken des Unterbewusstseins. So dringen Ängste, falscher Glaube und negative Muster in das Unterbewusstsein ein. Es ist dann gezwungen, auf der Basis dieser schädlichen Suggestionen zu handeln und die entsprechenden leidvollen Erfahrungen in Ihrem Leben zu manifestieren.

Arbeiten Bewusstsein und Unterbewusstsein dagegen synchron und harmonisch zusammen, wird das in Ihrem Leben als Glück, Freude und Frieden sichtbar.

Mit großen Erwartungen wurde das Grab des Hermes Trismegistos geöffnet, weil viele glaubten, das größte Geheimnis aller Zeitalter sei darin verborgen. Dieses Geheimnis lautet: »Wie innen, so außen, wie oben, so unten.«

Mit anderen Worten, alles, was Ihrem Unterbewusstsein eingeprägt wird, manifestiert sich auf der äußeren Leinwand des Lebens.

Unser Geist entspricht in etwa einem Eisberg, bei dem sich 90 Prozent unter Wasser befinden, also unterbewusst sind. Das Unterbewusstsein ist die entscheidende Kraft im Leben. Seine Überzeugungen und Glaubenssätze diktieren, beherrschen und manipulieren alle bewussten Handlungen. Über 90 Prozent des geistigen Lebens spielen sich unterbewusst ab. Wer über das Wirken dieser unglaublichen Kraft nicht im Bilde ist, schränkt seine Möglichkeiten außerordentlich ein.

———

Ihr Unterbewusstsein ist für die Suggestionen Ihres eigenen Bewusstseins ebenso empfänglich wie für die anderer Menschen, solange diese von Ihrem Bewusstsein als wahr akzeptiert werden. Jedoch können Sie von anderen Menschen kommende Suggestionen jederzeit zurückweisen, indem Sie Ihre Aufmerksamkeit ausschließlich auf Wahres, Gutes und Schönes richten.

———

Obgleich Ihr Unterbewusstsein allwissend ist und die Antworten auf alle Fragen kennt, argumentiert es nicht und widerspricht Ihnen niemals. Es sagt nicht: »Diesen Gedanken solltest du mir besser nicht einprägen.« Es akzeptiert alle Vorstellungen – richtige und falsche –, die ihm vom Bewusstsein übermittelt werden. Dann lässt es diese Gedanken auf deduktive Weise und mit unfehlbarer Genauigkeit in Ihrem Leben Gestalt annehmen.

———

Alles, was Sie erleben, geschieht gemäß dem Gesetz Ihres Geistes. Wenn Sie sich gedanklich auf das Positive konzentrieren, es nähren und stärken, ziehen Sie immer mehr

Schätze des Lebens in Ihren Erfahrungsbereich. Denken Sie dagegen an Mangel, Verlust und Einschränkung, sind die entsprechenden negativen Erfahrungen die unausweichliche Folge.

Ihr Unterbewusstsein verstärkt und verwirklicht unterschiedslos jede Idee, die ihm übermittelt wird.

▓ Praktische Beispiele

Ihre unterbewussten Annahmen, Überzeugungen und Glaubenssätze diktieren und steuern durch das Gesetz des Zwanges all Ihre bewussten Handlungen. Deshalb sind Ihre gewohnheitsmäßigen Handlungen eine Funktion des Unterbewusstseins.

Ich wurde beispielsweise einmal in New York zu einem Mann gerufen, der niemals seine Wohnung verließ. Er ging nie hinaus auf die Straße, noch nicht einmal hinunter in die Lobby des Apartmentgebäudes, in dem er lebte. Immer wenn er mit dem Gedanken spielte auszugehen, malte er sich all die schrecklichen Dinge aus, die ihm zustoßen könnten. Dann fühlte er sich schwach und schwindelig. Dieser Zustand wird Agoraphobie genannt. Diese Angst hatte ihren Ursprung in seiner frühen Kindheit. Als Fünfjähriger lief er von zu Hause weg und irrte stundenlang im Wald umher. Die Erinnerung an dieses Erlebnis, seine damalige Angst und das Gefühl der Verlassenheit, lasteten immer noch auf seinem Unterbewusstsein und beherrschten sein Verhalten.

Eines Tages wurde der große Tenor Caruso von heftigem Lampenfieber befallen. Die Furcht schnürte ihm den

Hals zu und löste Muskelkrämpfe aus, sodass sich seine Kehle wie gelähmt anfühlte. Schweiß lief ihm übers Gesicht. Er schämte sich, denn es waren nur noch wenige Minuten bis zum Auftritt. Zitternd vor Angst sagte er: »Ich kann nicht singen. Sie werden mich auslachen.« Dann rief er im Beisein der Bühnenarbeiter: »Das Kleine Ich in mir will das Große Ich ersticken!«
Es ist offensichtlich, dass Caruso sich der zwei Ebenen des Geistes bewusst war – des Bewusstseins und des Unterbewusstseins.
Dann sagte er zu dem Kleinen Ich: »Verschwinde! Das Große Ich will durch mich singen.«
Mit dem Großen Ich meinte er die grenzenlose Kraft und Weisheit seines Unterbewusstseins. Er rief: »Los, verschwinde! Das Große Ich wird jetzt singen!«
Sein Unterbewusstsein antwortete, indem es die vitalen Kräfte in ihm freisetzte. Als der Moment des Auftritts kam, ging er hinaus auf die Bühne, sang großartig und bewegend und verzauberte sein Publikum.
Ihr Unterbewusstsein reagiert und antwortet auf die Natur Ihrer Gedanken. Wenn Ihr Bewusstsein (das Kleine Ich) von Angst, Sorge, dunklen Vorahnungen, Verzweiflung und einem Gefühl der Panik erfüllt ist, wird Ihr Unterbewusstsein (das Große Ich) diese übernehmen, entsprechend reagieren und Sie lähmen und blockieren. Falls das geschieht, können Sie wie Caruso mit einem tiefen Gefühl der Autorität auf diese irrationalen Emotionen in ihrem tieferen Bewusstsein einwirken, indem Sie in etwa Folgendes sagen: »Seid ruhig, seid still! Ich übernehme die Kontrolle und ihr habt mir zu gehorchen. Ihr unterliegt meinem Befehl. In meinem Bewusstsein ist kein Platz für euch.«

Wie in einer englischen Zeitung zu lesen war, sagte ein Mann über einen Zeitraum von zwei Jahren immer wieder: »Ich gäbe meinen rechten Arm für die Heilung meiner Tochter.« Seine Tochter litt an einer besonders schweren Form von Arthritis sowie an einer angeblich unheilbaren Hautkrankheit. Alle medizinischen Behandlungen waren fehlgeschlagen und der Vater gab seinem intensiven Wunsch nach Heilung für seine Tochter mit den oben zitierten Worten Ausdruck.

Dann wurde die Familie eines Tages in einen schweren Autounfall verwickelt, bei dem der rechte Arm des Vaters an der Schulter abgerissen wurde. Kurz darauf verschwanden bei seiner Tochter das Rheuma und die Hautkrankheit völlig.

Achten Sie also sorgfältig darauf, dass Sie Ihrem Unterbewusstsein nur Suggestionen eingeben, die in jeder Hinsicht heilend, segensreich und inspirierend sind. Das Unterbewusstsein hat keinen Sinn für Humor. Es nimmt Sie immer beim Wort.

Hier ein amüsantes, doch sehr treffendes Beispiel für die Auswirkungen Ihres Denkens und die unterschiedliche Arbeitsweise von Bewusstsein und Unterbewusstsein: Wenn Sie immer wieder sagen: »Ich mag keine Pilze«, und dann doch einmal Pilze essen, bekommen Sie daraufhin wahrscheinlich Verdauungsstörungen, weil Ihr Unterbewusstsein denkt: »Der Chef (das Bewusstsein) mag keine Pilze.«

Technik zur Aktivierung des Unterbewusstseins

Schaffen Sie sich eine klare gedankliche Vorstellung von dem Problem, für das Sie eine Lösung suchen, beziehungsweise von der Frage, die Sie gerne beantwortet haben möchten. Wenn Sie sich abends schlafen legen, sagen Sie – innerlich oder laut, ganz wie es Ihnen angenehm ist – zu Ihrem Unterbewusstsein: »Richte deine Aufmerksamkeit auf dieses Problem und enthülle mir die Antwort.« Der erste Gedanke, mit dem Sie am Morgen aufwachen, wird dann oft die Antwort bringen. Oder die Lösung kommt im Traum zu Ihnen oder in einem plötzlichen Geistesblitz am folgenden Tag, während Sie mit etwas völlig anderem beschäftigt sind.

Prinzipien, die Sie sich einprägen sollten

1. Das Prinzip des Unterbewusstseins besteht darin, dass es Ihre geistigen Vorstellungen und Überzeugungen in Ihrem Leben Realität werden lässt.
2. Das Gesetz des Unterbewusstseins ist das Gesetz des Zwanges.
3. Das Unterbewusstsein zieht keine induktiven Schlüsse und diskutiert nicht mit Ihnen. Es überlegt nicht, welche von zwei Ideen die bessere ist. Das müssen Sie mit Ihrem Bewusstsein entscheiden. Dann reagiert das Unterbewusstsein deduktiv und lässt Ihren Glaubenssatz – wahr oder falsch – in vollkommen logischer Konsequenz in Ihrem Leben erfahrbar Gestalt annehmen.
4. Ihr Unterbewusstsein ist das Lagerhaus Ihrer Erinnerungen. Darin sind alle Ihre Erfahrungen von Kind an aufgezeichnet. Wenn Sie etwas nicht finden oder sich an

etwas nicht erinnern können, fragen Sie Ihr Unterbewusstsein. Es kennt immer die richtige Antwort.
5. Gewohnheit ist eine Funktion des Unterbewusstseins. Es gibt keinen besseren Beweis für die unglaubliche Macht des Unterbewusstseins als die beherrschende Rolle, die Gewohnheiten in unserem Leben spielen. Sie können Ihrem Unterbewusstsein neue Gewohnheiten einprägen, indem Sie Gedanken oder Handlungen so oft wiederholen, bis sie zu einer automatischen Funktion des Unterbewusstseins geworden sind, so wie das Schwimmen, Tanzen, Maschineschreiben, Autofahren etc. Das, was Sie gewohnheitsmäßig denken, wird zu einem beherrschenden Muster, dem die Macht Ihres Unterbewusstseins in Ihrem Leben unvermeidlich Gestalt verleiht. Gewöhnen Sie also Ihr Bewusstsein daran, vom Leben stets nur das Beste zu erwarten. Dann wird Ihr Unterbewusstsein dieses Muster getreulich verwirklichen.
6. Sagen Sie niemals: »Ich fürchte mich«, oder: »Ich bin völlig durcheinander.« Ihr Unterbewusstsein nimmt Sie beim Wort. Solange Sie Ihre Denkweise nicht bewusst ändern, wird es dafür sorgen, dass Sie tatsächlich stets ängstlich oder durcheinander sind.
7. Ihr Unterbewusstsein vergrößert und verstärkt alles, was Sie ihm übergeben. Vermitteln Sie ihm daher stets Gedanken der Liebe, der Zuversicht, der Freude und des Wohlwollens.
8. Sie leben in zwei Welten: in der subjektiven Welt Ihrer Gedanken, Gefühle, Phantasien, Überzeugungen und Meinungen und in der objektiven Welt, die Ihnen durch Ihre fünf Sinne übermittelt wird. Das Innere kontrolliert dabei stets das Äußere.
9. Eine veränderte Geisteshaltung verändert auch alles andere. Wenn Sie Ihr Unterbewusstsein bisher mit Ge-

danken an Mangel, Einschränkungen und Versagen angefüllt haben, können Sie dieses Muster umkehren, indem Sie sich bewusst auf Gedanken an Erfolg, Wohlstand, Frieden, Harmonie und rechtes Handeln konzentrieren. Damit löschen Sie die alten Muster und Ihr Unterbewusstsein wird Sie aus den selbst auferlegten Fesseln befreien.

10. Ihr Selbstbild, Ihre Selbsteinschätzung aktiviert Ihr Unterbewusstsein und führt dazu, dass Sie all das werden, was Sie von sich selbst denken.

11. Das Unterbewusstsein akzeptiert stets die dominantere von zwei Ideen, jene, an die Ihr Bewusstsein stärker glaubt. Wenn Sie aufrichtig an etwas glauben, säen Sie damit diesen Glauben in Ihr Unterbewusstsein. Je stärker Ihr Glaube ist, desto stärker fällt auch die Reaktion Ihres Unterbewusstseins aus.

12. Ihre unterbewussten Überzeugungen und Annahmen diktieren und beherrschen alle Ihre bewussten Handlungen.

13. Das Gesetz des Unterbewusstseins – d. h. das Gesetz des Zwanges –, das Sie bindet, ist auch das Gesetz, das Sie befreien kann. Denken Sie negativ und Negatives wird die Folge sein. Denken Sie positiv und Positives wird die Folge sein.

14. Die beste Zeit, um mit dem Unterbewusstsein Kontakt aufzunehmen, ist kurz vor dem Einschlafen am Abend, wenn Sie entspannt sind und bereit für die Ruhe des tiefen Schlafs. Wenn Sie eine Lösung für ein Problem suchen, sollten Sie Ihrem Unterbewusstsein erklären, dass Sie absolut sicher sind, dass es die Antwort weiß, und sich dann im Vertrauen auf sein Wirken dem Schlaf überlassen. Ihr Unterbewusstsein wird alles Weitere erledigen.

15. Was immer Ihr Bewusstsein für wahr hält, wird von Ihrem Unterbewusstsein akzeptiert und verwirklicht. Glauben Sie daher an Glück, göttliche Führung, rechtes Handeln und alle Segnungen des Lebens.

16. Sie sind wie der Kapitän auf der Brücke eines Schiffes. Der Kapitän muss der Besatzung die richtigen Befehle erteilen, die dann ausgeführt werden und das Schiff auf dem vom Kapitän gewünschten Kurs halten. Also müssen Sie Ihrem Unterbewusstsein die richtigen Anweisungen geben (in Form von Gedanken und inneren Bildern). Es steuert dann Ihr Lebensschiff gemäß Ihren Anweisungen.

17. Die Welt in Ihnen – Ihre Gedanken, Gefühle und Vorstellungsbilder – ist das, was Ihre äußere Umwelt erschafft. Sie ist die einzige kreative Macht und alles, was Sie in Ihrer äußeren Welt antreffen, wurde von Ihnen selbst in der inneren Welt des Geistes erschaffen – bewusst oder unbewusst.

2. Das Unterbewusstsein als Ausdruck des universellen Geistes

Ihr Unterbewusstsein ist Teil der unendlichen Intelligenz und grenzenlosen Weisheit. Es wird von unsichtbaren Quellen gespeist und es wird auch als das Gesetz des Lebens bezeichnet. Ihr Unterbewusstsein ist eine Manifestation des universellen, kosmischen Bewusstseins.

―――

Es gibt eine Macht in Ihnen, die noch nie richtig freigesetzt wurde. Gott ist keine Kraft, die von außen auf Sie einwirkt und Sie beeinflusst, Gott wohnt vielmehr in Ihnen. Mit anderen Worten, die Macht, die die Welt bewegt und alle Galaxien im All lenkt, befindet sich *in Ihnen*. Diese Macht ist unerschöpflich, ewig und unendlich. Sie steht Ihnen jederzeit zur Verfügung und wirkt entsprechend Ihren Wünschen und Erwartungen. Sie ist Ihr gehorsamer Diener und erwartet, dass Sie sie gebrauchen und lenken.

Geben Sie sich dieser Macht hin und lassen Sie es geschehen, dass ihre wohltätige Heilkraft durch Ihren Körper strömt und in allen Bereichen Ihres Lebens segensreich wirksam wird. Haben Sie einmal gelernt, diese Macht Ihren Wünschen entsprechend einzusetzen, werden Sie erleben, wie sie Ihren Körper heilt, Ihre Finanzen saniert und Freundschaft, Liebesglück und Frieden in Ihr Leben bringt. Die unendlichen Reichtümer Ihres Unterbewusstseins versiegen nie.

Ihr Unterbewusstsein ist Ihr mächtigster Freund und Verbündeter.

―――――

Das Unterbewusstsein wird bisweilen auch als Seele bezeichnet.

―――――

Das Unterbewusstsein ist die Quelle all Ihrer Ideale, edlen Ambitionen und altruistischen Ziele.

―――――

Ihr Bewusstsein ist Teil des universellen göttlichen Bewusstseins. Wenn Sie Ihr Bewusstsein in der richtigen Weise einsetzen, erhalten Sie Antwort von jenem tieferen, göttlichen Bewusstsein.

―――――

In der gesamten Natur herrscht das Gesetz von Aktion und Reaktion, von Ursache und Wirkung. Im mentalen Bereich ist der Gedanke die Aktion und die Antwort des Unterbewusstseins die Reaktion.

Wenn Sie also dem Fluss des Lebens gedanklichen Widerstand entgegensetzen, werden Sie unausweichlich eine entsprechende Reaktion erhalten: In Ihrem Unterbewusstsein entstehen emotionale Blockaden und diese bewirken, dass allerlei unerfreuliche Umstände und Widrigkeiten Ihr Leben beeinträchtigen.

Deshalb ist es so wichtig, Ihr bewusstes Denken zu harmonisieren, damit Ihr Unterbewusstsein ungehindert Gutes bewirken und Wunder tun kann. *»Was immer wahrhaft, edel, recht, was lauter, liebenswert, ansprechend ist, was Tugend heißt und lobenswert ist, darauf seid bedacht!«* (Philipper 4,8)

Es gibt eine Macht und Intelligenz in Ihnen, die die Möglichkeiten Ihres Intellekts weit übersteigt.

Sie leben in einem unendlichen Ozean voll unermesslicher Schätze. In Ihren unterbewussten Tiefen lagern unendliche Weisheit, unendliche Macht und unendliche Reserven an allem, was Sie zum Leben benötigen. Alle diese Schätze warten nur darauf, von Ihnen entdeckt und im Leben zum Ausdruck gebracht zu werden. Die unendliche Intelligenz in Ihrem Unterbewusstsein kann Ihnen alles enthüllen, was Sie zu jeder Zeit und an jedem Ort wissen müssen, vorausgesetzt, Sie werden geistig offen und empfangsbereit. Was immer Sie sich wünschen, es gibt eine Macht, die Ihnen diesen Wunsch erfüllen kann. Es gibt eine Lösung für jedes Problem.

Das größte Geheimnis aller Zeiten ist nicht das Geheimnis der Atomenergie oder die Weltraumfahrt. Nein, keine dieser Errungenschaften. Das größte Geheimnis ist die Wunder wirkende Kraft in Ihrem eigenen Unterbewusstsein – doch leider kommen die meisten Menschen nicht auf die Idee, dort zu suchen. Stattdessen versuchen wir weiterhin, Glück, Frieden und Wohlstand außerhalb von uns selbst zu finden, und ignorieren die unendlichen Schatzkammern in unserem eigenen Inneren.

Sie können mehr Wohlstand, Gesundheit und Glück in Ihr Leben bringen, indem Sie lernen, die verborgene Macht Ihres Unterbewusstseins anzuzapfen und freizusetzen. Diese Macht müssen Sie sich nicht erst aneignen. Sie besitzen sie bereits. Aber Sie müssen lernen, ihre Funktionsweise zu verstehen und klug mit ihr umzugehen, damit Sie sie in allen Lebensbereichen nutzbringend einsetzen können.

Beginnen Sie gleich jetzt damit, Ihr Denken unter Kontrolle zu bringen. Das versetzt Sie in die Lage, die Macht Ihres Unterbewusstseins auf jedes erdenkliche Problem anzuwenden. So werden Sie zum Verbündeten der unendlichen Allmacht, die alle Dinge regiert.

———

Es ist Ihr gutes Recht, Ihre innere Welt der Macht, des Lichts, der Liebe und Schönheit zu entdecken und für sich zu beanspruchen. Dann werden Sie die größte aller Wahrheiten entdecken: Das Gesetz Ihres Unterbewusstseins lässt Sie, wenn Sie es richtig anwenden, niemals im Stich.

———

Gott wirkt in der Welt durch ewig gültige Gesetze. Auch Ihr Unterbewusstsein arbeitet gemäß diesen göttlichen

Gesetzen. Gesetze sind unpersönlich. Sie bevorzugen niemanden. Infolge der Naturgesetze scheint die Sonne beispielsweise auf alle Menschen gleich – auf die Gerechten wie auf die Ungerechten. Der Regen fällt auf gute Menschen und auf böse Menschen. Die Gesetze der Chemie, der Physik, des Ackerbaus und dergleichen mehr stehen uns allen zum freien Gebrauch zur Verfügung – sie gelten für jeden von uns.

Diese universellen Gesetze kennen keine Moral. Sie strafen und belohnen nicht.

Auch die Gesetze Ihres Geistes sind nicht moralisch. Das Gesetz des Unterbewusstseins ist immer unparteiisch, unpersönlich und neutral. Ihr Unterbewusstsein ist amoralisch und unpersönlich. Es kennt weder Mitleid noch Rachsucht. Moral hängt immer von Ihren jeweiligen Beweggründen ab und davon, wie Sie die Gesetze des Geistes anwenden.

Ob Ihre Wünsche gut oder schlecht sind, hängt von der Natur dieser Wünsche ab. Jeder Ihrer Gedanken zeitigt den ihm gemäßen Lohn. Wünschen Sie sich Gutes, dann wird, entsprechend dem unwandelbaren Gesetz Ihres Unterbewusstseins, Gutes die Folge sein – ganz unabhängig davon, welchem religiösen Glauben oder Unglauben Sie anhängen oder welcher Kirche Sie angehören.

Sämtliche Kräfte des kosmischen Bewusstseins befinden sich bereits in Ihnen. Die meisten Menschen *warten* darauf, dass etwas Gutes in ihrem Leben geschieht, statt sich bewusst zu machen, dass Gott das ewige Jetzt ist. Ständig sagen sie, dass sie eines Tages glücklich, wohlhabend und erfolgreich sein werden. Kürzlich hörte ich in einem Restaurant einen Mann zu seinem Tischnachbarn sagen, dass er eines Tages in der Lotterie den Jackpot knacken und dann ganz groß herauskommen würde. Sein Gegenüber erwiderte: »Ich hoffe, eines Tages werden die Ärzte ein Heilmittel gegen meine Arthritis entdecken.« Beide schoben ihr Glück auf und warteten darauf, dass es ihnen irgendwann in der Zukunft in den Schoß fallen würde.

Doch Frieden ist *jetzt*. Sie können jetzt zulassen, dass Gottes ewiger Frieden Sie durchströmt.

Heilung ist *jetzt*. Die unendliche Heilsgegenwart, die Sie erschuf, kann jetzt – in diesem Moment – jedes einzelne Atom Ihres Wesens verwandeln, heilen und erneuern.

Reichtum ist Ihnen *jetzt* zugänglich. Er ist ein Gedankenbild in Ihrem Geist. Warum warten Sie also?

Stärke ist *jetzt*. Rufen Sie die unendliche Macht Gottes in Ihrem Inneren an, dann wird diese Macht antworten – und Ihr ganzes Sein energetisieren, vitalisieren und erneuern.

Liebe ist *jetzt*. Machen Sie sich bewusst und glauben Sie, dass Gottes Liebe Ihren Geist und Ihren Körper umhüllt und durchströmt und dass diese göttliche Liebe in allen Bereichen Ihres Lebens sichtbar Gestalt annimmt.

Führung ist *jetzt*. Die unendliche Intelligenz in Ihnen kennt die Antwort auf alle Fragen und reagiert absolut zuverlässig auf jede Ihrer Bitten.

Nehmen Sie das Gute *jetzt* in Anspruch. *Jetzt* ist der richtige Moment.

Denken Sie daran, dass nicht Sie selbst schöpferisch sind. Sie verleihen lediglich dem Gestalt und Ausdruck, was immer war, ist und ewig sein wird.

In der Bibel heißt es: »*Bittet, dann wird euch gegeben; sucht, dann werdet ihr finden; klopft an, dann wird euch*

geöffnet. Denn wer bittet, der empfängt; wer sucht, der findet; und wer anklopft, dem wird geöffnet. Oder ist einer unter euch, der seinem Sohn einen Stein gibt, wenn er um Brot bittet, oder eine Schlange, wenn er um einen Fisch bittet? Wenn nun schon ihr, die ihr böse seid, euren Kindern gebt, was gut ist, wie viel mehr wird euer Vater im Himmel denen Gutes geben, die ihn bitten.«
(Matthäus 7,7-11)
Hier fordert die Bibel Sie auf, zu bitten, zu suchen und anzuklopfen. Dann werden Sie eine Antwort Ihres Unterbewusstseins erhalten, dessen Natur es ist, auf Ihre Bitten zu antworten. Machen Sie sich bewusst, dass es für jedes Problem eine Lösung, aus jedem Dilemma einen Ausweg gibt.
Dass Sie niemals einen Stein bekommen werden, wenn Sie um Brot bitten, sondern dass Ihr Wunsch dank der wunderbaren Macht Ihres Unterbewusstseins erfüllt werden wird.
Es gibt keine unheilbaren Zustände, denn mit Gott sind alle Dinge möglich.

Ihr Unterbewusstsein ist so machtvoll, weil die göttliche Allgegenwart in ihm wohnt. Sie können diese göttliche Präsenz als »Höheres Selbst« bezeichnen, als »Superbewusstsein«, als das »Ich Bin«, als »Christus in mir«, als »innere Weisheit«, »universellen Geist«, »Lebensprinzip«, den »sublimen« oder »überbewussten Geist«. Alle diese Bezeichnungen meinen ein und dasselbe.
In Wirklichkeit ist diese Gegenwart namenlos.
Alles, was Sie wissen müssen, ist, dass eine unendliche Weisheit und Intelligenz in Ihnen existiert, die die Möglichkeiten Ihres Verstandes und Ihrer fünf Sinne weit

übersteigt – und dass diese Intelligenz immer antwortet, wenn Sie sich vertrauensvoll, gläubig und in freudiger Erwartung an sie wenden.

Das Unterbewusstsein setzt alle seine großartigen Ressourcen ein, um Ihre gedanklichen Vorstellungen in Ihrem Leben zu manifestieren. Dazu mobilisiert es alle mentalen und spirituellen Gesetze Ihres tieferen Geistes. Dabei ist es von höchster Wichtigkeit, sich immer wieder zu vergegenwärtigen, dass das Unterbewusstsein unterschiedslos gute wie schlechte Vorstellungen manifestiert. Wenn Sie seine Kraft also negativ einsetzen, sind Ärger, Fehlschläge und Verwirrung die unvermeidlichen Folgen. Nutzen Sie sie dagegen konstruktiv, verhilft Ihnen das zu innerer Führung, Freiheit und geistigem Frieden. *Denn »was der Mensch sät, wird er ernten«.* (Galater 6,7)

Was Ihr Bewusstsein für wahr hält, wird sich durch die Macht Ihres Unterbewusstseins in Ihrem Leben verwirklichen. Darum sollten Sie jetzt sofort damit beginnen, bewusst zu fühlen und zu glauben, dass Gott Sie auf all Ihren Wegen führt, dass rechtes Handeln jederzeit Ihr Leben bestimmt, dass Gott Sie in jeder Hinsicht gedeihen lässt und dass Sie immer göttlich inspiriert werden. Wenn Sie diese Wahrheiten bewusst akzeptieren, wird Ihr Unterbewusstsein entsprechend reagieren – dann werden Sie erleben, dass all Ihre Wege freudvoll und friedvoll sind.

Ein Mörder oder ein Atheist können sich die Gesetze der Elektrizität zunutze machen, um in einem Haus elektrisches Licht zu legen. Sie können die Gesetze der Navigation oder andere allgemeine Prinzipien gemäß ihren Interessen nutzen und anwenden. Und ein Atheist kann vom Unterbewusstsein ebenso eine Antwort erhalten wie ein Heiliger. Alles, was es dazu braucht, ist der entsprechende Glaube, dass eine solche Antwort möglich ist.

Auch hier gilt, dass Gott (das Gesetz, das Unterbewusstsein) die Person nicht ansieht, niemanden benachteiligt und niemanden bevorzugt.

———

Alle fundamentalen Kräfte sind ihrer wahren Natur nach unbekannt. Wir wissen beispielsweise nicht, was Elektrizität ist. Wir kennen einige ihrer Wirkungen, aber die innere Natur dieser Kraft ist uns immer noch unbekannt. Vielen von uns erscheint sie wie Magie. Ist es nicht geradezu magisch, dass wir ein Fernsehgerät einschalten können und dann durch die Mauern unseres Hauses hindurch Filme oder Nachrichtenbilder aus der ganzen Welt empfangen können?

Magie ist jedoch nichts anderes als das Hervorbringen von Wirkungen durch Kräfte, die wir noch nicht verstehen. Nur Unbekanntes, das wir nicht verstehen, bezeichnen wir als Magie. Wenn uns die entsprechenden Vorgänge vertrauter werden und wir ihre Vorzüge zu schätzen lernen, erscheinen sie uns nicht mehr magisch, aber noch immer wunderbar und erstaunlich.

Auch der Geist ist eine dieser fundamentalen Kräfte. Auch sein Wirken erscheint magisch. Wir wissen zum Beispiel nicht, wie wir es anstellen, dass wir rein durch Willenskraft einen Finger heben können. Und doch sagt man, das Heben eines einzigen Fingers beeinflusse das ganze Universum!

Wir können den Geist nicht unter dem Mikroskop analysieren. Er ist für uns unsichtbar, aber wie bei der Elektrizität und jeder anderen Kraft können wir seine Wirkungsweise beobachten. Wenn wir die Wirkungsweise des Geistes studieren, erscheint er uns nicht mehr magisch, aber noch immer wunderbar und erstaunlich.
Studieren Sie die Wirkungsweise Ihres Geistes! Sie werden eine wunderbare verborgene Macht entdecken, die es Ihnen ermöglicht, sich zu ungeahnten Höhen emporzuschwingen und den Königsweg zu Glück, Freiheit und innerem Frieden zu beschreiten. Dann werden in Ihrem Leben Wunder geschehen.

———

Viele Menschen reden sich ständig ein, dass es für ihre Probleme keine Lösung gäbe und ihre Lage hoffnungslos sei. Eine solche Einstellung ist das Resultat spiritueller Blindheit und sorgt ihrerseits dafür, dass sich diese Blindheit immer mehr verstärkt.
Wir beginnen auf spirituelle Weise zu sehen – und auch unser Bewusstsein ist spirituell, denn es ist Geist –, wenn wir zu einem neuen Verständnis unserer geistigen Kräfte gelangen und uns klar machen, dass die unendliche Weisheit und Intelligenz in unserem Unterbewusstsein alle unsere Probleme lösen kann.

———

Wenn Sie Ihr Unterbewusstsein beauftragen, ein Problem für Sie zu lösen, setzt es dafür die unendliche spirituelle Macht, Energie und Weisheit ein, die in allem wohnt. Es stellt alle Naturgesetze in den Dienst Ihres höchsten Wohls. Manchmal resultiert dies in einer augenblicklichen Lösung des betreffenden Problems, manch-

mal kann es jedoch auch Tage, Wochen oder länger dauern.
Ich sagte einmal zu einem Ratsuchenden: »Wenn Sie Ihr Unterbewusstsein in richtiger Weise gebrauchen, wird es Sie mit allem versorgen, was Sie benötigen.«
»Wie mache ich das? Bitte verraten Sie es mir«, flehte er.
»Sie dürfen sich nicht fragen, wie, wann oder wo das Gewünschte zu Ihnen kommt«, entgegnete ich. »Grübeln Sie nicht darüber nach, auf welche Weise Ihr Wunsch in Erfüllung gehen wird. Das Unterbewusstsein kennt Mittel und Wege, von denen Sie nichts wissen. Seine Wege sind für den Verstand nicht zu ergründen.«

―――――

Wenn Sie die Antwort auf ein Problem suchen, wird Ihr Unterbewusstsein immer reagieren, aber es erwartet von Ihnen, dass Sie in Ihrem Bewusstsein eine starke, feste Überzeugung aufbauen.
Das heißt nicht, dass Sie die Antwort bereits im Voraus kennen müssen oder dass Sie das Unterbewusstsein nicht zu einem inneren Konflikt befragen dürfen, der Ihnen zu schaffen macht. Es bedeutet vielmehr, dass Sie fest daran glauben müssen, dass Ihr Unterbewusstsein die richtige Antwort weiß, wie auch immer das Problem aussehen mag.
Es bedeutet, dass Sie sich ohne den geringsten Zweifel klar machen müssen, dass es für jedes Problem eine Lösung und auf jede Frage eine Antwort gibt und dass die unendliche Intelligenz in Ihnen, die alles weiß und alles sieht, die Antwort kennt und Sie Ihnen jetzt offenbart. Die klare Erwartung, dass die schöpferische Intelligenz eine gute Lösung herbeiführen wird, verhilft Ihnen zu der gewünschten Antwort.

Dagegen können Sie keine Antwort Ihres Unterbewusstseins erwarten, wenn Sie gleichzeitig bewusst denken: »Ich glaube nicht wirklich, dass es einen Ausweg gibt. Ich bin total verwirrt und ratlos. Warum nur will mir keine Antwort einfallen?« Mit solchen negativen Gedanken neutralisieren Sie Ihren Wunsch.

Bringen Sie Bewusstsein und Unterbewusstsein in Harmonie. Übergeben Sie Ihre Frage an das Unterbewusstsein mit der bewussten Überzeugung, dass es über das nötige »Know-how« verfügt, um die richtige Antwort für Sie zu finden.

Wenn Bewusstsein und Unterbewusstsein kooperieren, werden die Ideen oder Wünsche, die Sie dem Unterbewusstsein übergeben, immer realisiert werden.

———

Denken Sie daran, dass Ihr Unterbewusstsein rund um die Uhr am Werk ist. Es schläft oder ruht nie. Seine Kräfte sind enorm. Es steht in ständiger Verbindung mit der universellen Macht, die unsere Welt bewegt, die Planeten in ihren Bahnen lenkt und die Sonne scheinen lässt. Es ist Tag und Nacht aktiv, ob Sie bewusst mit ihm zusammenarbeiten oder nicht.

Es steuert Ihren Herzschlag. Während Sie schlafen, überwacht es unermüdlich die Lebensfunktionen Ihres Körpers, ohne dazu der Hilfe Ihres Bewusstseins zu bedürfen: Der Puls bleibt auch während des Schlafs regelmäßig, die Verdauung arbeitet weiter, die gesamte Atmung und Sauerstoffabsorption läuft genauso ab wie im Wachsein. Beim Mann wachsen während des Schlafs sogar die Barthaare weiter.

Ebenso arbeitet die unendliche Intelligenz in Ihnen Tag und Nacht daran, jene Gedanken und Vorstellungsbilder, die tagsüber Ihr Bewusstsein dominieren, in Ihrem Leben Wirklichkeit werden zu lassen.

Ihr Unterbewusstsein spricht zu Ihnen in Form von intuitiven Eingebungen, Impulsen, Vorahnungen und Einfällen und inspiriert Sie unaufhörlich dazu, über sich selbst hinauszuwachsen, sich weiterzuentwickeln und sich zu immer neuen Höhen emporzuschwingen.

Der Drang zu lieben, das Leben anderer zu retten, sich selbstlos zu verhalten, in Krisensituation das eigene Leben zu riskieren, um anderen zu helfen – all das kommt aus der Tiefe Ihres Unterbewusstseins, denn das Gesetz des Unterbewusstseins ist das Gesetz Gottes und das Gesetz Gottes bedeutet rechtes Handeln.

Das Unterbewusstsein kann der Welt durch Sie erhabene und weise Ideen vermitteln, die über Ihr bewusstes Wissen weit hinausgehen. Große Künstler, Musiker, Dichter, Redner und Schriftsteller haben dies immer schon gewusst und sich auf ihre unterbewussten Kräfte eingestimmt, um sich von dort Inspirationen zu holen.
Robert Louis Stevenson betraute sein Unterbewusstsein mit der Aufgabe, ihm im Schlaf Ideen für neue Geschichten zu liefern. Wenn sein Kontostand bedenklich absank, beauftragte er sein Unterbewusstsein, ihn mit einem spannenden, gut verkäuflichen Romanstoff zu versorgen. Stevenson sagte, die tiefere Intelligenz in ihm habe ihm die Geschichten Seite für Seite durchgegeben, wie bei einem Fortsetzungsroman.

Mark Twain gestand wiederholt, er habe in seinem ganzen Leben nie gearbeitet. All seinen Humor und seine großartigen Bücher verdanke er einzig dem Umstand, dass er die unerschöpflichen Reserven seines Unterbewusstseins anzapfte.

———

Selbsterhaltung ist das oberste Gesetz des Lebens. Die unendliche Intelligenz in Ihnen ist immer bestrebt, Sie zu schützen und vor jeglichem Schaden zu bewahren. Sie wird sich Ihres Lebens und Ihres Körpers annehmen, solange Sie ihr nicht mit Zweifeln und Ängsten, mit Gedanken an Mangel und Einschränkung in die Quere kommen.

———

Millionen von Menschen führen ein Leben des Mittelmaßes, des Mangels und der Begrenztheit, weil sie ihr Unterbewusstsein falsch programmieren. Sie versäumen es, ihrem Unterbewusstsein Harmonie, Frieden, Freude, Fülle, Sicherheit und rechtes Handeln zu übermitteln. Wenn Sie Ihr Unterbewusstsein nicht gemäß den universellen Prinzipien und ewigen Wahrheiten lenken, werden Sie ein Opfer des Massendenkens, das, wie Sie wissen, überwiegend negativer Natur ist.
Beginnen Sie darum jetzt gleich damit, Ihr Bewusstsein spirituell zu aktivieren, indem Sie es mit positiven Gedanken füllen. Dann wird Ihr Unterbewusstsein alles Weitere für Sie erledigen.

———

Ihr Unterbewusstsein widerspricht Ihnen niemals und stellt die Anweisungen, die Sie ihm erteilen, niemals infrage, denn für das Unterbewusstsein existiert nur eine

Macht – Gott, die unendliche Intelligenz – und innerhalb dieser Macht gibt es keine Konflikte oder Streitigkeiten. Diese Macht operiert nach dem Prinzip der Schönheit, nicht der Hässlichkeit, der Harmonie, nicht des Missklangs, der Liebe, nicht des Hasses, der Freude, nicht der Traurigkeit, der Üppigkeit und Fülle, nicht des Mangels und der Armut, des rechten, nicht des falschen Handelns. Wo es nur Schönheit, Harmonie, Liebe, Freude, Fülle und rechtes Handeln gibt, können Streit und Zwietracht nicht existieren.

———

Die grundlegende Natur der unendlichen Intelligenz ist Einheit und Liebe. Sie reagiert auf all Ihre Gedanken mit Liebe. Darum unterscheidet sie nicht und verwirklicht getreulich alle Gedanken, Pläne und Ideen, die Sie Ihrem Unterbewusstsein übermitteln, seien sie nun positiv oder negativ. Sie nimmt alles liebevoll auf und lässt es gedeihen.

———

Ihr Unterbewusstsein steht täglich vierundzwanzig Stunden lang in Kontakt zum universellen Unterbewusstsein. Dieser Kontakt ist niemals unterbrochen. Unaufhörlich strömen Ihnen von dort schöpferische Ideen zu, die dann in Ihr Bewusstsein aufsteigen.

———

Als Hort und Schwelle zur unendlichen Intelligenz kennt Ihr Unterbewusstsein alle Antworten. Es wird Ihnen jede Frage beantworten, aber Sie müssen frei von Furcht und Zweifeln fragen und in der Gewissheit, dass die Antwort gemäß der göttlichen Ordnung und in göttlicher Liebe zu Ihnen kommen wird.

———

Wir werden niemals vollständig ergründen können, was alles in unserem Unterbewusstsein gespeichert ist. Wenn wir aber auf gespeicherte Muster stoßen, die schädlich für uns sind, können wir sie jederzeit verändern.

Prinzipien, die Sie sich einprägen sollten

1. Ihr Unterbewusstsein ist der Sitz der unendlichen universellen Intelligenz und Weisheit. Vertrauen Sie ihm völlig. Machen Sie sich bewusst, dass es stets bestrebt ist, Sie zu beschützen und zu erhalten. Wenn Sie der Macht Ihres Unterbewusstseins vertrauen, werden Sie immer eine positive Reaktion und Antwort erhalten.
2. Wenn Sie eine Anfrage an Ihr Unterbewusstsein richten, tun Sie es in dem unerschütterlichen Glauben und der festen Zuversicht, dass die Antwort unfehlbar kommen wird. Wenn Sie aufrichtig glauben, dass die unendliche Intelligenz in Ihnen alle Ihre Bitten und Wünsche erhört, werden Sie immer die richtige Antwort erhalten, und zwar oft auf Wegen, die dem Verstand unbegreiflich erscheinen.
3. Furcht und Anspannung können verhindern, dass Sie die Antwort aus Ihrem Tiefenbewusstsein vernehmen. Werden Sie innerlich still. Wenn Ihr Bewusstsein still und aufnahmebereit ist, wird die Antwort in Ihnen aufsteigen.
4. Ihr Unterbewusstsein kennt die Lösung für jedes Problem. Die unendliche Intelligenz in Ihnen hat alle Antworten und es liegt in ihrer Natur, alle Ihre Fragen zu beantworten. Blicken Sie nach innen. Dort finden Sie die Mittel und Wege zur Erfüllung all Ihrer Herzenswünsche.
5. Es gibt mentale und spirituelle Gesetze, die ebenso gültig sind wie die so genannten physikalischen Gesetze.

Die Gesetze, nach denen Ihr Unterbewusstsein arbeitet, sind genauso verlässlich wie die Gesetze der Elektrotechnik oder der Chemie. Und die Resultate sind genauso vorhersehbar. Experimentieren Sie auf wissenschaftliche Weise mit diesen Gesetzen, bis Sie den unumstößlichen Beweis gefunden haben, dass die unendliche Intelligenz in Ihnen unmittelbar auf Ihr bewusstes Denken antwortet. Wie den Umgang mit der Elektrizität oder mit chemischen Substanzen können Sie auch den richtigen Umgang mit den Kräften Ihres Geistes erlernen.

6. Sie können Ihren Geist auf richtige und auf falsche Weise gebrauchen. Wenn Sie erfüllt und glücklich leben möchten, müssen Sie die Prinzipien der kosmischen Weisheit befolgen. Erkennen Sie die eine Macht an, dann wird sich auch Ihr Geist in harmonischer Einheit bewegen.

7. Das größte Geheimnis aller Zeiten ist das Wissen, wie wir die Kräfte unseres Unterbewusstseins auf richtige Art anzapfen und freisetzen können. Erlernen auch Sie diese Kunst, dann werden Sie Wohlstand, Liebe, Glück und alle Segnungen des Lebens erfahren.

8. Sie selbst entscheiden darüber, ob Sie ein Leben in Sicherheit, Frieden, Freude und Gesundheit führen, und zwar durch richtige Anwendung der Gesetze Ihres Geistes.

9. Ihr Unterbewusstsein ist die Quelle Ihrer Ideale, edlen Ambitionen und altruistischen Ziele.

2. KAPITEL

Die Macht der Gedanken

*Wir sind, was wir den ganzen Tag
über denken.*

Das Denken ist die mächtigste Kraft im Universum. Es bestimmt über Ihr Leben, denn das Unterbewusstsein tut seine Arbeit gemäß den Anweisungen, die Sie ihm mit Ihrem bewussten Verstand, also durch Ihre Gedanken geben. Diese Wahrheit wird in der Bibel immer wieder herausgestellt. Dort heißt es: »*Es soll geschehen, wie du geglaubt hast.*« (Matthäus 8,13)

Das Denken beherrscht die Welt.
Alle Aktivitäten finden zunächst im Geist statt.
Alles, was existiert, muss zunächst in Gedanken gelebt haben. Nichts kann hergestellt, konstruiert, erschaffen werden, ohne zunächst ein Gedankenbild gewesen zu sein. Von allem, das in Ihrem Leben sichtbar Gestalt annehmen soll, müssen Sie sich zunächst eine gedankliche Vorstellung schaffen.

Ihre Gedanken besitzen Macht. Sie sind schöpferisch. Jedem Gedanken wohnt die Tendenz inne, sich zu manifestieren, und das geschieht auch, es sei denn, der Gedanke wird durch einen anderen Gedanken von größerer Intensität neutralisiert.

———

Jeder Gedanke ist ein Gebet, aus dem einfachen Grund, dass Denken schöpferisch ist und dazu tendiert, sichtbar Gestalt anzunehmen.
Wählen Sie Ihre Gedanken daher mit Bedacht. Überlegen Sie sich gut, worum Sie beten.

———

Gedanken sind Dinge.
Mit anderen Worten, der geistige und der physische Bereich sind eng verwoben. Man kann sich diese enge Verbindung zwischen geistigem und physischem Bereich vereinfacht so vorstellen: Der bewusste Verstand greift eine Vorstellung auf und dabei entsteht eine entsprechende Schwingung in unserem bewussten Nervensystem. Von dort wird der Impuls an unser autonomes Nervensystem weitergeleitet. So erreicht er unser Unterbewusstsein, das schöpferische Medium. Auf diese Weise werden aus Gedanken Dinge.

———

Sie müssen sich immer wieder bewusst machen, dass Ihr Denken stets eine Reaktion der unendlichen Macht bewirkt. Es handelt sich um eine Aktions-Reaktions-Kette: Was Sie säen, werden Sie ernten. Und wie Sie in den Wald hineinrufen, so schallt es heraus.

———

Die meisten Menschen denken nicht wirklich. Sie denken nur, dass sie denken. Wirkliches Denken bedeutet, sich voll bewusst zu sein, dass es eine unendliche Intelligenz gibt, die auf jeden unserer Gedanken antwortet.

Demnach denken Sie erst wirklich, wenn Sie vom Standpunkt universeller Prinzipien und ewiger Wahrheiten aus denken, die immer gleich sind und bleiben, heute und bis in alle Zukunft. Ein Mathematiker denkt auf der Basis allgemein gültiger mathematischer Prinzipien und richtet sein Denken nicht an den unsteten Meinungen der Menschen aus. Also denken Sie nicht wirklich, wenn Sie auf die Schlagzeilen und die Meinungsmache in Zeitungen, Funk und Fernsehen reagieren oder sich von Traditionen, religiösen Bekenntnissen, Dogmen oder äußeren Umweltbedingungen beeinflussen lassen.

Solange in Ihrem Denken noch Platz für irgendwelche Ängste und Sorgen ist, *denken Sie nicht wirklich*. Im wahren Denken gibt es keinerlei Angst oder Verneinung. Gedanken der Furcht können nur entstehen, wenn Sie äußeren Dingen eine ursächliche Wirkung beimessen. Und genau das ist die große Lüge. Alles Äußere ist immer nur Wirkung. Die alleinige Ursache sind Ihre Gedanken und Gefühle.

Wahres Denken ist also Denken vom Standpunkt unveränderlicher Wahrheiten aus. Es ist ein Denken, das sich auf die folgenden fundamentalen Gewissheiten stützt: Das Prinzip des Lebens ist Harmonie, nicht Zwietracht, ist Wahrheit, nicht Irrtum, ist Liebe, nicht Hass, ist Freude, nicht Traurigkeit, ist Fülle, nicht Armut, ist Gesundheit, nicht Krankheit, ist Schönheit, nicht Hässlichkeit, ist rechtes, nicht falsches Handeln, ist Licht, nicht Dunkelheit.

Natürlich können Sie Gedanken der Furcht und Sorge, des Grolls, des Hasses und dergleichen hegen, doch dann ist Ihr Denken unwahr. Sie verletzen dann die Prinzipien der Ganzheit, Harmonie und Liebe und müssen unvermeidlich die Konsequenzen tragen.

Respektieren Sie Ihre Gedanken. Gründen Sie Ihr Denken auf ewige Wahrheiten. Vergessen Sie nicht: Ihre Gedanken und Gefühle formen Ihren Charakter und Ihr Charakter ist Ihr Schicksal.
Beginnen Sie also jetzt gleich damit, selbstständig zu denken.

———

Wenn Sie Ihre Aufmerksamkeit auf Armut, Mangel, Einsamkeit und die Schwierigkeiten und Probleme der Welt richten, ziehen Sie damit all diese Dinge in Ihr Leben – gemäß dem Gesetz, dass Sie im Leben stets das erfahren, worauf Sie sich konzentrieren.

———

»Alle Dinge sind bereit, wenn das Denken für sie bereit ist.« (Shakespeare)

———

Es besteht ein gewaltiger Unterschied zwischen spirituellem (kosmischem) Denken und dem Durchschnitts- oder Massendenken. Im Zustand des Durchschnittsdenkens haben Sie nicht die Kontrolle über Ihr Denken und Sie erteilen Ihrem Unterbewusstsein nicht die richtigen Anweisungen.
Leider führen die meisten von uns ein Leben, das Ausdruck des Massendenkens ist, also beherrscht wird von den Gedanken und Überzeugungen anderer.
Halten Sie Ihr Denken stets auf der Ebene des kosmischen Bewusstseins, sonst werden Sie zwangsläufig zum Opfer des Massenbewusstseins. Dann wird Ihr Denken von negativen Fremdgedanken beherrscht, was in Ihrem Leben zu Unglück und Schwierigkeiten aller Art führen wird.

———

Ich wurde einmal gefragt: »Woran erkenne ich, dass mein Denken sich wirklich in Harmonie mit der unendlichen Intelligenz befindet?«
Das ist eine gute Frage. Die Antwort lautet, dass Sie dann im Einklang mit der unendlichen Intelligenz denken, wenn Sie Ihr Bewusstsein aus der Perspektive ewiger Wahrheiten, aus der kosmischen Perspektive Gottes aktivieren.
Wahres spirituelles Denken ist frei von Furcht und von Sorge.

———

Wenn Sie Ihre Erfolge für sich beanspruchen, müssen Sie auch die Verantwortung für Ihre Fehlschläge und Missgeschicke übernehmen. Alles andere wäre unvernünftig und unwissenschaftlich.
Vergessen Sie niemals: So wie Sie denken, sind Sie – im Guten wie im Schlechten.

———

Alle Pläne für die Zukunft können Sie nur hier und jetzt schmieden, in der Gegenwart. Und wenn Sie sich vor etwas Zukünftigem fürchten, dann spüren Sie diese Furcht jetzt. Wenn Sie sich an ein angenehmes, erfreuliches Erlebnis aus der Vergangenheit erinnern, dann erleben Sie diese Freude jetzt. Wenn Sie an die Zukunft denken, dann geschieht das in der Gegenwart.
Die Vergangenheit und die Zukunft sind wie zwei Diebe. Wenn Sie sich in Reue und Selbstkritik wegen früherer Fehler ergehen, durchleiden Sie diesen Schmerz allein in Ihrem heutigen, jetzigen Denken. Wenn Sie angstvoll an die Zukunft denken, berauben Sie sich damit im Heute Ihrer Freude, Gesundheit und Zufriedenheit.

Seien Sie darum dankbar für alles Gute in Ihrem momentanen Leben und befreien Sie sich von diesen beiden Dieben. Lassen Sie sich von dem, was nur in Ihrem Denken existiert, nicht Vitalität, Urteilskraft und Geistesfrieden stehlen!
Alles, was Sie ändern müssen, ist Ihr gegenwärtiges Denken.

———

Ihre Gedanken, Überzeugungen, Pläne und Absichten sind fertige gedankliche Konstrukte, so wie auch ein neues Gebäude zunächst nur als Idee im Bewusstsein des Architekten existiert. Diese gedanklichen Konstrukte sind auf ihrer Ebene genauso wirklich wie Ihre Hand oder Ihr Herz auf der materiellen Ebene.

———

Welche Verluste Sie in der Vergangenheit auch erlitten und welches Leid Sie erfahren haben – es steht Ihnen völlig frei, wie Sie heute darüber denken. Sie können jeden Ihrer Gedanken vollkommen frei wählen.

———

Glauben Sie daran, dass das, was Sie ersehnen, jetzt bereits Wirklichkeit ist, leben Sie im Gefühl, dass Ihr Wunsch bereits erfüllt ist. Machen Sie Ihren Wunsch zu einer geistigen Realität, dann muss er sich zwangsläufig auch im dreidimensionalen Raum objektiv verwirklichen.

———

Ihr Denken ist immer schöpferisch. Alles, was Sie über andere Menschen denken, erschaffen Sie damit in Ihrem eigenen Erfahrungsbereich. Denken Sie daher niemals daran, anderen Menschen Hindernisse in den Weg zu legen.

Ihre Gedanken besitzen außerdem auch eine Wirkung auf andere Menschen. Wenn Sie sich um andere sorgen, werden diese Gedanken von Ihrem Unterbewusstsein aufgenommen und von dort an das Unterbewusstsein der betreffenden Person weitergeleitet – womit Sie dazu beitragen können, genau das Befürchtete hervorzubringen.

———

Wenn Sie nicht eigenständig denken, werden die Zeitungen, die Nachbarn, die breite Masse für Sie denken und in Ihrem Leben werden Chaos und Verwirrung herrschen.
Übernehmen Sie selbst die Verantwortung für Ihr Denken und räumen Sie anderen diesbezüglich keine Macht ein.
»… entscheidet euch heute, wem ihr dienen wollt«.
(Josua 24,15)

———

Die Ursache ist immer innen zu suchen, bei Ihren eigenen Gedanken und Gefühlen. Wenn Sie mental gegen Ihre äußeren Lebensumstände ankämpfen, verwechseln Sie Wirkungen mit Ursachen und vergrößern nur Ihre Probleme, indem Sie sich selbst immer neue Sorgen schaffen.

———

Jeder geht den Weg, den seine Vision ihm weist.
Die Vision ist das, was Sie vor Ihrem inneren Auge sehen – das, dem Sie ständige gedankliche Aufmerksamkeit widmen.
Alles, worauf Sie sich konzentrieren, wird von Ihrem Unterbewusstsein in Ihr Leben gezogen. Konzentrierte Aufmerksamkeit ist der Schlüssel.

———

Das Prinzip von Ursache und Wirkung, Aktion und Reaktion ist im bewussten und unbewussten Bereich des Denkens genauso unausweichlich am Werk wie in der Welt der sichtbaren Materie. Darum spiegeln die Freuden und Leiden, die Sie erfahren, genau die Inhalte Ihres gewohnheitsmäßigen Denkens wider.

———

Ein Gedanke wird auf die gleiche Weise zu einer materiellen Realität wie ein Samenkorn zur Pflanze wird: Er muss ständig genährt werden.

———

Wenn Sie einen falschen Gedanken durch einen neuen ersetzen, fühlt sich das zunächst oft wie eine rein intellektuelle Übung an, bei der Sie gefühlsmäßig nicht beteiligt sind. Wenn Sie aber den aufrichtigen Wunsch hegen, an diesen neuen Gedanken zu glauben, schwindet irgendwann aller Widerstand.
Wenn man in eine mit schmutzigem Wasser gefüllte Schale stetig klares Wasser hineintropfen lässt, kommt irgendwann der Moment, in dem sich nur noch klares Wasser in der Schale befindet.
Wenn man eine Wahrheit im Bewusstsein ständig wiederholt, löst sie irgendwann alle gegensätzlichen, falschen Überzeugungen vollständig auf.

———

Sie bekommen im Leben nicht, was Sie wollen, sondern das, worauf Sie sich laufend konzentrieren.

———

Sie werden zu dem, was Sie kontemplieren und in Ihrem Unterbewusstsein speichern. Kontemplieren Sie also

Liebe, Frieden, Harmonie, Freude, Schönheit, Weisheit, Kraft und innere Führung, dann werden Sie diese Qualitäten in Ihrem Leben zum Ausdruck bringen.

———

Der beherrschende Gedanke in Ihrem Bewusstsein liegt all Ihren anderen Gedanken zugrunde und färbt sie auf die gleiche Art, wie eine kleine Menge Farbstoff einen ganzen Bottich Wasser färbt.

———

William James, der Vater der amerikanischen Psychologie, äußerte: »Die größte Entdeckung meiner Generation ist es, dass der Mensch sein Leben ändern kann, indem er seine Geisteshaltung ändert.«

———

Wir leben in einer »Gedankenwelt«. Wir können nichts außerhalb unseres eigenen Geistes erleben.

———

Das Denken ist die einzige unsichtbare Kraft, derer wir uns wirklich bewusst sind und die wir steuern können. Darum ist das Denken so wichtig.

———

Sie leben in Ihrem Geist, und dort machen Sie sich selbst reich oder arm, zum Bettler oder zum Dieb.

———

Kümmern Sie sich um Ihr bewusstes Denken, nicht um Ihr Unterbewusstsein. Beschäftigen Sie Ihr Bewusstsein ganz mit der Erwartung des Besten und achten Sie darauf, dass Ihre gewohnheitsmäßigen Gedanken völlig auf

Liebe, Wahrheit, Gerechtigkeit und edle Ziele ausgerichtet sind. Denn Ihr Bewusstsein ist der so genannte »Wächter am Tor«. Seine Hauptfunktion besteht darin, Ihr Unterbewusstsein vor falschen Eindrücken zu bewahren.
Wählen Sie Gedanken, die segensreich, heilend und inspirierend sind und Ihre Seele mit Freude erfüllen.

Setzen Sie Gedanken an Frieden, Harmonie, rechtes Handeln, Liebe und Wohlwollen auf den Thron Ihres Geistes. Dann werden diese inneren Gedankenmuster sich in Ihrem äußeren Handeln offenbaren.

Alles, was Sie in Ihrer äußeren Welt antreffen, wurde zuvor von Ihnen bewusst oder unbewusst in der inneren Welt Ihres Geistes erschaffen. Wie der große römische Kaiser und Philosoph Marc Aurel schrieb: »Unser Leben ist das, wozu unsere Gedanken es machen.«

Um Ihre äußeren Lebensumstände zu verändern, müssen Sie dort ansetzen, wo die alleinige Ursache für diese Umstände zu finden ist: bei Ihrem Denken. Die meisten Leute versuchen, ihre äußeren Lebensumstände zu verändern, indem sie unmittelbar auf diese einwirken. Doch Erfolg werden Sie nur haben, wenn Sie das Übel an der Wurzel packen. Streit, Verwirrung, Armut und Einschränkungen sind stets ausschließlich darauf zurückzuführen, dass Sie falschen Gebrauch von Ihrem Bewusstsein machen. Ändern Sie Ihr Denken, dann brauchen Sie nicht länger auf eine von außen kommende Veränderung zu warten, sondern *Sie selbst* werden Ihr Leben zum Besseren verändern.

———

Sie sind die Gesamtsumme Ihrer Gedanken. Sie sind das, wozu Ihr Denken Sie gemacht hat. Alle Ereignisse in Ihrem Leben – positiv oder negativ – sind nur die sichtbar gewordene Konsequenz Ihres Denkens.

Sie können sich von gewohnheitsmäßigen negativen Gedanken und Vorstellungsbildern befreien, indem Sie sie durch positive Gedanken ersetzen. So wie sich Dunkelheit durch Licht und Kälte durch Wärme vertreiben lässt, genauso lässt sich ein schlechter Gedanke durch einen guten überwinden: Bejahen Sie das Gute, dann wird das Schlechte verschwinden. Bejahen Sie die Wahrheit, dann wird alles Falsche verschwinden.

Die Wahrheit zu erkennen heißt, in Harmonie mit der unendlichen Intelligenz und Macht Ihres Unterbewusstseins zu leben. Wenn Sie sich gedanklich mit der unendlichen Intelligenz, also Gott, verbinden, schwingen Ihre Gedanken auf der höchstmöglichen Frequenz und neutralisieren alle Ängste, Zweifel und Beschränkungen, so wie die Sonne den Nebel auflöst und das Licht die Dunkelheit vertreibt.

Dann ist Ihr Leben ganz auf Erfüllung und Freude ausgerichtet.

———

Emerson sagte: »Ein Mensch ist, was er den ganzen Tag lang denkt.«

———

Wenn Sie sich darüber klar werden, was Gedanken eigentlich sind, setzen Sie damit die schöpferische Macht Gottes, der unendlichen Intelligenz, in Bewegung.

Doch jedes Wissen um die geistigen Gesetze ist wenig wert, wenn Sie diese Wahrheiten nicht in Ihrem Alltag umsetzen.

―――――

Ein Wort ist nichts anderes als ein ausgedrückter Gedanke.

―――――

Der Schöpfer ist größer als seine Schöpfung. Der Künstler ist größer als seine Kunst. Der Denker ist größer als seine Gedanken.
Sie können Ihre Gedanken verändern.

―――――

Der alltägliche Verstand, der auf den fünf Sinnen beruht, ist jenes Bewusstsein, das die Dinge ganz aus dem Blickwinkel äußerer Bedingungen, Zustände und Traditionen sieht. Betrachten Sie die äußere Welt niemals als Ursache. Sie ist immer nur Wirkung. Weigern Sie sich entschieden, äußeren Phänomenen wie dem Wind, den Wellen, dem Wetter, der Sonne, dem Schnee, den Sternen oder irgendeinem anderen erschaffenen Ding Macht einzuräumen. Der wissenschaftliche Denker macht aus einer Wirkung niemals eine Ursache; er lässt sich nicht länger von der materiellen Welt und den dort vorherrschenden Überzeugungen hypnotisieren. Ein solcher Mensch weiß, dass seine eigenen mentalen Überzeugungen die einzige Ursache für alles in seinem Leben sind. Was immer Sie denken, fühlen, glauben und als wahr akzeptieren, ist die einzige Ursache für *alles* in Ihrem Leben. *Ihnen geschieht nach Ihrem Glauben.*
Vergessen Sie nicht: Sie sind der einzige Denker in Ihrem Universum.

Haben Sie den Wahrheitsgehalt der verschiedenen Ideen und Suggestionen, denen Sie während des Tages ausgesetzt sind, schon einmal kritisch hinterfragt?

All Ihre Erfahrungen, Lebensumstände und Taten sind Reaktionen Ihres Unterbewusstseins auf Ihre Gedanken.

Wenn Sie ein neues Haus für sich und Ihre Familie bauen, widmen Sie den Bauplänen selbstverständlich größte Aufmerksamkeit. Sie überwachen, ob die Baufirma auch wirklich genau entsprechend Ihren Wünschen und Vorstellungen arbeitet. Sie wählen nur die besten Materialien aus, das beste Holz, den besten Stahl, das Beste von allem. Und wie ist es mit Ihrem geistigen Zuhause und den Bauplänen dafür?
Alle Ihre Erfahrungen und alles, was in Ihr Leben tritt, hängt von den geistigen Bausteinen ab, aus denen Sie das Gebäude Ihres Lebens errichten – das ist Ihr eigentliches persönliches Zuhause. Wenn dieser mentale Bauplan Furcht, Sorge und Mangel enthält, wird er Ihnen ein entsprechendes Leben bescheren. Beschränkungen und Leiden aller Art sind dann unausweichlich.
Sie bauen fortwährend an Ihrem geistigen Zuhause. Die Gedanken, die Sie denken, die Glaubenssätze, die Sie akzeptieren, und die Szenen, die Sie auf der verborgenen Bühne Ihres Geistes immer wieder proben, sind Ihr Baumaterial. Das Gebäude, das auf diese Weise entsteht, ist Ihre Persönlichkeit, Ihr Schicksal – Ihre komplette Lebensgeschichte auf dieser Erde.

▪ Praktische Beispiele

Einmal besuchte mich ein junger Physiker, der mich darauf hinwies, dass auch die modernen wissenschaftlichen Theorien zeigen, dass Gedanken tatsächlich Dinge sind. Er sagte, Einstein und alle unsere modernen Physiker hätten erkannt, dass Energie (Geist) und Materie austauschbar seien, dass Energie sich in Materie verwandeln könne und umgekehrt. So wie es in den alten indischen Veden schon vor Generationen gelehrt wurde, sei Materie die unterste Zustandsform des Geistes und Geist die höchste Zustandsform der Materie. Mit anderen Worten, sie seien ein und dasselbe: Materie sei Geist oder Energie, auf eine Schwingung reduziert, die sie sichtbar werden lasse. Gedanken seien demnach Materie im Anfangszustand.

Dann erzählte er mir seine Geschichte als Beweis für diese Behauptung. Er sagte: »Als ich nach Amerika kam, besaß ich lediglich zehn Dollar, aber ich ließ mich dadurch nicht in Panik versetzen, weil ich wusste, dass das Unsichtbare sichtbar werden würde. Während ich in meinem Hotelzimmer saß, bekräftigte ich daher laut: ›Der göttliche Geist ist meine sofortige und nie versiegende Versorgungsquelle. Er nimmt die Gestalt von Nahrung, Kleidung, Geld, Freunden und allem an, was ich hier und jetzt brauche. Ich erkläre dies und ich weiß, dass die Manifestation sich jetzt vollzieht, denn Gott ist das ewige Jetzt!‹«

Die Manifestation vollzog sich durch einen ihm völlig unbekannten Menschen, dem er im Aufzug des Hotels begegnete. Sie begannen eine angeregte Unterhaltung auf Französisch, obgleich Sie beide ausgezeichnet Englisch sprachen, und der bis dato Unbekannte besorgte dem jungen Mann eine Stellung in einem Forschungsunternehmen der Elektronikbranche. Inzwischen ist er befördert worden und in die Geschäftsführung dieses Unternehmens aufgestiegen.

―――――

Eines Tages suchte mich ein junger Mann auf, der offensichtlich in ziemlichen Schwierigkeiten steckte. Er erzählte: »Gestern hat man mir gekündigt. Jetzt habe ich schon den fünften Job in fünf Monaten verloren. Das ist rekordverdächtig, nicht wahr?« Er gestand mir, dass er unter Schlaflosigkeit und Depressionen litt und obendrein übermäßig trank. Er schien beinahe stolz auf die Fülle seiner Probleme zu sein.
»Warum, glauben Sie, hat man Ihnen so oft gekündigt?«, fragte ich.
»Sie mögen mich einfach nicht«, entgegnete er. »Meine Chefs, die Kollegen ... keiner von ihnen mag mich. Vielleicht ist mein Gesicht daran schuld. Oder irgendwas stimmt mit meiner Körperchemie nicht.«
»Sind Sie ein guter Arbeiter?«, hakte ich nach. »Erscheinen Sie morgens pünktlich und strengen sich ehrlich an?«
Er wich meinem Blick aus. »Es ist nicht mein Fehler«, murmelte er. »Manchmal ist mir einfach nicht danach, zur Arbeit zu gehen. Wenn ich die ganze Nacht wach war und nicht schlafen konnte ...«
»Oder wenn Sie an einem schrecklichen Kater leiden?«, setzte ich hinzu.
»Ja, das auch«, sagte er. »Aber was macht es schon aus? Es ist egal, was ich mache, die Leute mögen mich ja doch nicht. Früher oder später werde ich gefeuert.«
Ich erklärte diesem Mann, dass die pessimistischen, hoffnungslosen Gedanken, die sein Bewusstsein dominierten,

alle seine Erfahrungen färbten. Daher war es kein Wunder, dass er seinen Chefs gleichgültig war und sie ihn nicht behalten wollten. Warum sollten sie auch? Er gab ihnen nichts und konnte daher auch im Gegenzug nichts von ihnen erwarten.

Auf meinen Vorschlag hin belegte er einen kaufmännischen Weiterbildungskurs und außerdem ein Seminar für Rhetorik. Er fing an, um innere Führung und Wohlstand zu beten, und bekräftigte regelmäßig, dass Gott ihn in allen seinen Angelegenheiten führe und er über alle Maßen gesegnet sei.

Allmählich wandelte sich sein Denken. Er gewann Selbstvertrauen und strahlte zunehmend Gesundheit, Harmonie und Zufriedenheit aus. An seiner nächsten Arbeitsstelle wurde er nach der Probezeit übernommen und bald darauf befördert.

Dieser Mann erfuhr, dass alle wirkungsvollen Lehren – ob es sich nun um Ausbildungen, Persönlichkeitstrainings oder religiöse Schulungen handelt – immer darauf abzielen, die geistige Haltung des Schülers gegenüber dem Leben, den Mitmenschen und den Lebensumständen positiv zu verändern.

Der erste Schritt auf dem Weg zum Erfolg ist immer die Korrektur des Gedankenlebens. Ändern Sie Ihr Denken, erkennen Sie, dass Ihre Gedanken und nicht die äußeren Umstände die Ursache sind – dann können Sie Ihr Schicksal verändern.

Prinzipien, die Sie sich einprägen sollten

1. Sie ganz allein sind für Ihre Gedanken verantwortlich. Sie selbst sind der einzige Denker in Ihrem Universum.

Das bewusste Denken ist es also, dem Sie Ihre Aufmerksamkeit widmen sollten. Beobachten Sie Ihre Gedanken. Gedanken, die wiederholt an das Unterbewusstsein übermittelt werden, werden von diesem als wahr akzeptiert und verwirklicht. Daher sollten Sie sich nur mit positiven Ideen und Gedanken beschäftigen. Wenn Sie Ihre Aufmerksamkeit auf Hindernisse, Probleme und Schwierigkeiten richten, reagiert Ihr Unterbewusstsein entsprechend, sodass Sie sich selbst blockieren. *Wie denken Sie?*
2. Das Denken regiert die Welt.
3. Richtiges Denken ist gottgleiches Denken, das auf der Anerkennung universeller Prinzipien und ewiger, unveränderlicher Wahrheiten beruht. Solange in Ihrem Denken noch Platz für Furcht, Zweifel oder Sorge ist, denken Sie nicht richtig. Dann lassen Sie andere Menschen – das Massenbewusstsein – für Sie denken. Dieses Massendenken ist immer der Ansicht, dass es äußere Ursachen für Probleme gibt. Denken Sie eigenständig. Hören Sie auf, blindlings die Gedanken anderer zu übernehmen. Seien Sie nicht wie ein Kassettenrecorder, der nur nachplappert, was andere ihm vorgegeben haben.
4. Das Gesetz bevorzugt niemanden. Das Gesetz des Geistes besagt, dass Sie sind, was Sie den ganzen Tag lang denken, was Sie regelmäßig kontemplieren. Sie erschaffen, was Sie denken. Sie ziehen in Ihr Leben, was Sie fühlen. Und Sie werden zu dem, was Sie sich vorstellen.
5. Ihr Bewusstsein ist der »Wächter am Tor«. Seine Hauptaufgabe besteht darin, Ihr Unterbewusstsein vor falschen Eindrücken zu bewahren. Machen Sie sich immer wieder klar, dass Sie der einzige Denker in Ihrem Universum sind.
6. Wenn Ihre Aufmerksamkeit wandert, sollten Sie sie immer wieder auf die Kontemplation ihrer positiven Zie-

le lenken. Machen Sie sich dies zur festen Gewohnheit. So disziplinieren Sie Ihren Geist.

7. Ihre Geisteshaltung (Ihr Denken und Fühlen) ist die Ursache und Ihre Erfahrungen und Erlebnisse sind die Wirkung. Man kann auch von Aktion und Reaktion sprechen: Ihr Denken ist die Aktion, die Antwort Ihres Unterbewusstseins ist die Reaktion.

8. Alle Probleme in Ihrem Leben resultieren aus den Gedanken, die Sie in Ihrem Bewusstsein beherbergen. Machen Sie daher jetzt gleich eine gründliche Bestandsaufnahme.

9. Das Denken ist die einzige immaterielle und unsichtbare Kraft, die Ihrer bewussten Kontrolle unterliegt.

10. Denken Sie einmal über die ungeheuren Schätze in Ihrem Unterbewusstsein nach. Denken Sie an Harmonie, Frieden, Freude, Liebe, Führung, rechtes Handeln, Erfolg – all dies sind Prinzipien des Lebens. Wenn Sie an diese Fülle denken, aktivieren Sie latente Kräfte in Ihrem Inneren. Ihr Unterbewusstsein wird Sie dann dazu führen, diese Fülle hier und jetzt zum Ausdruck zu bringen, denn Gedanken sind Dinge.

11. Sie gehen den Weg, den Ihnen Ihre Vision (Ihr Denken) weist. Auf was auch immer Sie Ihre Aufmerksamkeit richten – Ihr Unterbewusstsein wird es vergrößert und vervielfacht in Ihrem Leben manifestieren.

12. Gedanken sind Energie. Wenn Ihre Gedanken Gottes Gedanken sind, dann ist Gottes Kraft mit Ihnen und verwirklicht das Gute in Ihrem Leben.

13. Ihre jetzigen Erfahrungen werden nicht von der Vergangenheit verursacht und Ihre künftigen Erfahrungen werden nicht von der Zukunft verursacht, sondern von dem, was Sie gegenwärtig denken. Ändern Sie Ihr Denken hier und jetzt, dann ändert sich alles, denn Ihre Ge-

danken sind schöpferisch. Mag Ihr früheres Denken auch noch so negativ und destruktiv gewesen sein, sobald Sie beginnen, auf richtige Weise zu denken, werden sich auch richtige, positive Ergebnisse einstellen. Dieses Wissen wird Sie von zahllosen Ängsten und Sorgen befreien.

14. Die unendliche Intelligenz in Ihrem Unterbewusstsein kann nur das *für Sie* tun, was sie *durch Sie* tun kann. Daher bestimmt ausschließlich das, was Sie denken und fühlen, Ihr Schicksal.

3. KAPITEL

———

Der Glaube

*Das Gesetz des Lebens ist das Gesetz
des Glaubens.
Alles, was Sie geistig akzeptieren
und für wahr halten,
wird sich in Ihrem Leben
verwirklichen.*

1. Glaube und Überzeugung in allgemeiner Hinsicht

In Wirklichkeit sind Sie unsichtbar. Ihr wahres Selbst – Ihre Motive, Gefühle, Überzeugungen, Träume, Bestrebungen und Sehnsüchte, das Lebensprinzip in Ihnen – das alles ist für andere Menschen nicht sichtbar. Alles, was Sie sind oder zu sein scheinen, ist eine Manifestation Ihres unsichtbaren Glaubens.

Ihr Glaube ist also etwas, zu dem Sie werden, weil Sie in Ihrer Welt das manifeste, objektive Gestalt annehmen lassen, was Sie wirklich von sich glauben.

———

Der Glaube ist eine Sache, das Denken eine andere. Wenn Sie an ein möglicherweise erfolgreiches Unterfangen *denken*, jedoch *glauben*, dass Sie dabei scheitern werden, dann ist es Ihr *Glaube*, der das Scheitern herbeiführt.

———

Das Gesetz des Lebens ist das Gesetz des Glaubens. Ihnen geschieht immer nach Ihrem Glauben.
Was glauben Sie, *in diesem Moment*, über sich selbst, das Leben, das Universum?
Ihre momentane Lebenssituation offenbart die Antwort auf diese Frage, denn wir bringen unseren Glauben jederzeit sichtbar zum Ausdruck. Zum Guten wie zum Schlechten manifestieren wir stets das, woran wir glauben.

Wenn ich von Glauben spreche – und ebenso wird der Begriff auch in der Bibel verwendet –, meine ich damit nicht religiöse Dogmen, Traditionen und Bekenntnisse oder den Glauben an eine bestimmte Person oder Sache. Betrachten Sie den Glauben als eine geistige Haltung, eine innere Gewissheit – eine feste Überzeugung, dass jede Idee, die Sie emotional aufladen und als wahr empfinden, auch tatsächlich wahr *ist* und sich verwirklichen *muss*. Glaube ist ein bewusstes Potenzial und wer glaubt, weiß, dass jede Idee, die er mit fester Überzeugung seinem Unterbewusstsein einprägt, von diesem in der objektiven Realität manifestiert wird.

Was ist Glaube?
Paulus sagte: »*Glaube aber ist: Feststehen in dem, was man erhofft, Überzeugtsein von Dingen, die man nicht sieht.*«
(Hebräer 11,1)
Der heilige Augustinus sagte: »Denn was ist der Glaube, wenn nicht ein überzeugtes Festhalten an dem, was man nicht sieht?«
Glauben heißt, die *Wirklichkeit* einer Idee, eines Gedankens oder inneren Bildes anzuerkennen. Sie besitzen wahren Glauben, wenn Sie die in Ihrem Geist existierende

Idee eines Buches, Theaterstückes, einer Komposition oder Erfindung für so real halten wie Ihre Hand oder Ihr Herz. Das ist das *Festhalten an dem, was man nicht sieht*. Andere Menschen sind nicht in der Lage, die neue Erfindung zu sehen, die Sie sich ausgedacht haben, doch wenn Sie selbst die Idee akzeptieren und ihr Aufmerksamkeit widmen, tritt das Gesetz des Wachstums in Aktion. Ihre Idee ist wie ein Same im Erdboden. Man kann ihn nicht sehen, aber wenn er Nahrung und Wasser erhält, wächst er.

Glaube bedeutet also, das für wahr zu halten, was Ihr Verstand und Ihre Sinne leugnen. Das begrenzte, rationale, analytische Bewusstsein wird ausgeschaltet zugunsten eines völligen Vertrauens in die innere Macht des Unterbewusstseins.

Glaube gilt immer dem Unsichtbaren.

———

Ein Chemiker vertraut den Gesetzen der Chemie, die er gründlich studiert hat. Ein Landwirt vertraut den Gesetzen der Landwirtschaft. Ein Ingenieur vertraut den Gesetzen der Mathematik. Wenn Sie Ihre Träume im Leben verwirklicht sehen möchten, müssen Sie den Gesetzen Ihres Geistes vertrauen und die Prinzipien von Bewusstsein und Unterbewusstsein gründlich studieren.

———

Glaube ist eine bestimmte Art zu denken, ein Vertrauen in die schöpferischen Gesetze des Geistes.

———

Dem großen amerikanischen Psychologen William James zufolge verwirklicht unser Unterbewusstsein jedes geistige Bild, das von einem starken Glauben getragen ist.

———

Glaube ist Vertrauen, aber kein Zwang. Wir können ein Samenkorn wässern und düngen, aber wir können es nicht zum Wachsen zwingen.

———

Sie stärken Ihren Glauben, indem Sie sich klar machen, dass Ihr Wunsch real ist, wenn auch noch unsichtbar. Die Gewissheit, dass Ihre Idee real und bereits eine geistige Tatsache ist, wird es Ihnen ermöglichen, sich über alle Zweifel zu erheben und zu einer tiefen Herzensüberzeugung zu gelangen.

———

Glauben ist konstruktives Denken. Wenn Sie glauben, fühlen Sie die Gewissheit, dass Ihre Wünsche sich verwirklichen werden.

———

Das Gesetz besagt, dass alles so endet, wie es begonnen wurde: Wenn Sie mit Zuversicht beginnen und Ihr ganzes Streben auf Erfolg ausgerichtet ist, wird sich der Erfolg auch einstellen. Das ist die automatische Wirkung dieses Gesetzes.

———

Wenn Sie sich in der Welt umschauen, wird Ihnen schnell klar, dass alle menschlichen Handlungen auf Glauben beruhen.
Auch Sie selbst tun alles auf der Basis des Glaubens. Sie backen Kuchen und fahren Auto im Glauben an Ihre Fähigkeit, dies zu tun.
Alle menschlichen Errungenschaften basieren auf Glauben. Der Landwirt hat gelernt, an die Gesetze des Ackerbaus zu glauben. Der Chemiker hat gelernt, an die Gesetze der Chemie zu glauben.

Jeder glaubt an irgendetwas. Der Atheist glaubt an die Gesetze der Natur, die Prinzipien von Elektrizität, Chemie und Physik. Manche Leute glauben an Versagen, Krankheit, Unfälle und Pech.
Wenn man Sie auffordert zu glauben, sollten Sie bedenken, dass Sie bereits jetzt glauben. Die Frage ist nur, verwenden Sie Ihren Glauben konstruktiv oder negativ? Woran glauben Sie?

———

Zu glauben heißt zu akzeptieren, dass Gedanken Dinge sind, dass Sie das in Ihr Leben ziehen, was in Resonanz zu Ihren Gefühlen ist, und dass Sie zu dem werden, was Sie sich vorstellen.

———

Hier ist ein Beispiel für den Unterschied zwischen Denken und Glauben: Sie müssen nicht an einen Unfall *denken*, um einen solchen zu erleiden. Es gibt ein Gesetz von Ursache und Wirkung, das stets wirksam ist. Demnach stößt Ihnen nichts zu ohne Ihre innere Einwilligung und Beteiligung. Wenn Sie auf irgendeiner Ebene glauben, Sie könnten einen Unfall erleiden, dann wird dieser Unfall sich früher oder später ereignen. In Wahrheit demonstrieren wir immer, woran wir *wirklich glauben*.
Bereits vor über einem Jahrhundert formulierte Dr. Phineas P. Quimby diese Wahrheit auf sehr treffende Weise. Er sagte, dass etwas, woran wir glauben, sich immer manifestiert, ob wir bewusst daran denken oder nicht.

———

Das Gesetz des Geistes ist das Gesetz des Glaubens. Das bedeutet nicht, dass Sie daran glauben sollen, dass äußere

Umstände, Ereignisse und Bedingungen die Ursachen für Ihre Probleme sind. Es bedeutet vielmehr, dass Sie an die Arbeitsweise Ihres Geistes glauben sollen. *Wenn Sie verstehen, wie Ihr Geist funktioniert, nämlich gemäß dem Gesetz des Glaubens, werden Sie eine feste Zuversicht entwickeln – einen starken Glauben an die Macht des Glaubens.* Unser Geist funktioniert auf der Basis von Glauben und Überzeugung. Wenn Sie sich diese tiefe Weisheit einmal bewusst gemacht haben, verfügen Sie über den Schlüssel zur Verwirklichung all Ihrer Ziele.

Wenn man an etwas glaubt, hält man es für wahr. Leider halten viele Menschen vollkommen falsche Dinge für wahr. Entsprechend müssen sie dann auch die Folgen ihres Irrglaubens tragen. Wenn Sie beispielsweise glauben, dass Los Angeles in Arizona liegt und einen Brief dementsprechend falsch adressieren, wird er entweder nie ankommen oder an Sie zurückgeschickt werden.

»Believe«, das englische Wort für glauben, setzt sich aus den beiden Wörtern »be« (sein) und »alive« (lebendig) zusammen. Die alte englische Bedeutung dieses Wortes lautet: »Im Zustand des Seins leben«. Damit ist gemeint, dass Sie in Ihrem Leben etwas Wirklichkeit werden lassen. Glauben (believe) heißt also, dass Sie das, was Sie für wahr halten, als lebendige Realität in Ihrem Herzen fühlen. Das ist viel mehr als eine bloß theoretische Behauptung. Es bedeutet, dass Sie die Wahrheit des von Ihnen Bejahten und Erwünschten wirklich *fühlen* müssen.
Damit Sie wahren Glauben zum Ausdruck bringen können, muss aus Ihrem »Kopfwissen« ein »Herzenswissen«

werden. Dann glauben Sie nicht nur, sondern Sie stellen Ihren Glauben auch unter Beweis.

Glaube ist ein mentales Bild, das sich im Laufe der Zeit in materieller Gestalt manifestiert.

Unsere Glaubenssätze beherrschen uns, denn Sie verwirklichen sich in unserem Leben.

Wir erschaffen das, woran wir glauben.

Das Gesetz des Glaubens wirkt in allen Weltreligionen und ist der Grund dafür, dass sie alle psychologisch wahr sind. Buddhisten, Christen, Moslime und Juden können gleichermaßen Antwort auf ihre Gebete erhalten – nicht wegen ihrer spezifischen Bekenntnisse, Rituale, Liturgien und Opfergaben, sondern allein wegen ihres Glaubens, ihrer mentalen Empfangsbereitschaft für das, worum sie beten.
Denn einem Menschen geschieht entsprechend seinem Glauben, seinem Denken und Fühlen.

Unser Leben ist die Gesamtsumme unserer Glaubensvorstellungen und Überzeugungen. Deshalb ist das Gesetz des Lebens das Gesetz des Glaubens.

Das Unterbewusstsein arbeitet gemäß dem Gesetz des Glaubens. Alles, was Ihnen im Leben widerfährt, ist eine

Folge der Gedanken, die Sie Ihrem Unterbewusstsein durch die Macht des Glaubens eingeprägt haben.
Was Sie glauben, bestimmt, wie Sie leben.

———

Denken Sie immer daran: Glauben heißt, eine Sache für wahr zu halten. Sie sollten sich also gut überlegen, woran Sie glauben wollen, denn wie der Schweizer Arzt und Alchemist Paracelsus im 16. Jahrhundert schrieb: »Ob der Glauben nun wahr oder falsch ist, er wird immer zu den entsprechenden Resultaten führen.« Mit anderen Worten, die Glaubensinhalte werden sich verwirklichen. So ist auch Dr. Phineas Quimbys berühmter Ausspruch zu verstehen: »Der Mensch ist zum Ausdruck gebrachter Glaube.«*

———

Jesus betonte immer wieder die Bedeutung des Glaubens. Sehr oft ist, in unterschiedlicher Formulierung, in der Bibel zu lesen: *Nach deinem Glauben wird dir geschehen.*

———

»Denn wie der Körper ohne den Geist tot ist, so ist auch der Glaube tot ohne Werke.« (Jakobus 2,26)
Das heißt, dass Glaube sinnlos wäre, würde er keine Resultate hervorbringen.
Bauen Sie mit unerschütterlichem Vertrauen darauf, dass es ein Lebensprinzip gibt, das immer auf Ihren Glauben antwortet und Sie niemals im Stich lässt. Die *Werke* (Ergebnisse) Ihres Glaubens werden in Ihrem Geist, Ihrem

———

* Aus: *The Complete Writings of Phineas Parkhurst Quimby*. De Vorss & Co., 1988

Körper und allen Ihren Angelegenheiten sichtbar werden, im persönlichen ebenso wie im beruflichen Bereich.

Die Früchte (Werke) des Glaubens entsprechen der Natur dieses Glaubens. Glauben Sie deshalb an das göttliche Lebensprinzip, das immer und überall für Sie sorgt. Dann werden Gesundheit, Glück, Frieden, Liebe, Wohlwollen, Fülle, Sicherheit, Gelassenheit, Harmonie, Heiterkeit und Seelenruhe die Früchte Ihres Glaubens sein.

Viele Menschen glauben zwar an bestimmte theologische Systeme oder kirchliche Dogmen, besitzen jedoch keinen wirklichen Glauben ins Leben, sodass in ihrem Alltag das reine Chaos herrscht. Wahrer Glaube drückt sich in geistiger und körperlicher Gesundheit und einem erfüllten, harmonischen Leben aus.

2. Spiritueller oder wahrer Glaube

Glauben im wahrsten Sinne heißt, die Gottesgegenwart im Innern zu praktizieren.

Richten Sie Ihren Glauben auf Gott und das Gute aus. Dann werden Sie unfehlbar die Menschen, Umstände und Erfahrungen anziehen, die dem Gegenstand Ihrer Kontemplation entsprechen.

Jemand sagte einmal zu mir: »Ich war mir absolut sicher, dass das Pferd, auf das ich gesetzt hatte, das Rennen gewinnen würde.« Doch leider war dieses Pferd während des Rennens tot zusammengebrochen!

Ich erklärte diesem Ratsuchenden, dass es unmöglich ist, mit absoluter Sicherheit an irgendetwas zu glauben, außer an die Prinzipien des Lebens und die ewigen Gesetze des Geistes. Prinzipien und Gesetze verändern sich niemals – sie sind absolut beständig und zeitlos gültig.
Irgendwelcher Ereignisse oder Lebensumstände kann man sich dagegen niemals völlig sicher sein. In der Bibel gibt es zahlreiche Geschichten von Menschen, die bittere Verluste erlitten, als sie den Fehler begingen, ihren Glauben auf äußere Dinge zu setzen statt auf die ewigen Wahrheiten – z. B. Adam und Eva, Samson oder die Israeliten, die an ein goldenes Kalb glaubten (2. Buch Mose 32).
Sie sollten ausschließlich auf Gott setzen, an seine kosmischen Gaben und alle guten Dinge glauben. Ein solcher Glaube wird Ihnen zu Erfolg, Wohlstand und Glück verhelfen.

Wenn Sie wissen, dass das Licht und die Liebe Gottes Sie in allen Angelegenheiten führen und leiten, wissen Sie, dass Sie keine Fehler machen, keine unweisen Entscheidungen treffen und Ihre Zeit niemals mit unnützen Dingen vergeuden werden.

Glauben heißt Denken auf der Basis ewiger Prinzipien und Wahrheiten. Wahrer Glaube ist eine konstruktive Geisteshaltung, eine innere Gewissheit, dass Ihr Gebet beantwortet werden wird.

In der Bibel finden sich zwei ausgezeichnete Beispiele für die Macht wahren Glaubens:

»Und was soll ich noch aufzählen? Die Zeit würde mir nicht reichen, wollte ich von Gideon reden, von Barak, Simson, Jiftach, David und von Samuel und den Propheten; sie haben aufgrund des Glaubens Königreiche besiegt, Gerechtigkeit geübt, Verheißungen erlangt, Löwen den Rachen gestopft, Feuersglut gelöscht; sie sind scharfen Schwertern entgangen; sie sind stark geworden, als sie schwach waren; sie sind im Krieg zu Helden geworden und haben feindliche Heere in die Flucht geschlagen.«
(Hebräer 11,32-34)
»Amen, das sage ich euch: Wenn jemand zu diesem Berg sagt: Heb dich empor und stürz dich ins Meer!, und wenn er in seinem Herzen nicht zweifelt, sondern glaubt, dass geschieht, was er sagt, dann wird es geschehen.«
(Markus 11,23)

―――――

Der Glaube, den Sie in sich hegen, entscheidet über Erfolg oder Niederlage, Krankheit oder Gesundheit, Freude oder Traurigkeit, Reichtum oder Armut. Wenn Sie ein Leben in Gesundheit, Glück, Rechtschaffenheit und Wohlstand führen wollen, dürfen Sie nur an den einen Gott der Liebe glauben, der unendliche Intelligenz und grenzenlose Weisheit ist, der allwissende, allmächtige All-Eine.

―――――

Glauben Sie an das ewige Prinzip des Lebens, das in Ihnen wirkt, Sie erschaffen hat und ohne Unterlass für Sie sorgt.

Religiöse Lehren, Regierungen und Bankguthaben sind dem ewigen Wandel unterworfen. Regierungen stürzen, Kriege und Wirtschaftskrisen können das Geld entwerten. Ganze Landstriche können durch Wirbelstürme oder andere Naturkatastrophen verwüstet werden. In dieser

Welt ist nichts von Dauer, alles wandelt sich unaufhörlich, mit einer Ausnahme: Das Lebensprinzip – Gott – hat immer Bestand, gestern, heute, morgen und für alle Zeit.

―――――

Glaube und Erwartung wecken die schlafenden Kräfte in der Tiefe Ihres Unterbewusstseins, die nur darauf warten, von Ihnen beansprucht und genutzt zu werden.

―――――

Die meisten Menschen sind sich der göttlichen Macht und Weisheit, die in ihnen ruhen, überhaupt nicht bewusst. Darum schlagen sie sich Tag für Tag völlig unnötig mit den Problemen des Alltags herum.
Menschen, die glauben, wecken die Gottesgabe in sich. Sie wissen, dass ihre Vorstellungen und Wünsche im inneren Königreich bereits Realität sind und dass ihr Glaube das Unsichtbare materielle Gestalt annehmen lassen wird. Deswegen ist der Mensch des Glaubens in der Lage, über das Wasser des Zweifels und der Furcht hinweg ins Gelobte Land zu gehen – zu seinem ersehnten Ziel.

―――――

»Amen, das sage ich euch: Wenn euer Glaube auch nur so groß ist wie ein Senfkorn ... wird euch nichts unmöglich sein.« (Matthäus 17,20)

―――――

Der edelste und höchste Glaube basiert auf den ewigen Prinzipien. Glauben Sie an das schöpferische Gesetz Ihres Geistes, an alle guten Dinge und leben Sie in freudiger Erwartung des Besten. Schreiben Sie sich den festen Glauben an die unsichtbare Intelligenz Ihres Unterbewusstseins in Ihr Herz. Diese Intelligenz hat Sie erschaffen und ist allmächtig. Sie wird Ihnen den Weg aus jeder Schwierigkeit weisen und Sie zum Erfolg führen.

PRAKTISCHE BEISPIELE

Nach einem Vortrag in San Francisco lernte ich Arthur R. kennen, den Geschäftsführer eines großen Unternehmens. Er vertraute mir an, dass er sein Selbstvertrauen verloren habe. Seine Arbeitssituation deprimierte ihn.
»Ich bin als Geschäftsführer dem Vizedirektor und dem Vorstandsvorsitzenden unterstellt«, erklärte er mir. »Beide machen mir ständig Schwierigkeiten. Ganz gleich, welche Vorschläge ich mache, sie sind immer dagegen. Wenn es so weitergeht, werden sie die Firma noch ruinieren. Meine Firmenaktien werden schon bald vollkommen wertlos sein. Ich habe fünf Jahre meines Lebens vergeudet. Und das Schlimmste ist, dass ich mir überhaupt nicht mehr zutraue, irgendetwas dagegen unternehmen zu können!«
»Solange Sie nicht bereit sind, auf Ihre unsichtbaren inneren Kräfte zu vertrauen«, sagte ich zu ihm, »wird alles, was Sie unternehmen, schlecht ausgehen.«
»Unsichtbare Kräfte!«, sagte er verächtlich. »Tut mir Leid. Ich möchte das, woran Sie glauben, nicht schlecht machen. Ich bin sicher, dass Sie es ehrlich meinen. Aber für mich gibt es nur das, was ich sehen, hören, berühren, schmecken oder riechen kann. Für irgendwelche mystischen Ideen ist in meinem Denken kein Platz.«
Ich lächelte. »Ich verstehe. Viele Leute denken so wie Sie. Aber *wo* denken sie so? Können Sie mir den Ort nennen, wo ihr Skeptizismus seinen Sitz hat?«

»Na, in ihrem Bewusstsein, nehme ich an«, entgegnete er. »Jetzt werden Sie mich natürlich fragen, wo mein Bewusstsein lokalisiert ist. Na schön. Ich muss zugeben, dass ich das nicht genau sagen kann.«
»Aber Sie wissen, dass Sie eines haben«, sagte ich.
»Solange ich es nicht verloren habe«, scherzte er. »Aber ich glaube zu verstehen, worauf Sie hinauswollen.«
»Haben Sie Kinder?«, fragte ich. Er nickte. »Lieben Sie sie? Können Sie diese Liebe sehen? Oder sehen Sie nur die Auswirkungen dieser Liebe in der Welt? So verhält es sich auch mit der unendlichen Intelligenz, die in Ihnen wie in jedem Menschen wohnt. Wir können sie nicht sehen, wir können sie nicht lokalisieren, aber wir sehen die Auswirkungen, die sie in der Welt hat.«
Wir setzten unser Gespräch fort und Arthur erkannte, dass er sich jenseits seines Intellekts einen geistigen Halt schaffen musste, wenn er geschäftlich erfolgreich sein und seinen Seelenfrieden wiedergewinnen wollte. Er musste in Kontakt mit dem Wahren und Ewigen treten. Er fasste den bewussten Entschluss, sich mental und emotional mit der inneren Macht seines Unterbewusstseins zu verbinden.
Einige Zeit später erhielt ich von Arthur einen Brief. Nach nur zwei Wochen hatten der Vizedirektor und der Vorstandsvorsitzende ihn privat aufgesucht. Sie hatten ihm die Hand geschüttelt und gesagt, dass seine schöpferischen Energien für die Firma unverzichtbar seien.
Sein Glaube war wiederhergestellt.

———

Einmal erklärte ich einer Frau, dass nichts im Leben umsonst zu haben ist. Sie hatte seit zehn Jahren ohne Ergebnis darum gebetet, von einem Hautleiden befreit zu werden. Sie hatte verschiedene Salben und andere Medikamente ausprobiert, doch nichts hatte ihr dauerhaft Linderung verschafft.

Doch sie war nie bereit gewesen, den Preis zu bezahlen, und der Preis für Heilung ist Glaube – Glaube an die unendliche Heilsgegenwart, denn *»nach eurem Glauben wird euch geschehen«*. Glaube ist konzentrierte Hingabe und Loyalität gegenüber der einen schöpferischen Macht, dem lebendigen allmächtigen Geist in uns, der alle Dinge erschaffen hat. Der Preis, den diese Frau bezahlen musste, war die Anerkennung der Macht Gottes, die Akzeptanz seiner heilenden Gegenwart und die feste Überzeugung, dass die Heilung sich im Hier und Jetzt vollziehen würde.

Stattdessen hatte sie äußeren Dingen Macht zuerkannt, indem sie sagte: »Meine Haut verträgt die Sonne nicht gut. Ich bin außerdem allergisch gegen Kälte. Ich glaube, dass dieses Ekzem an meinem Arm vererbt ist. Meine Mutter hatte ein ähnliches Leiden. Der Fehler liegt in meinen Genen und Chromosomen.«

Ihr Geist war gespalten, was sie in folgenden Worten ausdrückte: »Ich könnte alles haben, was ich mir wünsche, wenn ich nur glauben könnte, dass ich die entsprechenden Fähigkeiten besitze.« Sie hatte niemals den Preis bezahlt, der darin besteht, die ganze Aufmerksamkeit Gott und seinen Gesetzen zu widmen, ihm zu vertrauen, an ihn zu glauben und daran, dass er die Heilung bewirken kann.

Bevor Sie etwas empfangen können, müssen Sie geben. Um etwas ernten zu können, müssen Sie zunächst einmal die Saat ausbringen. Entsprechend müssen Sie zuerst Ihrem Unterbewusstsein den tiefen Glauben übermitteln, dass Sie das, was Sie sich wünschen, auch erhalten werden. Sie müssen Ihre Ideale, Hoffnungen und Wünsche mit universeller Energie aufladen. Dann werden Sie die Freude des erhörten Gebetes erfahren.

Eine Technik, mit der Sie sich Wünsche erfüllen können

Wenn Sie zum Beispiel eine Reise unternehmen möchten, aber keinen Pfennig Geld in der Tasche haben, müssen Sie daran glauben, dass Ihr Wunsch in Erfüllung geht, und dann etwas tun, womit Sie Ihren unerschütterlichen Glauben unter Beweis stellen. Demonstrieren Sie Ihre feste Überzeugung, dass Ihr Gebet auf der Ebene Ihres tieferen, göttlichen Bewusstseins bereits erhört ist. Sie könnten sich zum Beispiel intensiv vorstellen, bereits in dem Land zu sein, in das Sie reisen möchten, oder bereits im Flugzeug zu sitzen. Und legen Sie schon einmal Ihren Pass und Ihre Reisetaschen bereit.

Prinzipien, die Sie sich einprägen sollten

1. Das Gesetz des Lebens ist das Gesetz des Glaubens. Glauben ist eine geistige Haltung. Entwickeln Sie einen unerschütterlichen Glauben an die Gesetze des Geistes, eine tiefe Gewissheit, dass sich das, was Sie in Ihrem Herzen (Unterbewusstsein) für wahr halten, in Ihrem Leben verwirklicht.
2. Glauben bedeutet, für wahr zu halten, was der Verstand und die Sinne leugnen. Der Glaube entscheidet über Erfolg oder Versagen, Reichtum oder Armut, Gesundheit oder Krankheit. Glauben Sie an die unerschöpf-

lichen Schätze in Ihrem Unterbewusstsein, dann werden Sie diese Schätze erlangen und sich an ihnen erfreuen.

3. Glaube ist eine starke mentale Konzentration und Entschlossenheit, die immer Resultate erzielt.

4. Die simple Tatsache, dass Glauben bedeutet, eine Sache für wahr zu halten, hat weitreichende Konsequenzen, denn was Sie geistig akzeptieren und als wahr empfinden, wird sich in Ihrem Leben verwirklichen. Alle Erfahrungen und Ereignisse in unserem Leben resultieren aus der Gesamtheit unserer Glaubenssätze.

5. Sie schaffen sich einen starken Glauben, wenn Sie sich klar machen, dass Ihre Gedanken schöpferisch sind, dass Sie das Ihren Gefühlen Entsprechende in Ihr Leben ziehen und dass Sie zu dem werden, was Sie sich vorstellen. Wenden Sie dieses Wissen an. Es wird in Ihrem Leben Wunder bewirken.

6. Sie brauchen keinen zusätzlichen Glauben. Sie verfügen bereits über sehr viel Glauben, aber Sie müssen ihn konstruktiv einsetzen. Lenken Sie ihn in die richtigen Bahnen. Glauben Sie an Gesundheit, Erfolg, Frieden und Glück.

7. Selbstverständlich glauben Sie an irgendetwas. Doch woran? Das ist die wichtigste Frage, die Sie sich stellen können, denn wir manifestieren in unserem Leben stets das, woran wir wirklich glauben.

8. Wahrer Glaube ist kein bloßes Lippenbekenntnis. Es kommt nicht darauf an, ob Sie ein vom konventionellen Standpunkt aus moralisches Leben führen oder die religiösen Gebote einer bestimmten Kirche befolgen. In Ihrem Leben manifestiert sich immer das, was Sie tief im Herzen wirklich glauben.

9. Alles, was Ihnen im Leben widerfährt, ist auf die Überzeugungen zurückzuführen, die Sie Ihrem Unterbe-

wusstsein eingeprägt haben. Was Sie glauben, entscheidet darüber, welches Leben Sie führen.

10. Wahrer Glaube ist die Gewissheit, dass die unendliche Gegenwart, die Sie erschaffen hat, um alle Bedürfnisse Ihres Körpers weiß und dass Ihre Gebete erhört werden, wenn Sie sich in tiefem Glauben mit dieser heiligen Gegenwart verbinden. Wahrer Glaube ist die perfekte Zusammenarbeit zwischen Bewusstsein und Unterbewusstsein.

11. Richten Sie Ihren Glauben auf göttliche Führung, göttliche Liebe, göttliche Harmonie und Ordnung. Wahrer Glaube baut auf die Wunder wirkenden Kräfte des Unterbewusstseins und die ewigen Wahrheiten Gottes. Glauben Sie an Gott und alle guten Dinge des Lebens, dann werden in Ihrem Alltag Wunder geschehen.

12. Sie erschaffen das, woran Sie im Innern glauben. Glauben Sie daran, dass Ihre Ideen, Pläne oder Erfindungen auf der mentalen Ebene jetzt bereits real sind und sich somit auch auf der materiellen Ebene verwirklichen müssen. Vertrauen Sie auf die schöpferischen Gesetze Ihres Geistes, die nie versagen und sich niemals ändern.

13. Ihr Glaube sollte praktisch orientiert sein und zu konkreten Resultaten führen. Er muss in Ihrem Berufs- und Privatleben, in Ihren zwischenmenschlichen Beziehungen, in Ihren Finanzen sichtbar zum Ausdruck kommen. Glaube, der keine Resultate hervorbringt, ist nicht wirklich lebendig.

14. Auch wenn Ihr Glaube ein Irrglaube ist, der auf unrichtigen Annahmen beruht, werden Sie dennoch Resultate erhalten.

15. Ihnen geschieht immer nach Ihrem Glauben.

16. Handeln und fühlen Sie sich so, als sei Ihr Gebet bereits beantwortet. Dann wird die magische Kraft des Glaubens in Ihrem Leben wahre Wunder bewirken.

17. Alles im Leben hat seinen Preis. Sie können nur etwas bekommen, wenn Sie auch bereit sind, etwas dafür zu geben. Der Preis, den Sie für die Beantwortung Ihrer Gebete bezahlen müssen, ist der Glaube – Glaube an die unendliche Weisheit, die unendliche Heilsgegenwart in Ihnen –, denn nach Ihrem Glauben wird Ihnen geschehen.

4. KAPITEL

Wahrer und blinder Glaube

*Wahrer Glauben beruht
auf dem Wissen um die Gesetze des
Geistes und auf der Gewissheit,
dass es eine unendliche
göttliche Gegenwart in jedem von uns gibt,
von der wir jederzeit Führung
und Schutz erbitten können.
Blinder Glauben ist Glauben an äußere
Mächte. Er ist ein Glaube ohne
wirkliche Einsicht.*

Wahrer Glaube beruht auf dem Wissen um die Arbeitsweise von Bewusstsein und Unterbewusstsein – und auf der bewusst gelenkten harmonischen Zusammenarbeit dieser beiden Bewusstseinsebenen. Blinder Glaube heilt – den Körper oder ein Problem – ohne wirkliches Verständnis der beteiligten Kräfte. Wenn ein Mensch glaubt, bei einem bestimmten Knochen handele es sich um eine heilkräftige Reliquie, auch wenn es in Wahrheit lediglich ein Hundekochen ist, macht das keinen Unterschied. Nicht der Knochen ist es, der ihn heilt, sondern sein Glaube.

In jedem Fall ist es das Unterbewusstsein, das die Heilung bewirkt, ganz gleich, welche Methode benutzt wird, ob es sich um eine Beschwörung handelt, ein Opferritual für einen Heiligen oder eine Gottheit. Alles, was Sie fest glauben, zeitigt in Ihrem Unterbewusstsein eine entsprechende Wirkung.

———

Paracelsus, der berühmte Schweizer Alchemist und Arzt, war zu seiner Zeit – er lebte von 1493 bis 1541 – ein großer Heiler. Er verkündete damals eine heute wissenschaftlich erwiesene Tatsache: »Ganz gleich, ob der Gegenstand deines Glaubens wahr oder falsch ist, du wirst immer die entsprechenden Resultate erhalten. Wenn ich an die Statue des heiligen Petrus so glaube wie an Petrus selbst, wird sie auf mich dieselbe Heilwirkung haben wie der leibhaftige heilige Petrus, obwohl es bloßer Aberglaube ist. Glaube bewirkt immer Wunder, ganz gleich, ob es sich um wahren oder falschen Glauben handelt.«

Paracelsus' Standpunkt wurde auch von einem seiner Zeitgenossen, dem italienischen Philosophen Pietro Pomponazzi, geteilt. Er schrieb: »Die wahre Ursache für die bestimmten Reliquien zugeschriebene Heilwirkung ist in der Imaginationskraft und dem Vertrauen der gläubigen Menschen zu suchen. Quacksalber und Philosophen wissen, dass die Knochen eines beliebigen Skeletts die gleiche Heilkraft entfalten wie die Gebeine eines Heiligen, solange ein Kranker nur fest daran glaubt, dass es sich um echte Reliquien handelt.«

Wenn Sie an die Heilwirkung bestimmter Knochen oder des Wassers einer bestimmten Quelle glauben, werden Sie Resultate erhalten – doch die machtvolle Suggestion, die Sie dabei Ihrem Unterbewusstsein erteilen, ist die wirkliche Ursache der Heilung.

———

Wenn Sie sich bewusst auf die heilenden Kräfte Ihres Unterbewusstseins einstimmen, im sicheren Wissen, dass es Ihnen immer antwortet, dann praktizieren Sie wahren Glauben. Bei wahrem Glauben handelt es sich, mit anderen Worten, um ein bewusstes, gezielt eingesetztes Zusammenspiel von Bewusstsein und Unterbewusstsein.

Zu allen Zeiten haben medizinisch ungebildete Heiler bemerkenswerte Resultate bei Fällen erzielt, in denen die Schulmedizin versagte. Das sollte uns zu denken geben. Warum sind diese Heiler überall auf der Welt so erfolgreich? Der Grund für all diese Heilungen ist der blinde Glaube, den der kranke, verletzte oder behinderte Mensch in den Heiler oder dessen angebliche Kräfte setzt. Dieser Glaube aktiviert die Heilkräfte im Unterbewusstsein des Patienten. Es handelt sich um eine starke Suggestion, die sowohl vom Bewusstsein wie vom Unterbewusstsein des Heilsuchenden akzeptiert wird.

Bei dem, was landläufig als Geistheilung bezeichnet wird, ist nicht jener Glaube im Spiel, von dem in der Bibel die Rede ist und der ein präzises Wissen um die Arbeitsweise von Bewusstsein und Unterbewusstsein voraussetzt. Geist- oder Glaubensheiler verfügen zumeist nicht über ein wissenschaftliches Verständnis der beteiligten Kräfte. Stattdessen behaupten sie, über eine besondere Gabe zu verfügen. Doch in Wirklichkeit ist es immer der Glaube des Patienten an den Heiler und seine Kräfte, wodurch die Heilung ermöglicht wird.

Jede Methode, die bewirkt, dass Sie Furcht und Sorge hinter sich lassen und Vertrauen und Zuversicht gewinnen, ist heilkräftig.

Spirituelles Heilen ist etwas anderes als Geistheilung. Spirituelle Therapeuten müssen wissen, was sie tun und warum. Sie vertrauen auf die Gesetze des Geistes und die Gesetze der Heilung. Diese Gesetze besagen, dass alles, was Sie Ihrem Unterbewusstsein einprägen – Heilung, Wohlstand, Liebe oder was auch immer –, in Ihrem Leben sichtbar Gestalt annimmt.

Wahre spirituelle Heilung geschieht, wenn Ihr Bewusstsein und Ihr Unterbewusstsein synchron zusammenwirken, bewusst geleitet von der kosmischen Heilkraft.

Wahrer Glaube beruht auf der Gewissheit, dass die unendliche Gegenwart, die Sie aus einer einzigen Zelle erschaffen hat, zweifelsohne weiß, wie sie Sie von jedem Leiden heilen kann – ob Sie nun unter einem kranken Körper, einer kranken Seele oder einem leeren Bankkonto leiden.

▩ PRAKTISCHE BEISPIELE

Während einer Irlandreise bat ich meinen Fahrer, mich nach Glendalough zu bringen, dem »Tal der zwei Seen«, das in historischer und archäologischer Hinsicht berühmt ist. Im sechsten Jahrhundert gründete der heilige Kevin dort ein Kloster. Sein Schrein wird von vielen Menschen besucht, die sich Heilung von körperlichen Gebrechen erhoffen.

Mein Fahrer erzählte mir, dass er als Junge gestottert habe und deswegen in der Schule ständig gehänselt worden sei. Er war nach Dublin und nach Cork zu Sprachtherapeuten und Psychologen gebracht worden, doch das alles hatte nicht geholfen. Schließlich fuhr sein verzweifelter Vater mit ihm nach Glendalough. Dort brachte er ihn in die Klosterzelle, in der angeblich einst der heilige Kevin geschlafen hatte. Sein Vater sagte zu ihm: »Wenn du hier eine Stunde lang schläfst, wirst du geheilt.«
Der Fahrer berichtete weiter: »Ich glaubte, was mein Vater mir sagte, und befolgte seine Anweisung. Als ich nach einer Stunde aufwachte, war ich tatsächlich geheilt, und von jenem Tag an – das ist jetzt zwanzig Jahre her – habe ich nie wieder gestammelt oder gestottert.«
Ich ließ dem jungen Mann seinen blinden Glauben, durch den damals die heilenden Kräfte seines Unterbewusstseins aktiviert worden waren. Im Alter von acht oder neun Jahren war das Bewusstsein dieses Jungen leicht zu beeindrucken gewesen. Durch die Worte des Vaters und die Umgebung des Klosters wurde seine Einbildungskraft intensiv angeregt. Er erwartete mit hundertprozentiger Gewissheit, dass der heilige Kevin ihm helfen würde. Und so geschah ihm nach seinem Glauben, denn es gibt nur eine wirkliche Heilungsmacht: die unendliche heilende Gottesgegenwart im Unterbewusstsein eines jeden Menschen.

Einmal unterhielt ich mich mit einem Matrosen, dessen Schiff von einem Torpedo versenkt worden war. Mehr als zehn Stunden trieb er auf einem kleinen Rettungsfloß im Meer. Er erzählte, er habe laut gerufen: »O Gott, rette mich! Du weißt, dass ich hier bin.« Für ihn war Gott ein anthropomorphes Wesen, das irgendwo oben im Himmel existierte. Er kannte die Gesetze des Geistes nicht, wonach Gott der Geist in uns ist und somit für uns überall und jederzeit erreichbar.

Nun erreichte er zwar nicht mit seinem Beten und Flehen die unendliche Intelligenz, aber sein blinder Glaube tat dennoch seine Wirkung. Als er von einem norwegischen Schiff gerettet wurde, sagte dessen Kapitän, er hätte aus irgendeinem, ihm selbst nicht klar bewussten Grund den Kurs geändert, und der Schiffbrüchige war dann von der Deckwache gesichtet worden.

Der Grund für die Rettung dieses Mannes war, dass er alle Hoffnung, seinen ganzen Glauben darauf setzte, gerettet zu werden. Und die unendliche Intelligenz antwortete ihm entsprechend seinem Glauben.

———

Einer meiner Verwandten litt an Tuberkulose. Seine Lungen waren stark angegriffen. Sein Sohn beschloss, seinen Vater zu heilen. Er reiste nach Perth in Westaustralien, wo sein Vater lebte. Er erzählte ihm, er habe einen Mönch getroffen, der gerade von einer Reise zu den Reliquienschreinen in Europa zurückgekehrt sei. Dieser Mönch habe ihm einen Splitter vom wahren Kreuze Christi verkauft. Er sagte, er habe dem Mönch dafür fünfhundert Dollar bezahlt.

In Wahrheit hatte der junge Mann einfach von einem Holzgeländer einen Splitter abgerissen, war damit zu einem Juwelier gegangen und hatte den Splitter in einen Ring fassen lassen, damit er wie eine echte Reliquie wirkte. Er erzählte seinem Vater, schon viele Menschen seien allein durch die Berührung dieser Reliquie geheilt worden. Damit entzündete er die Imagination seines Vaters.

Der alte Mann presste den Ring an seine Brust, betete stumm und schlief ein. Am nächsten Morgen war er geheilt. Bei den anschließenden klinischen Untersuchungen fanden die Ärzte keinerlei Spuren der Krankheit mehr.
Natürlich waren bei dieser Heilung ausschließlich die Vorstellungskraft und tiefe gläubige Erwartung des alten Mannes am Werk. Einbildungskraft und blinder Glaube brachten die Genesung – nicht der Holzsplitter, den der Sohn irgendwo abgerissen hatte! Der Vater erfuhr nie von dem Täuschungsmanöver seines Sohnes. Andernfalls hätte er möglicherweise einen Rückfall erlitten. Seine Genesung war vollständig und von Dauer. Er lebte noch fünfzehn Jahre und starb friedlich im Alter von neunundachtzig Jahren.

―――――

Ein hervorragendes Beispiel dafür, was es mit wahrem Glauben und blindem Glauben auf sich hat, findet sich in Matthäus 9,27-30: *»Als Jesus weiterging, folgten ihm zwei Blinde und schrien: Hab Erbarmen mit uns, Sohn Davids! Nachdem er ins Haus gegangen war, kamen die Blinden zu ihm. Er sagte zu ihnen: Glaubt ihr, dass ich euch helfen kann? Sie antworteten: Ja, Herr. Darauf berührte er ihre Augen und sagte: Wie ihr geglaubt habt, so soll es geschehen. Da wurden ihre Augen geöffnet. Jesus aber befahl ihnen: Nehmt euch in Acht! Niemand darf es erfahren.«*
Mit den Worten »*Wie ihr geglaubt habt, so soll es geschehen*« wandte sich Jesus an das Unterbewusstsein der beiden Blinden. Beachten Sie, dass er die Blinden zuerst fragte, ob sie glaubten, dass *er* sie heilen könne. Als sie dies bejahten, wies er sie darauf hin, dass nicht er, sondern *ihr Glaube* es sei, durch den sie geheilt wurden. Da sie an eine Macht außerhalb von ihnen glaubten, handel-

te es sich eindeutig um blinden Glauben. Doch da dieser Glaube nichtsdestotrotz mit einer intensiven Erwartung einherging, dem starken Gefühl, dass ein Wunder geschehen würde, wurde ihre Bitte erhört.
Mit den Worten »*Niemand darf es erfahren*«, spricht Jesus eine andere Wahrheit über den Glauben aus. Er schärft den frisch genesenen Patienten ein, mit niemandem über ihre Heilung zu sprechen, weil sie sich sonst der Skepsis und den verächtlichen Bemerkungen der Ungläubigen aussetzen würden. Das könnte zu einem Rückfall führen, da möglicherweise neue Ängste und Zweifel Einlass ins Unterbewusstsein finden.

Der Schweizer Arzt Franz Anton Mesmer berichtete 1776 von zahlreichen Heilungen, die er dadurch erzielt hatte, dass er mit künstlichen Magneten über die Körper der Kranken strich. Später verzichtete er dann auf die Magneten und stellte seine Theorie des animalischen Magnetismus auf. Dabei handelte es sich seiner Ansicht nach um ein Fluidum, das im ganzen Universum vorhanden, im menschlichen Organismus aber besonders aktiv sei.
Er behauptete, dass dieses magnetische Fluidum, das von ihm zu seinen Patienten ausstrahle, imstande sei, sie zu heilen. Die Menschen strömten in Scharen zu ihm und er erzielte zahlreiche wunderbare Heilungen.
Mesmer ging später nach Paris. Dort setzte die Regierung eine Kommission aus Ärzten und Mitgliedern der Akademie der Wissenschaften ein, um Mesmers Methoden zu untersuchen. Zu dieser Kommission gehörte auch Benjamin Franklin. Die Kommission erkannte Mesmers Heilerfolge an, fand jedoch keinerlei Beweis für seine Theorie. Man führte die Heilwirkung seiner Methode

ausschließlich auf die Vorstellungskraft der Patienten zurück.
Bald darauf musste Mesmer Paris verlassen und starb 1815. Interessant ist dabei die Tatsache, dass hypnotisieren auch als »mesmerisieren« bezeichnet wird. Hypnotisieren bedeutet aber nichts anderes als einen Menschen dazu zu bringen, gemäß der Suggestion eines Hypnotiseurs zu handeln. Genauso funktioniert der blinde Glaube.

Prinzipien, die Sie sich einprägen sollten

1. Geistheilung wird ohne wissenschaftliches Verständnis der beteiligten Kräfte praktiziert. Spirituelle Heilung dagegen beruht auf einem wissenschaftlich gelenkten, gezielten Zusammenspiel von Bewusstsein und Unterbewusstsein. Immer ist es das Unterbewusstsein, das die Heilung bewirkt, ungeachtet der angewandten Methode.
2. Jede Methode, die in einem Menschen Zuversicht und positive Erwartung weckt, ist heilkräftig.
3. Wenn in der Bibel vom Glauben die Rede ist, bezieht sich das nicht auf bestimmte Rituale, Zeremonien oder Institutionen, sondern auf einen geistigen Zustand. *»Alles kann, wer glaubt.«* (Markus 9,23)
4. Es gibt nur eine einzige wirkliche Heilkraft: Ihr eigenes Unterbewusstsein.
5. Geist- oder Glaubensheilung beruht auf dem subjektiven Glauben des Patienten an die vermeintlichen Kräfte des Heilers.
6. Die Wunderheilungen an bestimmten heiligen Stätten sind auf Einbildungskraft und blinden Glauben zurückzuführen, die auf das Unterbewusstsein einwirken und dessen Heilkräfte aktivieren.

7. Wenn Sie glauben, dass die Knochen eines Heiligen oder das Wasser einer bestimmten Quelle Sie heilen können, werden Sie entsprechende Resultate erzielen – doch in Wahrheit ist es die dem Unterbewusstsein erteilte machtvolle Suggestion, welche die Heilung herbeiführt.

8. Irgendwelche Stäbe, Steine, Amulette, Zaubersprüche oder Reliquien besitzen in Wahrheit keinerlei Macht. Wenn jemand glaubt, bei einem Hundeknochen handele sich um den heilkräftigen Knochen eines Heiligen, und wenn er diese Reliquie dann küsst und dadurch geheilt wird, ist es nicht der Knochen, der heilt, sondern das Unterbewusstsein des Betreffenden, das auf seinen Glauben reagiert.

9. Um blinden Glauben handelt es sich, wenn ein Mensch äußeren Zuständen, Ereignissen oder Dingen eine ursächliche Wirkung beimisst und eine heilende Wirkung erzielt, ohne wissenschaftliche Kenntnis der beteiligten Mächte und Kräfte.

5. KAPITEL

Die Kraft des Gebets

Das Gebet bringt immer eine Lösung.

Sprich zu Ihm, dass du Ihn findest,
denn hast du einmal Gott erkannt,
ist Er dir näher als dein Atem,
und näher auch als Herz und Hand.

TENNYSON, *Der höhere Pantheismus*, Vers 6

Ein Dialog zum Thema Beten:
»Wie oft soll ich beten?«
»Sie sollten beten, bis Sie sich innerlich zufrieden fühlen oder spüren, dass es für den Augenblick genug ist. Später am Tag können Sie dann erneut beten, wenn Sie wieder ein Bedürfnis danach überkommt.«
»Wie lange soll ich beten?«
»Ein kurzes, aus vollem Herzen kommendes Gebet erzielt eine größere Wirkung als ein langes Gebet. Lange Gebetssitzungen sind zumeist ein Zeichen, dass Sie etwas durch mentalen Druck zu erzwingen versuchen, womit Sie in der Regel aber das genaue Gegenteil des Gewünschten erreichen.«
»Was soll ich tun, wenn ich spüre, dass mein Gebet beantwortet werden wird?«
»Nichts. Die unendliche Intelligenz ist bei der Erfüllung

Ihrer Wünsche nicht auf Ihre Hilfe angewiesen. Lassen Sie los. Entspannen Sie sich.«

Das Gebet ist die stärkste Macht der Welt! Bedenken Sie, was uns in der Bibel versprochen wird: »*Und alles, was ihr im Gebet erbittet, werdet ihr erhalten, wenn ihr glaubt.*« (Matthäus 21,22). Demnach erhalten wir – und dafür gibt es täglich Beweise – immer eine Antwort, wenn wir in tiefem Glauben von der unendlichen Intelligenz Segen, Schutz und Führung erbitten.
Beten bringt die Lösung für jedes scheinbar noch so große Problem. Und es wird immer eine glückliche, erfreuliche Lösung sein, wenn Sie bei Ihrem Gebet die Gesetze des Geistes zielgerichtet und in aufrichtiger, wohlmeinender Absicht anwenden.

Wenn Sie beten, wenden Sie sich nicht an einen Gott »irgendwo dort draußen«. Sie beten zu der heilenden Gottesgegenwart, die *in Ihnen wohnt und durch Sie wirkt.* Durch Ihr Gebet können Sie diese innere Macht mobilisieren, um die von Ihnen gewünschten positiven Veränderungen in Bezug auf Körper, Geist, zwischenmenschliche Beziehungen, Finanzen oder sonstige Lebensbereiche herbeizuführen.

Wenn mich jemand fragen würde, wie ich bete, würde ich antworten, dass Beten für mich bedeutet, vom höchstmöglichen Standpunkt aus die ewigen Wahrheiten des Unendlichen zu kontemplieren.
In diesem Sinne ist Beten konstruktives Denken. Der Betende ist sich dabei stets bewusst, dass alles, was er seinem

Unterbewusstsein übermittelt, zwangsläufig in unserer dreidimensionalen Realität sichtbar Gestalt annehmen muss.
Mit anderen Worten, Beten ist Glauben.

Die Macht des Gebets ist grenzenlos, denn »*für Gott ist alles möglich*«. (Matthäus 19,26)

Was auch immer Sie sich wünschen, solange Ihr Wunsch dem Göttlichen entspricht und niemandem Schaden zufügt, ist er bereits Wirklichkeit, denn die göttliche Unendlichkeit in Ihnen enthält alles Gute und Schöne. Die Erfüllung Ihres Wunsches existiert hier und jetzt und wartet nur darauf, von Ihnen akzeptiert zu werden. Dazu müssen Sie lediglich beanspruchen, fühlen und glauben, dass Ihr Gebet bereits erhört ist, dann wird die Antwort kommen.

Sie können nur empfangen, wenn Sie daran *glauben*, dass Sie erhalten werden, um was Sie bitten: »*Und alles, was ihr im Gebet erbittet, werdet ihr erhalten, wenn ihr glaubt.*« (Matthäus 21,22)

Ob Sie erfolgreich gebetet haben, merken Sie daran, wie Sie sich hinterher fühlen. Wenn Sie weiterhin sorgenvoll oder ängstlich sind und sich fragen, ob und auf welche Weise die Antwort kommen wird, oder wenn Sie glauben, auf Nummer sicher gehen und noch einmal beten zu müssen, zeigt das, dass Sie der Weisheit Ihres Unterbewusstseins noch nicht wirklich vertrauen. Sie mischen sich in sein Wirken ein. Vermeiden Sie es, in dieser Weise nachzugrübeln. Üben Sie sich darin, dem Unterbewusstsein die volle Autorität zu übertragen. Übergeben Sie Ihre Bitten und Wünsche vertrauensvoll an Ihr Unterbewusstsein, das alles sieht, alles weiß und seine eigenen Mittel und Wege hat, diese zu erfüllen.

Gehen Sie mit dem Gefühl schlafen, die Antwort *jetzt* zu wissen. Verlegen Sie die Antwort nicht in die Zukunft. Vertrauen Sie unerschütterlich darauf, dass sich alles auf bestmögliche Weise entfaltet, dass es die für Sie perfekte Lösung gibt.

Falls die Beantwortung Ihres Gebets scheinbar auf sich warten lässt, sollte Sie das nicht entmutigen. Sie werden nicht immer über Nacht eine Reaktion erhalten. Bitten Sie die unendliche Intelligenz, Ihnen alles zu enthüllen, was Sie jetzt im Moment unbedingt wissen müssen. Dieser Bitte wird immer entsprochen werden. Möglicherweise besteht ein tief sitzendes Problem in Ihrem Unterbewusstsein, das einer intensiveren Gebetsarbeit bedarf. Oder Sie *glauben* einfach, dass die Lösung Ihres Problems Zeit braucht. Damit fordern Sie Ihr Unterbewusstsein buchstäblich dazu auf, sich Zeit zu lassen.

In diesem Fall sollten Sie das Problem jeden Abend erneut sanft Ihrem Unterbewusstsein übergeben, und zwar so, als täten Sie es zum ersten Mal.

Und vor allem: Belästigen Sie Ihr Unterbewusstsein nicht mit ständigen Zweifeln und Nachfragen. Öffnen Sie sich für die Antwort. Entspannen Sie Ihren Körper. Werden Sie innerlich ruhig. Das ist der mentale Zustand, in dem die Antwort zu Ihnen durchdringen kann. Wenn Ihr Bewusstsein still und aufnahmebereit ist, steigt die Weisheit des Unterbewusstseins in Ihnen auf und Ihr Gebet wird beantwortet.

Dass Ihr Gebet beantwortet wurde, merken Sie daran, dass sich in Ihnen ein Gefühl des Friedens und der Gewissheit ausbreitet und Sie nicht mehr den Wunsch verspüren, weiter zu beten. Dann können Sie die Antwort freudig erwarten.

———

Beten macht das scheinbar Unmögliche möglich und heilt selbst das so genannte Unheilbare.

———

Gebete werden nicht erhört, weil Sie unterwürfig äußeren Kräften, Personen oder Dingen Macht einräumen. Ihr Gebet wird erhört, wenn Ihr Unterbewusstsein auf Ihre Gedanken oder mentalen Bilder reagiert.

———

Viele Gebete bleiben unbeantwortet, weil die meisten Menschen bewusst oder unbewusst glauben, dass in der Welt zwei Mächte existieren: eine Macht, die Krankheit bringt, und eine, die heilt; eine, die Erfolg bringt, und eine, die für Fehlschläge verantwortlich ist; eine, die Freude bringt, und eine, die Sorgen verursacht, und so weiter.
Ihre Gebete werden erst dann wirklich machtvoll sein, wenn Sie sich für die große Wahrheit aller religiöser Offenbarung öffnen. Im 5. Buch Mose (6,4) heißt es: *»Höre, Israel! Jahwe, unser Gott, Jahwe ist einzig.«* Es gibt nur *einen* Gott, nicht zwei, drei, zehn oder tausend – nur *einen*! Es gibt nur *eine* Macht. Wenn Sie sich das immer wieder bewusst machen, wächst Ihre Zuversicht. Dann glauben Sie nicht länger, dass beim Beten zwei Kräfte miteinander in Widerstreit liegen und Sie sich deshalb abmühen und unnötige Kraft aufwenden müssten.

———

Hier ist eine der großen Wahrheiten richtigen Betens: Durch das Gebet kommunizieren Sie mit Ihrem Unterbewusstsein. Auf diese Weise können Sie falsche Gedankenmuster und schlechte Gewohnheiten aus Ihrem Unterbewusstsein löschen.

»Betet ohne Unterlass!« (1 Thessalonicher 5,17)
Damit ist nicht gemeint, dass Sie den ganzen Tag lang beten sollen. Vielmehr sollen Sie stets konstruktiv und liebevoll denken, in dem Bewusstsein, dass Ihre Gedanken Ihre Gebete sind.

Beten bedeutet, Angst, Sorge und Zweifel durch den festen Glauben an die Gesetze Gottes zu ersetzen, die das ganze Universum organisieren und sämtliche Funktionen Ihres Körpers steuern. Im göttlichen Bewusstsein gibt es keine Furcht, keine Sorge, keinen Zweifel.

Gestatten Sie es Ihren Gedanken nicht, falschen Göttern (negativen Überzeugungen etc.) anzuhängen. Wenn Sie das dulden, berauben Sie sich Ihrer Stärke und Ihres Glaubens und machen Ihr Gebet unwirksam.

Wenn Sie beten, müssen Sie aufrichtig glauben, dass Sie ein Recht auf die Erfüllung Ihrer Herzenswünsche haben.

Beten bedeutet, mit der unendlichen Intelligenz im eigenen Innern bewusst in Kontakt zu treten.

In Wahrheit sind *Sie selbst* es, der Ihre Gebete beantwortet, und zwar deshalb, weil alles, was Sie bewusst glauben und wirklich akzeptieren, *bereits Wirklichkeit ist*. In Ihrem Geist ist es bereits Wirklichkeit. Ihr Unterbewusstsein bewirkt dann lediglich noch, dass das Gewünschte auch in der äußeren Welt sichtbar Gestalt annimmt.
Beten ist ein Akt spiritueller Zusammenarbeit: Ihr Bewusstsein kommuniziert mit Ihrem Höheren Selbst, der Gottesgegenwart in Ihnen, und diese höchste Macht antwortet entsprechend Ihrem Glauben.

Die bloße Tatsache, dass Sie eine Antwort suchen, bedeutet, dass diese Antwort in der geistigen und spirituellen Welt, in der wir leben und uns bewegen, bereits gegenwärtig ist. *»Schon ehe sie rufen, gebe ich Antwort; während sie noch reden, erhöre ich sie.«* (Jesaja 65,24)
Sie müssen Ihren Geist von allen Zweifeln, Vorurteilen und unwahren und abergläubischen Vorstellungen befreien, denn für das richtige Beten gilt: *»Alle Dinge sind bereit, wenn der Geist für sie bereit ist.«*
Sie müssen Ihr Denken auf die ewige Wahrheit ausrichten, dass jeder Ihrer Wünsche im unendlichen Geist bereits Realität ist. Alles, was Sie tun müssen, ist, sich mental und emotional mit Ihrem Wunsch, Ihrer Idee oder Absicht zu identifizieren, in dem Bewusstsein, *dass das Erstrebte bereits jetzt so wirklich ist wie Ihr Herz oder Ihre Hand.*

In Wahrheit gibt es also keine unbeantworteten Gebete. Alle Gebete werden beantwortet. Wir leben in einer Gedankenwelt und Gedanken sind Gebete: Sie werden von unserem Unterbewusstsein aufgenommen und in unserem Leben manifestiert.

Richtiges Beten hat nichts mit Betteln oder Flehen zu tun. Wenn Sie um die Gesetze Ihres Geistes wissen, können Sie erkennen, dass es dumm wäre, um etwas zu betteln, das Ihnen bereits gegeben wurde. Die Weisheit Ihres Unterbewusstseins kennt längst die Antwort auf Ihr Gebet. Für das Unterbewusstsein gibt es keine Probleme. Überlegen Sie einmal: Wenn es für die unendliche Intelligenz (Ihr Unterbewusstsein) ein Problem gäbe, wer sollte es dann lösen?
Darüber hinaus wären Betteln und Flehen wie ein Versuch, Gott zu verändern. Wenn Sie beten, sollten Sie nicht versuchen, Gott, die unendliche Quelle aller Dinge, zu verändern – denn Gott ist immer derselbe, gestern, heute und in alle Ewigkeit.
Vielmehr beten Sie, um bei Ihnen selbst, in Ihrem eigenen Bewusstsein, eine Veränderung zu bewirken, sodass Sie das gewünschte Ziel erreichen können. Wirksam beten Sie dann, wenn Sie sich auf die göttliche Wahrheit einstimmen. Wenn Sie sich auf diese Wahrheit konzentrieren, kehren Liebe, Schönheit, Freude und Fülle in Ihnen ein.
Wenn Sie betteln und flehen, bringen Sie damit nur zum Ausdruck, dass Sie das Gewünschte noch nicht zu besitzen glauben, und dann zieht Ihr Gefühl des Mangels weiteren Mangel, weitere Verluste und Einschränkungen nach sich.
Alles, was Sie tun müssen, ist, die Weisheit Ihres subjektiven Geistes voller Glauben und Zuversicht anzurufen, im Bewusstsein, dass sich das, was Sie für wahr halten, aus

den Tiefen Ihres Selbst heraus ohne jeden Zweifel verwirklichen wird.

Der Gott, den Sie anflehen, hat Ihnen bereits jetzt alles Erforderliche gegeben. Sie sind hier, um über die Wirklichkeit Ihres Begehrens oder Ihrer Idee zu meditieren. Freuen Sie sich und empfinden Sie Dankbarkeit, als sei der Wunsch bereits erfüllt. Alle Gaben Gottes stehen Ihnen jederzeit zur Verfügung. Sie brauchen sie nur in Empfang zu nehmen.

Häufig bringt Beten nicht die erhofften Resultate, weil der Betreffende gleichzeitig denkt: »Alles wird ja doch nur noch schlimmer.« – »Ich werde nie eine Antwort erhalten.« – »Ich sehe keinen Ausweg.« – »Die Lage ist hoffnungslos.« – »Ich weiß einfach nicht, wie es weitergehen soll.« – »Ich bin völlig verwirrt.«

Wenn Sie von solchen Vorstellungen erfüllt sind, wird Ihr Unterbewusstsein sie anstelle des Gebets realisieren, denn es kann nur die vorherrschende Idee zum Ausdruck bringen. Von zwei widersprüchlichen Auffassungen wird es stets diejenige akzeptieren, hinter der mehr emotionale Überzeugung steht.

Darum müssen Sie eine klare Wahl treffen, bevor Sie beten – eine definitive Entscheidung, dass es für das Problem, dem Ihr Beten gilt, tatsächlich eine Lösung gibt. Wenn Sie Ihr Unterbewusstsein mit widersprüchlichen Informationen füttern, ist das, als würden Sie in ein Taxi einsteigen und dem Fahrer innerhalb von fünf Minuten ein halbes Dutzend verschiedener Fahrtziele nennen. Er wäre hoffnungslos verwirrt und würde sich vermutlich weigern, Sie überhaupt noch irgendwohin zu befördern. Ihr Unterbewusstsein reagiert in einem solchen Fall ganz ähnlich.

»Klopft an, dann wird euch geöffnet.« (Matthäus 7,7)
Wenn Sie zu einer klaren und definitiven Entscheidung gelangt sind, was Sie mit Ihrem Gebet anstreben, wird die Macht und Weisheit Ihres tieferen Geistes Ihnen auf jeden Fall antworten.
Damit Ihr Gebet nicht durch widersprüchliche, negative Gedanken unwirksam gemacht wird, müssen Sie die Realität des erfüllten Wunsches *spüren*, als sei er bereits manifestiert. Schenken Sie irgendwelchen Sorgen keinerlei Beachtung. Erinnern Sie sich daran, wie gut es sich anfühlt, von einer Krankheit genesen zu sein. Lassen Sie Ihr Bewusstsein von dem Gefühl durchströmen, *die Antwort auf Ihr Gebet bereits erhalten zu haben* – ob es sich nun um ein gesundheitliches, finanzielles oder berufliches Problem handelt. Bei jeder Programmierung des Unterbewusstseins kommt es vor allem auf das dominierende *Gefühl* an.
Auch wenn Ihr Intellekt sich einzumischen versucht, stellen Sie sich trotzdem weiterhin beharrlich vor, dass Sie von dem Problem vollständig befreit sind. Versetzen Sie sich in das Wohlgefühl, das die Befreiung von dem Problem in Ihnen auslöst. Versenken Sie sich dabei in einen schlichten, einfachen, kindlichen Wunderglauben.
Wenn Sie keinen inneren Widerstand mehr spüren, wenn Sie Ihre Bitte mit Vertrauen und Zuversicht an die innere Weisheit übergeben können und wenn in Ihrem Bewusstsein ein klares Bild des erfüllten Wunsches vorliegt, dann wird Ihr Unterbewusstsein die Realisierung dieses Wunsches übernehmen. Nach Ihrem Glauben wird Ihnen geschehen.

―――

Wenn Sie ungeduldig sind, sich krampfhaft bemühen oder in irgendeiner Weise Druck und Zwang auszuüben versuchen, werden Ihre Gebete keinen Erfolg haben. Der Versuch, das eigene Unterbewusstsein zu etwas zu zwingen, ist, als würden Sie zu sich selbst sagen: »Ich muss dieses Problem bis Samstag unbedingt gelöst haben – es ist sehr wichtig!«

Haben Sie nicht auch schon erlebt, dass Ihnen der Name einer Person oder der Titel eines Liedes oder Films nicht einfallen wollte? Im Kopf breitet sich eine plötzliche Leere aus und man ist unfähig, sich an einen einfachen Namen zu erinnern. Je mehr Sie sich dann anstrengen und krampfhaft Ihr Gedächtnis strapazieren, desto mehr blockieren Sie die Erinnerung. Doch wenn die Anspannung nachlässt und der Name nicht mehr so dringend benötigt wird, fällt er Ihnen plötzlich wieder ein. Gerade dass Sie sich so krampfhaft bemühten, sich zu erinnern, war der Grund für die Gedächtnisblockade.

Das ist ein Beispiel dafür, welche Folgen übermäßiger Druck und Zwang haben: Sie erreichen das genaue Gegenteil von dem, was Sie erreichen wollen.

Vermeiden Sie Kampf und Anspannung, denn sie zeigen nur, dass es Ihnen an echtem Glauben mangelt. Ihr Unterbewusstsein verfügt über genug Weisheit und Macht, um jedes erdenkliche Problem zu lösen. Lediglich Ihr Bewusstsein neigt dazu, nach äußeren Ursachen für Probleme zu suchen, zu zweifeln und sich unnötig abzumühen.

Der Versuch, mentalen Druck auszuüben, führt niemals zum Erfolg. Das Unterbewusstsein reagiert nicht auf Druck und Zwang, es reagiert auf Ihren Glauben – auf das, was Ihr Bewusstsein für wahr hält.

Richtiges Beten bedeutet also, harmonisch mit dem Unterbewusstsein zusammenzuarbeiten. Dabei kommt es darauf an, eine entspannte, gelassene Haltung einzu-

nehmen. Rufen Sie sich ins Gedächtnis, dass die unendliche Intelligenz in göttlicher Ordnung alle Ihre Angelegenheiten auf bestmögliche Weise regelt, und zwar weitaus besser, als Sie das mit Ihrem angespannten Bewusstsein könnten.
Bei der Arbeit mit dem Unterbewusstsein ist Entspannung der Schlüssel. Leichtigkeit führt zum Erfolg. Der einfache Weg ist der beste.

Verschwenden Sie keinen Gedanken darauf, auf welche Weise Ihr Gebet beantwortet wird. Übergeben Sie Ihr Begehren still, mit Vertrauen und Zuversicht Ihrem Unterbewusstsein, in der tiefen Überzeugung, dass die Antwort auf jeden Fall kommen wird. So wie aus dem Samenkorn, das Sie in die Erde legen, die entsprechende Pflanze heranwächst, wird auch Ihrer Bitte auf die ihr gemäße Weise entsprochen. Nur die unendliche Intelligenz in Ihrem Unterbewusstsein kennt die Antwort. Stellen Sie sich den gewünschten Zustand vor, als sei er bereits real. Dann wird das Gesetz Ihres Geistes alles Weitere erledigen.

Gebet ist ein gottwärts gerichteter Wunsch.

In der Bibel heißt es (Matthäus 21,22): »*Und alles, was ihr im Gebet erbittet, werdet ihr erhalten, wenn ihr glaubt.*«
Glauben heißt, etwas als wahr zu akzeptieren, einen angestrebten Zustand geistig vorwegzunehmen. Nun wenden viele Menschen ein, dass sie Probleme damit haben, etwas, das sie noch nicht erlebt haben, als wahr zu empfinden oder sich geistig auszumalen.

Doch angenommen, ich würde zu Ihnen sagen, dass gleich etwas Wunderschönes geschieht, ohne Ihnen Einzelheiten zu verraten, und hielte Sie so für ein paar Minuten in Spannung – würden Sie dann nicht eine intensive freudige Erwartung verspüren? Auf ebensolche Weise können Sie sich in die Freude des erhörten Gebets hineinversetzen.

———

Sie können auch für andere beten. Damit bekräftigen Sie, dass das, was für das Göttliche in Ihnen gilt, auch wahr ist für das Göttliche in der Person, der Ihr Gebet gilt. Dabei versuchen Sie nicht, dem anderen heilende Gedanken zu senden, die gegen dessen Probleme gerichtet sind (z. B. »Ich bitte jetzt darum, dass Susannes Problem gelöst wird«). Stattdessen identifizieren Sie sich mit der Gottesgegenwart in dem betreffenden Menschen, bejahen diese uneingeschränkt und aktivieren sie dadurch (z. B. »Ich weiß, dass die unendliche Intelligenz in Susanne wohnt und alle ihre Probleme lösen kann«). Damit wecken Sie mittels Ihrer Gedanken und Gefühle die göttlichen Qualitäten und Aspekte im Bewusstsein der anderen Person.

———

Beten ist eine zuverlässige Hilfe in Zeiten der Not. Doch Sie sollten nicht auf Krisenzeiten warten, sondern das Gebet zu einem festen und konstruktiven Bestandteil Ihres Alltags machen.

———

Wirksames Beten beruht auf der spirituellen Prämisse, dass es in uns eine höchste Intelligenz gibt, die das, was wir uns wünschen, aus sich heraus erschafft, und zwar in dem Maße, wie wir diese Prämisse als wahr akzeptieren.

Wenn Sie im Gebet Gott und die Wahrheit kontemplieren, versetzen Sie sich in einen Bewusstseinszustand, der dann zur *erfahrbaren Lebenswirklichkeit* wird. Wenn Sie eine bejahende, positive Geisteshaltung einnehmen, werden Sie früher oder später einen Zustand der Erfüllung erreichen, ein Gefühl absoluter Zuversicht. Wahre Zuversicht zeigt sich daran, dass Ihr Geist so positiv auf das von Ihnen Erstrebte und Erwünschte eingestimmt ist, dass Sie sich einen anderen Zustand für sich gar nicht mehr vorstellen können.

Der wissenschaftliche Denker weiß, dass der gesamte Kosmos von Gesetzen beherrscht wird. Emerson drückte es so aus: »Nichts geschieht zufällig. Alles wird von hinten angestoßen.« Wenn also Ihr Gebet erhört wird, dann geschieht dies gemäß den Gesetzen Ihres Geistes, ob Sie sich dessen bewusst sind oder nicht.

Bei einem echten Gebet gibt es kein mentales Ringen und Kämpfen, sondern einen Zustand göttlichen Gleichmuts. Göttlicher Gleichmut bedeutet zu wissen, dass Ihr Gebet unmöglich versagen kann, so sicher, wie jeden Morgen die Sonne aufgeht. Sie wissen nicht, auf welche Weise Ihr Gebet beantwortet wird, aber Sie machen sich deswegen keine Sorgen, denn Ihnen ist klar: Wie immer die Antwort ausfällt, sie wird gut, ja sogar sehr gut sein. Sie wissen ganz einfach, dass Ihr Unterbewusstsein in seiner Weisheit Ihre Wünsche auf Wegen erfüllen kann, die für den Verstand unfassbar sind.

Vergebung ist die Voraussetzung für wirksames Beten, denn es steht geschrieben (Markus 11,25): *»Und wenn ihr beten wollt und ihr habt einem anderen etwas vorzuwerfen, dann vergebt ihm ...«*
Sie können erst erfolgreich beten, wenn Sie sich von Feindseligkeit und Groll befreit haben. Sie müssen eine Haltung der Liebe und des guten Willens gegenüber allen Menschen und Lebewesen dieser Welt einnehmen. Sie müssen sich Ihrer wesenhaften Verbundenheit mit allen Dingen bewusst werden: den Vögeln am Himmel, den Fischen im Ozean – Ihrem Einssein mit allem, was lebt.

Verspannen und verkrampfen Sie sich nicht, wenn Sie beten. Es ist völlig überflüssig, sich dabei zu plagen und abzumühen. Für diese spirituelle Technik braucht es weder Körperkraft noch Seelenschweiß. Spüren Sie ganz einfach, dass die Freude des Herrn Sie hier und jetzt durchströmt. Wenn Sie auf solche Weise beten, werden in Ihrem Leben Wunder geschehen. Und Sie werden zu echter Freiheit und innerem Frieden gelangen.

Formen des Gebets

Die Technik des Loslassens

Dabei beten Sie nicht *für* die Erfüllung eines bestimmten Wunsches oder die Lösung eines Problems, sondern lassen ihr Begehren oder Problem los und überantworten es völlig der unendlichen Intelligenz Ihres Unterbewusstseins. Und von diesem geheimen inneren Ort wird dann die Antwort, die Lösung kommen. Diese Form des Gebets ist besonders wirkungsvoll, wenn ein einzelner

Mensch oder eine Gruppe von Menschen Ihnen Sorgen oder Probleme bereitet. Würden Sie darum beten, dass diese Menschen sich gemäß Ihren eigenen Wünschen ändern, wäre das ein Versuch, sich in die freie Lebensgestaltung der anderen einzumischen. Stattdessen befreien Sie sich von Ihrem Anhaften an diese Person oder diese Personen und übergeben sie völlig Gott – in dem Wissen, dass Gott Führung und rechtes Handeln ist. Wenn wir andere freigeben und sie völlig der göttlichen Führung anvertrauen, befreien wir damit gleichzeitig uns selbst.

Die Übergabe-Methode zur Programmierung des Unterbewusstseins

Dabei geht es darum, eine gezielte Bitte an das Unterbewusstsein zu übergeben. Wie bei allen Gebeten funktioniert dies am besten, wenn man sich in einem angenehm entspannten Zustand befindet, etwa kurz nach dem Aufwachen oder kurz vor dem Einschlafen. Lassen Sie sich ganz von dem Wissen durchdringen, dass es tief in Ihnen eine unendliche Intelligenz und Macht gibt. Konzentrieren Sie sich dann mit zuversichtlicher Gelassenheit auf den Inhalt Ihres Wunsches und übergeben Sie ihn an Ihr Unterbewusstsein – stellen Sie sich dabei vor, wie er von diesem Moment an reift und Gestalt annimmt. Setzen Sie diese Methode mit vollkommen kindlicher Einfalt und Naivität ein.

Die Visualisierungs-Technik

Das mentale Bild Ihres Wunsches ist der erste Schritt, um das zu erlangen, wofür Sie beten.
Bei dieser Technik beruhigen Sie Ihren Geist und erzeugen dann ein inneres Bild des angestrebten Zustandes oder der erwünschten Situation. Gestalten Sie dieses

Bild so lebhaft wie möglich, wobei Sie alle Sinne einbeziehen sollten. Machen Sie sich klar, dass solche mit Hilfe der Vorstellungskraft erzeugten Bilder so real sind wie Ihr physischer Körper. So wie das, was Sie mit Ihren äußeren Augen sehen, im materiellen Bereich vorhanden ist, so existiert das, was Sie vor Ihrem inneren Auge sehen, im spirituellen Bereich Ihres Geistes. Jedes mental erzeugte Bild ist ein »*Feststehen in dem, was man erhofft, Überzeugtsein von Dingen, die man nicht sieht*«.
(Hebräer 11,1)

Die Dankbarkeits-Technik

Der Apostel Paulus empfiehlt uns, unsere Bitten mit Lob und Dank vorzubringen. Mit dieser simplen Methode lassen sich außerordentliche Resultate erzielen. Ein Mensch mit dankbarem Herzen ist den schöpferischen Kräften des Universums stets nahe, wodurch zahllose Segnungen in sein Leben fließen. Hier wirkt das Gesetz gegenseitiger Anziehung, das wiederum auf dem Gesetz von Aktion und Reaktion beruht.

Was können Sie beispielsweise tun, wenn die unbezahlten Rechnungen sich auftürmen, Sie arbeitslos und pleite sind und obendrein noch für drei Kinder zu sorgen haben?

Wiederholen Sie jeden Morgen und Abend in einem entspannten, friedvollen Zustand die Worte: »Vater, ich danke dir für meinen Reichtum.« Tun Sie das, bis eine Stimmung der Dankbarkeit Sie völlig ausfüllt. Stellen Sie sich vor, dass Sie dabei tatsächlich die unendliche schöpferische Macht in Ihnen ansprechen. Machen Sie sich bewusst, dass ein gedankliches Bild von Wohlstand der erste und wichtigste Schritt hin zu tatsächlichem Wohlstand ist (oder was immer Sie sich wünschen).

Wenn Gedanken des Mangels, der Armut oder der Besorgnis aufkommen, bekräftigen Sie so oft wie nötig: »Vater, ich danke dir für _____ [den von Ihnen gewünschten Zustand].« Wenn Sie diese dankbare Einstellung beibehalten, konditionieren Sie Ihren Geist auf die Erfüllung Ihres jeweiligen Wunsches. Durch die häufige Wiederholung dieses Satzes erheben Sie sich innerlich und öffnen Ihr Herz für das von Ihnen Ersehnte.

Die Argumentationsmethode

Diese Methode basiert auf der Vorgehensweise von Dr. Phineas P. Quimby, einem Pionier des mentalen und spirituellen Heilens, der um die Mitte des 19. Jahrhunderts in Maine praktizierte. Quimby gelang es, viele der in der Bibel beschriebenen Wunderheilungen zu wiederholen.

Bei der Argumentationsmethode handelt es sich, kurz gesagt, um eine spirituelle Beweisführung, mit der Sie sich selbst davon überzeugen, dass Ihre Krankheit auf falsche Überzeugungen, Ängste oder negative Muster in Ihrem Unterbewusstsein zurückzuführen ist. Sie durchdenken diese Beweiskette gründlich und gelangen zu der klaren Erkenntnis, dass die einzige Ursache Ihrer Krankheit oder Ihrer Beschwerden ein verzerrtes Gedankenmuster ist, das sich in Ihrem Körper manifestiert hat. Dieser falsche Glaube an äußere Mächte und Ursachen hat sich nun in Gestalt einer Krankheit manifestiert – doch durch eine Änderung der Denkmuster lässt sich eine Heilung herbeiführen.

Zuerst machen Sie sich klar, dass die Grundlage jeder Heilung eine Änderung der persönlichen Glaubenssätze ist. Dann werden Sie sich bewusst, dass das Unterbewusstsein den Körper und alle seine Organe erschaffen hat. Daher weiß es auch, wie der Körper zu heilen ist.

Und darum bekräftigen Sie, dass jetzt, noch während Sie sprechen, die Heilung geschieht. Im Gerichtssaal Ihres Geistes argumentieren Sie, dass die Krankheit nur ein geistiger Schatten ist, der auf krank machenden Gedankenbildern beruht. Sie zählen alle Beweise für die Existenz der inneren Heilkraft auf, die alle Zellen, alle Organe und Gewebe des Körpers erhält und regiert.

Dann fällen Sie im Gerichtssaal Ihres Geistes ein Urteil, das die rasche und vollständige Wiederherstellung Ihrer Gesundheit anordnet. Durch Glauben und spirituelle Erkenntnis befreien Sie sich.

Ihre mentale und spirituelle Beweisführung ist von überwältigender Klarheit: Weil Sie wissen, dass es nur einen Geist gibt, steht fest, dass sich in Ihrem Leben verwirklichen muss, was Sie als wahr empfinden.

Die Absolutheits-Technik

Bei dieser Technik nennen Sie zunächst Ihren Namen (oder den Namen der Person, für die Sie beten), dann den unerwünschten Umstand in Ihrem Leben (oder im Leben der anderen Person). Dann schenken Sie diesem Umstand keine weitere Beachtung, sondern denken still an Gott und seine Qualitäten: Segen, grenzenlose Liebe, unendliche Intelligenz, Allmacht, grenzenlose Weisheit, unbeschreibliche Schönheit und Vollkommenheit. Wenn Sie still über diese göttlichen Eigenschaften meditieren, wird Ihr Bewusstsein auf eine neue spirituelle Frequenz erhoben. Dort spüren Sie, wie die unendliche göttliche Liebe Ihren Geist und Körper durchströmt (bzw. den Geist und Körper der Person, für die Sie beten) und alles ihr nicht Gemäße auflöst.

Diese Methode des Betens lässt sich mit einer Schallwellen-Therapie vergleichen. Dabei werden Ultraschallwel-

len erzeugt und erkrankte Körperpartien gezielt und kontrolliert damit behandelt, wodurch zum Beispiel arthritische Kalkablagerungen beseitigt sowie andere Beschwerden geheilt werden können.
Wenn wir unseren Bewusstseinszustand anheben, indem wir die Qualitäten Gottes kontemplieren, erzeugen wir ebenfalls Energiewellen – spirituelle Schwingungen voller Harmonie, Gesundheit und Frieden.

Die Beschluss-Technik
»Beschließt du etwas, dann tritt es ein, und Licht überstrahlt deine Wege.« (Hiob 22,28)
Bei dieser Art des Betens beschließen Sie einfach, dass das, was Sie sich wünschen, geschieht. Denken Sie daran, dass die Wirksamkeit Ihrer Worte davon abhängt, wie viel Gefühl und Glauben dahinter steht. Das heißt aber nicht, dass Sie dabei zusätzliche Kraft aufwenden müssen, denn die Kraft Gottes ist ja bereits in Ihnen. Wie bei allen Techniken gilt auch hier, dass mentale Anstrengung, Druck und Zwang zu vermeiden sind. Ihr Vertrauen in diese Art des Betens wird wachsen, wenn Sie sich einmal wirklich klar machen, dass Gott, der die Welt erschafft und lenkt, unaufhörlich zu Ihrem Wohl tätig ist und Ihren Worten schöpferische Kraft verleiht.

Das Gebet des heiligen Augustinus
»Lass meine Seele unter dem Schatten deiner Schwingen Zuflucht finden vor den Wirrnissen irdischen Denkens. Lass mein Herz, dieses Meer rastloser Wellen, Frieden finden in dir, o Herr.«

Praktische Beispiele

Die Technik des Loslassens

Ein mir bekannter Mann betrieb gemeinsam mit seinem Bruder einen großen Supermarkt. Nun war der Bruder verstorben und hatte seinen Geschäftsanteil an seine beiden Nichten vermacht. Diese jungen Damen erwiesen sich als überaus negativ eingestellt. Sie wollten unvernünftig viel Geld aus der Firma entnehmen und machten meinem Bekannten das Leben schwer. Gegen seinen Vorschlag, sie auszuzahlen, sträubten sie sich beharrlich. Er erzählte mir, eines Tages habe er, nachdem er sich wieder einmal mit den beiden wegen des Geldes gestritten hatte, Folgendes auf einen Zettel geschrieben: »Ich lasse diese beiden Frauen jetzt los und übergebe sie ganz Gott. Sie befinden sich zur rechten Zeit am rechten Ort. Nichts währt ewig. Diese Situation verändert sich *jetzt*. Gott sorgt in dieser Angelegenheit für Klarheit und Ordnung.« Dann dachte er nicht weiter über das Ganze nach. Es vergingen keine zwei Wochen, da erklärten die Nichten sich plötzlich bereit, ihm ihre Geschäftsanteile zu verkaufen, und man gelangte zu einer harmonischen, einvernehmlichen Lösung.

Eine Mutter war sehr besorgt und aufgeregt, weil ihr achtzehnjähriger Sohn nach einem Streit mit dem Vater von zu Hause weggelaufen war. Er hatte seine Ausbildung abgebrochen und sich einer Hippie-Kommune angeschlossen. Die Frau machte sich so schreckliche Sorgen, dass der Arzt ihr starke Beruhigungsmittel verordnen musste. Ich wies sie auf einige einfache Wahrheiten hin: Sie könne niemals wirklich wissen, was gut für ihren Sohn sei, weil niemand in einen anderen Menschen hineinschauen kann. Ihr Sohn sei nicht *ihr* Kind, sondern lediglich *durch* sie in die Welt gekommen, und sei daher nicht ihr persönlicher Besitz. In Wahrheit entstammen wir alle dem Einen Lebensprinzip. Wir sind alle Kinder des einen Vaters. Ihr Sohn sei hier, um zu wachsen und die ihm eigenen Herausforderungen und Probleme zu meistern, wodurch er seine verborgenen Kräfte und Talente entdecken und seinen Beitrag für die Welt leisten könne. Durch geistiges Anhaften, Wut und Groll helfe sie ihm in keinster Weise.

Auf meinen Vorschlag hin beschloss sie, ihn vollständig loszulassen und freizugeben. Sie betete mit folgenden Worten: »Ich gebe meinen Sohn jetzt völlig in Gottes Hände. Er ist auf all seinen Wegen göttlich geführt und die göttliche Weisheit inspiriert ihn. In seinem Leben herrschen göttliche Harmonie und Ordnung. Er wird jetzt zu dem Ort im Leben geführt, wo er zu seinem höchsten Selbstausdruck findet. Ich gebe ihn frei und lasse ihn los.«

An diesem Gebet hielt sie unerschütterlich fest und betete zugleich täglich für sich selbst um Frieden, Harmonie, Freude und göttliche Liebe. Nach ein paar Wochen kehrte ihr Sohn aufs College zurück, gab seine schlechten Gewohnheiten auf und erzielte von nun an gute Noten. Er versöhnte sich mit seinen Eltern und seine Mutter verhält sich ihm gegenüber nicht länger kontrollierend und Besitz ergreifend. Sie hat die Schätze der göttlichen Liebe und Freiheit für sich entdeckt.

Diese Frau dachte nicht länger aus der Perspektive äußerer Ursachen und Umstände, sondern übernahm den inneren Standpunkt und ließ zu, dass in ihrem Leben göttliche Harmonie und Ordnung einkehrten. So konnte ihr Unterbewusstsein alle ihre Probleme für sie lösen.

Die Visualisierungs-Technik
Wenn ich einen Vortrag halte, wende ich vorher die Visualisierungs-Technik an. Ich bringe die Räder meines Denkens zum Stillstand, um meinem Unterbewusstsein meine Vorstellungsbilder und Gedanken klar zu übermitteln. Dann stelle ich mir vor, dass der Vortragssaal bis auf den letzten Platz gefüllt ist und dass alle Anwesenden von der unendlichen Heilsgegenwart in ihrem Inneren erleuchtet sind. Ich visualisiere alle Zuhörer als göttlich inspiriert, glücklich und frei.
Wenn ich diese Imagination in mir wachgerufen habe, stelle ich mir vor, wie diese Frauen und Männer sagen: »Ich bin geheilt!« – »Ich fühle mich wunderbar!« – »Ich habe eine spontane Heilung erlebt!« – »Ich bin völlig verwandelt!« Diese Vorstellungsübung praktiziere ich für mindestens zehn Minuten, in dem sicheren Wissen, dass Geist und Körper aller Anwesenden von Liebe, Heilsein, Schönheit und Vollkommenheit durchdrungen werden. Meine Vorstellung wird dabei so lebendig, dass ich sogar die Stimmen der Menschen hören kann, die mir begeistert sagen, wie gesund und glücklich sie sich nach dem Vortrag fühlen. Dann lasse ich das ganze Bild gedanklich los und gehe zum Podium.

Hier ein etwas komplexeres Beispiel für die Anwendung der Visualisierungs-Technik:
Während eines Urlaubs in Mexiko lernte ich einen Anwalt aus Texas kennen. Er erzählte mir, dass ihm nach seinem Urlaub ein schwieriger Auftrag bevorstand, die Regulierung eines finanziellen Konflikts innerhalb einer Familie, bei dem es um ein Testament in Höhe von einer Million Dollar ging. Ein Mitglied der Familie hatte ihn

beauftragt, nach einer gütlichen Einigung zu suchen, um einen langwierigen Prozess zu vermeiden. Ich empfahl ihm, die folgende Visualisierungstechnik einzusetzen: Da auf der geistigen Ebene Raum und Zeit bedeutungslos sind, sollte er sich mental in einen Konferenzraum in Dallas versetzen und alle Mitglieder der Familie versammelt vor sich sehen. Er sollte innerlich bekräftigen, dass in dieser Familie Frieden, Harmonie und gegenseitiges Verständnis herrschten. Vor dem Schlichtungstermin sollte er sich mehrmals täglich lebhaft vorstellen, wie das Familienmitglied, das ihn engagiert hatte, zu ihm sagte: »Wir haben beschlossen, das Testament in seiner vorliegenden Form zu akzeptieren und es nicht gerichtlich anzufechten.« Das sollte er sich immer wieder vorstellen und die Worte seines Klienten hören. Und abends sollte er mit den Worten »glücklicher Ausgang« in den Schlaf gehen.

Einige Wochen nach meiner Rückkehr aus Mexiko berichtete mir dieser Anwalt in einem Brief, dass er meine Anweisungen befolgt habe und die Aussprache zwischen den Familienmitgliedern mit einer gütlichen Einigung beendet worden sei.

Die Beschluss-Technik

Eine junge Frau wendete die Beschluss-Technik bezüglich eines jungen Mannes an, der sie ständig mit Anrufen belästigte, sich unbedingt mit ihr verabreden wollte und sie sogar an ihrer Arbeitsstelle aufsuchte. Sie wurde ihn einfach nicht los. Also beschloss sie Folgendes: »Ich lasse _____ (der Name des Betreffenden) jetzt völlig los und übergebe ihn Gott. Er ist von nun an stets zur rechten Zeit am rechten Ort. Ich bin frei und er ist frei. Ich verfüge jetzt, dass meine Worte vom unendlichen Geist aufgenommen werden und sich alles harmonisch regelt. Weil ich es beschließe, ist es so.« Wie sie sagte, verschwand der junge Mann daraufhin aus ihrem Leben und hat sie nie wieder behelligt. »Er war wie vom Erdboden verschluckt«, fügte sie hinzu.

▪ Beispiele für falsches Beten – und wie sie sich korrigieren lassen

Einmal berichtete mir eine Witwe von ihren Schwierigkeiten, ein Mietshaus zu verkaufen, das sie von ihrem Mann geerbt hatte.
Sie befand sich finanziell in der Klemme, mehrere Wohnungen standen leer, manche Mieter waren mit der Miete im Rückstand und das Viertel, in dem das Haus stand, war inzwischen ziemlich heruntergekommen. Sie hatte einen Makler beauftragt, einen Käufer zu finden, doch bislang ohne Erfolg.
Ich erklärte ihr, dass gemäß dem Gesetz der wechselseitigen Anziehung die unendliche Intelligenz schon noch den richtigen Käufer zu ihr führen würde.
Sie betete und setzte ihre Imagination ein, indem sie sich vorstellte, dass ein Käufer ihr Büro betrat und Interesse an dem Haus bekundete. Sie stellte sich vor, wie er zu ihr sagte: »Ich kaufe es.« Diesen szenischen Traum ließ sie mehrmals täglich vor ihrem inneren Auge ablaufen, wobei sie darauf achtete, dass ihr Vorstellungsbild der von ihr gewünschten Wahrheit entsprach. Nachdem sie die Technik ein paar Tage praktiziert hatte, besichtigte tatsächlich ein Mann das Haus. Er schien zunächst interessiert zu sein, doch am folgenden Tag rief er an und sagte, der Kaufpreis sei ihm zu hoch.

Die Frau bat mich, gemeinsam mit ihr dafür zu beten, dass dieser Mann das Mietshaus kaufte. Ich erklärte ihr, dies sei der falsche Weg. Sie dürfe in einem solchen Fall niemals mentalen Druck oder Zwang ausüben, denn damit verletze sie die geistigen Rechte des potenziellen Käufers. Ich wies sie darauf hin, dass die unendliche Intelligenz den richtigen Käufer für ihr Haus kenne und dass dieser Käufer genau ihr Haus wolle, weil es für ihn das richtige sei. Es sei immer falsch, wenn sie versuche, einem anderen ihren Willen aufzuzwingen. Nur der Glaube an die Weisheit Ihres Unterbewusstseins werde die richtigen Resultate erbringen.

Es ist unser eigener Glaube, mit dem wir arbeiten müssen. Es bringt nichts zu versuchen, andere zu hypnotisieren, damit sie sich so verhalten, wie wir es gerne hätten.

Wie sich herausstellte, erzählte der Interessent, dem das Haus zu teuer gewesen war, seinem Arzt davon, der nach einem geeigneten Anlageobjekt suchte. Dieser Arzt wohnte sogar gleich in der Nachbarschaft der Witwe! Er kaufte das Haus und war mit dieser Entscheidung sehr zufrieden. Alle Probleme der Witwe waren damit gelöst.

Mrs. B. litt unter Magengeschwüren. Zwar nahm sie die von ihrem Arzt verordnete Medizin ein, sagte sich aber ständig: »Diese Medizin taugt nichts. Meine Magengeschwüre werden immer schlimmer.« Ihr ganzes Denken hatte ein bitteres, geschwüriges Muster. Sie hegte gegenüber ihren Verwandten einen tiefen Groll, einen mühsam unterdrückten Zorn. Einerseits betete sie zu einem fernen Gott hoch oben im Himmel, dass er sie von ihrer Krankheit befreien möge, anderseits verursachte sie selbst diese Krankheit durch ihr bitteres, feindseliges

Denken. Sie betete mit Groll und unterdrückter Wut im Herzen. Ein solches Gebet führt niemals zum Erfolg.

Elisabeth Y. kam völlig aufgelöst zu mir. »Glauben Sie, dass mein Vater mit Hilfe geistiger Kräfte meine Ehe zerstören kann?«, fragte sie mich.
»Ich bin nicht sicher, ob ich Ihre Frage richtig verstanden habe«, erwiderte ich. »Können Sie mir die Situation etwas genauer erklären?«
Sie holte tief Luft. »Ich bin jetzt seit fast eineinhalb Jahren verheiratet. Frank und ich lieben uns sehr und sind wirklich glücklich miteinander. Das Problem besteht darin, dass Frank Katholik ist und mein Vater alle Katholiken hasst. Er behauptet, sie seien Sklaven Satans. Ich weiß, er betet dafür, dass meine Ehe scheitert, und ich habe Angst, dass seine Gebete wirken. Gebete *sind* wirksam, nicht wahr? Das sagen Sie doch immer!«
»Ja und nein«, antwortete ich. »Ihre eigenen Gebete können für Sie selbst wirksam sein. Aber Ihr Vater hat so wenig Macht über Sie wie eine Hasenpfote oder irgendein Kieselstein am Meeresufer ... *solange Sie selbst ihm keine Macht einräumen*. Wenn Sie aber *glauben*, dass er Ihre Ehe zerstören kann, dann hat er schon halb gewonnen. Benutzen Sie Ihre eigenen Gedanken und Gefühle, um Ihre Ehe zu stärken. Dann kann Ihr Vater überhaupt nichts dagegen ausrichten.«

▦ Beispiele für richtiges Beten

Eine ältere Dame, die nach einer Busfahrt zu Hause eintraf, bemerkte, dass sie einen schönen Diamantring verloren hatte, worüber sie sehr betrübt war. Dann fragte sie sich: »Was ist die Wahrheit bezüglich meines Ringes?« Sie beantwortete sich diese Frage selbst: »Im unendlichen Geist geht nichts verloren. Mein Unterbewusstsein weiß, wo der Ring ist, und führt mich jetzt zu ihm.« Nach ein paar Minuten spürte sie den Impuls, zu der Bushaltestelle zurückzugehen.

Wenige Schritte von der Stelle, wo sie in den Bus eingestiegen war, lag der Ring auf der Straße. Offenbar hatte sie ihn verloren, während sie das Kleingeld für das Busticket hervorgekramt hatte.

Um wirksam zu beten, müssen Sie sich auf die ewigen, unveränderlichen Wahrheiten Gottes einstimmen. Sie betteln oder flehen nicht, sondern klären lediglich Ihren Geist und öffnen sich für die göttliche Weisheit.

Während einer Konferenz kam ich mit einem ehemaligen Sergeant ins Gespräch, der in Vietnam im Einsatz gewesen war. Er erzählte mir von einem faszinierenden Erlebnis, das sich dort zugetragen hatte. Eines Nachmittags, als er sich mit seinen Männern auf Patrouille befand, gerieten sie plötzlich in einen Hinterhalt des Vietcong. Ehe sie auch nur dazu kamen, die Gewehre zu heben, wurden alle fünf Mann seiner Patrouille von den Vietcong-Soldaten erschossen.

Die sechs feindlichen Soldaten starrten genau in seine Richtung, schienen ihn aber nicht zu sehen. Sie näherten sich, durchsuchten die Taschen seiner Männer und nahmen Papiere, Waffen und alles andere mit. Er war völlig verblüfft und konnte nicht begreifen, warum sie ihn nicht bemerkt hatten. Es gelang ihm, unbeschadet zu seinem Bataillon zurückzukehren. Später schrieb er seiner Mutter in Kentucky einen Brief, in dem er ihr von dem Vorfall berichtete. Sie schrieb zurück: »Sie haben dich tatsächlich nicht gesehen, mein Sohn. Sie konnten dich nicht sehen oder dir etwas antun, weil ich täglich gebetet habe: ›Mein Sohn wird für den Feind immer unsichtbar sein. Gott ist sein Schirm und seine Zuflucht.‹«

Die Mutter dieses Sergeants hatte beständig erklärt und bekräftigt, dass ihr Sohn für den Feind unsichtbar sei und unter göttlichem Schutz stehe. Dies teilte sich dem Unterbewusstsein ihres Sohnes mit, das dementsprechend reagierte. Alle Briefe, die sie ihm schrieb, schlossen mit den Worten aus dem 46. Psalm: »*Gott ist uns Zuflucht und Stärke, ein bewährter Helfer in allen Nöten.*«

Zweifellos übten die Gebete und Briefe seiner Mutter eine starke Wirkung auf das Unterbewusstsein des Sergeants aus. Es reagierte auf den festen Glauben der Mutter, dass ihr Sohn unter Gottes Schutz stehe.

Weitere Gebetstechniken

Wenn Sie beten, sollten Sie die mit den Worten einhergehenden Empfindungen in Ihr Tiefenbewusstsein einsinken lassen, bis Sie ganz von diesen Wahrheiten durchdrungen sind. Wenn Sie das eine Weile praktizieren, werden Sie eine große innere Erleichterung verspüren, eine Reinigung der Seele. Sie werden sich entspannt und friedvoll fühlen, erfüllt von der Gewissheit, dass die Heilungsmächte aus Ihren eigenen seelischen Tiefen nun eine perfekte und harmonische Lösung für Ihr Begehren oder Problem herbeiführen. Dann wissen Sie, dass Ihr Gebet erhört wurde.

———

Wirksames Beten erfolgt in vier Schritten:
1. Der erste Schritt besteht in völliger Hingabe an die eine Macht – Gott. Diese Macht befindet sich in Ihnen. Sie hat Ihren Körper erschaffen und kann ihn jederzeit heilen und alle Ihre Probleme lösen.
2. Dann müssen Sie sich definitiv und vollständig weigern, irgendeiner äußeren Sache oder Kraft Macht einzuräumen. Alle Macht liegt bei Gott in Ihrem Innern. Erkennen Sie der Welt der Phänomene, Personen, Orte und Dinge keinerlei Macht zu.
3. Wie immer Ihr Problem oder Ihr Leiden aussehen mag, wenden Sie sich bewusst von ihm ab und bekräftigen Sie mit Gefühl und Glauben: »Gott existiert und Seine heilende Gegenwart durchströmt mich jetzt. Sie heilt, vitalisiert und energetisiert mein ganzes Sein. Gott manifestiert sich jetzt in meinem Leben als perfekte Lösung, rechtes Handeln und göttliche Freiheit.«
4. Der letzte Schritt besteht darin, für die glückliche Lösung zu danken. Sagen Sie freudig: »Vater, ich danke dir für deine vollkommene Antwort und ich bin mir bewusst, dass jetzt in meinem Leben göttliche Weisheit wirkt. Ich bin mit der Macht und Gegenwart Gottes in meinem Geiste in Kontakt getreten. Es ist wunderbar!«

Prinzipien, die Sie sich einprägen sollten

1. Das Gebet bringt immer eine Lösung.
2. Vermeiden Sie es, wenn Sie beten, mentalen Zwang und Druck auszuüben. Wenn Sie Druck ausüben oder sich zu krampfhaft bemühen, deutet das auf Sorge und Angst hin, wodurch die Beantwortung Ihres Gebets blockiert wird. Leichtigkeit ist der Schlüssel. Es gibt keine

widerstreitende Kraft, gegen die Sie ankämpfen müssten. Versetzen Sie sich in einen Zustand innerer Gelassenheit, wenn Sie beten.

3. Wenn Sie glauben, dass die Antwort auf Ihr Gebet Zeit braucht oder dass es sich um ein besonders schwieriges Problem handelt, zögern Sie dadurch die Reaktion Ihres Unterbewusstseins unnötig hinaus. Es kennt keine Probleme und vermag auf alle Ihre Fragen mühelos zu antworten.

4. Wenn Sie in einem psychischen Gefängnis aus Hass, Neid und Rachegedanken leben, kann das Gebet die Gefängnistüren weit aufstoßen.

5. Was Sie im Stillen denken, muss im Einklang mit Ihren Lebenszielen stehen, sonst werden Ihre Gebete nicht erhört.

6. Wenn Sie für einen anderen Menschen beten, bedeutet das nicht, dass Sie eine Heilungswelle oder Gedankenwelle zu dem Betreffenden aussenden. Vielmehr bekräftigen Sie, dass die heilende Liebe Gottes im Unterbewusstsein dieses Menschen aktiviert wird.

7. Alle negativen Muster in Ihrem Unterbewusstsein lassen sich dadurch löschen und neutralisieren, dass Sie Ihren Geist mit den ewigen Wahrheiten Gottes anfüllen. Machen Sie sich bewusst, dass es eine unendliche Intelligenz gibt, die das, was Sie sich wünschen, in Ihr Leben bringt. Glauben Sie jedoch, dass Sie das, was Sie begehren, nicht wirklich bekommen können, bringen Sie sich damit in ein ausweglos Dilemma. Ihr Unterbewusstsein reagiert immer auf den in Ihrem Bewusstsein vorherrschenden Glauben und in diesem Fall wird Ihr Gebet nicht erhört.

8. Beten bedeutet nicht, zu betteln oder zu flehen. Wenn Sie betteln und flehen, bringen Sie zum Ausdruck, dass

Ihr Denken auf Mangel und Einschränkung ausgerichtet ist. Durch eine solche geistige Einstellung werden Sie zwangsläufig noch mehr Leid und Verlust anziehen – denn Ihr Unterbewusstsein verstärkt und vergrößert alles, dem Sie bewusste Aufmerksamkeit schenken.

9. Jeder Gedanke und jedes Gefühl ist ein Gebet.

10. Akzeptieren Sie niemals ein Nein als Antwort. Glauben Sie an die Verheißung Gottes: Bitte, und dir wird gegeben. Die schöpferische Intelligenz, das Göttliche in Ihnen, erfüllt alle Ihre Bitten entsprechend Ihrem Glauben.

11. Für erfolgreiches Beten ist es unerlässlich, Frieden mit allen Menschen und Dingen zu schließen. Erkennen Sie Ihre wesenhafte Verbundenheit mit allem, was lebt. Gott ist Leben oder Geist und ein Teil des göttlichen Geistes kann nicht im Widerspruch zu einem anderen Teil desselben Geistes stehen. Der Geist, Gott, ist immer eins und unteilbar. Wenn Sie mit der ganzen Welt in Frieden leben, kann das Lebensprinzip Sie ungehindert durchströmen und alle seine Schätze gehören Ihnen.

12. Die Wirksamkeit Ihres Gebets hängt von der Stärke Ihrer Überzeugung ab, dass die unendliche Intelligenz in Ihnen aus sich heraus alles erschafft, was Sie sich wünschen.

13. Gebete verändern das Unterbewusstsein. Durch Beten können Sie demnach die Resultate Ihres gewohnheitsmäßigen Denkens und somit Ihre Zukunft verändern.

14. Die Antwort kommt nicht immer über Nacht.

15. Sie beantworten Ihr Gebet selbst, denn es geschieht Ihnen immer nach Ihrem Glauben.

16. Die vier Schritte wirksamen Betens sind: 1. Anerkennen der göttlichen Heilsgegenwart. 2. Völliges Akzeptieren der einen göttlichen Macht. 3. Affirmieren der Wahr-

heit. 4. Freude und Dankbarkeit über die Beantwortung des Gebets zum Ausdruck bringen.

17. Wenn Sie in göttlichem Gleichmut beten, wird Ihr Gebet immer erhört. Mit göttlichem Gleichmut ist keine Gleichgültigkeit oder Apathie gemeint. Vielmehr handelt es sich um eine innere Ruhe und Gelassenheit, die sich aus der Gewissheit speist, dass sich alles, was Sie im Herzen für wahr halten, zwangsläufig in Ihrem Leben verwirklichen muss – so sicher, wie jeden Morgen die Sonne aufgeht.

18. Identifizieren Sie sich mit Ihrem Ziel oder Wunsch, indem Sie sich durch Beten mental und emotional mit ihm vereinigen. Gehen Sie anschließend mit der festen Erwartung durchs Leben, dass Ihr Gebet erhört wird. Dann wird genau das geschehen. Die unendliche Intelligenz wird die Macht Ihres Unterbewusstseins aktivieren und so das Gewünschte manifestieren.

6. KAPITEL

Liebe

*Die kleinen, alltäglichen Freundlichkeiten
versüßen das Leben,
große Freundlichkeit und Herzensgüte
adeln es.
Liebe ist Höflichkeit, die aus
dem Herzen kommt.
Liebe macht unser Verhalten rein,
mitfühlend und gütig.*

Ohne Liebe im Herzen straucheln und scheitern wir.

Liebe besiegt alle Probleme.

Liebe befreit, Liebe gibt. Sie ist der göttliche Geist in Aktion.

Liebe ist Erfüllung in allen Angelegenheiten. Je mehr Liebe und Wohlwollen Sie ausstrahlen, desto größer ist Ihr Anteil an Gottes Fülle.

Lassen Sie Liebe in Ihre Seele! Wenn Liebe Sie erfüllt, ist kein Raum mehr für Groll, Böswilligkeit, Eifersucht oder Feindseligkeit. All das wird von der Liebe aufgelöst.

Liebe heißt, aus dem Herzen heraus zu sprechen und zu handeln.

———

Liebe will gelebt werden. Liebe ist universelles Wohlwollen. Wünschen Sie allen Menschen Gesundheit, Glück, Frieden, Fülle und alle Segnungen des Lebens.

———

Das Lebensprinzip muss sich ungehindert ausdrücken können. Und Liebe ist der vollkommenste Ausdruck des Lebensprinzips.

———

Liebe bedeutet Frieden, Heilsein, Schönheit und vollkommene Freude. Sie ist der freie und ungehinderte Ausdruck des Göttlichen in Ihnen.

———

Solange Sie kein echtes Liebesbewusstsein entwickeln, werden Ihre Leistungen, Aktivitäten und zwischenmenschlichen Beziehungen eingeschränkt und unbefriedigend sein.

———

Je mehr Liebe und Wohlwollen Sie ausstrahlen, desto größer ist Ihr Anteil an Gottes Schätzen.

———

Liebe heißt, treu und mit Hingabe Ihrem geistigen Ideal zu folgen.

———

Üben Sie sich darin, Gottes Liebe in Ihrem Leben zum Ausdruck zu bringen, denn was wahr ist für Gott, das ist auch wahr für Sie. Das ist die eine große, befreiende Erkenntnis.

———

So wie Bitterkeit immer mehr Bitterkeit hervorbringt, bringt Liebe immer mehr Liebe hervor.

———

Liebe kommt aus dem Herzen.

———

Leben Sie liebevoll, in ständiger Erwartung des Besten, dann wird das Beste zu Ihnen kommen.

———

Liebe lässt sich nicht von außen per Gesetz verordnen. Sie kann nur aus Ihrer inneren spirituellen Welt kommen.

———

Sie werden immer von dem angezogen, was Sie insgeheim am meisten lieben. Mit anderen Worten, es begegnet Ihnen im Leben immer die exakte Reproduktion Ihrer Gedanken. In einer Welt, die von Gesetz, Liebe und göttlicher Ordnung regiert wird, gibt es keine blinden Zufälle oder Unfälle.

———

Es gibt nur eine einzige unteilbare Macht und die Quelle dieser Macht ist Liebe. Es gibt keine andere, zu dieser im Widerspruch stehende Macht. Das allmächtige Lebensprinzip überwindet alle Widerstände in dieser Welt. Es ist ewig siegreich.

Liebe ist das innere Gefühl, aus dem heraus Sie die eine Macht – die unendliche Intelligenz – als allein bestimmende Kraft in Ihrem Leben anerkennen.

Wenn Sie gesund, vital und stark bleiben möchten, müssen Sie sich unbedingt klar machen, dass Sie eins sind mit dieser Gotteskraft, und zwar hier und jetzt. Dann werden Ihnen mächtige Energien zu Hilfe kommen.

―――――

Freud sagte, dass eine Persönlichkeit, der es an Liebe fehlt, leidet und verkümmert.

―――――

Liebe bedeutet, dass Sie anderen Menschen das wünschen, was Sie auch für sich selbst wünschen.

―――――

Durch Ihr Reden und Handeln können Sie Ihrem Körper eine Melodie der Liebe oder eine Melodie des Hasses übermitteln. Entscheiden Sie sich für die Liebe.

―――――

Astronomen sind in die astronomische Wissenschaft verliebt, deshalb entdecken Sie immer neue Geheimnisse des Himmels. Einstein liebte die Prinzipien der Mathematik, darum offenbarte diese Wissenschaft ihm ihre Geheimnisse. Das alles vermag die Liebe.

―――――

Liebe inspiriert Sie dazu, sich mit Ihrem Ideal zu vereinigen. Damit ist nicht gemeint, dass Sie an Ihrem Ideal mit Willenskraft festhalten sollen. Lassen Sie sich vielmehr völlig davon ausfüllen und durchdringen. Das ist Liebe.

―――――

Liebe vertreibt jede Angst, denn Liebe und Angst sind unvereinbar. *»Die vollkommene Liebe vertreibt die Furcht.«* (1 Johannes 4,18)

―――――

»Also ist die Liebe die Erfüllung des Gesetzes.«
(Römer 13,10)
Wenn Sie Ihre Seele kontinuierlich und systematisch mit Liebe, Freude, Frieden und Harmonie erfüllen, wird Gott – oder das Gesetz – für Sie zu etwas sehr Persönlichem, Unmittelbaren. Und je mehr Sie sich mit diesen Qualitäten identifizieren, desto mehr werden Sie sie in Ihrem Alltag zum Ausdruck bringen.

Liebe strahlt immer nach außen. Wenn sie wahr und echt ist, verströmt sie sich in die Welt.

Liebe ist ebenso wie Hass, Wut, Neid und Groll eine emotionale Bindung. Entscheiden Sie sich für die Liebe. Denn Sie können nur ein erfülltes Leben führen, wenn Sie lieben, was Sie tun, was Sie sind und was Sie sein wollen.

Bei der Liebe, von der in der Bibel die Rede ist, handelt es sich nicht um ein sentimentales, künstliches Gefühl. Liebe ist die Kraft, die Familien und Nationen vereint und die dafür sorgt, dass die Erde und alle Galaxien sich rhythmisch, harmonisch und friedlich durch Zeit und Raum bewegen. Liebe ist das Gesetz von Gesundheit, Glück, Frieden, Wohlstand, Freude und Erfolg.

Die Kinder der Liebe heißen Harmonie, Gesundheit, Frieden, Güte, Freude, Ehrlichkeit, Integrität und Gerechtigkeit.

PRAKTISCHES BEISPIEL

Kürzlich erzählte mir ein Arzt von einer Patientin, einer alten Freundin, die ihm über 3000 Dollar an unbezahlten Honoraren geschuldet hatte. Er war zuerst sehr nachsichtig mit ihr gewesen, doch als er erfuhr, dass sie 100 000 Dollar geerbt hatte, forderte er sie auf, ihre Schulden zu begleichen. Sie reagierte bitter und sarkastisch und warf ihm vor, er habe ihr die falschen Vitamine verordnet und seine Behandlungsmethoden taugten nichts. Er sagte mir, er habe sich ihren Ausbruch angehört und sei wortlos gegangen.

Anschließend beschloss er, das Gesetz der Liebe anzuwenden, statt die Schulden gerichtlich einzutreiben. In seinen Meditationen bekräftigte er, dass diese Frau ehrlich, liebevoll und gütig sei und dass Gottes Liebe und Harmonie ihr ganzes Wesen erfüllten. Das tat er jeden Morgen und Abend für ein paar Minuten. Schon nach wenigen Tagen stellte sich ein verblüffendes Resultat ein: Die Frau suchte ihn auf, entschuldigte sich und bezahlte ihm nicht nur die 3000 Dollar, die sie ihm schuldete, sondern sogar 5000 Dollar!

Beachten Sie, dass er sie in keiner Weise verurteilt oder kritisiert hatte. Er umgab sie einfach mit der Liebe und dem Frieden Gottes und so war der Weg frei für rechtes göttliches Handeln.

Empfehlenswerte Techniken

Liebe heißt, Wohlwollen auf alle Menschen auszustrahlen. Wenn Sie in einem Büro, einer Fabrik oder einem Geschäft arbeiten, wird es sich für Sie wunderbar bezahlt

machen, wenn Sie allen Menschen in Ihrer Umgebung Gesundheit, Glück und alle Segnungen des Lebens wünschen. Denn damit segnen Sie gleichzeitig sich selbst und das, was Sie den anderen wünschen, kommt auch zu Ihnen. Denken Sie daran: Was Sie anderen wünschen, das wünschen Sie auch sich selbst. Was Sie anderen vorenthalten, das enthalten Sie auch sich selbst vor.
Segnen Sie ab jetzt alle Menschen liebevoll. Nehmen Sie das Göttliche in allen und allem wahr und sagen Sie im Stillen zu jedermann: »Die Reichtümer Gottes durchströmen und erfüllen dich.« Sie werden erstaunt sein, welche Segnungen Sie damit in Ihr eigenes Leben ziehen!

———

Hier folgen zwei ausgezeichnete Gebete, die Sie darin unterstützen, Liebe zu empfangen und zu geben:
»Die Liebe Gottes durchströmt mich jetzt. Ich bin umgeben vom Frieden Gottes und alles ist gut. Unerschöpfliche Liebe erfüllt mein Herz. In allen meinen Gedanken, Worten und Taten strahle ich Liebe aus. Die Liebe verbindet und harmonisiert alle göttlichen Kräfte und Qualitäten in mir. Liebe ist Freude, Friede, Segen und Dankbarkeit. Liebe ist Freiheit. Sie reißt die Gefängnisse des Mangeldenkens, des Neides und der Missgunst ein und befreit alle Gefangenen. Ich strahle Liebe auf alle Menschen aus, denn jeder Mensch ist eine Ausdrucksform der Liebe Gottes. Ich weiß und glaube, dass göttliche Liebe mich jetzt leitet und perfekte, harmonische Beziehungen zu meiner Umwelt herstellt. *Gott ist die Liebe, und wer in der Liebe bleibt, bleibt in Gott und Gott bleibt in ihm.*«
(1. Johannes 4,16)
»Göttliche Liebe ist mein Leitstern und macht alle meine Wege leicht, fröhlich und wunderbar.«

Prinzipien, die Sie sich einprägen sollten

1. Wenn Sie ein erfülltes Leben führen möchten, sollten Sie lieben, was Sie tun, was Sie sind, mit wem Sie zusammen sind und was Sie anstreben.
2. Liebe strahlt immer nach außen. Liebe befreit. Liebe gibt. Liebe ist Gott in Aktion.
3. Liebe ist eine emotionale Bindung. Um wahr und echt zu sein, braucht sie ein Objekt.
4. Verlieben Sie sich in Ihr Höheres Selbst – in die göttlichen Wahrheiten –, denn von dort, vom Göttlichen in Ihnen, geht aller Segen aus.
5. Wenn Sie eine gesunde Ehrfurcht für das Göttliche in Ihnen hegen, werden Sie automatisch auch das Göttliche in anderen Menschen ehren und respektieren.
6. Sie sind der einzige Denker in Ihrem Universum. Denken Sie liebevoll. Neid, Gier und Bitterkeit machen Sie arm, denn sie zeugen von einengendem Mangeldenken.
7. Wenn Sie sich dabei ertappen, dass Sie einen anderen Menschen um dessen Erfolg und Reichtum beneiden, sollten Sie dies durch die Affirmation ersetzen: »Gottes Liebe erfüllt deine Seele und die Reichtümer Gottes sind jetzt dein.« Dann werden in Ihrem Leben Wunder geschehen, Sie werden von Neid und Bitterkeit befreit sein und in jeder Hinsicht gedeihen.
8. Verströmen Sie Liebe und guten Willen. Damit beseitigen Sie alle negativen Emotionen, die sich in Ihrem Unterbewusstsein festgesetzt haben.
9. Liebe kennt keine Dogmen, Rassen und Nationen. Liebe transzendiert das alles. Gott ist Liebe und bevorzugt niemanden.

7. KAPITEL

Vergebung

Vergebung ist Liebe in Aktion.

Ob Sie einem anderen wirklich vergeben haben, können Sie leicht überprüfen. Angenommen, jemand erzählt Ihnen, dass dem Menschen, dem Sie vergeben haben, etwas Wunderbares widerfahren ist. Wie reagieren Sie darauf? Missgönnen Sie ihm das? Stört es Sie? Wäre es Ihnen lieber, wenn es ihm schlecht ginge? Wenn ja, dann haben Sie nicht wirklich vergeben. Dann ist das Übel in Ihnen noch nicht bei der Wurzel gepackt. Nur durch Gebet und Liebe können Sie zu wirklicher Vergebung gelangen.
Sie sollten in der Lage sein, sich über das Wirken Gottes im Leben eines jeden Menschen zu freuen.

Vergeben Sie sich selbst, indem Sie Ihr Denken in Harmonie mit der göttlichen Ordnung bringen.

Erst wenn Sie sich selbst wirklich vergeben haben, können Sie auch anderen vergeben.

Wenn Sie sich weigern, sich selbst zu vergeben, ist das nichts anderes als spirituelle Ignoranz und falscher Stolz.

Anderen zu vergeben ist die entscheidende Voraussetzung für geistigen Frieden und strahlende Gesundheit. Sie müssen wirklich allen Menschen vergeben, die Ihnen je Schmerz zugefügt haben. Nur dann können Sie vollkommene Gesundheit und wahres Glück erlangen.

Vergeben heißt, etwas aufzugeben, um etwas anderes zu erlangen. Sie geben sämtliche falschen Überzeugungen auf und erlangen dafür göttliche Wahrheit und Selbstachtung.

Damit Ihre Gebete erhört werden, müssen Sie Ihr Denken und Ihr vergebendes Herz miteinander in Einklang bringen.

Wenn ein Mensch körperlich behindert ist, werden Sie ihm das doch gewiss nicht vorwerfen und ihn deswegen unfreundlich und lieblos behandeln. Menschen, die mental behindert sind, deren Mentalität beschränkt, grob und ungehobelt ist, sollten Sie ebenso wenig verachten. Begegnen Sie ihnen mit genauso viel Mitgefühl wie den körperlich behinderten Menschen. Vergeben Sie ihnen.

Seien Sie intolerant gegenüber falschen Ideen und irrigen Meinungen, niemals aber gegenüber jenen, die solche Ansichten äußern. Respektieren Sie alle Menschen.

Wenn Sie Ihr Denken beharrlich auf Gott ausrichten, werden Sie zwangsläufig aufhören, sich selbst zu kritisieren und zu verurteilen. Sie werden Selbstachtung erlangen, denn Gott ist Liebe, nicht Hass.

Das Gesetz der Vergebung ist ein wissenschaftliches Gesetz des Geistes. Denken und handeln Sie richtig, dann finden Sie Vergebung, selbst wenn Sie in der Vergangenheit gegen die geistigen Gesetze verstoßen und nicht das höchste Wohl für sich und andere angestrebt haben.
Wenn Sie die Prinzipien der Chemie oder Mathematik falsch anwenden, nehmen diese Ihnen das niemals übel. Von dem Augenblick an, in dem Sie sie richtig anwenden, stellen sich die richtigen Resultate ein. Auch Ihr Geist ist ein Prinzip. Von dem Moment an, in dem Sie ihn in richtiger Weise gebrauchen, erfolgt eine automatische positive Reaktion Ihres Unterbewusstseins.

Rein mechanisches, äußerliches Beten bringt keine Vergebung. Nur wenn eine wirkliche innere Transformation stattfindet, wenn Sie wirklich nach göttlicher Wahrheit hungern und dürsten, dann geschieht das scheinbare Wunder der Vergebung früherer Irrtümer, das Sie befreit und einen Neuanfang ermöglicht.

»Da trat Petrus zu ihm und fragte: Herr, wie oft muss ich meinem Bruder vergeben, wenn er sich gegen mich versündigt? Siebenmal? Jesus sagte zu ihm: Nicht siebenmal, sondern siebenundsiebzigmal.« (Matthäus 18,21–22)
Wenn Sie Groll gegen einen Menschen hegen, können Sie sich nur durch Liebe davon befreien. Sie müssen diesem Menschen alle Segnungen des Lebens wünschen,

und zwar so lange, bis Sie ihn ohne jedes negative Gefühl vor Ihrem inneren Auge erscheinen lassen und aufrichtig Frieden und Wohlwollen für ihn empfinden können. Dann haben Sie *siebenundsiebzigmal* vergeben.

―――

Das geistige Prinzip kennt weder Raum noch Zeit. Noch in der Sekunde, in der Sie beschließen, Ihr Leben zu ändern, indem Sie Ihr Unterbewusstsein mit positiven Mustern erfüllen, reinigt die unendliche Heilsgegenwart Ihr Unterbewusstsein und Sie sind frei.

―――

Das Lebensprinzip verurteilt oder bestraft Sie niemals. Sie bestrafen sich selbst, indem Sie durch negatives oder falsches Denken Ihren Geist missbrauchen.

―――

Die wunderbare Wahrheit lautet, dass Sie die Macht haben, sich selbst alle früheren Misserfolge und Fehler zu vergeben. Dazu müssen Sie lediglich Ihr Denken dauerhaft verändern. Denken Sie auf der Basis der wissenschaftlichen geistigen Gesetze, die besagen, dass das Unterbewusstsein automatisch jeden Gedanken als wahr akzeptiert, den Sie bewusst für wahr halten. Wenn Sie beginnen, auf richtige Weise zu denken, werden sich demnach zwangsläufig die richtigen Resultate einstellen. Auf richtige Weise denken Sie, wenn Ihr Denken konstruktiv, harmonisch, friedfertig und liebevoll ist. Dann werden alle alten, negativen Muster gelöscht und sind für immer vergessen.
Es spielt keine Rolle, ob Sie bisher Alkoholiker, Drogensüchtiger, Einbrecher, Dieb, Vergewaltiger oder Mörder waren – das Gesetz Ihres Unterbewusstseins hegt keinen

Groll gegen Sie und verurteilt Sie nicht. Sobald Sie *aufrichtig* beschließen, sich zu wandeln und gemäß den ewigen göttlichen Wahrheiten zu leben, reagiert es nicht länger negativ.

»Ich vergesse, was hinter mir liegt, und strecke mich nach dem aus, was vor mir ist. Das Ziel vor Augen, jage ich nach dem Siegespreis: der himmlischen Berufung, die Gott uns in Jesus Christus schenkt.« (Philipper 3,13-14)

Wenn Sie sich selbst und anderen vergeben, erzeugt das ein Vakuum in Ihrem Bewusstsein, in das die unendliche Heilsgegenwart einströmen kann.

All unsere Sünden, Irrtümer, Verfehlungen und Bitternisse werden getilgt, wenn wir uns im Herzen ändern und die Liebe und Harmonie Gottes als höchste Macht in unserem Leben akzeptieren. Wenn in Ihrem Herzen und Verstand göttliche Liebe, göttliche Harmonie und göttlicher Friede herrschen, wird das Gesetz Ihres Unterbewusstseins dazu führen, dass Sie diese Qualitäten in Ihrem Leben zum Ausdruck bringen. Es ist dann, als hätte Ihr früheres Fehlverhalten niemals existiert. Sie sind dann nicht mehr »der Alte« und alle Ihre neuen Wege werden freudig und friedvoll sein.

Menschen, die sich dafür entschieden haben, sich selbst und anderen zu vergeben, blühen und gedeihen auf wunderbare Weise. Es ist, als liege ein glücklicher Zauber auf ihrem Leben. Alles, was sie aufrichtig anstreben, verwirklicht sich in harmonischer, göttlicher Ordnung.

Wer sich selbst verdammt und verurteilt, zieht Leid und Misserfolg auf sich. Wer sich selbst vergibt, erfährt Glück, Frieden und die Freude eines erfolgreichen, erfüllten Lebens.

———

Vergeben Sie sich und lernen Sie, es dankbar anzunehmen, wenn andere Ihnen vergeben. Sie sind ein Sohn oder eine Tochter des Unendlichen. Entwickeln Sie einen gesunden, ehrfürchtigen, heilsamen Respekt für die göttliche Macht, die Sie und das ganze Universum mit allem, was darin enthalten ist, hervorgebracht hat. Machen Sie es sich zur festen Gewohnheit, die Gottesgegenwart in Ihnen zu ehren und sich von ihr erheben zu lassen, und führen Sie ein demgemäßes Leben.
Das ist wahre Selbstvergebung.

———

Sie können anderen nicht geben, was Sie selbst nicht besitzen. Erst müssen Sie lernen, sich selbst zu vergeben, mit anderen Worten, nicht länger negative Gedanken über sich selbst oder irgendeinen anderen Menschen zu hegen. Sie müssen Ihre Seele für den Sonnenschein der göttlichen Liebe öffnen. Das befähigt Sie, den zuvor verborgenen Glanz in Ihnen auf andere Menschen ausstrahlen zu lassen und aufrichtige Vergebung zu praktizieren.

———

Wenn Sie etwas auf einem Kassettenrecorder aufgenommen haben, können Sie es anschließend wieder löschen. In ähnlicher Weise können Sie auch früheres Fehlverhalten und negative Muster aus Ihrem Unterbewusstsein löschen – das heißt Vergebung praktizieren –, indem Sie Ihr

Unterbewusstsein mit den spirituellen Wahrheiten Gottes erfüllen. Die Schwingungen dieser neuen Gedanken beseitigen die alten negativen Muster.

Gott hat Ihnen bereits verziehen. Gott verurteilt niemanden. Vergeben Sie nun sich selbst. Ändern Sie dauerhaft Ihr Denken. Denken Sie von jetzt an nur noch an die Dinge, die edel, wahr, gerecht und segensreich sind. Beherzigen Sie die goldene Regel und das Gesetz der Liebe.

Hier eine Parabel über die Vergebung:
Ein kleiner Junge war sehr böse gewesen. Daraufhin verordnete ihm seine Mutter eine Woche Hausarrest, während der er zur Strafe daheim viele Arbeiten erledigen musste. Er erfüllte alle diese Aufgaben mit Freude und nach Ablauf der Woche sagte seine Mutter: »Du bist ein sehr guter Junge. Du machst die Dinge, die ich dir aufgetragen habe, wirklich ausgezeichnet.«
Der kleine Junge erwiderte: »Mutter, bin ich jetzt nicht so gut, als ob ich niemals böse gewesen wäre?«
Die Mutter überlegte einen Moment, dann rief sie erfreut aus: »Ja, natürlich! Was für eine wunderschöne Wahrheit, die du da ausgesprochen hast!«
Richten Sie Ihr ganzes Streben auf das Gute, Schöne und Wahre aus, dann werden Sie Vergebung erfahren, denn Sie sind dann so gut, als wären Sie niemals schlecht oder böse gewesen!

Vergebung heißt, anderen Menschen Liebe, Frieden und alle Segnungen des Lebens zu wünschen. Anderen Gutes

zu geben bringt Ihnen selbst Segen, ganz so wie es geschrieben steht: »*Geben ist seliger als nehmen.*«
(Apostelgeschichte 20,35)

―――――

Sie vergeben sich selbst, wenn Sie sich geistig und emotional völlig mit dem Ideal des Guten identifizieren und diese Haltung beharrlich beibehalten, bis sie Ihnen schließlich als tiefe Überzeugung in Fleisch und Blut übergeht.

―――――

Lassen Sie Gottes Liebe in Ihre Seele einkehren. Wenn Sie beschließen, ein neuer Mensch in Gott zu werden, ist Ihre Vergangenheit damit ausgelöscht und vergessen.

―――――

Sie sündigen, wenn Sie negativ denken, wenn Sie sich in Bitterkeit, Hass oder Verachtung ergehen und sich von Furcht und Sorgen beherrschen lassen. Und Sie sündigen immer dann, wenn Sie vom Kurs abkommen, von Ihrem Lebensziel abweichen. Dieses Lebensziel aber sollte immer Frieden, Harmonie, Weisheit und vollkommene Gesundheit sein – ein Leben in göttlicher Fülle.

―――――

Vergeben Sie! Schließlich vergibt das Leben auch Ihnen. Es vergibt Ihnen, wenn Sie sich in den Finger schneiden. Die unterbewusste Intelligenz in Ihnen beginnt unverzüglich mit der Wundheilung. Neue Zellen wachsen an der Schnittverletzung. Wenn Sie sich die Hand verbrennen, schenkt Ihnen das Lebensprinzip neue Haut, regeneriertes Gewebe. Das Leben hegt keinerlei Groll gegen Sie, es verzeiht Ihnen immer. Das Leben ist immer bestrebt, Ihnen zu Gesundheit, Vitalität und Harmonie zu verhelfen.

———

Groll, Verachtung und Feindseligkeit sind die Ursachen zahlreicher menschlicher Leiden. Dagegen gibt es nur ein einziges Heilmittel: Lösen Sie sich von Ihrem Schmerz und Ihrer Verbitterung. Das gelingt Ihnen nur, wenn Sie vergeben.

———

Die Bibel sagt: »*Liebet einander*«. Jeder Mensch kann lieben, wenn er es wirklich will. Lieben bedeutet, dass Sie anderen Menschen Gesundheit, Glück, Frieden, Freude und alle Segnungen des Lebens wünschen. Dafür gibt es nur eine einzige Voraussetzung: die Bereitschaft zur Vergebung. In der Kunst der Vergebung ist Ihre aufrichtige Bereitschaft das entscheidende Element.

———

Einem anderen Menschen zu vergeben muss nicht heißen, dass Ihnen der andere anschließend sympathisch ist oder Sie seine Gesellschaft suchen. Es bedeutet einfach, dass Sie ihm aufrichtig all das wünschen, was Sie auch für sich selbst wünschen.

———

Vergessen Sie nicht: Wie Sie von anderen denken, bestimmt immer auch, wie Sie von sich selbst denken. Sie sind der einzige Denker in Ihrer Welt und Ihre Gedanken sind stets schöpferisch. Ganz allein Sie selbst sind für Ihr Denken verantwortlich. Alles, was Sie über andere denken oder einem anderen Menschen wünschen, erschaffen Sie damit zugleich in Ihrem eigenen Körper und in Ihren Lebensumständen.

Anderen zu vergeben liegt also ganz in Ihrem ureigenen Interesse.

———

Ihr Unterbewusstsein ist immer aktiv, auch während Sie schlafen. Daher ist es gut, abends kurz vor dem Einschlafen sich selbst und anderen zu vergeben. Diese Gedanken gehen direkt ins Unterbewusstsein über und tragen dazu bei, dass sich in Ihrem Leben sehr viel schneller positive und heilsame Entwicklungen einstellen.

———

Angenommen, Sie hatten vor einem Jahr einen schmerzhaften Abszess am Kiefer. Wenn ich Sie heute frage, ob Sie noch Schmerzen haben, antworten Sie: »Nein, ich kann mich an den damaligen Schmerz erinnern, aber jetzt spüre ich nichts mehr.«
Nehmen wir weiter an, ich würde Ihnen erzählen, dass einem Menschen, der Ihnen früher einmal übel mitgespielt hat, gerade etwas sehr Glückliches geschehen ist. Wenn Sie sich darüber ärgern und ihm sein Glück nicht gönnen, ist das ein Zeichen dafür, dass die alte Wut noch in Ihnen schwelt und sich destruktiv auswirkt.
Wenn Sie dem Betreffenden begegnen oder von ihm hören, erweist sich, ob Sie ihm wirklich vergeben haben – wenn Sie nämlich an das, was früher zwischen Ihnen war, denken können, ohne noch einen Stich im Herzen zu verspüren. Diesen Test müssen Sie psychologisch und spirituell bestehen, sonst machen Sie sich bezüglich Ihrer Vergebung nur selbst etwas vor.

———

Meditieren Sie über diese wunderbaren Worte: »*Wenn der Schuldige sich von allen Sünden, die er getan hat, ab-*

wendet, auf alle meine Gesetze achtet und nach Recht und Gerechtigkeit handelt, dann wird er bestimmt am Leben bleiben und nicht sterben. Keines der Vergehen, deren er sich schuldig gemacht hat, wird ihm angerechnet. Wegen seiner Gerechtigkeit wird er am Leben bleiben.«
(Hesekiel 18,21-22)
In diesen Bibelversen wird Ihnen gesagt, dass Sie ein neuer Mensch werden, wenn Sie rechtes Denken, Fühlen und Handeln praktizieren. Ihr altes Selbst ist dann vergessen, das heißt vergeben, und spielt künftig keine Rolle mehr. Schreiten Sie voran in ein neues Leben. Ein neuer Anfang ist ein neues Ende.

PRAKTISCHE BEISPIELE

Eine junge Frau, die selbst katholisch war, hatte einen Mann jüdischen Glaubens geheiratet. Sie waren sehr glücklich miteinander, doch dann begann ihre Mutter ihr Briefe zu schreiben, in denen sie ihre Tochter mit Vorwürfen überschüttete, dass diese Heirat eine schwere Sünde sei und gegen religiöse Gebote verstoße. Ich erklärte der jungen Frau, dass Gott nicht zwischen Christen und Juden, Katholiken und Protestanten, Verheirateten und Unverheirateten, Hindus und Atheisten unterscheide. Gott kenne keine Religionen und wisse nichts von Glaubensbekenntnissen, Dogmen und menschlichen Meinungen.
Ich erzählte ihr von Orage, einem Schüler von P. D. Ouspensky, der seinen Studenten Folgendes empfahl: »Schreiben Sie einen Brief an sich selbst, bei dem Sie so tun, als sei er von einem Freund verfasst. Der Text dieses Briefes sollte Sie zutiefst befriedigen. Schreiben Sie all

das auf, was Sie gerne von Ihrem Freund hören möchten.«

Von nun an stellte sich die junge Frau jeden Abend vor, dass sie ihre Mutter liebevoll umarmte. Dazu sandte sie der Mutter liebende, friedvolle und freudige Gedanken. Dann las sie sich selbst einen imaginären Brief der Mutter vor, dessen Worte sie mit tiefer Freude erfüllten. Dies tat sie drei Wochen lang allabendlich. Dann traf tatsächlich ein Brief der Mutter ein, in dem diese sich für ihre früheren Briefe entschuldigte, und zwar fast wortwörtlich so formuliert, wie die junge Frau es sich immer wieder vorgestellt hatte.

Das ist das große Gesetz der Vergebung. Vergeben heißt geben. Wir geben Liebe und Wohlwollen, statt Groll und Feindseligkeit. Diese Technik können Sie bei allen Menschen anwenden, mit denen Sie Schwierigkeiten haben – seien es Vorgesetzte, Kollegen, Freunde, Ehepartner oder sonstige Verwandte.

Vor vielen Jahren suchte mich ein Mann auf, der in Europa seinen Bruder ermordet hatte. Er litt unter großen Seelenqualen, weil er glaubte, Gott werde ihn für seine Tat bestrafen. Er erzählte mir, sein Bruder habe eine Affäre mit seiner Frau gehabt und deshalb habe er ihn im Affekt erschossen. Inzwischen hatte dieser Mann eine junge Amerikanerin geheiratet und mit ihr drei wunderbare Kinder gezeugt. Er übte einen Beruf aus, bei dem er vielen Menschen half, und war ein durch und durch verwandelter Mann.

Ich wies ihn darauf hin, dass er weder physisch noch psychologisch etwas mit jenem Mann gemein habe, der damals seinen Bruder erschoss. Wissenschaftler sagen uns, dass unser Körper innerhalb von elf Monaten sämtli-

che Zellen erneuert. Und auch geistig und spirituell war er ein neuer Mensch. Er war inzwischen von Liebe erfüllt und ein Wohltäter der Menschheit. Der »alte« Mann, der vor vielen Jahren das Verbrechen begangen hatte, existierte nicht mehr.
Diese Erklärung übte eine tiefe Wirkung auf ihn aus. Er sagte, er fühle sich, als sei ihm eine große Last von den Schultern genommen. Er erkannte die Bedeutung der folgenden Bibelstelle: »*Kommt her, wir wollen sehen, wer von uns Recht hat, spricht der Herr. Wären eure Sünden auch rot wie Scharlach, sie sollen weiß werden wie Schnee. Wären sie rot wie Purpur, sie sollen weiß werden wie Wolle.*« (Jesaja 1,18)

———

Doreen B. gestand mir, dass sie sich nie von den Misshandlungen erholt hätte, denen sie als Kind ausgesetzt gewesen war. Nachdem ihre Eltern bei einem Unfall ums Leben gekommen waren, hatten eine Tante und ein Onkel sie großgezogen.
»Die Erinnerungen verfolgen mich noch immer«, sagte sie. »Jede Nacht wache ich auf und frage mich, wie Menschen es übers Herz bringen können, ein kleines Kind derartig zu quälen. So sehr ich mich auch bemühte, ständig wurde ich bestraft, weil ich angeblich unordentlich war oder zu laut, oder weil ich die mir aufgetragenen Arbeiten nicht schnell genug erledigte. Es war furchtbar!«
Ihre Augen füllten sich mit Tränen.
»Und wissen Sie, was wirklich schrecklich ist?«, fuhr sie nach einem Moment fort. »Mein Onkel und meine Tante haben mich tatsächlich überzeugt. Immer wenn mir etwas misslingt, denke ich: ›Ich verdiene es nicht anders.‹ So sehr ich mich auch bemühe, ich kann mir nie verzeihen, dass ich nicht perfekt bin.«

Ich erklärte Doreen, dass sie sich selbst nur vergeben könne, wenn sie in diese Vergebung auch jene einschloss, die ihr Leid zugefügt hatten. »Denken Sie an die Worte aus der Bibel: ›*Und wenn ihr beten wollt und ihr habt einem anderen etwas vorzuwerfen, dann vergebt ihm ...*‹« (Markus 11,25)

Dann schlug ich ihr eine einfache, aber wirkungsvolle Methode vor, mit deren Hilfe sie Vergebung erlangen konnte. »Denken Sie an Gott und seine Liebe für Sie«, sagte ich zu ihr. »Beruhigen Sie Ihren Geist, entspannen Sie sich und lassen Sie los. Sprechen Sie dann, im Stillen oder laut, mit Hingabe das folgende Gebet:

Ich vergebe jetzt _____ [der Name der Person, der Sie vergeben möchten] vollständig. Ich gebe ihn oder sie jetzt mental und spirituell frei. Ich bin frei und er oder sie ist frei. Es ist ein herrliches Gefühl.

Heute ist mein Tag der großen Generalamnestie. Ich lasse jetzt alle Menschen los, die mir jemals Schmerz zugefügt haben. Und ich wünsche all diesen Menschen Gesundheit, Glück, Frieden und alle Segnungen des Lebens. Dies tue ich aus freien Stücken, gern und liebevoll. Immer wenn ich an eine dieser Personen denken muss, sage ich: Ich habe dich freigegeben und alle Segnungen des Lebens sind jetzt dein. Ich bin frei und sie sind frei. Es ist wunderbar!«

Doreen fand heraus, dass es nicht nötig ist, dieses Gebet ständig zu wiederholen. Wenn man jemandem einmal wirklich vergeben hat, genügt es, »Friede sei mit dir« zu denken oder zu sagen, wenn der Betreffende einem in den Sinn kommt. Nach ein paar Tagen denkt man dann immer seltener an diese Person oder den schmerzlichen Vorfall, bis das Ganze völlig bedeutungslos wird.

―――

Viele Menschen leiden unter Schuldgefühlen, weil sie es versäumt haben, sich mit einem Menschen vor dessen Tod auszusprechen. Oft sagen sie dann: »Ich habe mich vor ihrem Tod so oft mit meiner Mutter gestritten.« – »Mein Mann ist gestorben, als ich gerade nicht zu Hause war.« »Ich habe mich nicht mit meinem Vater versöhnt und nun ist er tot und es besteht keine Gelegenheit mehr dazu.«

Zunächst einmal sollten Sie sich klar machen, dass innerhalb des göttlichen Prinzips Raum und Zeit bedeutungslos sind. Jetzt in diesem Moment können Sie innerlich ruhig werden und an die Person denken, der Sie Unrecht getan zu haben glauben. Stellen Sie sich vor, dass Sie ein Gespräch mit ihr führen. Sagen Sie diesem Menschen innerlich, wie sehr Sie ihn lieben. Werden Sie sich bewusst, dass Gott immer gegenwärtig ist und dass seine Liebe, sein Licht, seine Wahrheit und Schönheit jetzt durch Sie und durch den verstorbenen Menschen strömen. Stellen Sie sich dies so lebhaft wie möglich vor. Erhalten Sie diese Szene aufrecht, bis Sie eine wohltuende innere Reaktion verspüren, die Ihre Seele mit befreiender Freude erfüllt. Das ist ein sicheres Zeichen dafür, dass Gott in Ihrem Sinne tätig geworden ist und Sie eine völlige innere Heilung erleben werden.

―――――

Das stärkste Gebet der Vergebung ist wohl das Folgende: Ich, _____ [Ihr Name], vergebe _____ [Name(n) der anderen Person(en)], denn er (sie) weiß (wissen) nicht, was er (sie) tut (tun).

Prinzipien, die Sie sich einprägen sollten

1. Sie haben einem anderen Menschen dann wirklich vergeben, wenn Sie an ihn denken oder ihm begegnen können, ohne einen Stich im Herzen zu verspüren, auch wenn Sie sich weiterhin an das zwischen Ihnen Vorgefallene erinnern. Das ist der Test, den Sie bestehen müssen.
2. Zu vergeben bedeutet, dem anderen aufrichtig all das zu wünschen, was Sie sich auch für sich selbst wünschen: Harmonie, Gesundheit, Frieden und alle Segnungen des Lebens.
3. Vergeben heißt, etwas zu geben. Statt Groll, Hass und Missgunst geben Sie von nun an Liebe.
4. Vergessen Sie, was war, und erfüllen Sie Ihren Geist mit göttlicher Liebe, Frieden und Harmonie. Machen Sie sich bewusst, dass die göttliche Liebe alles ihr nicht Gemäße auflöst. Was auch immer in der Vergangenheit geschehen sein mag, Sie können es jetzt ändern. Füllen Sie Ihr Unterbewusstsein mit positiven Denkmustern. Damit radieren Sie alles aus, was nicht göttlich ist, und erlangen Vergebung.
5. Dauerhafte Heilung können Sie nur erfahren, wenn Sie sich den Geist der Vergebung und des Wohlwollens zu Eigen machen.
6. Vergeben Sie sich, wenn Sie einem Menschen, der inzwischen verstorben ist, früher Unrecht zugefügt haben. Verbinden Sie sich innerlich mit diesem Menschen und fühlen Sie dabei die Gegenwart Gottes in Ihnen. Erkennen Sie, dass sein Licht, seine Liebe, Wahrheit und Schönheit Sie selbst und die verstorbene Person durchströmen. Das wird Sie von Ihren Schuldgefühlen heilen.
7. Vergeben Sie abends kurz vor dem Einschlafen sich selbst und allen anderen Menschen. Zu diesem Zeitpunkt

werden alle Gedanken vom Unterbewusstsein besonders gut aufgenommen und jede Art von Heilung wird erleichtert und beschleunigt.

8. Wenn Sie die Prinzipien der Chemie fünfzig Jahre lang falsch angewendet haben und dann anfangen, Sie richtig einzusetzen, erhalten Sie sofort positive Resultate. Das gilt auch für das geistige Prinzip. Die Macht, durch richtiges Denken und Handeln im Einklang mit den universellen Prinzipien sich selbst zu vergeben, liegt ganz bei Ihnen. Sobald Sie das tun, erfolgt eine automatische Reaktion Ihres Unterbewusstseins und die Vergangenheit ist vergeben und vergessen. Bei dem Gesetz der Vergebung handelt es sich um ein objektives Gesetz des Geistes. Wenn Sie auf neue Weise zu denken beginnen, ändert sich Ihr ganzes Leben.

9. Jeder, der den intensiven Wunsch hat, ein neues Leben in Gott zu beginnen – mag er auch früher Mörder, Alkoholiker, Dieb, Drogenkonsument oder Sexsüchtiger gewesen sein –, wird erfahren, dass die Vergangenheit vergessen ist, sobald er sein Unterbewusstsein mit den Wahrheiten Gottes erfüllt.

10. Oberflächliches, mechanisches Beten bewirkt gar nichts. Nur wenn eine echte innere Wandlung stattfindet und Sie aufrichtig nach Gerechtigkeit hungern und dürsten, vollzieht sich das scheinbare Wunder der Vergebung und ein Neuanfang wird möglich.

11. Zu vergeben bedeutet, Liebe, Wohlwollen und Harmonie zu geben und allen Menschen aufrichtig Gottes Segnungen zu wünschen.

12. Das Lebensprinzip vergibt Ihnen immer und ist stets bestrebt, Sie zu heilen.

13. Vergebung erzeugt ein Vakuum in Ihrem Geist, in das die unendliche Heilsgegenwart einströmen kann. Kritik-

sucht, Groll und Feindseligkeit dagegen erzeugen Blockaden, die den kosmischen Energiefluss behindern.
14. Selbstverurteilung erzeugt Leid und Misserfolg. Selbstvergebung schafft Harmonie und inneren Frieden.

8. KAPITEL

Wünsche und Sehnsüchte

*Stellen Sie Ihre Sehnsucht
in den Mittelpunkt Ihrer Aufmerksamkeit,
im sicheren Wissen,
dass das, was Sie anstreben,
auch zu Ihnen strebt.*

Sehnsucht ist das Ziel, das Sie vorantreibt. Sie bewegen sich immer in Richtung der in Ihrem Denken vorherrschenden Ideen (Wünsche).

Wünsche sind die Triebfeder des Fortschritts.

Ihre Sehnsucht ist der Ruf des Lebens in Ihnen. Er gemahnt Sie an eine Leere in Ihrem Dasein, die es zu füllen gilt.

Die unendliche Macht, die Ihnen einen Wunsch eingegeben hat, wird Ihnen auch den perfekten Plan zu seiner Erfüllung aufzeigen.

Um einen Wunsch in Einklang mit der göttlichen Allmacht zu bringen, müssen Sie ihn mit Leben erfüllen, indem Sie ihn so lange mit Begeisterung aufladen, bis er tief in Ihrem Unterbewusstsein verankert ist. So wird aus einem anfangs vielleicht nur schwachen Wunsch eine starke Sehnsucht.

———

»Alles, worum ihr betet und bittet – glaubt nur, dass ihr es schon erhalten habt, dann wird es euch zuteil.«
(Markus 11,24)
Dies ist, in ein paar rätselhaften Worten, die genaue Anweisung, wie man die schöpferische Macht des Denkens zur Wunscherfüllung nutzt.
Beachten Sie: Wir werden angewiesen, die Tatsache zu glauben und für wahr zu halten, dass unser Wunsch bereits *erfüllt ist* und dass seine Verwirklichung in der Zukunft erfolgen wird.
Sie werden diese Anweisung also nur erfolgreich umsetzen können, wenn Sie das, worum Sie im Gebet bitten, schon jetzt als geistige Tatsache akzeptieren können.
Alles, was Sie sich wünschen, existiert bereits im geistigen Bereich. Es ist dort so real wie auf der physischen Ebene Ihr Herz oder Ihre Hände.
Um der Anweisung der Bibel zu folgen, müssen Sie alle Gedanken des Zweifels und Widerspruchs eliminieren. Sie müssen in dem festen Glauben beten, dass Ihr Gebet bereits erhört, Ihr Wunsch bereits erfüllt ist. Dann werden Sie alles für seine physische Verwirklichung Nötige umgehend in Ihr Leben ziehen.

———

Schon die bloße Tatsache, dass Sie einen Wunsch haben, für den Sie im Gebet eine Antwort suchen, beweist, dass die Antwort in der mentalen und spirituellen Welt, in der Sie leben, bereits existiert.

———

Bevor Sie etwas erhalten können, müssen Sie etwas geben. Sie müssen den Samen in die Erde legen, um später ernten zu können. Um die Freude des erfüllten Wunsches zu erleben, müssen Sie Ihre Ideale, Hoffnungen und Sehnsüchte mit universeller Energie aufladen.

———

Wenn Sie sich etwas wünschen, sollten Sie nicht an all die Gründe denken, weshalb Sie es nicht bekommen können, sondern sich klar machen, dass es eine unendliche Intelligenz gibt, die das Gewünschte in Ihr Leben ziehen wird. Wenn Sie diese Wahrheit akzeptieren, werden die tieferen geistigen Ströme in Ihnen Ihr Gebet erhören.

———

Wenn Sie nicht glauben, ein *Recht* auf die Erfüllung Ihrer Herzenswünsche zu haben, werden Sie auch nicht fähig sein zu glauben, dass Ihre Wünsche bereits geistige Realität sind.

———

Praktizieren Sie das Gesetz des Schweigens.
Sprechen Sie, wenn es sich irgendwie vermeiden lässt, mit niemandem über Ihre Wünsche. Sie können einen spirituellen Berater ins Vertrauen ziehen, der Ihren Glauben und Ihr Gebet unterstützt. Freunde und Verwandte einzuweihen, ist dagegen oft wenig hilfreich, da sie sich möglicherweise über Ihre Ideen lustig machen oder Ihre Hoffnungen und Wünsche nicht ernst nehmen.
Je weniger Sie über Ihre Sehnsucht sprechen, desto besser. Nähren Sie Ihr Ziel gläubig und voller Zuversicht. Haben Sie das geistige Äquivalent Ihres Wunsches stabil in Ihrem Unterbewusstsein verankert, wird er in Ihrem Leben erblühen und sichtbar Gestalt annehmen.

———

Ein Wunsch ist ein Gebet. Gott erhört die Gebete eines Atheisten ebenso wie die eines religiösen Menschen, solange der Atheist nur stark genug an die Erfüllung seiner Wünsche glaubt. Das Gesetz des Geistes (Gottes) bevorzugt oder benachteiligt niemanden. Wie die Naturgesetze wirkt es überall und für alle gleich.

Was immer Sie begehren, existiert bereits als Gedanke in Ihnen. Beanspruchen Sie das Gewünschte und spüren Sie seine Realität. Machen Sie sich bewusst, dass der unendliche Geist weder Raum noch Zeit kennt. Lassen Sie sich daher durch die Sorgen und Einwände Ihres Verstandes nicht länger begrenzen. Denken Sie daran, dass äußere Ereignisse und Umstände niemals Ursachen sind. Beseitigen Sie alle Hindernisse aus Ihrem Bewusstsein und treten Sie ein in die Freude des erhörten Gebets.
Ihre Sehnsucht gemahnt Sie an etwas, das Ihr Leben erfüllter und glücklicher machen wird, wenn Sie es akzeptieren und wenn es sich im Einklang mit den ewigen Wahrheiten befindet.
Schieben Sie Ihr Glück nicht auf. In Ihrem Innern können Sie Ihre Herzenswünsche unverzüglich realisieren.

Was ist nun, wenn Sie etwas begehren und Ihr Bewusstsein glaubt, dass eine andere Person nötig ist, um diesen Wunsch zu erfüllen – wenn Sie beispielsweise etwas zu verkaufen haben, von dem Sie glauben, dass eine bestimmte Person es kaufen sollte, oder wenn Sie die Liebe eines bestimmten Mannes oder einer bestimmten Frau gewinnen möchten? Dann sollten Sie auf keinen Fall versuchen, diesen Menschen geistig durch Gebete zu beeinflussen oder sich auszumalen, dass er sich so verhält, wie Sie es sich wünschen. Damit würden Sie die Rechte des anderen verletzen. Vielmehr sollten Sie darauf vertrauen, dass die unendliche Intelligenz Ihres Unterbewusstseins Sie zur rechten Zeit und auf die richtige Weise mit der richtigen Person zusammenführt. Diese Intelligenz macht keine Fehler. Vertrauen Sie darauf, dass sie alle Ihre Wünsche auf vollkommene Weise befriedigt. Dann besteht keine Veranlassung, mentalen Druck auf andere Menschen auszuüben.

―――

Sie können ihre Wünsche verwirklichen, ohne einem lebenden Wesen auf Erden ein Haar zu krümmen. *»Also ist die Liebe die Erfüllung des Gesetzes«,* sagt Paulus (RÖMER 13,10) – die Liebe, nicht Begierde und Machthunger. Wenn Sie recht denken, fühlen und handeln, wenden Sie das Gesetz auf konstruktive Weise an. Dann erfüllen sich Ihre Wünsche auf eine Weise, die dem Wohle aller dient.

―――

Es ist nicht nötig, dass Sie einen anderen um sein Glück beneiden. Gottes grenzenlose Reichtümer sind allen Menschen frei zugänglich. Durch Neid sabotieren Sie zudem Ihren eigenen Erfolg.

―――

Emerson sagte: »Nichts wurde je ohne Enthusiasmus erreicht.«
Sie müssen Ihre Ziele mit Enthusiasmus aufladen. Dieses Wort stammt ursprünglich aus dem Griechischen und bedeutet wörtlich, von Gott erfüllt zu sein.

―――

Ein Herzenswunsch oder eine Sehnsucht ist ein starkes, das Bewusstsein völlig beherrschendes Interesse oder Ziel.

Lassen Sie sich nicht durch negative Überzeugungen, Zweifel, Ängste und die Meinungen anderer Menschen von Ihren Zielen, Wünschen und Sehnsüchten abbringen. Der Gedanke der Furcht, der Ihren Wunsch infrage stellt, muss sterben, wenn Ihr Wunsch leben soll. Schenken Sie negativen Gedanken keinerlei Beachtung. Dann werden diese Gedanken verhungern. Nähren Sie Ihren Geist stattdessen durch die Konzentration auf Ihre Ideale und Lebensziele.
Bleiben Sie Ihrem Ziel, Ideal oder Wunsch jederzeit absolut treu.

Manche Leute sagen: »Wenn Gott will, dass ich ein Theaterstück schreibe, wird er es mich wissen lassen.« Das ist völlig absurd. Wenn Sie den Wunsch haben, ein Theaterstück oder einen Roman zu schreiben oder ein Haus zu bauen, wäre es dann nicht sehr dumm anzunehmen, dass Gott nicht ebenfalls diesen Wunsch für Sie hat?
Gott ist in Ihnen und Ihr Wunsch nach Selbstausdruck kommt von Gott. Gott hat Ihnen Ihr Gehirn, Ihren Verstand und Ihre Hände gegeben, um Bücher zu schreiben oder Häuser zu bauen.
Er hat Ihnen das Streben nach Selbstausdruck und Erfolg gegeben und die Intelligenz und Fähigkeit, all dies auch zu erreichen.
Öffnen Sie Geist und Herz für die Erkenntnis, dass Gott, der Ihnen Ihre Wünsche gab, Ihnen auch den perfekten Weg zu deren Erfüllung weisen wird. Sie müssen mit dem

Herzen glauben und mit dem Verstand die geistige Realität Ihres Wunsches akzeptieren. Seien Sie bereits jetzt dankbar für seine Erfüllung. Ungeachtet des äußeren Anscheins und aller vermeintlich widrigen Umstände müssen Sie sich zweifelsfrei klar machen, dass der lebendige allmächtige Geist auf Ihre Bitte antworten wird. Er wird in göttlicher Ordnung Ihre Träume erfüllen.

———

Sie müssen Ihre Idee oder Ihren Wunsch als wahr empfinden. Nur so wird er von Ihrem Unterbewusstsein akzeptiert. Dann wird aus dem bewussten Wunsch eine unterbewusste Überzeugung und das Unterbewusstsein wird ihn verwirklichen. Das Gesetz des Unterbewusstseins ist absolut zwingend und sorgt dafür, dass sich Ihr Wunsch erfüllt.
Nur wenn Sie Ihren Wunsch mit einem Gefühl unerschütterlicher Gewissheit an Ihr Unterbewusstsein übergeben, wird er Früchte tragen.

———

Verzichten Sie auf jeden mentalen Druck. Versuchen Sie nicht, die Verwirklichung Ihres Wunsches zu erzwingen. Alles, was Sie tun müssen, ist, die Freude und Befriedigung zu empfinden, die sich einstellt, wenn Sie sich die Erfüllung Ihres Wunsches lebhaft vorstellen. Und Sie müssen negative Gedanken des Zweifels und der Furcht meiden, da diese die Tendenz besitzen, Ihr Gebet zu neutralisieren.

———

Je größer der erwartete Nutzen ist, der aus der Erfüllung eines Wunsches resultiert, desto größer ist der Wunsch. Gibt es keinen Nutzen oder Vorteil, so gibt es auch kein wirkliches Begehren. Und dann gibt es auch keinen starken Antrieb, das Gewünschte zu manifestieren.

Wünsche zu leugnen und zu unterdrücken ist verhängnisvoll. Wünsche sind es, die Sie befähigen zu sagen: »Das ist gut, darum will ich es. Das ist negativ, darum weise ich es zurück.« Wenn Sie längere Zeit Ihre Wünsche ignorieren, führt das zu Frustration und Unzufriedenheit. Unterdrückung der inneren Sehnsüchte verursacht Apathie, Gefühlsleere und Passivität.

Wünsche und Sehnsüchte sind die treibende Kraft im Universum. Sie sind schöpferische Energie und müssen weise kanalisiert und gelenkt werden.

Die Entstehung und die Erfüllung von Wünschen sind Prozesse, die in Ihrem Bewusstsein stattfinden.

Negative Wünsche im eigentlichen Sinne gibt es nicht, aber es ist möglich, dass Sie die Wünsche, die in Ihnen aufsteigen, falsch deuten oder in falsche Bahnen lenken. Ein Mensch, der sich Reichtum wünscht, könnte dieses Begehren zu befriedigen versuchen, indem er einen Mord begeht oder ein Geschäft ausraubt. Sein irregeleiteter Wunsch bringt ihn dann geradewegs ins Gefängnis. Der Wunsch nach Essen ist legitim und normal. Wer aber einen Menschen erschlägt, um einen Laib Brot zu ergattern, beschwört damit Gegengewalt, Schuldgefühle und Selbstzerstörung herauf.

Machen Sie sich klar, dass in Ihnen eine unendliche Intelligenz existiert, die sämtliche Wünsche erfüllen kann. Dazu müssen Sie Ihre Wünsche nur mit den Prinzipien dieser Intelligenz in Einklang bringen. So vermeiden Sie die Leiden und Schmerzen, die Sie auf sich ziehen, wenn Sie Ihre Wünsche in falsche Bahnen lenken.

Affirmationen und Gebete vermögen nicht aus sich heraus Veränderungen zu bewirken. Entscheidend ist, dass sie mit einem starken Wunsch verknüpft sind. Diese Kombination ist es, die auf machtvolle Weise Ihr Leben zum Besseren verändern kann.

Lieben Sie Ihr Ideal, bis Sie ganz von ihm durchdrungen sind. Verbinden Sie sich *mental und emotional* mit Ihrer Idee, bis sie ein Teil von Ihnen wird, so wie ein Apfel, den Sie verspeisen, Teil Ihres Blutkreislaufs wird. Sorgen Sie dafür, dass Ihr Begehren energiegeladen, vital und machtvoll ist. Dann stehen Ihnen alle Türen offen.

Wünsche sind die Ursache für alle Gefühle und Handlungen.

Ihre Wünsche werden Ihnen vom Lebensprinzip gesandt, das sich auf immer höheren Ebenen durch Sie ausdrücken möchte. Jede Sehnsucht ist ein Engel Gottes, ein Bote des Göttlichen, der zu Ihnen sagt: »Komm! Schwing dich empor!« Das Leben möchte sich durch Sie manifestieren, möchte sich in Formen verkörpern, die vorerst nur als Gedankenbilder in Ihnen existieren.

Viele Menschen ergehen sich gern in angenehmen Phantasien, glauben aber nicht wirklich daran, dass diese Dinge in ihrem Leben geschehen können. Damit vergeuden sie ihre Zeit und schwächen ihren Geist.
Verfolgen Sie Ihre Ziele konsequent, bis sich der Erfolg einstellt! Sagen Sie nicht: »Oh, das wäre einfach zu schön, um wahr zu sein.« Sagen Sie: »Ja, ich heiße diesen Wunsch willkommen! Ich akzeptiere ihn von ganzem Herzen und er wird sich auf Gottes wunderbaren Wegen verwirklichen.« Es gibt nichts, das zu schön wäre, um wahr zu sein, und nichts, das zu wunderbar wäre, um von Dauer zu sein.
»Glaubt nur, dass ihr es schon erhalten habt, dann wird es euch zuteil.« (Markus 11,24)

Ein junger Mann kam zu Sokrates und fragte ihn, wie er Weisheit erlangen könne. Sokrates erwiderte: »Komm mit mir.« Er führte den Jungen zu einem Fluss und drückte ihn mit dem Kopf unter Wasser, bis er nach Luft rang. Dann ließ er ihn wieder los. Als der Junge wieder zu Atem gekommen war, fragte Sokrates ihn: »Wonach hast du dich am meisten gesehnt, als dein Kopf unter Wasser war?«
»Nach Luft«, antwortete der Junge.
Sokrates sagte: »Wenn du dich so sehr nach Weisheit sehnst, wie du dich nach Luft gesehnt hast, als dein Kopf unter Wasser war, wirst du sie erlangen.«
Das gilt auch für Sie: Wenn Sie sich wirklich zutiefst danach sehnen, etwas zu erreichen oder ein Hindernis zu überwinden, und zu der klaren Entscheidung gelangen, dass es einen Weg gibt und dass Sie ihn finden werden, dann gehört das, was Sie begehren, Ihnen.

Achten Sie darauf, dass Ihre bewussten Wünsche nicht in Konflikt mit Ihren Überzeugungen und Vorstellungen stehen.

Emile Coué, der berühmte französische Psychologe, definierte das Gesetz der widerstreitenden inneren Kräfte wie folgt: »Wenn Ihre Wünsche und Ihre Vorstellungen in Konflikt zueinander stehen, wird die Vorstellung immer siegen.«

Wenn man Sie aufforderte, über einen Balken zu gehen, der auf dem Boden liegt, würden Sie dieser Bitte ohne zu zögern nachkommen.

Doch was, wenn dieser Balken sich zwischen zwei Häusern sechs Meter über dem Boden befindet? Würden Sie dann auch darüber gehen?

Ihr Wunsch, dies zu tun, läge im Widerstreit mit Ihrer angstvollen Vorstellung, Sie könnten herunterfallen. Wenn die angstbesetzte Vorstellung abzustürzen die vorherrschende Idee ist, dann wird sie die Oberhand gewinnen. Ihr Wunsch, auf dem Balken zu gehen, würde unterliegen – und die vorherrschende Vorstellung wird dadurch weiter verstärkt.

―――

Niemand kann zwei Herren dienen. Sie können nicht darauf hoffen, dass Ihre Herzenswünsche sich verwirklichen, solange Sie glauben, es gäbe eine Macht, die deren Erfüllung vereiteln kann. Gäbe es tatsächlich eine Macht, die Gott herausfordern könnte, dann wäre Gott nicht länger allmächtig. Lernen Sie, fest daran zu glauben, dass jene unendliche Intelligenz, die Ihnen Ihre Wünsche gab, Ihnen auch die Mittel und Wege aufzeigen wird, wie diese Wünsche sich verwirklichen lassen.

―――

Ihr Wunsch, tanzen zu können, ist Gott, der Ihnen offenbaren möchte, dass Sie in einem Universum tanzender Kräfte leben. Die ganze Welt ist ein göttlicher Tanz.
Ihr Wunsch, einen Sonnenuntergang zu malen, ist die unbeschreibliche Schönheit Gottes, die durch Sie, den Künstler, nach Ausdruck strebt.
Gott gab Ihnen Ohren, damit Sie die Musik der Sphären hören können – wie auch die leise innere Stimme, die beständig zu Ihnen sagt: »Dies ist der Weg. Komm! Aufwärts, gottwärts!«
Gott gab Ihnen Augen, damit Sie Gott in allem sehen können.
Ihre Wünsche sind Ausdruck der unendlichen Weisheit, die Ihnen ihre Reichtümer offenbart und zu Ihnen sagt: *Mein Kind, du bist immer bei mir, und alles, was mein ist, ist auch dein.*« (Lukas 15,31)

▪ PRAKTISCHE BEISPIELE

Einmal erhielt ich folgenden Brief:
»Sehr geehrter Herr Dr. Murphy,
mein achtzehnter Geburtstag stand bevor und meine Mutter fragte mich, was ich mir wünschte. Nun verbrachte ich damals den größten Teil meiner freien Zeit mit Schreinerarbeiten und hatte mir viele wertvolle Anregungen von den Zimmerleuten geholt, die in unserer Nachbarschaft ein Haus bauten. Sie hatten mir erzählt, dass die so genannte Disston-Säge sich wegen ihrer ausgezeichneten Qualität für Holzarbeiten besonders eignet. Also wünschte ich mir eine solche.
Meine Mutter klapperte alle einschlägigen Geschäfte ab, doch stets erhielt sie zur Antwort: ›Leider nicht zu be-

schaffen. Sie wird schon seit Jahren nicht mehr hergestellt.‹ (Inzwischen ist sie übrigens wieder in Produktion.) Betrübt erzählte mir meine Mutter von ihrer erfolglosen Suche und sagte, ich solle mir etwas anderes wünschen. Ich erwiderte, die Säge müsse nicht notwendigerweise von ihr oder aus einem Laden kommen. Ich sei mir aber ganz sicher, dass ich sie erhalten würde.

Als bald darauf unser Haus zum Verkauf stand, verlangte der Kaufinteressent eine Kontrolle auf Termiten. Zuerst wurden wie üblich lediglich Erdgeschoss und Keller untersucht, doch der Käufer forderte eine zweite Kontrolle durch eine andere Firma. Der zweite Inspekteur war gründlicher und bestand darauf, auch den Dachboden zu prüfen. Nach etwa einer Stunde kehrte er mit einer schönen alten Säge ins Wohnzimmer zurück. Sie hatte einen handgearbeiteten Griff, auf dem in altmodisch geschwungenen Buchstaben der Name ›Disston‹ eingraviert war. Später erfuhr ich, dass damals, als das Haus für einen prominenten Musiker gebaut worden war, einer der Zimmerleute die Säge in einer schmalen Öffnung zwischen den Mauersteinen des Kamins und dem Oberlicht des Wohnzimmers verloren hatte.

Ich bin sehr dankbar, dass Sie mich schon in jungen Jahren gelehrt haben, wie ich mit der allwissenden Macht in mir Kontakt aufnehmen kann.

Ihr Freund Roger Conrad.«

Einmal führte ich für eine junge Sekretärin eine Hochzeitszeremonie durch. Sie berichtete mir, sie hätte ungefähr sechs Monate vor ihrer Heirat eine Schatzkarte gezeichnet, die sie in vier Bereiche unterteilte. In den ersten Teil schrieb sie: »Ich danke dafür, dass Gottes Reichtum frei in mein Leben strömt.« In den zweiten Teil schrieb sie: »Ich danke für eine viermonatige Weltreise.« In den dritten schrieb sie: »Ich danke für einen wundervollen Ehemann, der vollkommen mit mir harmoniert.« Und in den vierten: »Ich danke für ein wunderschönes, perfekt eingerichtetes Haus.« Darunter schrieb sie: »Ich danke für die sofortige Erfüllung dieser Wünsche in göttlicher Ordnung und göttlicher Liebe.«

Täglich schaute sie sich ihre Wünsche morgens, mittags und abends an und visualisierte ihre Erfüllung, im sicheren Wissen, dass diese Bilder sich so allmählich ihrem Unterbewusstsein einprägen und dann zwangsläufig verwirklicht würden.

Die erste Bitte wurde bereits nach ungefähr einem Monat erfüllt: Ihre Großmutter vermachte ihr 50 000 Dollar und ihren Cadillac. Dann luden ihre in Kanada lebenden Eltern sie ein, sie auf einer Weltreise zu begleiten, und während dieser Reise lernte sie einen jungen Wissenschaftler kennen. Es war Liebe auf den ersten Blick. Gleich nach ihrer Rückkehr in die Staaten heirateten die beiden und zogen gemeinsam in sein prachtvoll eingerichtetes Haus.

Sie sagte, diese Erlebnisse seien der beste Beweis, dass es wunderbar funktioniere, die eigenen Wünsche in eine solche Schatzkarte zu schreiben und dann völlig auf die unendliche Intelligenz des Unterbewusstseins zu vertrauen.

Am Silvesterabend wurde ich immer eingeladen, für eine Gruppe von Ehepaaren eine Feier mit Gebetsrunde zu leiten. Dabei war es Brauch, dass alle Anwesenden ihre Herzenswünsche aufschrieben und in Umschläge steckten, die dann von einem der Teilnehmer verwahrt wur-

den. Zu Silvester des folgenden Jahres erhielten alle ihre Umschläge zurück und konnten still für sich ihre Wünsche nachlesen. Es war verblüffend, wie viele davon sich im Laufe des Jahres erfüllt hatten. Viele Teilnehmer hatten vergessen, was sie damals aufgeschrieben hatten, und waren überrascht, dass es trotzdem eingetroffen war!
Die Wünsche aufzuschreiben und in einen Umschlag zu stecken dient letztlich dem Zweck, sie völlig der Weisheit des Unterbewusstseins zu übergeben, mit der festen Zuversicht, dass sie sich so sicher realisieren werden, wie jeden Morgen die Sonne aufgeht. Das ist göttlicher Gleichmut. Wenn Sie eine solche Geisteshaltung praktizieren, werden Ihre Gebete immer erhört. Göttlicher Gleichmut bedeutet die tiefe Gewissheit, dass Ihre Gebete niemals versagen können, so wie es in der Bibel heißt: *»Denn der Herr, dein Gott, zieht mit dir. Er lässt dich nicht fallen und verlässt dich nicht.«* (5. Mose 31,6)

Empfehlenswerte Techniken

Werden Sie zweimal täglich innerlich ruhig und beseitigen Sie alle Anspannungen aus Ihrem Körper, indem Sie ganz einfach mit ihm sprechen und ihn auffordern, sich zu entspannen. Dadurch öffnet sich Ihr Unterbewusstsein, krampfhaftes Bemühen und negative Gedanken werden auf ein Minimum reduziert. Denn wenn Sie klare Anweisungen erteilen, müssen Körper und Unterbewusstsein gehorchen.
Konzentrieren Sie sich in diesem stillen, aufnahmebereiten und friedlichen Zustand ganz auf Ihren Wunsch. *Fühlen* Sie die Freude seiner Erfüllung. Identifizieren Sie sich mit dem geistigen Bild Ihres Wunsches und spüren

Sie die Gewissheit, dass das, was Sie sich vorstellen *und glauben*, sich verwirklichen muss. Denken, sprechen und handeln Sie so, als wäre Ihr Wunsch bereits in Erfüllung gegangen. Wenn Sie sich beispielsweise ein schönes Haus wünschen, malen Sie sich dieses ideale Haus möglichst detailliert aus. Gehen Sie darin umher, gießen Sie im Garten die Blumen und spielen Sie dort mit Ihren Kindern. Gestalten Sie Ihre Vision lebendig und real. Beziehen Sie dabei alle Sinne ein. Spüren Sie die Wände und Möbel. Führen Sie Freunde durch Ihr imaginäres Haus. Wohnen Sie geistig darin. Dann wird und muss es reale Gestalt annehmen. Übergeben Sie Ihre Bitte dann an Ihr Unterbewusstsein, mit dem gleichen Vertrauen in die Gesetze des Wachstums, mit dem ein Bauer seine Saat ausbringt.

Sprechen Sie oft bekräftigend aus: Ich glaube, dass die unterbewusste Macht, die diesen Wunsch in mir erweckt hat, ihn jetzt durch mich erfüllt.

Prinzipien, die Sie sich einprägen sollten

1. Ihr Wunsch ist Ihr Gebet.
2. Alle unsere Frustrationen sind auf unerfüllte Wünsche zurückzuführen.
3. Hinter allem, was in der Welt vollbracht wird, steht eine Sehnsucht. Ein Wunsch ist eine Sehnsucht, die von den Schwingen der Vorstellungskraft und des Glaubens getragen wird.
4. Stellen Sie sich die Erfüllung Ihres Wunsches lebhaft vor und fühlen Sie seine Realität. Identifizieren Sie sich

mental und emotional mit Ihrem Wunsch und leben Sie in der Gewissheit, dass alle Ihre Gebete erhört werden. Wenn Sie sich wirklich eins mit Ihrem Wunsch fühlen, wird die universelle Lebenskraft immer in Ihrem Sinne tätig werden.

5. Eine neue Gewohnheit können Sie sich zulegen, indem Sie sich selbst davon überzeugen, das die Verhaltensänderung wünschenswert ist. Wenn ihr Wunsch, die alte, schlechte Angewohnheit aufzugeben, größer ist als ihr Wunsch, sie beizubehalten, haben Sie bereits mehr als die Hälfte des Weges geschafft.

6. Akzeptieren Sie, dass Gott, der Ihnen Ihren Wunsch eingab, ihn auch in göttlicher Ordnung realisieren wird. Es gibt keine Macht, die den Allmächtigen daran hindern könnte.

7. In welchem Umfang Ihr Herzenswunsch erfüllt wird, hängt von der Intensität ab, mit der Sie sich das Gewünschte vorstellen.

8. Schreiben Sie Ihren Herzenswunsch auf einen Zettel und versiegeln Sie ihn in einem Briefkuvert. Wenn Sie göttlichen Gleichmut praktizieren, wird Ihr Gebet immer erhört.

9. Wünsche und Sehnsüchte sind die Ursachen für alle Gefühle und Handlungen. Sie sind die treibende Kraft im Universum.

10. Wir leben in einem geistigen und spirituellen Universum. Daher müssen Sie sich Ihre Wünsche geistig zu Eigen machen. Betrachten Sie sie als spirituelle Realität und vertrauen Sie dann darauf, dass das Gesetz des Wachstums sie heranreifen lässt.

11. Richten Sie Ihre Aufmerksamkeit ausschließlich auf das Gewünschte. Damit lösen Sie die Widersprüche in Ihrem Denken auf.

12. Versuchen Sie nicht, das Verhalten eines anderen Menschen durch Gebete zu beeinflussen, oder indem Sie sich vorstellen, dass er sich in Ihrem Sinne verhält. Damit würden Sie die Rechte dieser Person verletzen. Vertrauen Sie stattdessen darauf, dass die unendliche Intelligenz in Ihnen Sie zur rechten Zeit mit dem richtigen Menschen zusammenführt. Ihr Unterbewusstsein macht keine Fehler. Es gibt daher keinen Grund, geistigen Druck auszuüben und zu versuchen, anderen den eigenen Willen aufzuzwingen.

13. Wunsch und Vorstellung müssen übereinstimmen. Stehen Wunsch und Vorstellung miteinander in Konflikt, siegt immer die Vorstellung.

14. Gott erfüllt die Wünsche eines Atheisten genauso wie die eines religiösen Menschen, wenn der Atheist mit ganzem Herzen an die Verwirklichung seines Wunsches glaubt.

15. Wenn Sie denken, die Erfüllung Ihres Wunsches wäre zu schön, um wahr zu sein, ist das reine Zeitverschwendung. Für die unendliche Intelligenz gibt es nichts, das zu schön wäre, um real und von Dauer zu sein.

9. KAPITEL

Dankbarkeit

*O Herr, der du mir Leben schenkst,
schenk mir ein Herz voll Dankbarkeit.*

SHAKESPEARE

Dies ist das Gesetz der Dankbarkeit: Ein dankbares Herz ist immer nah bei Gott. Danken Sie täglich für Gesundheit, Wohlstand, Sicherheit und alle Segnungen. Dann wird Gott Ihnen stets mehr und mehr zukommen lassen. Dem liegt das kosmische und universelle Gesetz von Aktion und Reaktion zugrunde.

Danken Sie *jetzt* für alle Segnungen in Ihrem Leben. Danken Sie *jetzt* allen Menschen, deren Freundschaft, Güte und Unterstützung segensreich für Sie waren.

Der ganze Vorgang, wie man geistige, spirituelle und materielle Reichtümer erwirbt, lässt sich in einem Wort zusammenfassen: *Dankbarkeit.*

Wenn Sie für etwas Gutes, das Ihnen zuteil wird, Dankbarkeit empfinden, ist das ein Gebet des Herzens, für das Sie reich gesegnet werden.

Angenommen, Sie wollen ein neues Auto kaufen und stellen fest, dass der Händler das gewünschte Fahrzeug nicht vorrätig hat. Er verspricht Ihnen aber, Ihnen Ihr Wunschmodell kurzfristig zu beschaffen. Sie bedanken sich herzlich und gehen – ohne das Auto.
Und doch sind Sie absolut sicher, dass Sie es demnächst erhalten werden, weil Sie dem Händler diesbezüglich vertrauen.
Um wie viel mehr sollten Sie dann erst dem unendlichen Schöpfer und seinem Gesetz vertrauen, das sich niemals verändert und absolut zuverlässig auf Ihren Glauben reagiert!

———

Lob und Dankbarkeit dienen nicht dazu, Gott oder das Gesetz zu beeinflussen, sondern eine Veränderung in unserem eigenen Bewusstsein zu bewirken, sodass wir zu spirituellen und mentalen Magneten werden, die alles erdenkliche Gute aus unzähligen Quellen anziehen.

———

Ihre Dankbarkeit und Ihr Lob Gottes dürfen keine auf den eigenen Vorteil bedachte Schmeichelei sein. Freuen Sie sich vielmehr aufrichtig darüber, dass alles, was Sie brauchen und beanspruchen, bereits in Ihnen vorhanden ist und darauf wartet, von Ihnen mit frohem und dankbarem Herzen in Empfang genommen zu werden.

———

Wirklich dankbar und voll des Lobes sind Sie dann, wenn Sie die universellen Lebensprinzipien erkennen und sich daran freuen, dass die Vorsehung Sie seit Anbeginn der Zeiten mit allen Schätzen des Lebens versorgt.

———

Ein dankbarer Mensch erwartet ständig und unerschütterlich nur das Beste und diese Erwartung nimmt unvermeidlich materielle Gestalt an. Das schöpferische Gesetz des Unterbewusstseins macht Sie zum Ebenbild dessen, was Sie täglich kontemplieren.

Ich las einmal von einem Mann, der seit seinem zweiten Lebensjahr blind war. Doch später wurde er operiert und das erste, was er erblickte, war das Gesicht seiner Frau. Für ihn war sie wunderschön. Er konnte sich gar nichts Schöneres vorstellen. Fast vierzig Jahre hatte er mit ihr gelebt und noch nie ihr Gesicht gesehen.
Bringen Sie Ihrer Frau, Ihrem Mann, Ihrer Familie wirkliche Wertschätzung entgegen? Sind Sie dankbar für Ihre Augen, Ihren Körper und Ihr Vertrauen in Gott und alle guten Dinge?

Ein Mann beklagte sich bei mir, dass jemand, den er vor dem Ertrinken gerettet hatte, ihm dafür keine Belohnung angeboten, ja sich nicht einmal bedankt hatte, obwohl er doch sein Leben riskiert hatte, um ihn zu retten. Ich sagte ihm, er habe genau das Richtige getan und das Leben werde sich dafür erkenntlich zeigen. Aber er solle nicht von einer bestimmten Person Dank oder einen Lohn erwarten. Das Gute kommt nicht immer aus der Richtung, in der Sie Geld und Mühe investiert haben, aber es kommt.

▦ Praktische Beispiele

Lucien Hamilton Tyng kam in Peoria, Illinois, zur Welt, einem Ort, der einem Menschen wie ihm, der große Träume hatte, nur wenig Entfaltungsmöglichkeiten bot. Daher beschloss er, nach Chicago zu gehen und sein Glück zu versuchen. Er fand einen Job als Bürogehilfe, aber der Lohn reichte kaum zum Überleben. Nachdem er seine Miete bezahlt hatte, blieben ihm nur noch fünfzig Cent täglich fürs Essen übrig. Er fand heraus, dass eine Tüte Schokopralinen für fünf Cent ein sehr sättigendes Mittagessen darstellten. Das Frühstück kostete ihn fünfzehn Cent, sodass er fürs Abendessen nur fünfunddreißig Cent zur Verfügung hatte.

Er war sehr religiös und gewöhnte sich an, die fünfzig Cent morgens in der Hand zu halten und dabei zu sagen: »Gott vervielfältigt dieses Geld und ich danke dafür. Ich empfange jetzt von Tag zu Tag mehr Geld.« Das wiederholte er jeden Morgen ungefähr zehn bis fünfzehn Minuten lang, ehe er seine täglichen fünfzig Cent ausgab. Schon bald zog er die Aufmerksamkeit vieler kluger und erfolgreicher Geschäftsleute auf sich. Günstige Gelegenheiten taten sich für ihn auf, die er rasch beim Schopf ergriff. »Ich danke dir, Vater«, lauteten die Worte, die er nahezu ständig auf den Lippen hatte.

Im Lauf der Jahre suchten immer mehr einflussreiche Menschen seinen Rat. Er schien über eine wunderbare Begabung zu verfügen und entwickelte großen geschäftlichen Scharfblick. Seine Klugheit brachte ihm Bewunderung und Vertrauen ein. Er löste für jene, die sich von ihm beraten ließen, viele geschäftliche Probleme. Vor und nach jeder erfolgreichen Transaktion betete er immer: »Danke, Vater.«

Eines Tages kam ihm ein wunderbarer Einfall. Ein guter Freund, dem er davon erzählte, wies ihn auf das enorme Potenzial dieser Idee hin. Gemeinsam gründeten sie die »General Gas and Electric Company«. Das Unternehmen verzeichnete ein rasantes Wachstum und verfügte schon bald über Kraftwerke in allen östlichen Bundesstaaten. Nach vielen Jahren verkauften sie es, wie berichtet wurde, für die stolze Summe von fünfzig Millionen Dollar.

―――

Eine dankbare Geisteshaltung bewirkt Verbesserungen in allen Lebensbereichen, sorgt für Gesundheit, Glück und materiellen Wohlstand. Ein Immobilienmakler namens Rick W. stellte dies auf wunderbare Art unter Beweis.

Rick war es zuletzt immer schwerer gefallen, Käufer für die von ihm angebotenen Häuser und Grundstücke zu finden. Er war frustriert und unglücklich. Doch dann ließ er sich von der Wohlstandskraft des dankbaren Herzens überzeugen und begann jeden Abend wie folgt zu beten: »Vater, ich danke dir, dass du mich erhörst. Ich weiß, dass du meine Gebete immer erhörst.« Kurz vor dem Einschlafen verkürzte er dies zu einem einfachen »Danke« und wiegte sich mit diesem Wort regelrecht in den Schlaf. Eines Morgens betrat eine Frau Ricks Büro, die ihm irgendwie bekannt vorkam. Er bildete sich ein, über ein gutes Gedächtnis für Namen und Gesichter zu verfügen, doch als sie sich vorstellte, sagte ihm ihr Name überhaupt nichts. Dann fiel ihm ein, dass er sie vor ein oder zwei Nächten im Traum gesehen hatte. Während er noch über diesen erstaunlichen Umstand nachdachte, erzählte sie ihm, sie vertrete eine Gruppe von Investoren, die am Erwerb von Wohneigentum interessiert seien. An diesem Tag verkaufte Rick mehr Objekte als in den ganzen vorangegangenen Monaten!

―――

Eine Hausangestellte legte von ihrem mageren Lohn jede Woche drei Dollar zurück, um für ein Auto zu sparen. Ihre Schwester schenkte ihr ein Exemplar meines Buches *Die Macht Ihres Unterbewusstseins* und sie verschlang es regelrecht. Später erzählte sie meiner Sekretärin, sie habe sich eines Abends hingesetzt und einen Brief an sich selbst geschrieben, um ihrem Unterbewusstsein die Idee eines Autos einzuprägen. Sie schrieb sinngemäß, dass sie Gott für das wunderschöne Auto danke, das ihr jetzt gehöre. Sie nehme dieses Auto gerne an und freue sich darüber, dass es vollständig bezahlt sei und perfekt funktioniere. Auf den Umschlag schrieb sie: »Mein erhörtes Gebet. Danke, Vater.« Dann legte sie den Brief in eine Schreibtischschublade.

Was weiter geschah, ist höchst interessant. Am folgenden Sonntag ging sie in die Kirche. Sie unterhielt sich mit einem der Gemeindevorsteher und machte ihm ein Kompliment wegen seines schönen neuen Cadillacs. Er sagte: »Ich möchte einen von meinen anderen Wagen verkaufen. Wissen Sie jemanden, der ein gutes Auto sucht?« – »Ich«, antwortete sie. »Aber ich habe erst 45 Dollar gespart.« Der Gemeindevorsteher sagte: »Das ist in Ordnung. Das Auto steht bei mir nur im Weg herum. Ich lasse es Ihnen für 45 Dollar.« Sie kaufte den Wagen und seit über zwei Jahren funktioniert er treu und zuverlässig.

Sie hatte sich ausgerechnet, dass es ungefähr drei Jahre dauern würde, bis sie genug Geld für einen günstigen Gebrauchtwagen angespart hätte. Doch als sie ihre Dankbarkeit ausdrückte, war der Wagen *jetzt* zu ihr gekommen.

Ein Mann sagte: »Die unbezahlten Rechnungen häufen sich, ich habe kein Geld mehr, ich stehe kurz vor der

Pleite. Was soll ich tun?« Ich empfahl ihm, dreimal täglich für zehn bis fünfzehn Minuten ruhig und entspannt zu beten: »Danke, Vater, dass du mir jetzt deine Reichtümer schenkst.« Dies solle er tun, bis ein tiefes Gefühl der Dankbarkeit ihn durchströme. Ich erklärte ihm, dass er durch diese dankbare Einstellung seinen Geist neu ausrichten und auf Reichtum konditionieren würde.
Und die Dinge entwickelten sich bald entsprechend: Er traf auf einem Fest einen seiner früheren Arbeitgeber, der ihm sofort eine leitende Stellung anbot und ihm einen kräftigen Gehaltsvorschuss zahlte, mit dem er alle seine Schulden begleichen konnte.

———

Jessica R., eine Geschäftsfrau aus Chicago, schrieb mir einen Brief, in dem sie mir von ihrem achtjährigen Sohn Kevin berichtete, der ein Jahr lang unter schwerem Asthma gelitten hatte. Immer wieder hatte sie ihn wegen heftiger Erstickungsanfälle ins Krankenhaus bringen müssen.
Eines Nachts saß Jessica am Bett ihres Sohnes und betete laut: »Kevin, du bist Gottes Sohn. Ich sehe, dass Gott jetzt in dir gegenwärtig ist. Gottes Gegenwart bedeutet Harmonie, Gesundheit, Frieden, Freude, Vitalität und Heilsein. Gott hat dir den Atem des Lebens eingehaucht. Der Geist Gottes hat dich erschaffen und ich weiß, dass der Atem des Allmächtigen dir dein Leben schenkte. Du atmest den Frieden Gottes ein, und du atmest die Liebe Gottes aus. *Vater, ich danke dir, dass du mich erhört hast. Ich wusste, dass du mich immer erhörst.*«
(Johannes 11,41–42)
Auf diese Weise betete Jessica über eine Stunde lang. Ständig wiederholte sie diese großen Wahrheiten, im

Vertrauen, dass sie tief in das Unterbewusstsein ihres Sohnes einsinken würden. Dann spürte sie plötzlich einen inneren Frieden und wusste, dass ihr Gebet erhört worden war, sodass sie nicht den Wunsch hatte, weiter zu beten.
Als Kevin am Morgen erwachte, sagte er: »Mami, letzte Nacht ist ein Engel zu mir gekommen und hat gesagt, dass ich jetzt kein Asthma mehr habe. Ist das nicht super?« In den folgenden Tagen und Wochen zeigte sich, dass das Asthma tatsächlich verschwunden war. Der Junge hatte eine vollständige Heilung erfahren.

Empfehlenswerte Techniken

Es gibt ein Gesetz der Dankbarkeit, und wenn Sie es anwenden, wird das wunderbare Folgen haben:
Erstens müssen Sie absolut und mit ganzem Herzen akzeptieren, dass es eine unendliche Intelligenz gibt, aus der alle Dinge hervorgehen.
Zweitens müssen Sie fest daran glauben, dass diese göttliche Quelle auf die Natur Ihrer Gedanken reagiert.
Drittens verbinden Sie sich mit dieser unendlichen Intelligenz durch ein tiefes Gefühl der Dankbarkeit.

―――――

Sagen Sie im Stillen während des Tages immer wieder »Danke«. *Empfinden* Sie Dankbarkeit. Danken Sie Ihrem Höheren Selbst für Fülle, Gesundheit, Reichtum und Harmonie.

Prinzipien, die Sie sich einprägen sollten

1. Ein dankbares Herz ist Gott nah. Das ist das Gesetz der Dankbarkeit. Seien Sie dankbar. Setzen Sie sich täglich für fünfzehn Minuten still hin und sprechen die Affirmation: »Danke, Vater, dass du mir jetzt deine Reichtümer schenkst.« Lassen Sie sich abends mit dem Wort »Danke« auf den Lippen in den Schlaf sinken. Danken Sie für alles, mit dem Sie hier und jetzt gesegnet sind. Dann wird Gott Ihre Segnungen vervielfachen.
2. Viele Menschen tragen zu Ihrem Wohlergehen bei. Schließen Sie sie in Ihre Dankgebete mit ein. Dadurch verbinden Sie sich geistig mit dem Guten in allen Menschen und Dingen und ziehen die Schätze des Lebens magisch an.
3. Der Weg, wie man geistige, spirituelle und materielle Reichtümer erwerben kann, lässt sich in einem Wort zusammenfassen: *Dankbarkeit.*
4. Es gibt ein Gesetz der Dankbarkeit, und um im Leben positive Resultate zu erzielen, müssen Sie dieses Gesetz befolgen. Das Gesetz bewirkt, dass alles, was Sie Ihrem Unterbewusstsein einprägen, in Ihrem Leben sichtbar zum Ausdruck kommt. Freuen Sie sich also voll Dankbarkeit an allem, was Ihnen geschenkt wird. Wenn Sie sich reich fühlen, aktivieren Sie Ihr Tiefen-Bewusstsein demgemäß, und schon bald wird Wohlstand in Ihr Leben strömen.
5. Dankbarkeit bringt Sie in Kontakt mit dem Unendlichen, mit der schöpferischen Macht des Universums. So werden Sie zu einem spirituellen Magneten für alle Segnungen des Lebens.
6. Zeigen Sie den Menschen in Ihrer Umgebung, Ihrer Familie ebenso wie den Arbeitskollegen, aufrichtige An-

erkennung. Die Menschen sehnen sich nach Anerkennung. Schenken Sie sie ihnen großzügig und liebevoll.

7. Falls Sie nur einen Euro in der Tasche haben, segnen Sie ihn, indem Sie sagen: »Gott vervielfacht dieses Geld jetzt. Ich bin dankbar für mein stetig wachsendes Einkommen, für den beständigen Strom von Gottes Reichtümern in meinem Leben.« Damit ziehen Sie phantastischen Reichtum an.

10. KAPITEL

Affirmationen

*Etwas zu affirmieren heißt, es intensiv zu
bejahen und zu bekräftigen.
Wenn Ihre Worte
und Ihr Herz übereinstimmen,
ist Ihnen nichts unmöglich. Dann werden
Sie sich zu großen Höhen
des Erfolgs emporschwingen.*

Ihre Gedanken sind Ihre Worte. Klingen Ihre Worte süß in den Ohren? In der Bibel heißt es in den Sprüchen Salomos: »*Wie goldene Äpfel auf silbernen Schalen ist ein Wort, gesprochen zur rechten Zeit.*« (Sprichwörter 25,11) Und: »*Freundliche Worte sind wie Wabenhonig, süß für den Gaumen, heilsam für den Leib.*« (Sprichwörter 16,24) »Ich habe keine Aufstiegschancen mehr. Es ist unmöglich, ich bin zu alt.« – »Welche Aussichten habe ich denn schon, reich zu werden?« – »Maria kann es, aber ich nicht.« – »Ich habe kein Geld, ich kann mir das nicht leisten.« – »Ich habe es versucht, es hat ja doch keinen Sinn.« Wenn Sie so reden, sind Ihre Worte nicht wie *Honig*. Sie sind nicht konstruktiv. Sie sind nicht inspirierend. Schlimmer noch: Was Sie für wahr erklären, wird sich in Ihrem Leben verwirklichen.

Die Worte, die Sie verwenden, müssen *heilsam für den Leib* sein. Ihre Worte müssen Ihre Wünsche und Bestrebungen unterstützen. Was Sie sagen, muss Sie aufbauen und stärken. Beschließen und erklären Sie jetzt: »Von diesem Augenblick an gebrauche ich nur noch heilende und segnende Worte, die mir Wohlstand, Inspiration und Kraft bringen.«

———

Ihre Worte sind tatsächlich so machtvoll, dass es von entscheidender Bedeutung ist, zur rechten Zeit das Richtige zu sagen.
»*Tod und Leben stehen in der Macht der Zunge.*«
(Sprichwörter 18,21)

———

Die Macht des Wortes ist größer als die von Atomwaffen. Worte sind es, die darüber entscheiden, ob diese Waffen eingesetzt werden oder nicht.

———

Es ist falsch, wenn Sie sagen: »Ich bin arm.« – »Ich bin schwach.« – »Ich bin müde.« – »Ich bin pleite.« Ihre negativen »Ich bin«-Sätze bringen diese Zustände überhaupt erst hervor. Sie setzen sich als Affirmationen in Ihrem Unterbewusstsein fest und verursachen die entsprechenden Lebenserfahrungen. Es ist ein geistiges Gesetz, dass Sie alles, dem Sie ein »Ich bin« voranstellen, manifestieren und zum Ausdruck bringen. Beschreiben Sie sich selbst daher niemals mit Begriffen des Mangels, der Einschränkung und des Misserfolgs. »*… denn aufgrund deiner Worte wirst du freigesprochen, und aufgrund deiner Worte wirst du verurteilt werden.*« (Matthäus 12,37)

———

Sagen Sie unter keinen Umständen »Ich kann nicht«, indem Sie beispielsweise behaupten: »Ich kann meine Miete nicht bezahlen.« Oder: »Ich kann mir kein neues Auto leisten.« Ihr Unterbewusstsein nimmt Sie immer beim Wort und wird dann den Strom des Positiven in Ihr Leben blockieren. Häufig wiederholte Gedanken sinken in Ihr Unterbewusstsein hinab und bilden dort Gewohnheitsmuster, da das Unterbewusstsein diese Selbstgespräche als Affirmationen auffasst.

Sie dürfen niemals das, was Sie affirmieren, hinterher wieder verneinen. Damit neutralisieren Sie Ihre Affirmationen und verhindern, dass das Gute in Ihr Leben fließen kann.

Vergewissern Sie sich immer wieder, dass Ihr innerer Dialog mit Ihren Lebenszielen und Herzenswünschen übereinstimmt. Dieser innere Dialog (Ihre Gedanken/Affirmationen) ist es, der sich in Ihrem Leben manifestiert. Er ist Anfang und Ursache Ihrer äußeren Erfahrungen.
Fragen Sie sich deshalb: »Stimmt mein innerer Dialog mit meinem Ziel überein?« Ihre Antwort sollte lauten: »O ja! Mein innerer Dialog entspricht dem, was ich laut sagen würde, wenn sich meine Lebensziele erfüllen.« Dann werden Sie die Freude des beantworteten Gebets erleben.

Ihre Worte besitzen die Macht, Ihren Geist von falschen Vorstellungen zu reinigen und sie durch richtige Vorstellungen zu ersetzen.

Denken Sie daran, dass die Macht der Worte eine der größten Gaben Gottes ist. Machen Sie sich klar, dass Sie mit Ihren Worten segnen oder verfluchen, heilen oder krank machen, Reichtum oder Armut hervorbringen können. Sie können Ihre Worte zu Ihrem Schaden oder Nutzen einsetzen. Hören Sie auf, Ihre Worte gegen sich selbst arbeiten zu lassen. Segnen Sie alles in Ihrem Leben, dann werden Sie bald Orchideen statt Disteln ernten.

PRAKTISCHE BEISPIELE

Der Buchhalter eines Ingenieurbüros hatte sich um zahlreiche Außenstände zu kümmern, die sich inzwischen auf eine Gesamtsumme von 30 000 Dollar beliefen. Er setzte die Schuldner auf eine Liste und ehe er morgens mit der Arbeit anfing, schaute er sich die Liste an und sagte nach jedem Namen: »Herr XY ist wohlhabend und gesegnet und Gutes kommt auf ihn zu. Er bezahlt alle seine Verbindlichkeiten pünktlich. Er ist aufrichtig, ehrlich und gerecht. Ich danke jetzt für seinen Scheck. Er ist gesegnet und wir sind gesegnet. Ich danke dafür, dass es so ist.«
Diese Anweisung an sein tieferes Bewusstsein erreichte schließlich alle säumigen Zahler und innerhalb eines Monats waren sämtliche offenen Rechnungen beglichen! Sein Unterbewusstsein hatte seinen Glauben akzeptiert und diese Botschaft wurde telepathisch vom Unterbewusstsein der Männer empfangen, die dem Ingenieurbüro Geld schuldeten und die bisherigen Zahlungsaufforderungen ignoriert hatten.

Empfehlenswerte Techniken

Der verstorbene Dr. Dan Custer, der viele Jahre in San Francisco Vorträge über die Geistigen Wissenschaften hielt, praktizierte etwas, das er »Wort-Therapie« nannte. Wenn er sich zum Beispiel angespannt fühlte, sprach er ständig das Wort »Frieden« vor sich hin. Machte er sich wegen einer Sache Sorgen, wiederholte er leise »Unerschütterlicher Mut«. Und wenn er sich mit einem akuten Problem konfrontiert sah, sagte er immer wieder »Sieg«. Dr Custer sagte, die häufige Wiederholung dieser Worte habe in seinem Leben wahre Wunder gewirkt. Er aktivierte so die latenten Kräfte seines Unterbewusstseins, die damit zu starken positiven Faktoren in seinem Alltag wurden.

―――

Wählen Sie bestimmte Worte aus, von deren Bedeutung Sie sich angesprochen fühlen, und sagen Sie sie zweimal täglich für mindestens zehn Minuten gefühlvoll vor sich hin, z. B. »Gesundheit. Reichtum. Glück. Liebe.« Wenn Sie nicht allein arbeiten und deshalb die Worte tagsüber nicht laut aussprechen können, notieren Sie sie auf einen Zettel, werfen Sie gelegentlich einen Blick darauf und bejahen Sie sie oft gedanklich. So prägen Sie sie allmählich Ihrem Unterbewusstsein ein.

Prinzipien, die Sie sich einprägen sollten

1. Wenn Sie etwas affirmieren, bekräftigen Sie, dass es wahr ist. Wenn Sie es, ungeachtet aller scheinbaren Gegenbeweise, als wahr ansehen, wird Ihr Gebet, Ihre Affirmation erhört.

2. Ihre Gedanke sind Ihre Worte. Gedanken sind Dinge und Ihre Worte verwirklichen sich.

3. Sprechen Sie immer vom Standpunkt Gottes und der Wahrheit aus. Benutzen Sie ausschließlich positive Worte, dann werden alle Ihre Belange sich harmonisch entfalten.

4. Ihre Worte sind der Körper Ihrer Gedanken. Wenn Ihr Wort »Fleisch wird«, nimmt es in Ihrer Welt sichtbar Gestalt an.

5. Denken Sie immer daran, dass Ihr Unterbewusstsein alle Ihre Worte registriert und die ihnen gemäßen Resultate hervorbringt.

6. Sagen Sie häufig Worte, die Sie als inspirierend und ermutigend empfinden, vor sich hin. Die häufige geistige Beschäftigung mit diesen Gedanken wird in Ihrem Leben wahre Wunder vollbringen.

7. Wählen Sie Ihre Worte mit Bedacht. Sagen Sie niemals: »Das geht schief.« – »Ich verliere meinen Job.« – »Ich kann die Miete nicht bezahlen.« Ihr Unterbewusstsein versteht keinen Spaß. Es verwirklicht alles, was Sie ihm übermitteln.

8. Auf keinen Fall dürfen Sie Ihre Affirmationen hinterher geistig verleugnen. Damit neutralisieren Sie das von Ihnen beanspruchte Gute. Wenn Gedanken wie »Ich kann mir dieses neue Auto nicht leisten« sich einschleichen, affirmieren Sie sofort: »Wohlstand ist jetzt mein.« Immer wieder. Nach einer Weile wird sich die positive Vorstellung dann in Ihrem Unterbewusstsein verankern.

9. Sie können mit Überzeugung verfügen, dass etwas geschehen soll, und dann wird es auch geschehen, zum Beispiel: »Mein Haus ist schuldenfrei und Reichtum flutet jetzt von allen Seiten in mein Leben.« Seien Sie aufrichtig davon überzeugt, dann wird Ihr Unterbewusstsein entsprechend reagieren.

10. Alles, dem Sie die Worte »Ich bin« voranstellen, erschaffen Sie damit in Ihrem Leben. Wählen Sie einen kurzen Satz aus, den Sie sich leicht merken können, wie beispielsweise: »Ich bin glücklich, fröhlich und frei.« Wiederholen Sie ihn häufig mit innerer Gewissheit und viel Gefühl. Was Sie in Ihrem Unterbewusstsein säen, werden Sie ernten.

11. Ihr innerer Dialog sollte mit Ihren Lebenszielen und Herzenswünschen übereinstimmen. Sprechen und denken Sie so, als sei Ihr Wunsch bereits erfüllt. Ihr ständiger innerer Dialog bestimmt darüber, was sich in Ihrem Leben manifestieren wird.

11. KAPITEL

Visualisieren und Imaginieren

*Ihre Vorstellungskraft ist
die Schatzkammer des Universums.
Sie bringt alle kostbaren
Juwelen Ihres Unterbewusstseins
ans Licht:
Musik, Kunst, Poesie und Erfindergeist.*

Die Erfüllung Ihrer Wünsche hängt von der Intensität Ihrer Vorstellungskraft ab, nicht von irgendwelchen äußeren Umständen oder Fakten.

Ihre Imagination, Ihre Vorstellungskraft setzen Sie ein, wenn Sie sich ein inneres Bild oder eine Vorstellung von etwas schaffen, das für die äußeren Sinne gegenwärtig nicht wahrnehmbar ist. Darum heißt es auch, dass ein Mensch mit Vorstellungskraft imstande ist, eine Eiche zu sehen, wo jemand, der sich nur auf seine fünf Sinne verlässt, lediglich eine Eichel sieht.

Fragen Sie sich: »Welche inneren Bilder sehe ich gegenwärtig im Bereich meines privaten und beruflichen Lebens? Dienen diese Vorstellungen nur meinem eigenen Wohl oder entsprechen sie auch dem, was für die Menschen in meiner Umgebung wünschenswert ist?« Die inneren Bilder, auf die Sie sich konzentrieren, verdichten sich zwangsläufig zu äußerer, realer Lebenserfahrung.

Achten Sie darauf, welchen Bildern Sie Einlass in Ihr Unterbewusstsein gewähren. Wenn Sie dabei nachlässig sind, öffnen Sie den Gedanken und Vorstellungen des Massenbewusstseins Tür und Tor. Dann wird Ihr Geist von den meist negativen, misstrauischen, gierigen, einengenden und angstvollen Bildern der kollektiven Massen überschwemmt.

Ihre geistigen Bilder und Muster manifestieren sich durch die Liebe und emotionale Bindung, die Sie dafür hegen. Alle Ideen oder Wünsche, die Sie als wahr und emotional bedeutsam empfinden, werden von Ihrem Unterbewusstsein präzise verwirklicht. Sie werden zu dem, was Sie lieben.

Bei allen Erlebnissen und Geschehnissen in Ihrer äußeren Welt handelt es sich um Projektionen Ihrer inneren geistigen Bilder. Wenn Sie diesen Zusammenhang zwischen Ihrer inneren Vorstellungswelt und der äußeren Welt der Wirkungen einmal durchschaut haben, wird Ihnen klar, wie Sie Ihre Wünsche verwirklichen können.

Machen Sie nicht den Fehler, Ihre Vorstellungskraft zu unterschätzen und zu glauben, es handele sich dabei bloß um unwichtige Phantasiebilder. »Die Vorstellungskraft«, sagte Napoleon, »regiert die Welt.« Und Einstein schrieb: »Die Vorstellungskraft ist stärker als das Wissen.«

Nichts kann erschaffen werden, das nicht zuvor als Vorstellung bestand. Darum ist die Sprache der Imagination die Sprache Gottes. Zu Anbeginn brachte die unendliche Intelligenz alles im Universum durch schöpferische Imagination ins Dasein: *»Gott schuf also den Menschen als sein Abbild; als Abbild Gottes schuf er ihn. Als Mann und Frau schuf er sie.«* (Genesis 1,27)
Die unendliche Intelligenz schuf die Welt, indem sie sich eine Sonne, einen Mond, Sterne und alle anderen Dinge im grenzenlosen Kosmos vorstellte. Und alle ihre Träume verwirklichten sich. Die unendliche Quelle wird zu allem, was sie sich vorstellt zu sein.
Dieselbe göttliche Imaginationskraft wohnt auch in Ihnen.

Was immer Sie *als wahr empfinden*, *wird* und *muss* sich verwirklichen – auch wenn das Bild, das Ihre fünf äußeren Sinne Ihnen vermitteln, dazu scheinbar im Widerspruch steht.

Wenn Sie das Bewusstsein mit einer Kamera vergleichen, entspricht das Unterbewusstsein der Filmplatte, auf der die Bilder aufgezeichnet werden. Filme werden im Dunkeln entwickelt. Entsprechend werden auch Ihre geistigen Bilder in der Dunkelkammer Ihres Unterbewusstseins entwickelt.

Wenn Sie sich lebhaft vorstellen, dass ein Wunsch Wirklichkeit geworden ist, und die freudige Erregung spüren, die damit einhergeht, wird Ihr Unterbewusstsein für alles Weitere sorgen.

Die Imagination ist eines unserer machtvollsten Werkzeuge. Sie ist die Schatzkammer des Unendlichen. Disziplinierte, kontrollierte und gelenkte Imagination erschließt Ihnen die Tiefen Ihres Unterbewusstseins und kann neue Erfindungen, Entdeckungen, Gedichte und Musikkompositionen hervorbringen.
Wissenschaftler, bildende Künstler, Musiker, Physiker, Erfinder, Dichter und Schriftsteller entdecken in der Schatzkammer ihrer Imagination wundervolle Reichtümer, die der Menschheit zum Segen gereichen.

―――

Wenn die Welt sagt: »Das ist unmöglich. Niemand kann das vollbringen!«, sagt der Mensch mit einer starken Vorstellungskraft: »Es *ist* bereits vollbracht!«

―――

Sich selbst als wohlhabend und erfolgreich zu sehen ist ebenso einfach – aber weitaus interessanter, faszinierender und verlockender –, wie sich auf Armut, Not und Misserfolg zu konzentrieren.
Wenn Sie Ihre Wünsche realisieren möchten, müssen Sie nur ein mentales Bild der erfüllten Wünsche kreieren und beständig imaginieren. Auf diese Weise werden sie sich manifestieren.

―――

Wenn Sie sich Ihr Ideal als real vorstellen, wird es sich eines Tages objektivieren. Der Meisterarchitekt in Ihnen wird es auf den Bildschirm der physischen Welt projizieren.

―――

»... dem Gott, der die Toten lebendig macht und das, was nicht ist, ins Dasein ruft.« (Römer 4,17)
So wird das Unsichtbare sichtbar.

Geistige Bilder, die Sie bewusst als wahr annehmen, prägen sich Ihrem Unterbewusstsein ein und manifestieren sich in Ihrem Leben. Das wurde von Dr. Hans Selye am Institut für Experimentelle Medizin an der Universität Montreal bewiesen. Ihm gelang der Nachweis, dass das Unterbewusstsein nicht zwischen Stresszuständen unterscheidet, die durch *reale* äußere Faktoren ausgelöst werden, und solchen, die durch *eingebildete* Sorgen verursacht sind. Dr. Selye zeigte, dass der Körper eines Menschen, der sich gewohnheitsmäßig mit sorgenvollen Vorstellungsbildern beschäftigt, überschüssige Hormone produziert, welche für zahlreiche psychosomatische Krankheiten verantwortlich sind.
Das Unterbewusstsein diskutiert niemals mit Ihnen. Wenn Sie Ihre Imagination auf *negative* Weise einsetzen, indem Sie sich unerwünschte Entwicklungen und Erlebnisse ausmalen, werden die entsprechenden Folgen in Ihrem Leben nicht ausbleiben. Sie können Ihre Imagination aber auch *konstruktiv* einsetzen. Dann bekommen Sie im Leben, was Sie sich wünschen. Es geschieht Ihnen immer nach Ihrem Glauben.

Solange es kein Vorstellungsbild im Geist gibt, kann er sich nicht bewegen, denn es gibt nichts, worauf er sich zubewegen könnte. Ihr Gebet, Ihre geistige Handlung, muss zunächst als geistiges Bild akzeptiert werden, damit Ihr Unterbewusstsein es schöpferisch umsetzen kann.

Mit einer disziplinierten, gelenkten Imagination können Sie sich über alle vermeintlichen Hindernisse und Barrieren hinwegsetzen, indem Sie sich vorstellen, wie die Dinge sein sollten, und die tiefe Harmonie anerkennen, die in und hinter allen Dingen wirkt.

———

Jedes Bild, das Sie in Ihrem Bewusstsein erschaffen, verwirklicht sich, insbesondere dann, wenn es mit starken Emotionen aufgeladen ist. Es verwirklicht sich entweder durch äußere oder durch innere Aktivität. Es *muss* sich verwirklichen. Wenn Sie es daran hindern, sich in der Außenwelt zu verwirklichen, wird es sich stattdessen als geistige, physische oder emotionale Disharmonie in Ihrem Körper verwirklichen.

———

Wenn Sie Ihren Wunsch täglich visualisieren, kommt irgendwann der Moment, an dem Sie nicht länger den Drang verspüren, dies zu tun. Das ist das sichere psychologische Zeichen dafür, dass Ihnen Ihr Wunsch in Fleisch und Blut übergegangen ist. Er ist zur inneren Gewissheit geworden. Wenn er auf diese Weise Bestandteil Ihrer subjektiven Realität geworden ist, verschwindet das Bedürfnis, für seine Verwirklichung zu beten.

▨ Praktische Beispiele

Dr. Lothar von Blenk-Schmidt, Mitglied der Rocket Society und herausragender Forscher auf dem Gebiet der Elektronik, berichtete, wie er sein Unterbewusstsein und seine Imagination einsetzte, um als Kriegsgefangener in einer russischen Kohlenmine die Brutalität der Aufseher zu überleben:

»Ich war Kriegsgefangener in einem russischen Kohlenbergwerk. Rings um mich sah ich die Menschen sterben. Wir wurden von brutalen Wachen beaufsichtigt, von arroganten Offizieren und gerissenen Kommissaren. Nach einer kurzen ärztlichen Untersuchung wurde jedem Gefangenen eine Tagesmenge Kohlen auferlegt. Meine Quote betrug dreihundert Pfund. Denen, die es nicht schafften, ihre Quote zu erfüllen, wurde die ohnehin schon karge Nahrungsration weiter gekürzt, sodass sie bald auf dem Friedhof endeten.

Ich konzentrierte mich völlig darauf zu fliehen. Ich wusste, dass mein Unterbewusstsein irgendwie einen Weg finden würde. Mein Zuhause in Deutschland war zerstört, meine Familie ausgelöscht. Alle meine Freunde und früheren Kollegen waren entweder im Krieg gefallen oder befanden sich in Kriegsgefangenschaft.

Ich sagte zu meinem Unterbewusstsein: ›Ich will nach Los Angeles und du wirst einen Weg dorthin finden.‹ Ich hatte Bilder von Los Angeles gesehen und erinnerte mich gut an einige der Straßen und Gebäude dort.

Tag und Nacht stellte ich mir vor, dass ich mit einem amerikanischen Mädchen, das ich vor dem Krieg in Berlin kennen gelernt hatte, über den Wilshire Boulevard spazierte. In meiner Phantasie sah ich uns Einkaufsbummel unternehmen, mit dem Bus fahren und Restaurants besuchen. Und jede Nacht malte ich mir ganz besonders lebhaft aus, wie ich mit meinem amerikanischen Auto auf den Straßen von Los Angeles umherfuhr. Diese Vorstellungsbilder gestaltete ich so lebendig und real wie möglich. Für mich waren sie so wirklich und natürlich wie die Bäume außerhalb des Gefangenenlagers.

Jeden Morgen mussten die Gefangenen sich in Reih und Glied aufstellen und wurden vom Oberaufseher durchgezählt. Er rief laut ›Eins, zwei, drei‹ und so weiter … Eines Morgens wurde er, als er mich gerade als Siebzehn aufgerufen hatte, für einen Moment von einem Vorgesetzten wegbeordert. Als er zurückkam, zählte er versehentlich bei dem Mann hinter mir mit der Zahl Siebzehn weiter. Es gelang mir, unbemerkt aus dem Lager zu fliehen. Als die Gefangenen abends von der Arbeit zurückkehrten, stimmte die Zahl der Männer und mein Verschwinden blieb lange Zeit unentdeckt.

Ich marschierte vierundzwanzig Stunden lang und ruhte mich erst am nächsten Tag in einem verlassenen Dorf aus. Ich erhielt mich am Leben, indem ich fischte und jagte. Schließlich entdeckte ich eine Bahnlinie, auf der Kohlenzüge nach Polen verkehrten. Immer nur nachts fuhr ich ein Stück auf den Waggons mit, bis ich schließlich Polen erreichte. Mit Hilfe von Freunden schaffte ich es von dort in die Schweiz, nach Luzern.

Im Palasthotel in Luzern kam ich eines Abends mit einem amerikanischen Ehepaar ins Gespräch. Der Mann lud mich zu sich nach Santa Monica in Kalifornien ein. Ich nahm an, und als ich in Los Angeles eintraf, fuhr der Chauffeur meiner Gastgeber mich über den Wilshire Boulevard und viele andere Straßen, die ich mir während der langen Monate in der russischen Kohlenmine so lebhaft vorgestellt hatte. Ich erkannte die Gebäude, die ich so oft vor meinem inneren Auge gesehen hatte. Es kam mir tatsächlich so vor, als sei ich schon einmal in Los Angeles gewesen. Ich hatte mein Ziel erreicht.

Ich werde nie aufhören, über die Wunder des Unterbewusstseins zu staunen. Es kennt wahrhaftig Wege, von denen unser bewusster Verstand nichts weiß.«

Das Unterbewusstsein vollbringt tatsächlich phantastische Wunder: Jenes amerikanische Mädchen, das von Blenk-Schmidt vor dem Krieg in Berlin kennen gelernt hatte und mit dem er während der Gefangenschaft in seiner Phantasie durch Los Angeles spaziert war, wurde später wirklich seine Frau!

———

In einem Artikel für *Everybody's Magazine* führte der Öl-Magnat Henry M. Flagler seinen Erfolg und seinen immensen Reichtum auf seine Fähigkeit zurück, sich etwas in seiner vollendeten Form vorzustellen. Mit anderen Worten, er imaginierte jeweils den glücklichen Ausgang, das Endergebnis, und dann kamen ihm die Kräfte der unendlichen Intelligenz zu Hilfe. Er visualisierte jedes Projekt als bereits erfolgreich abgeschlossen. Er disziplinierte, kontrollierte und steuerte seine Vorstellungskraft.
Wenn er beispielsweise wusste, dass es in einem bestimmten Gebiet Öl gab, schloss er die Augen und stellte sich die Bahngleise vor, die dampfenden Lokomotiven der Versorgungszüge, die Bohrtürme und die Männer, die lachend und schwatzend an die Arbeit gingen. Er hörte die Dampfpfeifen und sah den Dampf. Er sah die ganze Szenerie so lebendig und sinnlich wie möglich vor sich und fühlte die Realität des Projektes, bis es ihm völlig real und natürlich erschien. Wenn er auf solche Weise sein Unterbewusstsein befruchtet hatte, stellte er jedes Mal fest, dass er auf wunderbare Weise Hilfe von der unendlichen Intelligenz erhielt. Entsprechend dem Gesetz der Anziehung versorgte sie ihn mit allem Erforderlichen. Er wurde zu einem unwiderstehlichen Magneten, der alle Menschen und Dinge anzog, die ihm bei der Erfüllung seines Traumes helfen konnten.

———

Als ich in Kimberley in Südafrika Vorträge hielt, begegnete mir dort ein Mann, der mir so interessant erschien, dass ich ihn darum bat, in meinen Büchern von ihm berichten zu dürfen. Er hatte als Soldat im Zweiten Weltkrieg gekämpft und dabei eine schwere Schussverletzung am Bein davongetragen. Er wusste nichts von der inneren Heilkraft und war damals Atheist. Wegen seines Beines verbrachte er lange Zeit in einem Hospital und konnte nur an Krücken gehen.

Irgendwann sagte er sich: »Es gibt eine Intelligenz, die mich erschaffen hat. Diese Intelligenz kann mein Bein heilen.« Diesen Gedanken wiederholte er ständig. Er stellte sich lebhaft vor, wie er all die Dinge tat, für die man ein gesundes Bein braucht. Früher war er Sportler gewesen. Daher führte er nun in seiner Vorstellung wieder das Leben eines Sportlers und schuf sich ein inneres Bild des erwünschten Zustandes. Diesen inneren Film ließ er immer wieder ablaufen, sah und fühlte ihn so real wie möglich. Er sagte, dass er damals nicht gehen konnte, doch wenn er auf seinem Stuhl saß, malte er sich aus, *fühlte er*, wie er Fahrrad fuhr, auf Berge stieg und Fußball spielte. Und er sah sich stark und vital.

Ein paar Jahre später galt er als einer der körperlich stärksten Männer Südafrikas. Sein Bein war vollkommen wiederhergestellt. Er zeigte es mir. Nur eine gut verheilte Narbe zeugte noch von seiner schweren Verletzung.

———

Eine junge Frau wünschte sich eine harmonische Lösung für ein juristisches Problem, doch ihre mentalen Vorstellungsbilder kreisten ständig um Misserfolg, Verlust, Bankrott und Armut. Es handelte sich um einen komplizierten Rechtsstreit, der sich immer mehr in die Länge zog, ohne dass sich eine befriedigende Lösung abzeichnete.

Auf meinen Vorschlag hin versetzte sie sich jeden Abend vor dem Einschlafen in einen entspannten, aufnahmebereiten Zustand und stellte sich dann einen glücklichen Ausgang vor, wobei sie die entsprechenden Gefühle in sich wachrief. Sie wusste, dass ihre inneren Bilder sich im Einklang mit ihrem Herzenswunsch befinden mussten. So lebhaft wie möglich sah sie vor sich, wie sie mit ihrem Anwalt sprach und er ihr immer wieder versicherte: »Wir sind zu einer perfekten, harmonischen Übereinkunft gelangt und haben uns außergerichtlich geeinigt.« Wenn sie tagsüber ängstliche Gedanken befielen, ließ sie sofort ihren inneren Film ablaufen. Sie sah ihren Anwalt, vergegenwärtigte sich den Klang seiner Stimme, sein Lächeln und die für ihn typische Mimik und Gestik. Das tat sie so oft, dass es zu einem festen inneren Muster wurde. Nach ein paar Wochen rief der Anwalt sie an und bestätigte objektiv, was sie subjektiv als wahr empfunden und sich vorgestellt hatte.

―――――

Anne G., eine junge Frau aus Wyoming, arbeitete in einem Büro in Los Angeles. Nach einem meiner Vorträge kam sie zu mir und sagte: »Meinen Sie, Sie können mir helfen? Ich bin so schüchtern und ängstlich, dass ich sofort erröte und wegschaue, wenn ein Mann auch nur Hallo zu mir sagt. Ich habe nie gelernt, locker mit jungen Männern umzugehen. Wahrscheinlich finde ich nie einen Partner.«
»Aber Sie hätten gerne einen?«, hakte ich nach.
»Oh, mehr als alles andere!«, rief sie aus. »Ich hasse es, allein zu leben und einsam zu sein. Ich möchte jemanden glücklich machen. Ich möchte eine eigene Familie.«

Wir unterhielten uns noch ein bisschen, dann erklärte ich ihr, wie sie ihren Wunsch verwirklichen konnte. Zuallererst kam es darauf an, dass sie aufhörte, sich selbst als ängstlich und einsam zu sehen. Sie musste in sich das Gefühl erzeugen, begehrenswert und beliebt zu sein.
Auf meinen Vorschlag kaufte sie sich einen Terminkalender, in den sie Verabredungen mit imaginären Verehrern eintrug. Jeden Abend nahm sie sich etwas Zeit, um sich Verabredungen auszumalen, die alle positiv und erfreulich verliefen. Schon bald fiel es ihr viel leichter, mit ihren Arbeitskollegen zu sprechen. Sie gewann an Attraktivität und hörte auf, ein Mauerblümchen zu sein. Immer wieder wurde sie von Kollegen zu Verabredungen eingeladen.
Als ihr Liebesleben allmählich aufblühte, wurde Anne klar, dass sie sich eine dauerhafte Bindung wünschte. Also stellte sie sich vor, dass die unendliche Intelligenz den idealen Partner in ihr Leben führte, der perfekt mit ihr harmonierte. Jeden Abend vor dem Einschlafen sah sie in ihrer Vorstellung einen Ehering an ihrem Finger. Sie betrachtete ihn als Symbol dafür, dass die Ehe bereits Realität war und sie die Freude des erfüllten Wunsches erlebte. So zog sie einen wunderbaren Mann an, mit dem sie heute eine in jeder Hinsicht harmonische Ehe führt.

1944 lebte in meiner Nachbarschaft ein kleines Mädchen. Ich war gut mit ihrer Familie bekannt und besuchte gelegentlich ihre Eltern. Sie war damals ungefähr acht Jahre alt und ging in die örtliche Kirchenschule.
Seit Monaten flehte sie ihre Eltern an, ihr ein Fahrrad zu kaufen, mit dem sie im Park herumfahren wollte. Darauf antwortete ihre Mutter stets: »Fang nicht immer wieder davon an! Du weißt, dass wir Krieg haben und im Mo-

ment keine Fahrräder zu bekommen sind.« Doch das Mädchen bettelte immer weiter und ging ihren Eltern damit ziemlich auf die Nerven. Sie war ein kleiner Wildfang, der sich mit den Nachbarjungen prügelte und ab und zu sogar mit einem blauen Auge nach Hause kam.

Eines Abends sagte ich zu dem Mädchen: »Mary, du kannst ein Fahrrad bekommen, und ich weiß auch, wo.« Sofort leuchteten ihre Augen. Sie schaute mich gespannt an und fragte: »Wo denn?« Zwischen uns entwickelte sich der folgende Dialog:

»Wenn du gleich zu Bett gehst, dann schließe deine Augen und stell dir lebhaft vor, wie du deine Spielkameraden im Park auf deinem Fahrrad fahren lässt. Sieh ihre lächelnden Gesichter. Gott will, dass du mit deinen Spielgefährten teilst, die kein Fahrrad haben, und ihnen damit eine Freude machst.«

Mary: »Oh, kein Problem, wenn Gott das von mir möchte, bin ich einverstanden. Aber Mutter hat gesagt, dass der Weihnachtsmann mir dieses Jahr kein Fahrrad bringen kann, und es sind nur noch zwei Wochen bis dahin!«

»Tu einfach, was ich dir geraten habe. Wenn du im Bett liegst, mach die Augen zu und sieh dich selbst, wie du im Park Fahrrad fährst. Und stell dir vor, dass du auch deine Spielkameraden auf deinem Fahrrad fahren lässt, wie ich es dir eben gesagt habe. Sieh sie lächeln und sich freuen. Du wirst dein Fahrrad bekommen! Gott wird dem Weihnachtsmann sagen, wo er ein Fahrrad für dich auftreiben kann. Leg dich jetzt ins Bett und schlaf tief und fest.«

Am nächsten Tag, gegen sechs Uhr abends, ging Mary mit einem anderen Mädchen zum Einkaufen. In einem Laden fing sie plötzlich an zu weinen. Eine Frau fragte freundlich: »Was ist denn los, Kleine? Hat dir jemand wehgetan?«

Mary erwiderte: »Nein, aber gestern war ein Mann bei uns zu Hause, der zu mir gesagt hat, dass Gott dem Weihnachtsmann sagt, wo ein Fahrrad für mich zu finden ist, und dass ich es dann gleich bekomme. Jetzt wird es schon dunkel und ich habe immer noch kein Fahrrad.«
Die Frau war gerührt, nahm das Mädchen mit zu sich nach Hause und schenkte ihr ein Fahrrad, das ihrer vor zwei Jahren verstorbenen Tochter gehört hatte. Die Frau sagte, sie hätte seither vorgehabt, das Fahrrad einem Kind zu schenken, das Gott liebte und an ihn glaubte!

Eine Lehrerin, die regelmäßig meine Radiosendung hörte, berichtete mir in einem Brief von ihren Erfahrungen. Sie schrieb, dass es ihr einst gesundheitlich schlecht ging, ihr Geld knapp war und sie sich nach einem Ehemann und einer Anstellung in einem College sehnte. Damals habe sie die Begriffe *Gesundheit*, *Reichtum*, *Liebe* und *schöpferischer Selbstausdruck* in ein Notizbuch geschrieben.
Unter *Gesundheit* schrieb sie: »Ich bin vollkommen gesund. Gott ist meine Gesundheit.«
Unter *Reichtum* schrieb sie: »Gottes Reichtümer sind jetzt mein. Ich bin reich.«
Unter *Liebe* schrieb sie: »Ich bin glücklich verheiratet und göttlich gesegnet.«
Unter *schöpferischer Selbstausdruck* schrieb sie: »Die göttliche Intelligenz führt mich jetzt zu meinem idealen Arbeitsplatz, wo ich Wunderbares vollbringe und mir ein gutes Einkommen verdiene.«
An jedem Morgen und Abend schaute sie sich ihre Notizen an und bekräftigte: »Alle diese Wünsche werden jetzt von meinem Unterbewusstsein erfüllt.« Dann nahm sie

sich etwas Zeit, um sich die Erfüllung ihres Wunsches in jeder der vier Kategorien auszumalen. Sie stellte sich vor, wie ihr Arzt zu ihr sagte: »Sie sind vollkommen geheilt.« Sie stellte sich vor, wie ihre Mutter, mit der sie zusammenwohnte, zu ihr sagte: »Du bist jetzt reich. Wir können umziehen und reisen. Ich bin so froh!« Dann stellte sie sich vor, wie ein Geistlicher zu ihr sagte: »Ich erkläre Sie hiermit zu Mann und Frau.« Und sie spürte ganz real und lebhaft, wie ihr der Ehering auf den Finger gesteckt wurde. Als Letztes imaginierte sie kurz vor dem Einschlafen, dass der Direktor ihrer Schule zu ihr sagte: »Ich bedaure, dass Sie uns verlassen, aber es freut mich für Sie, dass Sie zukünftig an einem College unterrichten. Meinen Glückwunsch!«

Jeden dieser inneren Filme ließ sie für ungefähr fünf Minuten ablaufen, in einer freudigen, völlig entspannten Stimmung und in der Gewissheit, dass diese Bilder tief in ihr Unterbewusstsein sinken, dort im Verborgenen heranreifen und sich zur rechten Zeit auf die rechte Weise manifestieren würden.

Innerhalb von nur drei Monaten erfüllten sich alle ihre Wünsche.

———

Auf dem Rückflug von einer Vortragsreise durch Europa kam ich mit meinem Sitznachbarn ins Gespräch, einem jungen Chemiker namens John M. Er erzählte mir vom ersten wichtigen Erfolg, den er auf seinem Fachgebiet erzielt hatte. Dabei war es um die Synthetisierung eines bestimmten Duftstoffes gegangen. Ganze Forscherteams hatten erfolglos nach einer Lösung für das Problem gesucht. Schließlich wurde das Projekt eingestellt, weil man keine Chance sah, es noch zu realisieren. Als John, frisch von der Universität kommend, seine Arbeit antrat, wurde er mit dem Projekt betraut, offenbar weil sein Chef Johns Können auf die Probe stellen wollte. John hatte keine Ahnung, dass die Aufgabe als unlösbar galt. Ein paar Wochen später präsentierte er seinem erstaunten Chef eine Formel, die funktionierte.

Seine Kollegen waren verblüfft. Sie wollten Johns Geheimnis erfahren. Er antwortete, dass er die Lösung mit Hilfe seiner Vorstellungskraft gefunden hatte. Diese Antwort befriedigte sie nicht. Also erklärte er es ihnen genauer: Vor dem Einschlafen visualisierte er ein Blatt Papier mit der Überschrift »Antwort« in leuchtend roten Buchstaben und darunter einer leeren Fläche, auf der die Antwort erscheinen sollte. Diese Technik wandte er einige Zeit lang an, bis er schließlich einen Traum hatte, in dem ihm die Formel und das Herstellungsverfahren für den Duftstoff klar und unmissverständlich präsentiert wurden.

Empfehlenswerte Techniken

Entscheidend beim Visualisieren ist, dass Sie sich wirklich in die imaginäre Situation *hineinfühlen*. Sie müssen emotional beteiligt sein. Es darf sich nicht nur um eine aus der Distanz betrachtete Illusion handeln. Die Vision muss so real wie möglich werden, sodass Sie alles tatsächlich erleben und spüren können.

Goethes Methode

Goethe setzte seine Vorstellungskraft auf sehr kluge Weise ein. Er brachte viele Stunden damit zu, imaginäre Gespräche zu führen. Dabei stellte er sich vor, dass einer seiner Freunde ihm gegenüber saß und seine Fragen beantwortete. Mit anderen Worten, wenn Goethe sich wegen eines Problems Sorgen machte, sah er einen Freund vor sich, der ihm den richtigen und angemessenen Rat gab, wobei er die Szene möglichst lebensecht gestaltete und sich die Gesten und den Klang der Stimmen genau vorstellte.

Gewöhnen Sie sich an, kurz vor dem Einschlafen Ihre Imagination einzusetzen. Lassen Sie einen möglichst realistischen Film vor Ihrem inneren Auge ablaufen. Ihr Unterbewusstsein ist in dieser Phase sehr aufnahmebereit und wird ihre bewussten Vorstellungsbilder besonders gut speichern.

In der Kunst der gelenkten Imagination kommt es zuallererst darauf an, dass Sie lernen, Ihre Phantasie zu disziplinieren, damit Sie nicht mit Ihnen durchgeht. Es gilt, alle mentalen Unreinheiten zu beseitigen, wie Neid, Gier, Furcht, Sorge und Eifersucht. Machen Sie sich klar, dass Ängste nur in Ihrer fehlgeleiteten Vorstellung existieren. Misserfolge können nur eintreten, wenn Sie ein negatives Bild aufrechterhalten, das mit angstvollen Emotionen aufgeladen ist. Wenn Sie sich ständig mit solchen mentalen Bildern beschäftigen, sind Fehlschläge die unausweichliche Folge, weil Sie sich mental für den Misserfolg entschieden haben.
Widmen Sie Ihre gesamte Aufmerksamkeit Ihren Zielen und Herzenswünschen und dulden Sie nicht, dass Ihre Vorstellung von Ihrer Bestimmung abweicht – die darin besteht, ein erfülltes und glückliches Leben zu führen. Lassen Sie sich mental ganz von der Realität Ihrer Wünsche durchdringen.

Übermitteln Sie in Ihrem Geist von jetzt an Bilder, Ideen und Gedanken, die Heilung, Segen, Wohlstand, Inspiration und Kraft spenden. Dann werden diese Bilder und Gedanken in Ihrer Welt materielle Gestalt annehmen. Denn Sie werden immer zu dem, was Sie sich gewohnheitsmäßig und kontinuierlich vorstellen.

Gelenkte Imagination ermöglicht es Ihnen, sich Ihre Welt neu zu erschaffen. Das bewusst entworfene und beharrlich aufrechterhaltene innere Bild bewirkt dauerhafte Veränderungen in der Tiefe Ihres Geistes. Lassen Sie Ihren inneren Kinofilm möglichst oft ablaufen. Projizieren Sie ihn immer wieder auf die Leinwand Ihres Unterbewusstseins. Nach einer Weile wird er dann zu einem festen Gewohnheitsmuster. Das, was Sie vor Ihrem inneren Auge gesehen haben, wird sich schließlich zwangsläufig auch vor den Augen der Welt manifestieren. Das, was subjektiv innerlich verkörpert wird, muss sich objektiv im Außen ausdrücken. So will es die natürliche Ordnung der Dinge.

Vertrauen Sie unerschütterlich darauf, dass die Gesetze Ihres Geistes unaufhörlich zu Ihrem Wohle tätig sind. Dann werden Ihnen alle Segnungen und Reichtümer des Lebens zuteil.

Prinzipien, die Sie sich einprägen sollten

1. Die Imagination ist eine der wichtigsten geistigen Fähigkeiten. Wird Sie diszipliniert und bewusst gesteuert, ermöglicht sie es uns, unsere Ideen, Träume und Herzenswünsche auf den Bildschirm des Raumes zu projizieren. Lassen Sie morgens und abends einen Film vor Ihrem inneren Auge ablaufen. Machen Sie sich klar, dass Ihr Be-

wusstsein die Kamera und Ihr Unterbewusstsein die Fotoplatte ist, auf der Sie die Bilder speichern, welche dann in der Dunkelkammer des Unterbewusstseins entwickelt werden.

2. Wenn Sie Ihrem Unterbewusstsein das mentale Bild erfolgreich übermittelt haben, spüren Sie das sofort: Ein Gefühl des Friedens und der inneren Gewissheit stellt sich ein – Sie wissen, dass Sie wissen. Es handelt sich um ein intuitives Erkennen.

3. Imaginieren Sie immer den glücklichen Ausgang, die perfekte Lösung für ein Problem. Fühlen Sie die freudige Erregung, die der Erfolg in Ihnen auslöst. Dann wird das, was Sie sich vorstellen und fühlen, von Ihrem Unterbewusstsein als richtig akzeptiert und verwirklicht.

4. Wenn Sie ein Ziel klar und deutlich imaginieren, wird die Wunder wirkende Macht Ihres Unterbewusstseins Sie mit allem versorgen, was zum Erreichen dieses Zieles nötig ist.

5. Intellektuelle Erkenntnis allein genügt nicht. Die Wahrheit, die Sie bewusst akzeptiert haben, muss emotional aufgeladen und wirklich gefühlt werden, sonst wird das Unterbewusstsein sie nicht assimilieren.

6. Stellen Sie sich selbst die Frage: »Würde ich mit dem leben wollen, was ich mir für andere vorstelle?« Die Antwort sollte immer »Ja« lauten. Vergessen Sie nicht: Was Sie anderen wünschen, das wünschen Sie immer auch sich selbst.

7. Sie werden zu dem, was Sie imaginieren und fühlen.

8. Die Wege der unendlichen Intelligenz sind für unseren Verstand nicht nachvollziehbar. Stellen Sie sich einfach nur das Ergebnis vor und Ihr Unbewusstes wird es auf eine Weise realisieren, von der Sie sich niemals hätten träumen lassen.

12. KAPITEL

Gott

Gott wird Mensch, weil es ihm
Freude macht,
sich selbst zu entdecken.

Einstein sagte: »Gott ist ein Wissenschaftler, kein Magier.«
Stellen Sie sich Gott als den größten Wissenschaftler des Universums vor, der den Kosmos durch unveränderliche mathematische Gesetze regiert. Er ist der Schöpfer aller Elektronen, Atome und Dinge im Universum. Er ist die unendliche Intelligenz, die alles überblickt und genau weiß, wie jede Form von Energie eingesetzt werden kann, um der Menschheit Heilung, Segen und Wohlstand zu bringen. Machen Sie sich klar, dass diese Macht auch *in Ihnen* wohnt – die Macht, die die Welt bewegt, die Galaxien lenkt und die Planeten durchs All wirbeln lässt –, dann werden Sie begreifen, warum es so wichtig für Ihre Lebensqualität und Ihr Wohlbefinden ist, die Gegenwart dieser Macht in Ihrem Leben anzuerkennen und zu bejahen.
In Ihnen existiert eine Macht, die noch nie völlig freigesetzt wurde. Öffnen Sie sich für diese Macht, stellen Sie sich ihr zur Verfügung und lassen Sie sie durch Ihren Körper fließen, durch Ihre geschäftlichen Angelegenheiten, Ihr Familienleben, Ihre Finanzen und alle Bereiche Ihres Lebens.

Lassen Sie es geschehen, dass diese unendliche Intelligenz Ihnen Ihren wahren Platz im Leben offenbart und Sie auf den Weg zu echter Erfüllung führt.
Dann werden in Ihrem Leben Wunder geschehen.

———

Welche Vorstellung haben Sie von Gott? Sind Sie sich bewusst, dass Ihre ganze Zukunft von Ihrer Antwort auf diese Frage abhängt?
Erforschen Sie sich ehrlich und stellen Sie sich Fragen wie diese: »Glaube ich wirklich, dass die unendliche göttliche Intelligenz in mir wohnt und dass sie die einzige Macht und Ursache im Universum ist?« Wenn das Ihre Überzeugung ist, werden Sie die Schuld für Ihre Probleme niemals bei äußeren Umständen und Ereignissen oder anderen Menschen suchen.
Die zweite Frage, die Sie sich stellen sollten, lautet: »Glaube ich, dass die Ursache für meine Lebenserfahrungen und meine persönliche Situation außerhalb von mir zu suchen ist? Und wenn ja, warum versuche ich dann, die Dinge zu ändern?«
Die dritte Frage, die Sie sich stellen sollten, lautet: »Glaube ich wirklich, dass die Welt der Phänomene Wirkung und nicht Ursache ist?« Wenn Sie das glauben, werden Sie niemals wegen äußerer Gegebenheiten jammern und klagen, sondern Ihre Aufmerksamkeit ausschließlich darauf richten, Ihr Denken und Fühlen in Harmonie mit dem Gesetz Gottes zu bringen, wodurch Sie Ihre Welt verändern.

———

Das Wichtigste im Leben ist, eine freundschaftliche Beziehung zu Ihrem Höheren Selbst, dem Göttlichen in

Ihnen, zu entwickeln. Denn die Macht des inneren Gottes ist die größte Entdeckung, die Menschen machen können. Diese Entdeckung ist von weit größerer Bedeutung als die Entdeckung der Atomkraft. Beginnen Sie jetzt gleich damit, sich mit diesem enormen Potenzial in Ihnen vertraut zu machen.

Erfüllen Sie Ihr Bewusstsein mit dem Glauben an Gott und alle guten Dinge, sonst wird es von negativen mentalen Bildern überflutet, die Ihnen nichts als Schwierigkeiten einbringen.

Wenn in der Bibel der Ausdruck *der Herr* benutzt wird, ist damit das schöpferische Gesetz Ihres Geistes gemeint – das Gesetz Ihres Unterbewusstseins.

Tatsächlich machen Sie ständig von dieser göttlichen Macht Gebrauch, ob Sie sich dessen bewusst sind oder nicht. Wenn Sie einen Finger heben, ist es die Macht Gottes, die diese Bewegung ermöglicht. Wenn Sie ein Problem lösen, ist es die schöpferische Intelligenz in Ihnen, die die Antwort findet. Wenn Sie sich in den Finger schneiden, stillt die unendliche Heilsgegenwart in Ihnen die Blutung und lässt neue Zellen wachsen, die die Wunde verschließen. Wenn Sie Ihren Kindern Liebe schenken, geben Sie ihnen einen Teil der göttlichen Liebe, die Sie durchströmt. Wenn Sie Frieden und innere Ruhe ausstrahlen, manifestieren Sie jenen Teil von Ihnen, der der vollkommene Frieden Gottes ist.

Der wissenschaftliche Denker weiß, dass es lediglich naiver Aberglaube ist, sich Gott als ein fernes, unergründliches Wesen hoch oben im Himmel vorzustellen.

Gott ist kein Wesen, das weit weg von Ihnen über den Wolken wohnt, sondern der unendliche Geist, die unbegrenzte Intelligenz *in Ihnen* – in Ihrem Unterbewusstsein. Dem wissenschaftlichen Denker ist es gleichgültig, welche Namen dieser Intelligenz gegeben werden. Es macht keinen Unterschied, wie Sie Gott nennen. Sie können ihn Allah nennen, Brahma, Vishnu, Realität, unendliche Intelligenz, heilende Gegenwart, Überseele, göttlicher Geist, Architekt des Universums, höchstes Wesen, Lebensprinzip, lebendiger Geist oder schöpferische Macht. Es spielt keine Rolle, denn in Wahrheit ist er namenlos.

Schaffen Sie sich also vor allen Dingen ein richtiges Konzept von Gott, denn das bestimmt die Richtung, die Sie im Leben einschlagen.

———

Die Eiche schläft in der Eichel, der riesige Mammutbaum schläft in einem winzigen Samenkorn, der Vogel wartet im Ei. Und Gott wartet in jedem Menschen auf seine Entfaltung.

———

Emerson sagte: »In allen meinen Vorträgen habe ich eine einzige Lehre vertreten … die Lehre, dass allen Menschen die innere göttliche Gegenwart immer verfügbar ist. Aus dieser Gegenwart in sich kann der Mensch ganz nach Bedarf grenzenlose Kräfte schöpfen.«

———

Gott ist nicht irgendwo »dort draußen«, sondern *in* Ihnen. Was Sie über Gott glauben, glauben Sie daher über sich selbst.

———

Ihr formaler religiöser Glaube ist bedeutungslos. Entscheidend ist, was Sie in Ihrem Herzen glauben.

―――

Die Lösung für alle Ihre Probleme finden Sie, wenn Sie die Gegenwart Gottes praktizieren, was bedeutet, dass Sie sich für die Liebe, den Frieden und die Macht der unendlichen Intelligenz in Ihnen öffnen.

―――

Ihre Religion ist Ihre geistige Beziehung zu Gott.

―――

Solange Sie nicht zu der schöpferischen Macht (Gott) in Ihnen erwacht sind, sind Sie ständig in Knechtschaft den Launen Ihrer fünf Sinne unterworfen.

―――

Im neunzehnten Jahrhundert schrieb der Philosoph und Soziologe Herbert Spencer, der zu den Wegbereitern der Evolutionstheorie gehört: »Von allen Mysterien, die uns umgeben, ist keines gewisser als die Gegenwart einer unendlichen und ewigen Energie, aus der alle Dinge hervorgehen.«

―――

Es liegt keine besondere Tugend darin, sich von der Welt zurückzuziehen, nur von Nüssen und Früchten zu leben und dergleichen. Sie können ein enthaltsames, asketisches Leben führen, aber ebenso gut können Sie verheiratet sein, zehn Kinder haben, Schinken essen und Kaffee trinken. Messen Sie solchen trivialen Dingen wie der Frage, was man essen und trinken soll, keine übertriebene Bedeutung bei. Türmen Sie keine Berge der Ignoranz, der Furcht und des Aberglaubens auf!

Entscheidend ist, welche *geistige und spirituelle* Nahrung Sie zu sich nehmen.

———

Gott ist Leben und das Leben möchte sich durch jeden von uns als Harmonie, Gesundheit, Frieden, Freude, Fülle, Schönheit und richtiges Handeln manifestieren. Und in jedem von uns gibt es eine Kraft, die uns stets daran erinnert. Es ist unsere Mission und Bestimmung, uns immer mehr für diese Kraft zu öffnen – sodass sie von einem Fünkchen zur hellen Flamme wird und wir unser Einssein mit der Quelle allen Lebens deutlich spüren.

———

Gott kennt keine Religionen und weiß nichts von Glaubensbekenntnissen, Dogmen und menschlichen Meinungen. Gott ist die unendliche Intelligenz, die durch die schöpferischen Gesetze wirkt. Alle Gesetze sind unpersönlich und bevorzugen niemanden: Die Sonne scheint gleichermaßen für die Gerechten und die Ungerechten. Der Regen fällt auf gute Menschen wie auf böse.
Das große Geheimnis lautet, dass die Gesetze und Wahrheiten Gottes allen Menschen frei zugänglich sind. Dazu ist es lediglich notwendig, dass wir mit diesen Gesetzen kooperieren. Darum sind schlechte Menschen manchmal erfolgreich, während mancher gute Mensch mitunter scheitert. Wenn die schlechten Menschen bei ihren Aktivitäten die Prinzipien und Gesetze Gottes befolgen, haben sie auf dem betreffenden Gebiet Erfolg. Wenn gute Menschen sich durch Zweifel und Ängste ablenken lassen, konzentrieren sie sich nicht auf Gottes Gesetze und beschwören damit Misserfolge herauf.

———

Das Lebensprinzip ist die schöpferische Quelle, aus der die Welt und alles darin zu Anbeginn der Zeit hervorging – und in Ihnen sprudelt diese Quelle auch heute, durch Sie setzt die Schöpfung sich weiter fort. Immer wenn Sie die schöpferische Macht in Ihnen entdecken, haben Sie Gott entdeckt.

―――――

Ein Vers eines alten Kirchenliedes lautet:

>»Wandel und Verfall, wohin ich auch schaue,
>Oh, verlass Du mich nicht, auf Den ich baue.«

Alles in dieser Welt wandelt sich und vergeht. Religionen kommen und gehen. Regierungen kommen an die Macht und treten wieder ab. Institutionen, Dogmen und ganze Imperien vergehen. Der Aktienmarkt unterliegt einem ständigen Auf und Ab. Und manchmal verändert sich jemand, den Sie gut zu kennen glaubten, völlig. Aber die ewigen Prinzipien und Wahrheiten Gottes sind unwandelbar.

Gott allein ist beständig. Alles andere ist unbeständig.

―――――

Sie besitzen den Schlüssel zur wunderbarsten Macht der Welt – zur unendlichen Macht in Ihrem Inneren. Alle Macht Gottes befindet sich in Ihnen. Die Unendlichkeit wohnt in Ihnen, in Form von grenzenloser Gesundheit, Fülle, Güte, Kreativität und dergleichen mehr. Die Herrlichkeit in Ihnen ist unerschöpflich und befähigt Sie zu unendlichem Wachstum und unbegrenzter spiritueller Entwicklung.

―――――

Der unsichtbare Teil von Ihnen ist Gott.

―――――

Der wissenschaftliche Denker betrachtet niemals die materielle Welt oder irgendeines ihrer Phänomene als Ursache. Die einzige Ursache ist der Geist, der Gedanke.

Wenn Sie sich mental und emotional mit Aufrichtigkeit, Integrität, Gerechtigkeit, Wohlwollen und Glück identifizieren, lieben Sie Gott und bringen diese Liebe zum Ausdruck – denn Sie leben, lieben und manifestieren dann alles, was gut ist. Die Worte *Gott* und *gut* bedeuten ein und dasselbe.

Gott wohnt in Ihnen. Daher trifft das, was auf Gott zutrifft, auch auf Sie zu. Wenn Sie sich auf der Basis dieser Wahrheit eine starke Zuversicht aufbauen, wird Sie das in die Lage versetzen, alle Schwierigkeiten zu meistern, auch die angeblich unüberwindlichen.

■ Praktische Beispiele

Während ich in Osaka Vorträge hielt, kam ich eines Abends im Restaurant meines Hotels mit einem Japaner namens Akiro I. ins Gespräch.
Er erzählte mir, er habe im Zweiten Weltkrieg in der kaiserlichen Armee gedient.
»Ich war in China stationiert«, sagte er. »Ein Kamerad, der mich nicht mochte, beschuldigte mich eines Vergehens, das ich nicht begangen hatte. Das Kriegsgericht glaubte mir nicht. Ich wurde zum Tod durch Erschießen verurteilt.«
»Wie furchtbar!«, sagte ich. »Wie gelang es Ihnen, der Hinrichtung zu entgehen?«

»Ich möchte vorausschicken, dass ich als Junge auf eine christliche Schule geschickt worden war«, antwortete er. »Im Gefängnis veranlasste mich ein himmlischer Impuls, immer wieder die Worte des einundneunzigsten Psalms zu wiederholen. Und jeden Abend vor dem Einschlafen sagte ich zu meinem tiefsten Selbst: ›Ich kann nicht erschossen werden. Ich bin ein Kind Gottes und Gott kann sich doch nicht selbst erschießen.‹ Ich wusste, es gibt nur eine Macht und ein Leben. Mein Leben war Gottes Leben.« Akiro erzählte, dass er wenige Tage vor dem festgesetzten Hinrichtungstermin ohne weitere Erklärungen freigelassen wurde und wieder seinen Dienst antreten konnte. Er erfuhr nie, warum man ihn verschont hatte, war aber überzeugt, dass er seine Freiheit dem Rezitieren des Psalms und der intensiven Vorstellung seiner Freilassung verdankte.
Alles, was Sie Ihrem Unterbewusstsein nachdrücklich einprägen, verwirklicht es.

Im siebzehnten Jahrhundert lebte ein Mönch namens Bruder Lawrence, der sich in jungen Jahren schrecklich davor fürchtete, der ewigen Verdammnis anheim zu fallen. Seine Seelenqual dauerte vier Jahre. Dann begriff er, dass seine ganze Furcht aus mangelndem Gottvertrauen resultierte. Diese Erkenntnis befreite ihn. Von da an führte er ein Leben in ständiger Freude.
Durch seine Erleuchtungserfahrung, in der Bruder Lawrence wahre geistige Ekstase erlebte, gelangte er zu tiefem inneren Frieden und wurde ein wirklich heiliger Mensch, der sich völlig Gott hingab. In großer Demut und Bescheidenheit stimmte er sich ganz auf das Unendliche ein. »Meine einzige Aufgabe«, sagte er, »besteht darin, Gottes Willen zu folgen.«

Bruder Lawrence praktizierte die Gegenwart Gottes, wenn er Geschirr spülte, den Boden putzte oder vor den Altar trat. Alles, was er tat, betrachtete er als Gottesdienst. Dabei hielt er immer wieder inne, um an Gott in seiner Mitte zu denken, sich der Gottesgegenwart bewusst zu werden und stille Einkehr mit Gott zu halten.
Für Bruder Lawrence führte der Weg zu Gott über sein Herz und die Liebe. Seine Ordensoberen staunten über diesen einfachen Mann, der, obwohl er kaum mehr als Lesen und Schreiben gelernt hatte, in der Lage war, sich mit so tiefer Weisheit auszudrücken. Die innere Stimme Gottes war es, die ihn zu all seinen Gesprächen und Briefen inspirierte.
Bruder Lawrence praktizierte die Gegenwart Gottes, indem er betete: »Ich gebe mich ganz in deine Hand, mein Gott. Ich tue deine Werke und darum wird sich alles immer zum Guten wenden.«
Er sagte, für ihn gäbe es nur eine Sorge: die Gegenwart Gottes zu verlieren. Doch da dies im Widerspruch zu Gottes Liebe und absoluter Güte stünde, glaube er nicht, dass es jemals geschehen könne.

Empfehlenswerte Techniken

Praktizieren Sie täglich die drei Schritte zur Affirmation der Gottesgegenwart:
1. Akzeptieren Sie die Tatsache, dass Gott die einzige Gegenwart und die einzige Macht ist. Gott ist Ihr Leben und Ihre Wirklichkeit.
2. Erkennen Sie, dass alles, was Sie sind und was Sie sehen, sei es ein Baum, ein Hund oder eine Katze, ein Teil des göttlichen Selbstausdrucks ist. Das ist das Größte,

was Sie überhaupt tun können, es hat eine unglaublich machtvolle Wirkung.

3. Setzen Sie sich zwei oder drei Mal täglich still hin und denken Sie über die folgenden Aussagen nach: »Gott ist alles, was ist. Er ist alles in allem.«
Machen Sie sich klar, dass Gott in Ihnen und in allen anderen Menschen wohnt. Rufen Sie sich immer wieder in Erinnerung, dass Gott durch Sie wirkt und denkt.

Setzen Sie sich so oft wie möglich still hin und sinnen Sie über die faszinierendste und größte aller Wahrheiten nach: Gott ist die einzige Macht – und alles, was wir sind, alles, dessen wir uns bewusst werden, ist Teil seines Selbstausdrucks.

Affirmieren Sie: Den ganzen Tag lang praktiziere ich die Gegenwart Gottes.

Setzen Sie sich täglich für fünf bis zehn Minuten still hin und meditieren Sie über die Tatsache, dass alles, was Sie sehen, eine Manifestation Gottes ist. Es ist Gott, der sich selbst dramatisiert, und zwar aus reiner Freude daran, sich schöpferisch auszudrücken. Die gesamte Schöpfung ist Ausdruck von Gottes unendlicher Vielfalt. Das ist es, was mit der Allgegenwart Gottes gemeint ist. Wissen und fühlen Sie, dass auch Sie ein individualisierter Ausdruck Gottes oder des Lebens sind. Gott strebt danach, sich durch Sie auf immer höheren Ebenen auszudrücken. Sie sind hier, um Gott zu preisen und sich für immer an seiner Gegenwart zu erfreuen. Verweilen Sie still bei diesen Wahrheiten.

Den ganzen Tag hindurch die Gegenwart Gottes zu praktizieren ist der Schlüssel zu Harmonie, Gesundheit, Frieden, Freude und der Fülle des Lebens. Diese Praxis wird Ihr Leben in einer Weise bereichern, die Ihre schönsten Hoffnungen übertrifft. Glauben Sie nicht, sie sei viel zu einfach, um etwas bewirken zu können! Praktizieren Sie die Gegenwart Gottes und Ihre ganze Welt wird sich verändern. Ihre Gesundheit wird sich dauerhaft verbessern. Ihre äußeren Lebensumstände werden sich verbessern. Und eine neue Lebenskraft und Energie wird Sie erfüllen.

Prinzipien, die Sie sich einprägen sollten

1. Das Wichtigste im Leben ist, eine freundschaftliche Beziehung zum eigenen Höheren Selbst aufzubauen.
2. Gott und Sie sind eins. Was Sie über Gott glauben, das glauben Sie daher auch über sich selbst.
3. Alle Arbeit ist Gottes Arbeit. Welche Arbeit Sie auch ausüben, Sie können sie als Gottes Arbeit tun.
4. Setzen Sie Ihren Glauben und Ihre Zuversicht auf die Ihnen innewohnende Gottesgegenwart. Seien Sie gewiss, dass alles, was in Ihrem Leben geschieht, gut, ja sogar sehr gut ist, denn es ist Gott in Aktion. Wenn Sie diese Wahrheit akzeptieren, werden in Ihrem Leben wahre Wunder geschehen.
5. Der wissenschaftliche Denker betrachtet niemals äußere Dinge als Ursache. Er weiß, dass sie immer nur Wirkungen sind, aber niemals die Ursache.
6. Gott kennt keine Religionen und weiß nichts von Glaubensbekenntnissen, Dogmen und menschlichen Meinungen. Gott ist unpersönlich und bevorzugt niemanden.

7. Was für Gott gilt, gilt auch für Sie, denn Sie sind ein Kind Gottes.

8. Die Liebe zu Gott – und damit die Liebe zu allem Gutem – ermöglicht es Ihnen, ein wahrhaft wundervolles Leben zu führen.

9. Gott ist es gleichgültig, ob Sie schmausen oder fasten. Wichtig ist, wovon Sie sich in geistiger und spiritueller Hinsicht ernähren.

10. Immer wenn Sie die kreative Kraft in Ihnen entdecken, haben Sie Gott entdeckt.

13. Kapitel

Gottes Wille oder Menschenwille?

*Zu wollen, was Gott will, ist die einzige
Kunst, die uns inneren Frieden schenkt.*

HENRY WADSWORTH LONGFELLOW

Erkennen Sie, dass Gottes Wille sich zu jeder Zeit durch Sie ausdrückt.

Der Wille Gottes entspricht der göttlichen Natur. Gott ist Liebe, daher kann Gott für Sie nichts Liebloses wünschen. Gott ist absoluter Frieden, daher kann er für Sie nicht Streit, Chaos und Verwirrung wünschen. Gott ist absolute Freude und kann Ihnen daher niemals Schmerz und Sorge wünschen. Gott ist absolute Harmonie und kann Ihnen daher nicht Krankheit und Leid wünschen. Gott ist unendlicher Reichtum an allem Schönen und kann Ihnen daher nicht Armut wünschen – so zu denken hieße, Gottes Fülle zu leugnen.
Daher ist der Wille Gottes *Ihr* Wille.
Wenn Ihr Denken ganz auf die ewigen Wahrheiten, Gesetze und Prinzipien des Guten ausgerichtet ist, dann ist Ihr Wille Gottes Wille.

Sie müssen Ihren Willen mit Begeisterung, Gefühl und Energie aufladen, bis er Einlass in Ihr Unterbewusstsein findet; Ihr Unterbewusstsein ist Gott!

Wenn Sie Ihren freien Willen weise einsetzen, entscheiden Sie sich für Glück, Frieden, Sicherheit, Freude, Gesundheit und Fülle. Damit inthronisieren Sie die spirituellen Werte und Wahrheiten Gottes in Ihrem Innern – so wird Ihr Wille zu Gottes Willen und Sie werden sich wünschen, was Gott für Sie wünscht.

Das Gebet »Gottes Wille geschehe« verkörpert eine großartige spirituelle Technik, besonders wenn Sie den Sinn dieser Worte wirklich begreifen.
Wenn Sie sich von der Idee leiten lassen, dass Gottes Wille in all Ihren Angelegenheiten wirkt und dass Ihr Wille und Gottes Wille eins sind, wird diese konstruktive Überzeugung Ihr Leben beherrschen. Dann werden Sie zu wunderbaren Wegen der Erfüllung und des Selbstausdrucks geleitet, die Ihre kühnsten Hoffnungen übertreffen.

Gottes Wille kann es nur sein, sich selbst immer mehr durch Sie auszudrücken, wodurch Sie sich ständig weiter aufwärts und gottwärts bewegen.

Gott (das Lebensprinzip, die unendliche Intelligenz etc.) liebt es, sich auf harmonische, friedvolle, schöne, freudige und erfüllende Weise schöpferisch auszudrücken. Das nennt man den Willen Gottes.

Ihr Wille ist die Fähigkeit, sich Ziele zu setzen, die eigenen Ideale, Wünsche und Bestrebungen selbst zu wählen.

Lieben und nähren Sie diesen Willen, widmen Sie sich ihm mit ganzem Herzen! Früher oder später werden dann Ihre Ziele in Ihnen Gestalt annehmen. So wird Ihre Wüste zum Paradies und Ihr Wille wird Gottes Wille. Dann erleben Sie die Freude des erhörten Gebets.

▪ Praktische Beispiele

Einmal war ich bei einem sehr gütigen Menschen namens Milton S. zu Gast. Ich kannte ihn als in jeder Hinsicht edlen und großzügigen Mann. Am ersten Abend meines Besuchs erzählte er mir, dass bei ihm Prostatakrebs diagnostiziert worden war.

»Mein Vater und mein Onkel sind beide an Prostatakrebs gestorben«, fügte er hinzu. »Ich glaube, es ist kein Tag vergangen, an dem ich nicht darum gebetet habe, dass mir dieses Schicksal erspart bleiben möge. Doch offensichtlich haben meine Gebete Gott nicht erreicht. Es ist ganz so, wie Ijob sagte: ›Was mich erschreckte, das kam über mich.‹«

»Alter Freund«, erwiderte ich, »verzeihen Sie mir, aber ich glaube, Ihre Gebete waren an die falsche Adresse gerichtet. Sie haben sich gesagt: ›Wenn es Gottes Wille ist, wird er mich gesund erhalten. Wenn nicht, wird er mir eine schlimme Krankheit schicken.‹ Das ist nichts als das primitive Konzept eines rachsüchtigen Gottes, der seine Kinder bestraft. Gott wohnt in jedem von uns. Weil Sie geglaubt haben, es sei Gottes Wille, dass bei Ihnen eine familiäre Neigung zum Prostatakrebs besteht, geschah Ihnen genau nach diesem Glauben.«

»Wenn das so ist«, fragte Milton, »was muss ich dann tun, um gerettet zu werden?«

»Glauben Sie fest daran, dass Sie geheilt werden«, antwortete ich. »Seien Sie guten Mutes. Unterziehen Sie sich den von Ihrem Arzt empfohlenen Behandlungen mit der festen Zuversicht, dass Ihre Heilung Gottes Wille ist. Spüren Sie in sich die Gewissheit, dass er für Sie wünscht, was Sie selbst sich wünschen. Fühlen Sie die Heilung in Ihrem Herzen, dann wird Ihr Unterbewusstsein entsprechend reagieren.«

Später erfuhr ich von Milton, dass sein Prostatakrebs sich zurückgebildet hatte und sein Gesundheitszustand, in körperlicher und seelischer Hinsicht, niemals besser gewesen war.

Prinzipien, die Sie sich einprägen sollten

1. Der Wille Gottes entspricht der göttlichen Natur und Gottes Natur ist auch Ihre Natur.
2. Zu wollen, was Gott will, ist die einzige Kunst, die uns inneren Frieden schenkt.
3. Gott wünscht für Sie das, was Sie sich wünschen – ein erfülltes, glückliches und fröhliches Leben.
4. Ihr Wunsch nach Wachstum, Entwicklung und Entfaltung kommt von Gott. Akzeptieren Sie diesen Wunsch jetzt.

14. KAPITEL

Frieden, innere Ruhe und Gelassenheit

Der stille Geist empfängt die Antwort.

1. Menschlicher Frieden

Wahre Kraft kommt aus innerer Stille. Wer innere Stille besitzt, vermag Großes zu leisten.

Innerer Frieden ist kein Eskapismus oder Rückzug aus dem Leben. Es handelt sich vielmehr um eine dynamische Lebensweise.

Die tiefste Sehnsucht jedes Menschen ist es, Seelenfrieden zu erlangen. Alle menschlichen Bestrebungen dienen letztlich diesem Ziel.

Thomas Carlyle sagte: »Stille ist das Element, in dem große Dinge heranreifen.«

Das Geheimnis herausragender Leistungen besteht darin, das zu erlangen, was »innere Stille« genannt wird. Konfuzius sagte: »Der überlegene Mensch ist immer gelassen und ruhig.«

Ein harmonisches Leben voll heiterer Gelassenheit und Seelenruhe ist für jeden Menschen erreichbar. Dazu muss man lediglich lernen, das Denken und die Emotionen bewusst zu lenken.

―――――

Wenn Sie inneren Frieden erfahren möchten, müssen Sie vollständig damit aufhören, über Ihre körperlichen Beschwerden, Ihre Sorgen oder die Weltprobleme zu sprechen. Dadurch werden Ihre inneren Schwierigkeiten nämlich nur größer, denn der Verstand vergrößert stets alles, auf das seine Aufmerksamkeit gerichtet ist.

―――――

Sich während des Tages regelmäßig vom Lärm und der Unruhe des Alltagslebens in die Stille zurückzuziehen ist ebenso erholsam wie der nächtliche Schlaf, denn Sie ziehen sich dabei aus der Welt der Sinne zurück und erwachen gleichzeitig zur Weisheit und Macht Ihres Unterbewusstseins.

―――――

Sie können erst inneren Frieden finden, wenn Sie Sorgen, Hass, Groll, Ärger und das Verlangen nach Rache vollständig aus Geist und Herz verbannt haben.

―――――

Wenn Sie sich Seelenfrieden und innere Ruhe wirklich wünschen, werden Sie sie erlangen. Wie ungerecht man Sie auch behandelt hat, wie unfair Ihr Chef auch immer zu Ihnen war oder wie übel Ihnen mitgespielt wurde, all das belastet Sie nicht länger, wenn Sie zu Ihrer wahren spirituellen und mentalen Kraft erwachen. Dann wissen Sie, was Sie wollen, und werden es zu verhindern wissen, dass Gedanken des Hasses, der Wut, Feindseligkeit und

Missgunst Ihnen Frieden, Harmonie, Gesundheit und Glück stehlen. Sie lassen sich nicht länger von Menschen, äußeren Zuständen, Nachrichten und Ereignissen beunruhigen, da Sie sich beständig mit *Ihrem eigenen Lebensziel* identifizieren. Und Ihr Lebensziel ist Frieden, Gesundheit, Inspiration, Harmonie und Fülle. Fühlen Sie jetzt, wie ein Strom der Liebe durch Sie hindurchfließt. Ihr Denken ist Ihre unsichtbare Macht und Sie können sich bewusst dafür entscheiden, dass diese Macht Sie segnet und inspiriert und Ihnen inneren Frieden schenkt – und Ihnen zu dem Leben verhilft, das Sie ersehnen.

2. Spiritueller Frieden

Emerson sagte: »Lasst uns still werden, damit wir die Götter flüstern hören können.«

Gott ist Frieden und er wohnt im Zentrum Ihres Selbst.

Innere Stille finden Sie, wenn Ihr Geist in Gott ruht.

Emerson schrieb: »Nur wenn wir die Herrschaft der Prinzipien anerkennen, finden wir Frieden.« Entscheiden Sie sich dafür, ein Leben gemäß den Prinzipien Gottes zu führen, dann werden Sie auch den Frieden Gottes erfahren. Es gibt ein Prinzip des Schönen, aber nicht des Hässlichen. Es gibt ein Prinzip der Harmonie, aber keines des Streits. Es gibt ein Prinzip der Liebe, aber nicht des Hasses. Es gibt ein Prinzip der Freude, aber keines der Traurigkeit. Es gibt ein Prinzip des Reichtums und der Fülle, aber nicht des Mangels und der Armut. Und es gibt ein Prinzip des richtigen Handelns, aber keines des falschen Handelns.

―――――

Zu wollen, was Gott will, ist die einzige Kunst, die uns inneren Frieden schenkt.

―――――

Edwin Markham sagte: »Im Herzen des Wirbelsturms, der den Himmel zerreißt, gibt es einen Ort der Stille.« Piloten wissen, dass man auf eine Zone der Stille stößt, wenn man mit dem Flugzeug genau ins Zentrum eines Wirbelsturms steuert. Ebenso wohnt auch in Ihrer Mitte Gott (das Lebensprinzip, das kosmische Bewusstsein, die unendliche Intelligenz) und Gott ist absoluter Frieden. Steuern Sie also diesen geheimen Ort des inneren Friedens an. Wie der Pilot im Zentrum des Wirbelsturms werden auch Sie dort Ruhe finden.

―――――

Energie, Kraft, Inspiration, Führung und Weisheit kommen aus der Ruhe des auf Gott eingestimmten Geistes.

―――――

Viele Leute nehmen Tranquilizer, um dadurch eine gewisse Entspannung und Ruhe zu finden. Drogen können uns zwar vorübergehend Erleichterung verschaffen, bewirken jedoch nicht die Änderung der geistigen Einstellung, auf die es letztlich ankommt. Pillen, die stimulieren, oder Pillen, die unterdrücken, sind keine Antwort auf innere Unruhe, übermäßige Anspannung und Sorgen. Wir handeln spirituell falsch, wenn wir uns chemisch betäuben, sodass wir gegenüber den Anforderungen des Lebens abstumpfen: Wir sind hier, um uns aktiv den Belastungen und Problemen unseres Daseins zu stellen. Dadurch finden wir zu der einen großen Quelle inneren Friedens, die uns zu einem erfüllten, harmonischen Leben verhilft: der göttlichen Kraft in uns.

———

Durch die Art, wie wir mental und emotional auf Menschen, äußere Umstände und Ereignisse reagieren, erzeugen wir selbst Anspannung, Sorge und erhöhten Blutdruck. Daher sollten Sie sich unbedingt immer wieder bewusst machen, dass alle Macht in Ihnen selbst liegt, nicht bei anderen. Alles Äußere ist immer nur Wirkung, niemals Ursache. Inmitten des Getümmels der Welt besitzen Sie jederzeit Zugang zum Frieden Gottes. Andere Menschen oder äußere Lebensumstände mögen Sie zu bestimmten Rückschlüssen veranlassen oder Ihnen etwas suggerieren, aber *Sie selbst sind in Ihrem Universum der einzige Denker*. Daher können Sie sich schlicht weigern, irgendwelche schädlichen oder beunruhigenden Suggestionen zu akzeptieren.
Wenn Sie die Gegenwart und Macht Gottes in Ihrem Inneren anerkennen und ebenso Ihre Fähigkeit, sich auf diese göttliche Macht einzustimmen, wird das in Ihrem Leben für Frieden, Harmonie und Ordnung sorgen.

———

Was wir den Himmel nennen, ist nur eine andere Bezeichnung für einen friedvollen Geist.

———

Rapport mit der unendlichen Intelligenz in Ihnen (mit Ihrem Unterbewusstsein) können Sie herstellen, indem

Sie eine entspannte, friedliche und zuversichtliche Haltung einnehmen.

Kehren Sie immer wieder in Ihre innere Mitte zurück, dorthin, wo Gott wohnt und wo es nur Frieden, Segen, Harmonie und Freude gibt. Dort leben Sie jenseits von Raum und Zeit und sind eins mit Gott. Dort befinden Sie sich im heiligen Zentrum, sind unverletzlich und alle Negativität der Welt kann Ihnen nichts anhaben.

Praktische Beispiele

Eine Frau berichtete mir, dass Sie täglich eine halbe Stunde in stillem Gebet verbringe, aber bisher keine positiven Resultate erzielt habe. Ich fand heraus, dass Ihre Methode darin bestand, eine bestimmte Musik zu hören, dazu Weihrauch zu verbrennen und sich auf die Betrachtung von Heiligenfiguren zu konzentrieren. Dazu nahm sie eine bestimmte Körperhaltung ein, zündete Kerzen an und betete vor einem Altar, den sie bei sich zu Hause eingerichtet hatte. Ihr Gesicht wandte sie dabei immer nach Osten. Ihre ganze Aufmerksamkeit war auf diese Äußerlichkeiten gerichtet, auf Körperhaltung, Heiligenfiguren, Kerzen, Musik und Weihrauch.

Als Rituale haben solche Aktivitäten durchaus ihren Sinn, doch der Geist dieser Frau war ganz mit den Eindrücken ihrer fünf Sinne beschäftigt, sodass überhaupt keine echte Kommunikation mit der Gottesgegenwart entstehen konnte.

Praktizieren Sie, wenn Sie beten, einen Rückzug von der Welt und den äußeren Sinneseindrücken, ganz so, wie es Longfellow empfiehlt: »Streben wir also nach innerer

Stille – nach jenem vollkommenen Schweigen, in dem die Lippen und das Herz still werden und wir nicht länger unseren unvollkommenen Gedanken und eitlen Meinungen nachhängen, in dem Gott allein spricht und wir mit der Einfalt des Herzens darauf lauschen, seinen Willen zu erfahren und nur diesen Willen zu tun und nichts anderes.«

Als ich einmal in Madrid in mein Hotel eincheckte, hatte sich an der Rezeption eine Schlange gebildet. Ich hörte, wie der Portier versuchte, eine sehr wütende Frau zu beruhigen. Sie rief, er sei dumm und unfähig und gehöre entlassen.
Interessiert beobachtete ich seine Reaktion. Er erwiderte: »Es tut mir Leid, Madame. Da muss ein Irrtum vorliegen. Ihr Name steht nicht auf unserer Reservierungsliste und nach meinen Unterlagen hat keine Reservierung stattgefunden. Ich will aber mein Bestes tun und gewiss finde ich noch ein Zimmer für Sie.«
Sie setzte aber ihre Tirade unbeirrt fort, wobei der Portier zwischendurch immer wieder versicherte: »Ja, Madame. Ich bedaure das alles wirklich sehr und wenn ich an Ihrer Stelle wäre, würde ich gewiss wie Sie empfinden.«
Der junge Mann blieb erstaunlich ruhig. Seine Wangen röteten sich nicht. Er zeigte keinerlei Anzeichen von Ärger oder Gereiztheit. Er schaute die Frau ruhig und sachlich an, verhielt sich freundlich, höflich und ziemlich effizient.
Als ich schließlich an die Reihe kam, sagte ich zu ihm: »Ich bewundere Ihre Haltung. Dafür haben Sie wirklich ein Kompliment verdient.« Da zitierte er eine Stelle aus dem Lukasevangelium (21,19): »*Wenn ihr standhaft bleibt, werdet ihr das Leben gewinnen.*«

Dieser junge Mann ließ sich von dem wütenden Geschimpfe der Frau nicht aus dem Gleichgewicht bringen. Er hatte seine Gedanken und Reaktionen völlig unter Kontrolle.

―――――

Bei einem religiösen Kongress in Washington hielt ich einmal einen Vortrag zu dem Thema: »Das Gesetz, das sich niemals ändert«. Während meines fünftägigen Aufenthalts dort hatte ich ein längeres Gespräch mit einem sehr erfolgreichen und enorm wohlhabenden Mann. Er erzählte mir, das Geheimnis seiner Gesundheit, seines Wohlstandes und seiner herausragenden Leistungen liege allein darin, dass er einen, wie er es nannte, »stillen Geist« entwickelt habe.

Auf eine Karte, die er immer bei sich trug, hatte er die folgenden großen Wahrheiten notiert: »*Der überlegene Mensch ist immer gelassen und ruhig.*« (Konfuzius) »*Nur Stille und Vertrauen verleihen euch Kraft.*« (Jesaja 30,15) »*Besser ein Langmütiger als ein Kriegsheld, besser, wer sich selbst beherrscht, als wer Städte erobert.*« (Sprichwörter 16,32) »*Wenn dich der Herr, dein Gott, in allem gesegnet hat, in deiner Ernte und in der Arbeit deiner Hände, dann sollst du wirklich fröhlich sein.*« (5. Mose 16,15) »*Wenn nicht der Herr das Haus baut, müht sich jeder umsonst, der daran baut.*« (Psalm 127,1)

Jeden Morgen verankerte dieser Mann diese Wahrheiten in seinem Geist. Er wiederholte sie leise, langsam und liebevoll, im sicheren Wissen, dass sie sich seinem Unterbewusstsein einprägen und ihn dazu veranlassen würden, Erfolg, Gesundheit, Vitalität und neue kreative Ideen zum Ausdruck zu bringen. Er hat vier große Unternehmen aufgebaut, reist um die ganze Welt und ist ein gefragter Berater zahlreicher Führungspersönlichkeiten.

Er gab mir eine seiner Meditationskarten, die er gern freizügig an seine Mitmenschen verteilt. Dann erzählte er mir, wie er vor dreißig Jahren auf einer Schiffsreise nach Europa einen Mann kennen gelernt hatte, der ihm riet, häufig über bestimmte konstruktive Stellen aus der Bibel zu meditieren – Stellen, die von Gottes ewigen Wahrheiten und seinem Gesetz künden. Dadurch werde sein Geist sicher in der höchsten Gegenwart verankert, die uns immer antwortet, wenn wir uns an sie wenden.
Er hatte also seinen Reichtum und seine großen Erfolge erlangt, indem er durch das regelmäßige, methodische Nachsinnen über die oben zitierten Bibelstellen die latenten Kräfte seines tieferen Selbst weckte, das ihn dann aufwärts und gottwärts führte.

Ein anderer bekannter Geschäftsmann, den kennen zu lernen ich das Vergnügen hatte, erzählte mir, dass er all seine erfolgreichen geschäftlichen Entscheidungen der fünfzehnminütigen stillen Einkehr zuschrieb, die er allmorgendlich praktizierte. Dabei wandte er seine ganze Aufmerksamkeit von der Außenwelt ab, entspannte seinen Körper, schloss die Augen und kontemplierte die große Wahrheit, dass die unendliche Intelligenz in ihm wohnte. Still bekräftigte er, dass Gott ihn stets leite, dass ihm neue schöpferische Ideen gegeben würden, dass die göttliche Gegenwart ihn sicher durch die anstehenden geschäftlichen Besprechungen führe, daß Gott durch ihn denke, spreche und handle, dass die höchste Weisheit ihm die richtigen Worte eingebe und dass alle seine geschäftlichen Entscheidungen richtig seien und dem Wohl aller Beteiligten dienten. Danach gab er sich etwa fünf Minuten lang ganz der Vorstellung hin, dass Gottes Fluss des

Friedens ihn durchströme. Oft empfing er während dieser Phase der Stille Lösungen für anstehende geschäftliche oder private Probleme – Probleme, über die er selbst oder seine Geschäftspartner sich tagelang den Kopf zerbrochen hatten.

Er sagte mir, dass er die Lösung für ein Problem am schnellsten finde, wenn er es diesem Zentrum der Stille in ihm übergab, in der Gewissheit, dass die Antwort auf jeden Fall kommen würde. Oft kam sie schon innerhalb einer Stunde. Manchmal dauerte es auch ein paar Tage oder eine Woche, aber sie kam immer dann, wenn er sich gerade gedanklich mit etwas völlig anderem beschäftigte. Eine dieser Ideen, die während seiner morgendlichen Meditationen auftauchte, brachte ihm, wie er mir erzählte, kürzlich 200 000 Dollar ein.

Empfehlenswerte Techniken

Entspannen Sie jeden Abend, aber auch zwischendurch nach stressigen Phasen den Körper und affirmieren Sie leise: »Meine Zehen sind entspannt. Meine Füße sind entspannt. Meine Knöchel sind entspannt. Meine Waden sind entspannt. Meine Oberschenkel sind entspannt. Meine Bauchmuskeln sind entspannt. Mein Herz und meine Lunge sind entspannt. Mein Nacken ist entspannt. Meine Hände und Arme sind entspannt. Mein Kopf ist entspannt. Meine Augen sind entspannt. Mein Geist ist entspannt. Mein ganzes Selbst ist entspannt und ich bin im Frieden.« Durch diese Übung entspannt sich Ihr ganzer Körper auf wunderbare Weise – und gleichzeitig entspannt sich auch Ihr Geist.

Setzen Sie sich still hin und entspannen Sie sich. Entleeren Sie dann Ihren Geist von allem Hass, aller Missgunst und Selbstkritik. Füllen Sie Ihre Seele mit Gottes Liebe. Bejahen Sie danach täglich zehn bis fünfzehn Minuten lang: »Gottes Liebe erfüllt meinen Geist und mein Herz. Ich verströme jetzt Liebe und Wohlwollen auf alle Menschen in meiner Umgebung und überall in der Welt. Wenn es eine Person gibt, gegenüber der ich Groll oder Ärger hege, segne ich diesen Menschen jetzt so lange, bis ich ihn vor meinem inneren Auge anschauen kann, ohne auch nur einen Anflug von Groll oder Ärger zu verspüren.«

Gewöhnen Sie sich an, stets aus Ihrer göttlichen Mitte zu denken, zu sprechen und zu handeln. Wenn Sie merken, dass Sie in negative Denkmuster zurückfallen oder ein Wutausbruch droht, sagen Sie sich: »Gott denkt, spricht und handelt durch mich.« Das wird Ihren Geist beruhigen.

Beruhigen Sie am Morgen und regelmäßig während des Tages für fünf bis zehn Minuten Ihren Geist. Verschließen Sie die Tür Ihrer Sinne, sodass Sie nicht länger von den Eindrücken der Außenwelt abgelenkt werden, und fühlen Sie, dass Sie wie ein elektrischer Leiter sind, durch den die göttliche Energie in Form von Harmonie, Gesundheit, Frieden, Freude, Heilsein, Schönheit, Liebe, Freundschaft, Sicherheit und wahrem Selbstausdruck fließen kann. Verharren Sie schweigend bei der Gottesgegenwart in Ihnen. Nehmen Sie dabei eine empfangsbereite und erwartungsvolle Haltung ein, in dem Wissen, dass die unendliche Intelligenz Ihnen immer antwortet.

Wenn Sie zu einem Brunnen oder einer Quelle gehen, um Wasser zu holen, nehmen Sie einen Eimer oder ein anderes geeignetes Gefäß mit. Gehen Sie in ähnlicher Weise zu der unendlichen spirituellen Quelle in Ihnen, wobei das Schöpfgefäß Ihr aufnahmebereiter Geist ist. Er wird dann mit der unendlichen Heilsgegenwart und allen guten Gaben Gottes gefüllt.

Wenden Sie sich mehrmals am Tag – besonders aber abends vor dem Schlafengehen – von den Alltagssorgen ab und richten Sie Ihre Aufmerksamkeit auf die großen Prinzipien und Wahrheiten des Lebens. Denken Sie an alles Große, Wunderbare und Gute. Weigern Sie sich, über die Schwierigkeiten und Probleme in der Welt auch nur zu sprechen. Dann werden Ihre Ängste und Sorgen dahinschwinden und Sie werden einen ruhigen Geist in einer unruhigen Welt entwickeln. Lassen Sie den Frieden Gottes Ihr Herz erfüllen.

Affirmieren Sie: »Ich denke, spreche und handle liebevoll, gelassen und friedvoll.«

Prinzipien, die Sie sich einprägen sollten

1. Stille tritt ein, wenn der Geist in Gott ruht.
2. Alle Energie Gottes befindet sich in Ihnen und wartet nur darauf, von Ihrem Bewusstsein angezapft zu werden. Dies gelingt, wenn Sie innerlich still werden.
3. Frieden finden Sie, wenn Sie anerkennen, dass Gott, der Ihnen den Wunsch nach Gesundheit, Glück, Fülle

und Sicherheit gab, alle Ihre Träume in göttlicher Ordnung verwirklichen kann und wird.

4. Entspannung ist der Schlüssel. Dann kann die Weisheit Ihres Unterbewusstseins in Ihr Bewusstsein aufsteigen und Ihre Ideen verwirklichen.

5. Wahren Frieden erlangen Sie nur, wenn Sie ein Leben im Einklang mit den göttlichen Prinzipien führen. Dazu müssen Sie Ihren Geist von Hass, Missgunst und Selbstverachtung reinigen.

6. Tranquilizer und andere Beruhigungsmittel verhelfen Ihnen nicht zu dauerhafter Ruhe und Gelassenheit. Inneren Frieden finden Sie, indem Sie Ihre Seele mit Gottes Liebe erfüllen und sich für die Einsicht öffnen, dass alle äußeren Umstände und Ereignisse nur Wirkungen sind und die Ursache immer in Ihren eigenen Gedanken und Gefühlen zu suchen ist. Füllen Sie Ihr Bewusstsein dann mit Gedanken der Liebe und des Wohlwollens gegenüber allen Menschen. Diese veränderte Geisteshaltung wird Ihnen Frieden und Harmonie bescheren.

7. Um Frieden zu erlangen, müssen Sie lernen loszulassen. Beruhigen Sie Ihren Geist, wenden Sie Ihre Aufmerksamkeit nach innen und machen Sie sich bewusst, dass Gott und damit Ihr Höheres Selbst die Antwort kennt. In Ihrem Unterbewusstsein lagern die schöpferischen Lösungen für alle Probleme und die Antworten auf alle Fragen. In göttlicher Ordnung wird die Antwort kommen, ein neuer Tag wird für Sie anbrechen und alle Schatten des Zweifels und der Angst werden vergehen.

TEIL ZWEI

Die praktische Anwendung der Gesetze, Prinzipien und Techniken des Geistes

---

15. Kapitel

Sorgen und Ängste

*Alles Wasser des Ozeans
kann selbst ein sehr kleines Boot nicht zum
Sinken bringen, solange kein Wasser
ins Innere des Bootes eindringt.
Ebenso können alle Probleme, Schwierigkeiten und Herausforderungen
der Welt Sie nicht zum Sinken bringen,
solange Sie sie nicht einlassen.*

Furcht ist ein Signal zum Handeln.

Vergessen Sie nicht: denken ist Beten. Wenn Sie sich Sorgen machen, bedeutet das, dass Sie Gott um das bitten, was Sie eigentlich gar nicht haben möchten. Das Unterbewusstsein fasst Ihre Ängste als Bitte auf, das, wovor Sie sich fürchten, in Ihrem Leben zu verwirklichen.

Versuchen Sie nicht, vor Ihren Sorgen und Ängsten davonzulaufen. Wohin Sie auch gehen, Ihr Bewusstsein nehmen Sie überallhin mit – und Ihr Bewusstsein ist der einzige Ort, wo Ihre Sorgen oder Ängste existieren.

Im Zug sah ich einmal einen Mann, der einen Rucksack auf dem Rücken trug. Der Schaffner sagte zu ihm: »Sie können Ihren Rucksack abnehmen. Der Zug trägt Sie beide.«
Viele Menschen schleppen eine Last aus Schmerz, Sorge, Verbitterung, Ärger und Feindseligkeit auf dem Rücken, die sie ihrer Vitalität beraubt und in ihrem Leben Blockaden und Hindernisse aller Art hervorruft. »*Wirf deine Sorge auf den Herrn, er hält dich aufrecht ...*«
(Psalm 55,23)

———

Wenn Furcht an die Tür Ihres Geistes klopft, wenn Sorgen, Unruhe und Zweifel Ihnen zu schaffen machen, sollten Sie sich daran erinnern, dass Ihre eigene Vorstellungskraft dafür verantwortlich ist. Doch ebenso gut kann sie Ihnen zu Freiheit und Seelenfrieden verhelfen.

———

Sorge und Angst verursachen Schmerz. Liebe und guter Wille bringen Frieden und Gesundheit. »*Furcht gibt es in der Liebe nicht, sondern die vollkommene Liebe vertreibt die Furcht. Denn die Furcht rechnet mit Strafe, und wer sich fürchtet, dessen Liebe ist nicht vollendet.*«
(1 Johannes 4,18)

———

Wenn Sie sich Sorgen machen, akzeptieren Sie damit negative Bedingungen. Es bedeutet, dass Sie Ihren Problemen mehr Glauben schenken als Gott und seiner kosmischen Weisheit. Alle Ängste und Sorgen sind daher Formen negativen Denkens. »*Habe ich dir nicht befohlen: Sei mutig und stark? Fürchte dich also nicht und hab keine Angst; denn der Herr, dein Gott, ist mit dir bei allem, was du unternimmst.*« (Josua 1,9)

———

Grübeln Sie nicht über Hindernisse nach. Betrachten Sie das, was Sie ersehnen, als bereits verwirklicht. Glauben Sie, dass das, wonach Sie streben, hier und jetzt auch zu Ihnen strebt, dass das Gesetz der Anziehung das Gewünschte zu Ihnen kommen lässt – dann werden Ihre Sorgen sich auflösen.

Wenn Sie sagen: »Ich weiß nicht mehr weiter. Ich bin blockiert. Es gibt keinen Ausweg. Meine Lage ist aussichtslos«, dann entscheiden Sie sich damit zu glauben, dass die unendliche Intelligenz keinen Ausweg weiß. Durch Ihren Glauben verurteilen Sie sich selbst zu einem Leben in Dunkelheit und Verwirrung, das Sie durch Ihren Missbrauch der kosmischen Macht selbst erschaffen haben. Wenn Sie das nächste Mal Furcht befällt, fragen Sie sich: »Wie nutze ich meine kosmische Macht?«

Der Schöpfer ist immer größer als seine Schöpfungen. Sie haben Ihre Sorgen und Ängste selbst erschaffen und deshalb können Sie sich auch über sie erheben. Vergessen Sie niemals, dass Sie die völlige Kontrolle über Ihre Gedanken, Gefühle, Handlungen und Reaktionen haben. Wählen Sie also bewusst ein Leben in Freude und gehen Sie dankend und segnend durch die Welt.

Wordsworth sagte einmal: »*Wir lassen die Welt viel zu sehr an uns heran.*«

Wir brauchen nur die Morgenzeitung zu lesen, schon fühlen wir uns von Sorgen überwältigt. Wir lesen von Mord, Kriminalität, Raub, Überfällen, Vergewaltigung, Unterschlagung, Amtsmissbrauch, Korruption in Verwaltung und Justiz. Wir müssen dabei aber immer bedenken, dass

alle diese Handlungen menschlichen Ursprungs sind und wir uns bewusst von ihnen fernhalten können.
Leben Sie nach den Prinzipien rechten Handelns, in Harmonie, Liebe, Freude und Schönheit. All diese Eigenschaften, Qualitäten und Potenziale Gottes sind in Ihnen. Wenn Sie gedanklich bei ihnen verweilen und die göttlichen Wahrheiten kontemplieren, erheben Sie sich über die Ungerechtigkeiten und Grausamkeiten der Welt und schaffen sich einen unerschütterlichen Glauben, der stärker ist alle negativen Meinungen und irrigen Konzepte.
Sie verfügen über göttliche Immunität – eine Art spirituelles Immunsystem. Damit können Sie sich wirkungsvoll gegen alle negativen Muster des Massenbewusstseins schützen.

———

Sie können selbst entscheiden, wie Sie über einen bestimmten Sachverhalt denken wollen. Die Verluste und Schmerzen, die Ihnen bisher im Leben widerfahren sind, haben nichts damit zu tun, wie Sie künftig über sie zu denken beschließen.

———

Ihre Gedanken sind Energie und schwingen auf einer bestimmten Frequenz. Wenn Sie an Gott denken, an die unendliche Intelligenz, schwingen Ihre Gedanken auf der höchstmöglichen Frequenz. Dadurch werden Gedanken der Furcht, des Mangels und Zweifels neutralisiert und gelöscht, so wie die Sonne den Nebel auflöst und das Licht die Dunkelheit vertreibt.

———

»Fangt uns die Füchse, die kleinen Füchse! Sie verwüsten die Weinberge, unsre blühenden Reben.«
(Hohelied Salomos 2,15)

Alle Ihre Probleme sind zurückzuführen auf »die kleinen Füchse, die die Weinberge verwüsten«: Sorge, Furcht und Negativität. Das sind die »kleinen Füchse«, die den Wein des Lebens verderben, jenen Wein, der als heiterer, vitalisierender Strom göttlicher Energie durch Ihr ganzes System fließt.

―――

Das, was Sie fürchten, existiert ausschließlich in Ihrem Geist. Furcht ist ein Gedanke in Ihrem Geist. Wenn Sie sich vor der Furcht fürchten, haben Sie Angst vor Ihren eigenen Gedanken.

―――

Sorgen und Ängste sind nicht real. Sie leugnen die Wirklichkeit. Es handelt sich um falsche geistige Überzeugungen. Wenn Sie sich weigern, ihnen Aufmerksamkeit zu schenken, lösen sie sich auf.

―――

Sorgen aller Art sind ein Alarmsignal, um Sie darauf hinzuweisen, dass Sie das Falsche denken und glauben. Wenn Sie Ihr Denken ändern, werden Sie von Ihren Sorgen befreit.

―――

Wenn Sie sich fürchten, leugnen Sie damit die Macht und Güte Gottes. Furcht ist negativer Glaube. Furcht und Sorge sind nur Schatten und Schatten besitzen keine wirkliche Existenz.

―――

Selbst Ihre Fehlschläge sind Stufen auf der Leiter Ihres Triumphes.

―――

Wer in seinem Inneren Gott findet, wird frei von Zweifeln, Sorgen und Ängsten.

―――

All Ihre Ängste, Sorgen und düsteren Vorahnungen werden durch Ihren Glauben an äußere Mächte und negative Kräfte verursacht. Ein solches Denken ist grundfalsch. Die einzige wirklich schöpferische Macht sind Ihre Gedanken. Haben Sie einmal eingesehen, dass Gedanken schöpferisch sind, befreit Sie das von aller weltlichen Gebundenheit. Dann werden Sie Ihre Macht nicht länger an äußere Dinge, Personen oder Umstände abgeben.

―――――

Longfellow sagte: »Blickt nicht klagend auf eure Vergangenheit. Sie kehrt niemals wieder. Arbeitet weise in der Gegenwart. Auf sie allein kommt es an. Begegnet der noch schattenhaften Zukunft furchtlos und mit tapferem Herzen.«

―――――

In Ihnen gibt es nur eine Macht – einen Gott, eine unendliche Intelligenz. Innerhalb dieser Macht kann es keine Uneinigkeit, keine Widersprüche geben. Ein Teil Gottes kann unmöglich mit einem anderen Teil im Streit liegen, denn dann wäre Gott nicht länger eins.
Diese Tatsache kann man gar nicht genug betonen. Wenn Sie einmal verstanden haben, dass es nur eine Macht gibt, erwachen Sie zur Harmonie und zum Frieden Gottes und alle Furcht vergeht.

―――――

Menschen, die sich Sorgen machen, rechnen immer damit, dass etwas schief geht. Stets werden sie Ihnen all die Gründe aufzählen, warum etwas Schlimmes geschehen könnte, doch keine Gründe dafür, dass auch einmal etwas Gutes passieren könnte. Solche Sorgen schwächen sie, sodass es ihnen schwer fällt, mit anstehenden Herausforderungen fertig zu werden, da wir immer jene Situationen in unser Leben ziehen, mit denen wir uns gedanklich beschäftigen.

Wenn wir unserem Unterbewusstsein eine besorgte, ängstliche Sichtweise übermitteln, ist das geradezu eine Garantie dafür, dass Erfahrungen in unser Leben treten, die diese Sichtweise scheinbar bestätigen. Furcht und Sorge ziehen Verluste an.

———

Wenn Sie die Idee überkommt, etwas ganz Bestimmtes zu einem ganz bestimmten Zeitpunkt haben zu wollen, sollten Sie sich klar machen, dass es sich dabei um eine angespannte, ängstliche Geisteshaltung handelt. Damit verstärken Sie nur zusätzlich eine ohnehin sorgenvolle Denkweise. Identifizieren Sie sich stattdessen mit der unendlichen Intelligenz und vertrauen Sie dann darauf, dass die göttliche Führung Ihnen das Gewünschte zur rechten Zeit und auf ideale Weise verschafft.

———

Sorgen entstehen nur, solange Sie sich das Gebet nicht zur festen Gewohnheit gemacht haben und solange Sie noch nicht in wirklichem Kontakt zur unendlichen Macht stehen, der einzigen absolut zuverlässigen Quelle von Stärke und Sicherheit.

———

Glauben Sie wirklich, dass Ihre Sorgen von äußeren Problemen herrühren? Sorgen sind lediglich Gedanken und Sie sind der einzige Denker in Ihrem Universum. Nur Sie selbst können sich von Ihren Sorgen befreien, unabhängig von allen äußeren Gegebenheiten.

———

Wenn Sie sich von Stress beherrschen lassen und dadurch Ihre Urteilskraft schwächen, sind Sie wie ein Land, das sich in eine Kriegshysterie hineinsteigert: Die Alltagswahrnehmung wird verzerrt und der gesunde Menschenverstand außer Kraft gesetzt.

―――

Vergeuden Sie keine Zeit damit, innerlich mit Sorgen und Problemen zu ringen. *Kämpfen* Sie niemals gegen Probleme. Wachsen Sie über sie hinaus und meistern Sie sie!

―――

Ängste, Sorgen und negative Gedanken können Ihnen nur etwas anhaben, wenn Sie sich über längere Zeit darauf konzentrieren und sie stark mit Emotionen aufladen. Andernfalls fließen sie einfach durch Sie hindurch, ohne den geringsten Schaden anzurichten. Stimmen Sie sich aber emotional auf diese negativen Gedanken ein und geben sich entsprechenden Phantasien hin, prägen Sie sie damit Ihrem Unterbewusstsein ein, welches dann nicht anders kann, als das ihm Eingeprägte zu verwirklichen.

―――

Die Furcht ist ein aggressives, dominantes Denkmuster, das mit seiner scheinbaren Macht prahlt und Sie durch Einschüchterung und Drohung zwingen will, sich seiner unrechtmäßigen Herrschaft zu unterwerfen. Vielleicht fürchten Sie sich davor, diesem inneren Gegner mutig entgegenzutreten. Vielleicht fürchten Sie sich davor, den Kampf mit ihm aufzunehmen und ihm den Garaus zu machen.
Dulden Sie niemals, dass die Furcht Sie antreibt und Ihr Handeln bestimmt. Machen Sie sich ein für alle Mal klar,

dass Sie viel zu intelligent und klug sind, um das zuzulassen. Lassen Sie sich nicht von der Furcht beherrschen, sondern bleiben Sie selbst der Meister in Ihrem Innern.

Furcht bedeutet, an das Falsche zu glauben.

Alle Situationen, Umstände und Ereignisse sind veränderbar. Alles Geschaffene hört früher oder später auf zu existieren. Der uralte Spruch »auch das geht vorbei« trifft immer zu. Diese Erkenntnis kann beunruhigend sein und Ängste auslösen, doch bedenken Sie, dass Gott sich niemals ändert und immer derselbe bleibt – gestern, heute und in alle Ewigkeit.

Furcht wird von Ihnen selbst erzeugt. Keinesfalls können Sie sich irgendwo in der Außenwelt damit »infizieren«.

Solange Sie sich Ihrer wahren Größe und der unerschöpflichen Schätze in Ihrem Inneren nicht bewusst sind, werden Sie dazu neigen, Probleme und Schwierigkeiten zu überschätzen. Sie werden ihnen Macht einräumen, während doch in Wahrheit alle Macht bei Ihnen selbst liegt.

Die unendliche Macht ist noch nie gescheitert und wird niemals scheitern. Sie ist die Macht und Gegenwart, in der Sie leben, sich bewegen und sind. Dieser unerschöpfliche Schatz wartet in Ihrem Inneren auf Sie, sobald Sie zu Ihrem wahren Dasein erwachen. Wenn Sie sich im Denken und Fühlen kontinuierlich mit dieser

Macht verbinden, wachsen Sie dadurch über sämtliche Ängste hinaus.

―――

Es heißt, die Furcht sei unser größter Feind. Das ist wahr, denn sie ist verantwortlich für unsere Misserfolge.

―――

Ängstlichkeit und Schüchternheit sind Zeichen für mangelndes Vertrauen in die inneren Kräfte. Emerson sagte: »Tun Sie das, wovor Sie sich am meisten fürchten, dann wird Ihre Furcht verschwinden.«

―――

Wir kommen mit lediglich zwei Ängsten auf die Welt: der Angst vor dem Fallen und der Angst vor plötzlichen lauten Geräuschen. Man kann hier also von natürlichen Ängsten sprechen. Sie stellen eine Art Alarmsystem dar, mit dem die Natur uns ausgestattet hat, um uns vor Gefahren zu schützen.
Diese natürlichen Ängste sind gut und sinnvoll. Wenn Sie beispielsweise plötzlich ein Auto heranbrausen hören, springen Sie zur Seite, um sich zu retten. Alle anderen Ängste sind unnatürlich. Sie werden uns von Eltern, Verwandten, Lehrern und anderen Bezugspersonen in der Kindheit eingeredet.
Unnatürliche Ängste beherrschen uns, wenn wir negativen Phantasien die Zügel schießen lassen.
Die meisten Dinge, vor denen wir uns fürchten, existieren überhaupt nicht. Erst indem wir uns ständig vor ihnen ängstigen, an sie glauben und sie erwarten, machen wir sie zum Bestandteil unserer Erfahrung. Ganz so, wie schon Hiob sagte: »*Was mich erschreckte, das kam über mich.*«

―――

Ein gewisses Maß an Unruhe und Aufregung ist normal und notwendig. Stahl, dem es an Materialspannung fehlt, würde als minderwertig betrachtet werden.

Sänger zum Beispiel sind vor dem Auftritt meist angespannt. Das ist auf die angesammelte Energie in ihren mentalen und spirituellen Batterien zurückzuführen, die es ihnen ermöglicht, jeden Gedanken an ein mögliches Versagen zu verscheuchen, sobald sie die Bühne betreten. Wenn der Sänger zu singen beginnt, gibt er die gespeicherte Energie in ähnlicher Weise ab wie eine tickende Uhr die in ihrem Federwerk gespeicherte Kraft. Nur wenn die Uhr zu stramm aufgezogen wird, besteht die Gefahr, dass die Feder bricht.

»*Trotz all unserer Not bin ich von Trost erfüllt und ströme über von Freude.*« (2 Korinther 7,4)

Das bedeutet nicht, dass Sie sich darüber freuen sollen, wenn Sie Sorgen und Ängste haben, sondern dass Sie inmitten aller äußeren Turbulenzen ein Gefühl inneren Friedens bewahren können – eines Friedens, der aus dem Wissen um die Gottesgegenwart in Ihnen kommt, die immer bereit ist, Sie zu heilen und wiederherzustellen, vorausgesetzt, dass Sie sich dafür öffnen.

Wenn Ihr Denken sorgenvoll um frühere Handlungen oder Ereignisse kreist, dann findet dieses Denken *jetzt* statt. Die geistige Qual, die Sie erleben, ereignet sich in der *Gegenwart*. Auch wenn Sie sich vor der Zukunft fürchten, erleben Sie diese Angst *jetzt*. Sie berauben sich damit der Freude, der Gesundheit und des Seelenfriedens, die in der Gegenwart für Sie erfahrbar wären.

Die Vergangenheit und die Zukunft sind die beiden großen Diebe. Befreien Sie sich von ihnen. Sie haben die Kontrolle über Ihr gegenwärtiges Denken. Lenken Sie es in die richtigen Bahnen.
Es gibt kein Prinzip des Hasses, nur eines der Liebe. Liebe existiert daher *jetzt*. Es gibt kein Prinzip des Scheiterns, nur eines des Erfolges. Erfolg existiert daher *jetzt*.
Jetzt ist die Zeit.
Es gibt nur das Jetzt.
Wie denken Sie hier und jetzt?

———

»Plötzlich brach auf dem See ein gewaltiger Sturm los, sodass das Boot von den Wellen überflutet wurde. ... Da traten die Jünger zu ihm ... sie riefen: Herr, rette uns, wir gehen zugrunde!« (Matthäus 8,24–25)
Wenn Sie Ihren Sorgen und Ängsten nachgehen, überlassen Sie sich damit den Stürmen weltlicher Verwirrung und menschlicher Meinungen. Dann werden Sie sich existenziell bedroht fühlen. Rufen Sie sich ins Gedächtnis, dass die unendliche Intelligenz in Ihnen weise und allwissend ist. Dann werden Sie den Blick automatisch auf die Lösung, den Ausweg, das glückliche Ende richten und die Winde der Sorge und Furcht ignorieren. So wandeln Sie auf den Wegen des Friedens. *»Dann stand er auf, drohte den Winden und dem See und es trat völlige Stille ein.«* (Matthäus 8,26)

■ PRAKTISCHE BEISPIELE

Während einer Vortragsreise hatte ich eine zweistündige Unterredung mit einem prominenten Regierungsmitglied. Dieser Mann strahlte tiefen inneren Frieden und heitere Gelassenheit aus. Niemals ließ er sich von Angriffen durch die Presse oder die Oppositionspartei aus dem Gleichgewicht bringen. Jeden Morgen konzentrierte er sich für fünfzehn Minuten auf den tiefen Ozean des Friedens in seinem Inneren. Durch diese Meditation weckte er in sich eine enorme Kraft, mit deren Hilfe er alle Schwierigkeiten und Ängste überwand.

Er erzählte, einmal habe ihn spätabends ein Kollege angerufen und ihm von einer Intrige berichtet, die gegen ihn im Gange war. Darauf antwortete er dem Kollegen: »Ich werde jetzt in völligem Frieden schlafen gehen. Morgen früh um zehn unterhalten wir uns wieder.«

»Ich weiß«, sagte er zu mir, »dass sich kein negativer Gedanke manifestieren kann, solange ich ihn nicht emotional und mental akzeptiere. In Bezug auf jene Intrige weigerte ich mich ganz einfach, die Suggestion der Furcht zu übernehmen, die diese Leute verbreiten wollten. Wenn ich diese Geisteshaltung aufrechterhalte, weiß ich, dass mir nichts geschehen kann.«

Empfehlenswerte Techniken

Drei Schritte, mit denen Sie sich von Sorgen und Ängsten befreien können:
1. Ziehen Sie Ihre Aufmerksamkeit völlig von allen Verletzungen, Kränkungen, Schmerzen, Grollgefühlen, Ängsten, Sorgen, Krankheiten, Niederlagen, Schwierigkeiten oder sonstigen Manifestationen von Mangeldenken ab.
2. Unterbrechen Sie jeden negativen Gedankengang, indem Sie ihn sofort durch konstruktive Gedanken ersetzen – Gedanken der Harmonie, des Friedens, der Liebe

und Freude, des rechten Handelns und der göttlichen Führung.
3. Nehmen Sie sich morgens und abends Zeit, um Ihrem Unterbewusstsein mentale Muster von Fülle, Sicherheit, Erfolg, heiterer Gelassenheit und erfülltem Selbstausdruck einzuprägen.

———

Wenn Sie geistig aufgewühlt sind, ist es sehr heilsam, Erholung in der Natur zu suchen. Lassen Sie die Schönheit, Ordnung, Symmetrie und Harmonie der Natur tief auf sich wirken. Wenn Sie sich an den Wundern der Natur erfreuen, wird ihr Geist erfrischt und geheilt.

———

Die Gefühle folgen immer dem Denken. Sie können selbst entscheiden, wie Sie auf Ihre Umwelt reagieren wollen. Wenn man Ihnen schlechte Nachrichten überbringt, wenn man Sie kritisiert, angreift oder schlecht über Sie redet, sollten Sie daran denken, dass niemand Sie verletzen kann, solange Sie dazu nicht Ihre innere Einwilligung geben. Verweigern Sie diese Einwilligung. Lassen Sie sich durch keinen Gedanken aus der Ruhe bringen. Weigern Sie sich entschieden, besorgt oder ängstlich zu reagieren. Sagen Sie: »Ich bleibe ruhig und gelassen. Nichts außer meinem eigenen, ausschließlich konstruktiven und inspirierenden Denken kann mich beeinflussen.«

———

Als ich etwa zehn Jahre alt war, fiel ich in ein Schwimmbecken. Ich weiß noch, wie das dunkle Wasser über meinem Kopf zusammenschlug und ich nach Luft rang, bis ein anderer Junge mich im letzten Moment herauszog. Danach fürchtete ich mich jahrelang vor dem Wasser.

Ein Psychologe sagte später zu mir: »Du musst wieder zu dem Schwimmbecken gehen, aufs Wasser schauen und laut und nachdrücklich sagen: ›Ich werde dich jetzt bezwingen. Ich kann dich beherrschen!‹ Wage dich dann ins Wasser, nimm Schwimmunterricht und überwinde deine Angst.« Ich befolgte seinen Rat und bezwang das Wasser. Später, als Erwachsener, litt ich unter schrecklichem Lampenfieber. Ich überwand es, indem ich immer wieder öffentliche Vorträge hielt, also genau das tat, wovor ich mich fürchtete, und so verging die Furcht.
Auch Sie können Ihre Ängste bezwingen. Treffen Sie diesbezüglich eine klare und bewusste Entscheidung. Damit setzen Sie die Kräfte Ihres Unterbewusstseins frei, das entsprechend Ihrem klaren Entschluss reagieren wird.

―――――

Die Griechen sagten, dass das Lachen eine Gabe der Götter sei. Lachen ist bei vielen Problemen die beste Medizin. Lachen rückt die Dinge wieder in die richtige Perspektive und reißt Sie aus Ihrer Selbstbezogenheit. Lachen Sie über Ihre Ängste, lachen Sie, wenn andere Sie ärgern, und lachen Sie vor allem über all die dummen, albernen Fehler, die Sie während des Tages machen. Lachen Sie über sich selbst, wenn Sie wieder einmal viel zu steif und ernsthaft sind. Je größer das Problem, desto mehr Humor benötigen Sie. Wenn Heiterkeit die Seele erfüllt, ist kein Platz für Selbstmitleid und somit auch nicht für Sorge und Furcht.

―――――

Wenn wir uns ängstigen, stellt sich gleichzeitig immer der Wunsch nach dem Gegenteil dessen ein, wovor wir Angst haben. Wenn Sie beispielsweise als Kind im Supermarkt plötzlich ihre Eltern aus den Augen verloren hatten, stand hinter Ihrer Angst der Wunsch nach Geborgenheit und Sicherheit. Richten Sie daher, wenn Ihnen eine Sorge oder Angst zu schaffen macht, Ihre Aufmerksamkeit auf das Gegenteil: Konzentrieren Sie sich auf die Wirklichkeit jenes Zustandes, der Ihre Angst beseitigen würde. Verweilen Sie gedanklich bei der ersehnten Lösung, dem glücklichen Ausgang. Die Macht Ihres Unterbewusstseins wird dann in Ihrem Sinne tätig werden.

Hier ist eine Methode zur Überwindung von Furcht, die ich bei meinen Vorträgen lehre. Sie wirkt geradezu magisch. Probieren Sie es aus!
Angenommen, Sie fürchten sich vor dem Wasser, vor dem Bergsteigen, vor einem Vorstellungsgespräch oder einer Prüfung oder leiden unter Platzangst. Wenn Sie Angst vor dem Schwimmen haben, setzen Sie sich drei bis vier Mal täglich für fünf bis zehn Minuten still hin und stellen sich vor, dass Sie schwimmen. Versetzen Sie sich geistig ins Wasser. Wenn Sie das tun, schwimmen Sie auf der subjektiven, mentalen Ebene *tatsächlich*. Spüren Sie die fließende Bewegung und die Temperatur des Wassers und die Schwimmzüge Ihrer Arme und Beine. Gestalten Sie das Ganze als möglichst reale und lebendige geistige Aktivität, die Ihnen auf spielerische Weise Freude macht. Das ist kein nutzloses Tagträumen, denn das, was Sie in Ihrer Imagination erleben, wird in Ihrem Unterbewusstsein gespeichert und umgesetzt. Schon bald werden Sie gar nicht anders können, als im Äußeren jene Realität nachzuvollziehen, die Sie Ihrem Unterbewusstsein übermittelt haben.
Diese Methode können Sie bei jeder Angst anwenden, die Ihnen zu schaffen macht. Denn Sie wissen ja: Was Sie

in Ihrer Imagination mit Leichtigkeit und Freude tun, werden Sie schon bald in der physischen Welt mit ebensolcher Leichtigkeit und Freude tun.

Wenn Ihnen sorgenvolle oder angsterfüllte Gedanken zu schaffen machen, bekräftigen Sie unverzüglich: »Die unendliche Intelligenz wohnt in mir und sorgt für mich.«

Hier ist eine ausgezeichnete Affirmation gegen Sorgen und Ängste aller Art (Psalm 23,1-4): »*Der Herr ist mein Hirte, nichts wird mir fehlen. Er lässt mich lagern auf grünen Auen und führt mich zum Ruheplatz am Wasser. Er stillt mein Verlangen; er leitet mich auf rechten Pfaden, treu seinem Namen. Muss ich auch wandern in finsterer Schlucht, ich fürchte kein Unheil; denn du bist bei mir, dein Stock und dein Stab geben mir Zuversicht.*«

»*Ist Gott für uns, wer ist dann gegen uns?*« (Römer 8,31) Wenden Sie diesen Vers auf sich selbst an. Das wird Ihnen helfen, sich von allen Selbstzweifeln, Sorgen und Ängsten zu befreien: Wenn Gott für mich ist, wer kann dann noch gegen mich sein?

Prinzipien, die Sie sich einprägen sollten

1. Liebe vertreibt die Angst.
2. Stellen Sie sich Ihren Sorgen und Ängsten. Tun Sie das, wovor Sie sich fürchten, dann werden Sie Ihre Furcht bezwingen. Versetzen Sie sich mental in die Angst aus-

lösende Situation. Spüren Sie mit allen Sinnen, wie Sie die gefürchtete Aktivität ausführen. Gestalten Sie diese Vorstellung so lebendig wie möglich. Wenn Sie das subjektiv tun, werden Sie sich schon bald veranlasst fühlen, das Gefürchtete auch objektiv und physisch zu tun, und sich damit für immer von der Furcht befreien. Das ist das Gesetz Ihres Geistes.

3. Nur Ihre eigenen Gedanken sind es, die Ihnen den inneren Frieden rauben können. Die Suggestionen, Meinungen oder Drohungen anderer Menschen haben keinerlei Macht über Sie. Niemand hat Macht über Sie, solange Sie der anderen Person diese Macht nicht zuerkennen. Alle Macht liegt in Ihrem eigenen Denken und nirgendwo sonst.

4. Furcht ist die Ursache für alle Misserfolge.

5. Nur zwei Ängste sind Ihnen angeboren: die Angst vor dem Fallen und die Angst vor plötzlichen Geräuschen. Das sind normale, natürliche Ängste. Alle anderen Ängste haben Sie später erworben. Befreien Sie sich von ihnen.

6. Alles, was Sie fürchten, findet seine Lösung in dem dahinter stehenden Wunsch. Wenn Sie krank sind, wünschen Sie sich Gesundheit. Wenn Sie arm sind, wünschen Sie sich Wohlstand. Konzentrieren Sie sich auf das Gewünschte, dann wird Ihr Unterbewusstsein entsprechend antworten.

7. Gedanken sind schöpferisch. Wenn Sie sorgenvolle Gedanken hegen, sind Erlebnisse, die Ihnen neuen Anlass zur Sorge geben, die unvermeidliche Folge. Wenn Sie dagegen Gutes denken, zieht das positive Erfahrungen nach sich.

8. Wenn der Alltagsstress Ihnen zu schaffen macht, bringen Sie die Räder Ihres Geistes zur Ruhe und kontem-

plieren Sie die Weisheit und Intelligenz Ihres Unterbewusstseins, das immer bereit ist, Ihnen zu helfen. Nur im Gefühl des Einsseins mit Gott finden Sie dauerhafte Sicherheit vor allen Sorgen und Ängsten.

9. Ängste sind die Ursache zahlreicher Erkrankungen. Lernen Sie, über Ihre Ängste zu lachen. Das ist die beste Medizin.

10. Wenn Sie Ihrer Furcht wirklich Herr werden wollen, müssen Sie Eifersucht, Hass, Ärger und Groll vollständig aus Ihrem Inneren verbannen.

11. Wenn Ihre Knie vor Angst zittern, können Sie diese Angst überwinden, indem Sie erkennen, dass Gott sich vor gar nichts fürchtet und dass Sie eins mit Gott sind.

12. Ängste können Ihnen nur dann etwas anhaben, wenn Sie Ihnen andauernde Aufmerksamkeit schenken und sich emotional in sie hineinsteigern.

13. Kämpfen Sie nicht gegen die Angst. Begegnen Sie ihr mit der Affirmation: »Die unendliche Intelligenz in mir ist die einzige Gegenwart und Macht. Es gibt nichts zu fürchten.«

14. Wenn Sie sich Sorgen machen, fürchten Sie sich nicht vor dem, was geschehen *ist*, sondern vor dem, was geschehen *könnte*. Damit berauben Sie sich Ihrer Vitalität, Begeisterung und Energie.

15. Wenn Sie sich Sorgen machen, bitten Sie damit tatsächlich um genau das, was Sie nicht haben wollen.

16. Ein gewisses Maß an Anspannung ist gut. Für jede wichtige Leistung oder Aufgabe müssen Sie eine gewisse Menge Energie ansammeln. Dabei handelt es sich um die Macht Gottes in Ihnen, die Sie zu außerordentlichen Leistungen befähigt. So wie ein gut gepflegtes Uhrwerk geben Sie diese Energie rhythmisch, harmonisch und freudig ab. Übermäßige Anspannung dagegen ist schäd-

lich. Wenn Sie eine Uhr zu stramm aufziehen, beschädigen Sie die Feder.

17. Hüten Sie sich vor zwei Dieben: der Vergangenheit und der Zukunft. Wenn Sie Vergangenes bedauern oder sich wegen der Zukunft sorgen, lassen Sie es zu, dass Vergangenheit und Zukunft Ihnen Ihre gegenwärtige Lebensfreude und Ihren Seelenfrieden stehlen.

18. Affirmieren Sie: »Wenn Gott für mich ist, wer kann dann noch gegen mich sein?« Dadurch befreien Sie sich von allen Selbstzweifeln, Sorgen und Ängsten.

16. Kapitel

Negatives Denken

*Legen Sie sich nicht
durch negatives Denken selbst Steine
in den Weg.*

Wissenschaftler weisen uns darauf hin, dass sich unser Körper innerhalb von elf Monaten vollständig erneuert. Ständig werden neue Zellen gebildet. Wenn Sie Ihren Geist mit den ewigen Wahrheiten und spirituellen Werten des Lebens füllen, wird Ihr Gehirn diese spirituellen Schwingungen über das Nervensystem durch Ihren ganzen Körper senden. Alle neuen Zellen werden diese positiven Schwingungen aufnehmen.

Um zu gedeihen, benötigen Sie eine spezielle geistige und spirituelle Diät. Durch die fünf Sinne werden Sie täglich mit einer Flut von visuellen Eindrücken, Geräuschen und Ideen versorgt, guten wie schlechten. Doch diese Nahrung ist größtenteils schwer bekömmlich. Daher müssen Sie lernen, sich nach innen zu wenden, zu Gott, und sich von seiner Wahrheit statt von der alltäglichen äußeren Negativität nähren zu lassen.

Schaffen Sie sich eine gesunde geistige Diät. Wenn Sie sich das zur Gewohnheit machen, werden in Ihrem Leben Wunder geschehen.

Wir können unseren Geist positiv oder negativ einsetzen. Leider benutzen die meisten von uns ihren Geist negativ.

―――――

Sobald ein negativer Gedanke in Ihnen auftaucht, sollten Sie ihn sofort durch Liebe und Wohlwollen ersetzen. Wenn Sie Ihren Geist mit Liebe erfüllen, haben negative Gedanken keine Chance.

―――――

Eifersucht ist ein mentales Gift. Sie beruht auf tief sitzender Angst und Misstrauen gegenüber einem anderen Menschen sowie Schuldgefühlen und Unsicherheit bezüglich der eigenen Person. Eifersüchtige Menschen vergiften sich ihr eigenes Festmahl und essen es dann. Sie verlangen vollkommene Hingabe und dulden keine Rivalen. Jeder Schritt des Partners oder der Partnerin wird misstrauisch überwacht.
»Oh, hüte dich vor der Eifersucht!«, schrieb Shakespeare. Und Milton sagte: »Eifersucht ist die Hölle des verletzten Liebenden.«

―――――

Viele Menschen stöhnen bereits am Freitagnachmittag, wenn das Wochenende beginnt, darüber, dass sie am Montag wieder arbeiten müssen. Am Sonntagabend ergeben sie sich ganz in ihr »Schicksal« einer neuen, vermeintlich mühseligen Woche. Am Montag spüren sie dann eine tiefe Resignation. Dabei erschaffen sie sich diesen schleppenden, lustlosen Wochenbeginn selbst, durch ihre eigene Erwartungshaltung, die vom Unterbewusstsein getreulich verwirklicht wird.

―――――

Wenn wir negativ denken, blockieren wir damit unsere Lebensenergie. Sie staut sich in unserem Unterbewusstsein – ganz so, wie wenn jemand den Fuß auf einen Gartenschlauch stellt und den Fluss des Wassers blockiert. Die in unserem Unterbewusstsein angestauten negativen Emotionen verursachen dann alle Arten von psychischen und physischen Krankheiten.

―――――

Wenn Sie konstruktiv, also auf der Basis universeller Prinzipien denken, verändern Sie damit alle negativen Muster in Ihrem Geist und werden fortan ein gesegnetes Leben führen. Füllen Sie Ihren Geist mit Gottes Wahrheiten. Dadurch neutralisieren und löschen Sie alles, das Gott nicht gemäß ist – und vermeiden alle negativen Erfahrungen.

―――――

»Jeder Mensch soll schnell bereit sein zu hören, aber zurückhaltend im Reden und nicht schnell zum Zorn bereit.«
(Jakobus 1,19)
Öffnen Sie sich bereitwillig guten Nachrichten, doch niemals negativem Denken oder Gefühlen von Ärger und Zorn. Um sich von solchen Emotionen zu befreien, sollten Sie Ihre Aufmerksamkeit auf das richten, wonach Sie sich wirklich sehnen, und die entsprechenden Gefühle in sich wachrufen.

―――――

Wenn Sie sich mit Loyalität und Hingabe Ihrem Ideal widmen, vergehen alle Ängste und negativen Gedanken und das Ideal wird Wirklichkeit.

―――――

Radio, Fernsehen und Zeitungen überschütten uns ständig mit allen möglichen Suggestionen, positiven und negativen, inspirierenden und entmutigenden, doch viele Menschen lassen sich davon in keiner Weise beeinflussen. Auch Sie verfügen über die Macht, alle negativen und schädlichen Suggestionen zurückzuweisen, denn Sie können Ihre Gedanken frei wählen.

———

Sie werden zu dem, was Sie verachten. Wenn Sie andere herabsetzen und kritisieren, machen Sie sich damit selbst zum Beispiel für das, was Sie kritisieren. Und wenn Sie wütend, feindselig und verbittert sind, ist Ihr Geist außerdem sehr viel anfälliger für die negativen, angstvollen und hasserfüllten Suggestionen des Massenbewusstseins.

———

Wenn Sie auf der königlichen Straße zu Erfolg und Wohlstand wandeln wollen, dürfen Sie anderen niemals Hindernisse in den Weg legen. Auch dürfen Sie nicht neidisch und bitter gegen Ihre Mitmenschen sein. Vergessen Sie nicht, dass Ihre Gedanken schöpferisch sind. Alles, was Sie über andere denken, erschaffen Sie in Ihrer eigenen Erfahrung. Legen Sie sich also nicht selbst Hindernisse in den Weg, indem Sie schlecht über andere denken.

———

Die negativen Gedanken oder Suggestionen anderer Menschen haben keine Macht über Sie, solange Sie ihnen diese Macht nicht zuerkennen. Suggestionen sind *eine* Macht, aber sie sind nicht *die* Macht (Gott), die stets Harmonie, Schönheit, Liebe und Frieden verströmt. Wenn

Menschen in Ihrer Umgebung Negatives äußern oder Sie mit negativen Suggestionen bombardieren, können Sie sich jederzeit mental mit der unendlichen Intelligenz in Ihnen verbinden. Deren Prinzipien sind Liebe, Großzügigkeit und Harmonie – nicht Negativität.

Wenn ein negativer oder zorniger Gedanke in Ihnen auftaucht, ersetzen Sie ihn sofort durch einen spirituellen Gedanken wie beispielsweise: »Der Frieden des Universums erfüllt meine Seele.« Wenn Sie das konsequent durchhalten, befreien Sie sich damit von allen negativen Gedanken und erlangen inneren Frieden.

Durch Groll und Verbitterung strafen Sie nur sich selbst.

Wenn Sie sich beim Reden oder Denken einer negativen Aussage bewusst werden, beenden Sie den Satz nicht, sondern formulieren ihn sofort positiv um. Das wird in Ihrem Leben wahre Wunder bewirken.

Immer wenn Sie etwas Negatives denken oder aussprechen, verlängern Sie damit nur den Zustand, der Ihnen Unbehagen bereitet. Sie richten dann Ihre Gebetskraft gegen sich selbst.

Gedanken rufen Emotionen hervor und Emotionen können krank machen oder heilen. Negatives Denken tötet Liebe, Harmonie, Frieden, Schönheit und Freude. Destruktive Emotionen vergiften nicht nur den Geist, sondern auch die Zellen unseres Körpers.

Misserfolge beruhen auf negativem Denken. Sie haben viele Ursachen, die vermutlich wichtigste aber ist der Glaube, dass ein Misserfolg unausweichlich sei.

Wenn Sie negativ von anderen denken, liegt das Problem ausschließlich in Ihrem eigenen Bewusstsein. Andere Menschen sind nicht dafür verantwortlich, wie Sie über sie denken. Es gibt nur eine Person, die Sie ändern können und müssen: Sie selbst.

Die Ursache aller unerwünschten, schädlichen Angewohnheiten ist negatives und destruktives Denken. Die Heilung geschieht, wenn Sie sich gedanklich und emotional in den Zustand der Befreiung von der betreffenden Gewohnheit hineinversetzen und die damit verbundene Freude spüren.

Konstruktive und bewusste Gebetstherapie ist die einzige wirkliche Antwort auf negatives Denken und Furcht. Auch wenn Sie sich von Irrtümern täuschen lassen, bleibt die Wahrheit doch für alle Zeiten bestehen. Bringen Sie Ihr Denken und Handeln in Einklang mit den Prinzipien der unendlichen Intelligenz in Ihnen. Damit neutralisieren und löschen Sie alle negativen Prägungen Ihres Unterbewusstseins.

▪ Praktische Beispiele

Eines Tages bat mich ein Mann um ein Gespräch, der dafür eigens aus San Francisco angereist war. Er war sehr angespannt. Sein Arzt hatte seinen Zustand als Angstneurose diagnostiziert. Der Mann war Verkaufsmanager eines großen Konzerns und finanziell sehr erfolgreich. Der Vorstandsvorsitzende und dessen Stellvertreter hielten große Stücke auf ihn.

In unserer Unterhaltung kam die wahre Ursache für sein Problem ans Licht. Ein früherer Klassenkamerad hatte als Verkaufsmanager bei einem Konkurrenzunternehmen gearbeitet und war dort zum Vorstandsvorsitzenden befördert worden. Mein Besucher gab zu, eifersüchtig und neidisch auf diesen Karrieresprung seines Klassenkameraden zu sein. Er verglich sich ständig mit ihm. »Wissen Sie«, sagte er, »dieser Bursche war immer schon besser als ich, auf der Schule und später auf dem College. Er hat mir sogar das Mädchen, das ich liebte, weggeschnappt und es geheiratet.«

Ich erklärte ihm, dass die einzige wirkliche Konkurrenz in seinem eigenen Geist stattfand, zwischen der Idee des Erfolges und der Idee des Scheiterns. Er sei zum Siegen geboren, nicht zum Scheitern. Die unendliche Macht in ihm könne niemals scheitern. Alles, was er tun musste, war, seine ganze Aufmerksamkeit auf den Erfolg zu richten. Dann würden die Kräfte seines Unterbewusstseins ihm entsprechend seiner Überzeugung zum Erfolg verhelfen.

Er sah ein, dass die Vergangenheit vorbei ist und dass es ausschließlich auf den gegenwärtigen Moment ankommt. Wenn er sein gegenwärtiges Denken dauerhaft veränderte, würde seine ganze Welt geradezu magisch jene Form annehmen, die seiner bewussten, gezielten Kontemplation entsprach.

Auch wies ich ihn darauf hin, dass er sich durch neidvolle Gedanken selbst arm machte und dass es kaum eine schlimmere Geisteshaltung gibt. Negatives Denken und Minderwertigkeitsgefühle zusammen mit Neid und Eifersucht wirkten sich verheerend auf seinen mentalen und emotionalen Zustand aus und behinderten seinen Fortschritt auf der ganzen Linie.

Die Kur dagegen war simpel: Ich empfahl ihm, seinen einstigen Klassenkameraden zu segnen und ihm aufrichtig Wohlstand und Erfolg zu wünschen.

Nach ein paar Wochen stellte er fest, dass seine Neidgefühle völlig verschwunden waren.

———

Als ich einmal den Ärmelkanal von Dover nach Calais überquerte, kam ich mit einem interessanten jungen Mann namens Cyril R. ins Gespräch, der in Paris studierte. Cyril erzählte mir, dass er von Zeit zu Zeit seine Denkmuster überprüfte. Stieß er dabei auf zornige oder negative Gedanken, sagte er zu sich: »Das ist nicht die Unendlichkeit, die hier durch mich denkt, spricht und handelt. Diese Gedanken sind nicht göttlicher Natur. Sie sind destruktiv und falsch. Ab jetzt denke, spreche und handle ich vom Standpunkt Gottes und seiner Liebe aus.«

Immer wenn Cyril versucht war, ärgerlich, negativ oder deprimiert zu werden, konzentrierte er sich auf Gottes Liebe und Gottes Frieden und überwand so die Versuchung. Das ist wahre innere Disziplin und spirituelle Einsicht.

———

Einmal besuchte ich einen Freund im Krankenhaus. Als ich wieder aufbrechen wollte, bat er mich, noch mit dem anderen Patienten im Zimmer zu sprechen, einem Mann namens Robert C.

Ich stellte mich Robert vor. Er schien sich über etwas Ablenkung zu freuen. Während wir uns über das Krankenhaus unterhielten, sagte er plötzlich. »Am schlimmsten an meinem Aufenthalt hier ist, dass Harry vermutlich vor Schadenfreude platzt. Ich verabscheue diesen Menschen. Ich glaube, es gibt niemanden, der einen mieseren Charakter hat als er!«

»Wer ist dieser Harry?«, fragte ich.

»Wir waren Geschäftspartner«, erzählte mir Robert. »Dann kam ich dahinter, dass er die Bücher frisierte und hohe Summen für sich abzweigte. Fast hätte ich deswegen Konkurs anmelden müssen.«

Man merkte deutlich, dass Roberts Abscheu gegen Harry sich zu einer schwärenden psychischen Wunde entwickelt hatte.

»Würden Sie Ihren früheren Partner zum Essen einladen?«, fragte ich.

»Nur wenn ich wüsste, dass ich ihn dabei vergiften könnte, ohne erwischt zu werden!«, entgegnete er.

»Und doch beschäftigen Sie sich ständig gedanklich mit ihm. Und nicht er ist es, der dabei vergiftet wird, sondern Sie. Sie verleihen ihm – oder besser gesagt, dem psychischen Bild, das Sie von ihm haben – eine enorme Macht über Ihren Geist, Ihren Körper und Ihre lebenserhaltenden Organe. In Ihrem Universum sind Sie der einzige Denker. Demnach sind Sie unmittelbar für Ihre Gedanken, Vorstellungen und inneren Bilder verantwortlich. Wenn Sie Ihren Geist mit Hass und Abscheu vergiften, hinterlässt das unvermeidlich Spuren in Ihrem Körper.

Erfüllen Sie Ihren Geist dagegen mit den Wahrheiten Gottes, wird Ihre Gesundheit wiederhergestellt.«

Empfehlenswerte Techniken

Der ideale Weg, sich von unerwünschten Gedanken und Gefühlen zu befreien, besteht darin, das Gesetz der Substitution anzuwenden: Ersetzen Sie negative Gedanken durch positive, konstruktive. Wenn negative Gedanken oder Gefühle in Ihnen auftauchen, sollten Sie sie nicht unterdrücken oder bekämpfen. Sagen Sie einfach zu sich selbst: »Ich glaube an das Gute.« Dann werden die negativen Gedanken ganz von selbst verschwinden, so wie die Dunkelheit dem Licht weicht.

Mitunter werden Sie in alte Gewohnheiten des Ärgerns, Sorgens und Kritisierens zurückfallen. Erteilen Sie sich in einem solchen Fall die klare Anweisung: »Stopp! Meine Gedanken sind die Nahrung für mein Unterbewusstsein.« Tun Sie das, wenn nötig, hundertmal oder sogar tausendmal am Tag.

Prinzipien, die Sie sich einprägen sollten

1. Wenn Negativität an Ihre innere Tür klopft, lassen Sie Ihren Glauben an Gott und alle guten Dinge die Tür öffnen. Dann findet die Negativität bei Ihnen keine Bleibe.
2. Negativität ist ein mentales Gift. Vergebung und Liebe sind die spirituellen Gegenmittel, die Heilung bringen.

3. Indem Sie das Gesetz der Substitution anwenden, können Sie alle negativen Eindrücke, die Ihre fünf Sinne Ihnen übermitteln, geistig transformieren. Ersetzen Sie jeden negativen Gedanken oder Eindruck sofort durch einen positiven, konstruktiven Gedanken. Die positive Emotion wird alle negativen Emotionen neutralisieren und löschen.

4. Sie können sich gegen alle von außen an Sie herangetragene Negativität schützen, indem Sie affirmieren: »Gott und ich sind eins, und wenn Gott für mich ist, wer kann dann noch gegen mich sein?«

5. Die negativen Gedanken anderer haben keine Macht über Sie, wenn Sie sich weigern, sie zu akzeptieren. Dann werden sie mit verdoppelter Wucht zu ihrem Urheber zurückkehren.

6. Denken Sie selbstständig. Lassen Sie es nicht länger zu, dass das negative Massendenken durch Sie spricht.

7. Jedes negative Denk- oder Verhaltensmuster können Sie ändern, indem Sie sich daran erinnern, dass in Ihrem Inneren nicht Furcht wohnt, sondern jene Macht und Gegenwart, die in harmonischer Ordnung die Welt erschaffen hat.

17. Kapitel

Wohlstand

*Sie sind reich. Sie können sich an den
Sternen am Himmel erfreuen,
am Morgentau, an Sonnenaufgang
und Sonnenuntergang.
Sie können Ihren Blick über Hügel,
Berge und Täler schweifen lassen,
den süßen Duft der Rosen riechen und das
frisch gemähte Heu. Erkennen Sie,
dass die ganze Welt Ihnen gegeben wurde,
sich daran zu erfreuen —
dann wissen Sie, wie reich Sie bereits
sind ... und zugleich finden Sie
so den Schlüssel zu materiellem
Wohlstand.*

Sie sind nicht hier, um sich lediglich Ihren Lebensunterhalt zu verdienen. Das Leben ist ein Geschenk. Sie sind hier, um sich selbst schöpferisch auszudrücken und dadurch die Welt reicher zu machen.

Reichtum bedeutet nicht einfach nur, viel Geld zu besitzen. Reich sind Sie, wenn Sie über alles verfügen, was Sie an Nahrung, Kleidung, Energie, Vitalität, Gesundheit, Glück, Inspiration und schöpferischen Ideen ersehnen.

Wir leben in einer Gedankenwelt. Reichtum ist ein Gedankenbild in Ihrem Bewusstsein. Das Gedankenbild des Reichtums, das Sie innerlich nähren, ist die erste Ursache, die Ihnen zu Geld und allen anderen benötigten Reichtümern verhilft. Erkennen Sie, dass Ihre Gedanken schöpferisch sind, dass Sie das, was Sie innerlich als wahr empfinden, in Ihr Leben ziehen und dass Sie zu dem werden, was Sie sich vorstellen. Alles, was Sie Ihrem Unterbewusstsein einprägen, tritt in der objektiven Realität in Form von Erfahrungen und Ereignissen in Erscheinung. Wenn Sie ständig denken, dass Sie nicht genug Geld haben, um über die Runden zu kommen, dass Sie arm sind und sparen müssen und sich nichts Gutes leisten können, dann ist es Ihr Denken, durch das Sie sich selbst arm machen. »Mein Geld reicht hinten und vorne nicht.« – »Ich habe nicht genug.« – »Ich werde mein Haus verlieren, weil ich die Hypothek nicht mehr abtragen kann.« Wenn Sie so denken, während Sie gleichzeitig um Wohlstand beten, ist das, als würden Sie sich selbst einen ungedeckten Scheck ausstellen. Um wohlhabend zu werden und Ihre finanziellen Probleme zu lösen, müssen Sie Ihr ganzes Denken auf Reichtum, Wohlstand und Erfolg ausrichten.

Das Geheimnis des Wohlstandes besteht darin, dass Sie Gedanken des Mangels und der Begrenztheit durch gewohnheitsmäßige Gedanken an die unendlichen, unerschöpflichen Reichtümer Gottes ersetzen müssen. Ändern Sie Ihr Denken und behalten Sie diese Veränderung dauerhaft bei. Dann werden auch Ihre Lebensumstände sich auf phantastische Weise verändern.

―――

Der Weg zu Erfolg und Wohlstand steht Ihnen jederzeit offen, in Ihrem eigenen Inneren. Dazu müssen Sie Gott nicht anbetteln oder anflehen. Sie müssen lediglich Ihre Gedanken und inneren Bilder verändern.

———

Die kosmische Macht in Ihnen strebt niemals Zustände des Mangels und der Begrenzung an.

———

Geben Sie sich niemals damit zufrieden, finanziell einigermaßen zurechtzukommen. Seien Sie kühn und beanspruchen Sie es als Ihr gutes Recht, wirklich reich zu sein, dann wird Ihr Tiefenbewusstsein Sie entsprechend reich belohnen. Sie sind hier, um ein Leben in Fülle zu führen.

———

Viele Menschen glauben, dass Reichtum, Glück und Fülle ihnen in diesem Leben nicht zustünden, dass diese Segnungen nur für andere da seien.
Das Gesetz besagt, *dass jedem Menschen nach seinem Glauben geschieht*. Wenn Sie nicht glauben, dass Sie ein Recht auf die Erfüllung Ihrer Herzenswünsche haben – sei es nun materieller Wohlstand oder was auch immer –, dann wird dieser Glaube zu einer sich selbst erfüllenden Prophezeiung. Das Gesetz bevorzugt oder benachteiligt niemanden. Es reagiert immer auf Ihren Glauben.

———

Wenn Sie das Geld gering achten, bekommt es Flügel und fliegt davon.
———

Sie wissen ja: Alle Dinge, denen Sie besondere Aufmerksamkeit widmen, wachsen und vergrößern sich in Ihrem Leben. Aufmerksamkeit ist der Schlüssel zu einem reichen, erfüllten Leben. Denken Sie stets in Begriffen des Wachstums und der Fülle. Fühlen Sie sich erfolgreich und wohlhabend. Wenn Sie sich reich fühlen, werden Sie reich.

―――――

Achten Sie stets darauf, allen Menschen in Ihrer Umgebung Erfolg, Glück und Fülle zu wünschen. Ihre Mitmenschen werden solche Gedanken unbewusst aufnehmen und von dem Gefühl des Wohlstands und der Fülle profitieren, das von Ihnen ausstrahlt. Wenn Sie Fülle und Wohlstandsbewusstsein auf andere ausstrahlen, ziehen Sie damit zugleich immer mehr von den Reichtümern Gottes in Ihr eigenes Leben.

―――――

In zahlreichen Gesprächen stelle ich immer wieder fest, dass viele Menschen in finanzieller Hinsicht nicht erfolgreich sind, weil sie es für falsch und sündig halten, um Reichtum und Erfolg zu beten. Eine solche Einstellung ist tiefer Aberglaube. Nichts könnte weiter von der Wahrheit entfernt sein. *»Ich bin gekommen, damit sie das Leben haben und es in Fülle haben.«* (Johannes 10,10) Jene, die sich scheuen, Wohlstand und alle guten Dinge des Lebens für sich zu beanspruchen, berauben sich dadurch zahlreicher Segnungen, die durchaus frei zugänglich sind und allen Menschen zustehen. Sie sind hier auf Erden, um in Fülle zu leben. Doch solange Sie kein Bewusstsein für Fülle und Wohlstand entwickeln und die unendlichen Reichtümer Gottes nicht für sich beanspruchen, werden Sie Mühe haben, Ihre Schulden zu tilgen und Ihre Familie zu ernähren.
Reich zu sein ist Ihr gottgegebenes Geburtsrecht. Das Gesetz des Lebens ist ein Gesetz der Fülle, nicht des

Mangels. Gott möchte, dass Sie reich sind. Sie sind auf Erden, um wohlhabend, glücklich und frei zu sein und in jeder Hinsicht zu gedeihen. Ihr Wunsch nach Reichtum ist ein Wunsch nach einem erfüllteren, glücklicheren Leben. Das ist ein kosmischer Antrieb in Ihnen, der gut ist, ja sogar sehr gut.

Wir leben in einem geistigen und spirituellen Universum. Die Welt ist Geist, Gott, unendliche Intelligenz, die materielle Gestalt angenommen hat. Geist und Materie sind eins. Geld sollten wir daher als sichtbare Manifestation der unsichtbaren Fülle betrachten.

Sie beten zwei einander widersprechende Gebete, wenn Sie in einem Atemzug sagen: »Gott bringt mir jetzt Wohlstand«, und im nächsten: »Ich beneide jenen Menschen um sein Geld und seinen beruflichen Erfolg.« Durch Neid blockieren Sie den Fluss des Guten in Ihrem Leben. Wenn Sie andere beneiden, werten Sie sie damit auf und sich selbst ab. Gott ist Ihre Quelle für Wohlstand und Fülle. Er vermag alle Ihre Bedürfnisse augenblicklich und in vollkommener Weise zu befriedigen. Andere zu beneiden ist Energieverschwendung und macht Sie arm, denn Sie verleugnen damit Ihre eigene Fülle. Andere zu kritisieren und zu verurteilen, die reicher sind als Sie, ist der schnellste und sicherste Weg, den Wohlstand aus Ihrem eigenen Leben zu vertreiben.

Macht es Sie neidisch, wenn Sie sehen, wie jemand viel Geld auf der Bank einzahlt oder etwas sehr Teures kauft, während Sie selbst momentan nur über geringe finanzielle Mittel verfügen? Diesen Neid können Sie überwinden, indem Sie sich sagen: »Ist das nicht wundervoll? Ich freue mich am Wohlstand dieses Menschen! Möge sein Wohlstand stetig wachsen.«

Segnen Sie all jene, deren Erfolg oder Reichtum Sie irritiert oder Ihren Neid weckt. Beten Sie dafür, dass diese Menschen noch viel erfolgreicher, wohlhabender und glücklicher werden. Auf diese Weise heilen Sie Ihren Geist, erlangen echtes Wohlstandsbewusstsein und lassen die Welt großzügig an Ihrem inneren und äußeren Reichtum teilhaben.

Dann sind Sie wirklich reich.

———

Die meisten Menschen sind sich ihrer unsichtbaren inneren Hilfsquellen nicht bewusst. Wenn die Geschäfte schlecht gehen, die Börsenkurse fallen oder ihre Investitionen sich als Fehlschläge erweisen, reagieren sie oft völlig hilflos.

Der Grund für ihre Unsicherheit besteht darin, dass sie nicht wissen, wie man die Kräfte seines Unterbewusstseins anzapft. Sie wissen nichts von den unerschöpflichen Schatzkammern in ihrem Inneren. Sie machen den Fehler, äußere Umstände für Ursachen zu halten.

Statt zu erkennen, dass der wahre Reichtum in der schöpferischen Macht des eigenen Geistes liegt, betrachten sie äußere Faktoren als entscheidend für den Erwerb von Wohlstand. Wer dagegen die Gegenwart der unendlichen Intelligenz in seinem Inneren anerkennt, wird sich immer weniger auf äußere Hilfsmittel verlassen und immer mehr auf die eigentliche Quelle, denn »*In seiner Macht kann Gott alle Gaben über euch ausschütten, sodass euch allezeit in allem alles Nötige ausreichend zur Verfügung steht und ihr noch genug habt, um allen Gutes zu tun.*«
(2 Korinther 9,8)

Glauben Sie fest daran, dass Gott Ihre Versorgung ist und Sie zu jeder Zeit und an jedem Ort mit allem Erforderlichen versorgt. Machen Sie sich immer wieder klar, dass es Ihre Geisteshaltung ist, die Sie ändern müssen, nicht die äußeren Umstände. Sobald Sie die richtige Geisteshaltung einnehmen, werden Ihre äußeren Lebensumstände und Ihre finanzielle Situation sich ganz automatisch zum Besseren wenden.

Schenken Sie Ihre Loyalität und Ihr Vertrauen niemals erschaffenen Dingen, sondern ausschließlich dem Schöpfer, der ewigen Quelle aller Dinge im Universum. Schaffen Sie sich eine unerschütterliche Überzeugung, dass Geld jederzeit frei und ungehindert in Ihr Leben strömt und Ihr Bedarf immer überreichlich gedeckt wird. Falls es dann zu einer Wirtschaftskrise oder anderen ökonomischen Turbulenzen kommt, werden Sie dennoch, dank richtiger Anwendung der Gesetze Ihres Unterbewusstseins, Wohlstand in Ihr Leben ziehen und immer gut versorgt sein. Sie werden über so viel Geld verfügen, wie Sie es sich wünschen – und überdies noch Seelenfrieden, Harmonie, Gesundheit und heitere Gelassenheit Ihr Eigen nennen.

Bedenken Sie, dass die Kanäle, durch die Reichtum in Ihr Leben strömt, niemals Ursache dieses Reichtums sind.

―――――

Ihre finanziellen Gewinne und Verluste entstehen in Ihrem eigenen Denken.

―――――

Ihr innerer Dialog ist die Ursache für sämtliche äußeren Erfahrungen in Ihrem Leben. Denken, sprechen und handeln Sie, als verfügten Sie bereits über das Geld, das Sie ersehnen – *denn wie ein Mensch in seinem Herzen denkt, so ist er.*

―――――

Manche Menschen halten es für sehr spirituell, das Wort »Geld« nicht in den Mund zu nehmen. Sie sprechen von »Versorgung«, »Fülle« und »Wohlstand«, meinen aber in Wahrheit Geld. Sie hängen altmodischen Vorstellungen nach und halten es für falsch, sich Geld zu wünschen. Das ist völliger Unsinn.

Reichtum ist, genau wie Armut, ein geistiger Zustand. Wenn Ihr Denken auf Armut ausgerichtet ist, werden Sie sich in ärmlichen Lebensverhältnissen wiederfinden. Die Armut ist keineswegs eine Tugend. Sie ist eine geistige Krankheit. Füllt ein Mensch dagegen seinen Geist mit Gedanken an Wohlstand, werden alle seine Bedürfnisse überreichlich erfüllt. Wer sich reich fühlt, wird immer reicher. Wer sich arm fühlt, wird immer ärmer.

Geld zu haben bedeutet, frei von Armut und Einschränkung zu sein.

Viele Menschen fragen: »Wie kann ich zu Geld kommen? Wie kann ich mir meine Wünsche erfüllen?«
Die Antwort lautet, dass Ihr Unterbewusstsein die Quelle aller Gewohnheiten ist. Was Sie gewohnheitsmäßig denken, bestimmt darüber, wie Ihr Unterbewusstsein Ihre Lebensrealität für Sie gestaltet. Wenn Sie das Gesetz Ihres Geistes auf richtige Weise anwenden und Ihren inneren Dialog stets in konstruktive Bahnen lenken, ist Wohlstand die unvermeidliche Folge.
Reichtum ist eine gute Angewohnheit und Armut ist eine schlechte Angewohnheit. Mehr ist über den Unterschied zwischen reich und arm nicht zu sagen.

Schauen Sie auf die verschwenderische Fülle und Üppigkeit der Natur, dann wird Ihnen klar, welcher Überfluss in der Welt herrscht. Gottes Weisheit und seine schöpferischen Ideen werden niemals knapp. Die Menschen sind es, die in ihrer Gier und Habsucht einen künstlichen Mangel erzeugen.
Leben Sie im Bewusstsein der unerschöpflichen Quellen Gottes. Solange Sie dieses Wohlstandsbewusstsein aufrechterhalten, werden Sie nie Mangel leiden.

———

Was Sie anstreben, strebt auch zu Ihnen. Das ist das Gesetz des Wohlstandes und das Gesetz der Erfüllung all Ihrer Wünsche – durch Ihr eigenes Unterbewusstsein.

———

Geben Sie das Geld, über das Sie gegenwärtig verfügen, großzügig und mit Freude aus. Lassen Sie es frei und ungehindert zirkulieren, dann wird Gott Sie mit seinem Reichtum förmlich überschütten.

———

Wenn Sie nicht reich sind, können Sie kein glückliches und erfülltes Leben führen.

———

Die Slums in unseren Großstädten werden wir nur beseitigen können, wenn wir die geistigen Slums und das Armutsdenken aus dem Bewusstsein der Menschheit entfernen.

———

Die unendliche Intelligenz Ihres Unterbewusstseins kann nur *für Sie* tun, was sie *durch Sie* tun kann. Machen Sie von den Kräften Ihres Geistes auf rechte Weise Gebrauch, dann wird unerschöpflicher Reichtum in Ihr Leben strömen.

Viele Menschen fragen mich bezüglich finanzieller Engpässe und Schwierigkeiten um Rat. Dabei sagen Sie meist Sätze wie diesen: »Mit 50 000 Dollar wären alle meine Probleme gelöst.«
Ich frage in solchen Fällen immer: »Glauben Sie an Reichtum?« Die Antwort lautet zumeist: »Ja, natürlich, man sieht ihn ja überall«, oder etwas Ähnliches.
Dann fahre ich fort: »Wenn Sie sich in der Welt umschauen, sehen Sie Kirchen, Banken und Geschäfte voller Waren. Sie sehen Millionen von Autos, Lastwagen und unzählige Geräte und Maschinen. Jeder Apparat, jede Konstruktion und Erfindung – vom Radio über das Fernsehen zu Autos, Nähmaschinen und Wolkenkratzern – war zunächst unsichtbar, existierte nur als Idee oder Gedankenbild. Derjenige, der diese Idee hatte, nährte sie so lange geistig und emotional, bis sein Unterbewusstsein ihn veranlasste, sie in die Tat umzusetzen. Und darüber hinaus zog sein Unterbewusstsein all das in sein Leben, was er zur Verwirklichung seines Traumes benötigte. Es gibt genug Material in der Welt, um jeden Mann wie einen König und jede Frau wie eine Königin zu kleiden. Die Natur ist üppig und verschwenderisch. Denken Sie an all die noch unerschlossenen Schätze in der Erde und unter dem Meer!«
So begreifen meine Zuhörer allmählich, dass Reichtum in Wahrheit ein geistiger Zustand ist, eine Idee, die mit Leben erfüllt und mit Energie aufgeladen werden muss. Dann wird das Unterbewusstsein das Bewusstsein aktivieren und das Gesetz der Anziehung wird

Reichtum in Ihr Leben strömen lassen – spirituell, mental und materiell.

―――――

Wenn Sie in finanziellen Schwierigkeiten stecken und Mühe haben, Ihren Lebensunterhalt zu bestreiten, heißt das, dass es Ihnen noch nicht gelungen ist, Ihr Unterbewusstsein davon zu überzeugen, dass Sie stets reichlich und im Überfluss haben werden.

―――――

Lassen Sie sich nicht einreden, man könne Reichtum nur im Schweiße seines Angesichts durch harte Mühsal erwerben! Das ist nicht wahr. Der mühelose Weg ist immer der beste. Tun Sie die Dinge, die Ihnen von Herzen Freude bereiten. Tun Sie, was Sie gern tun, weil es interessant, faszinierend und aufregend ist.

―――――

Reichtum ist eine unterbewusste *Überzeugung*. Sie werden nicht einfach zum Millionär, indem Sie ständig wiederholen: »Ich bin Millionär. Ich bin Millionär.« Um echtes Wohlstandsbewusstsein zu entwickeln, müssen Sie die Idee von Reichtum und Fülle *zu einem festen Bestandteil Ihrer Mentalität* machen.

―――――

Viele Leute klagen: »Ich habe mir monatelang immer wieder gesagt: ›Ich bin reich. Ich bin wohlhabend‹, doch nichts ist geschehen.«
Wenn man eine solche Affirmation anwendet, aber gleichzeitig das Gefühl hat, sich selbst etwas vorzulügen, bewirkt sie überhaupt nichts. Ein Mann erzählte mir: »Bis zum Überdruss habe ich mir immer wieder eingeredet,

dass ich wohlhabend bin, doch tatsächlich hat sich meine Lage sogar noch verschlechtert. Ich wusste, dass ich mir selbst etwas vormachte.« Seine Affirmationen wurden von seinem Bewusstsein ständig zurückgewiesen und so manifestierte sich das genaue Gegenteil von dem, was er äußerlich affirmiert und behauptet hatte. Sie erreichen überhaupt nichts, wenn Sie sich zehn Minuten, nachdem Sie Ihre Wohlstands-Affirmation praktiziert haben, schon wieder in Selbstzweifeln und Furchtgedanken ergehen und damit das beanspruchte Gute neutralisieren.

Wenn Sie negativ, neiderfüllt und mangelorientiert denken, zeitigt das in Ihrem Leben negative Folgen. Beachten Sie: Reichtum kommt nicht von außen zu Ihnen, sondern Sie selbst strahlen ihn aus und ziehen so das Ihrem Denken Entsprechende an.

Wenn Sie sich über einen Menschen ärgern, der sein Geld auf unehrliche Weise verdient, sollten Sie einfach keinen weiteren Gedanken an ihn verschwenden. Dieser Mensch wendet das Gesetz des Geistes auf negative Weise an und wird die Konsequenzen tragen müssen.
Und denken Sie daran: Wenn Sie finanziellen Mangel leiden, ist das auf Ihr eigenes Denken zurückzuführen, nicht auf die Ansichten oder Handlungen anderer Menschen.

Ich kannte einmal einen Geistlichen, der in seiner Gemeinde sehr beliebt war. Er verfügte über ausgezeichnete Kenntnisse der geistigen Gesetze und konnte dieses Wissen anderen sehr gut vermitteln – aber er steckte ständig in

Geldnöten! Eine gute Entschuldigung für dieses Problem glaubte er in einem Bibelzitat gefunden zu haben: »*Denn die Wurzel aller Übel ist die Habsucht.*« (1 Timotheus 6,10) Dabei ließ er aber außer Acht, dass Paulus weiter unten im selben Text die Menschen dazu auffordert, ihr Vertrauen in den lebendigen Gott zu setzen, »*der uns alles reichlich gibt, was wir brauchen*«. (1 Timotheus 6,17)
In der Bibel heißt es nicht, dass *Geld* die Wurzel aller Übel ist, sondern *Habsucht*, die übermäßige Liebe zum Geld. Wenn Sie das Geld lieben unter Missachtung aller anderen für ein erfülltes Leben wichtigen Dinge, wird Ihr Leben dadurch unausgewogen und einseitig. Wenn Ihr ganzes Trachten auf das Horten von Geld ausgerichtet ist und Sie sagen: »Ich will Geld und nichts als Geld. Ich werde mich ausschließlich auf die Vermehrung meines Geldes konzentrieren. Alles andere ist mir egal«, werden Sie tatsächlich viel Geld erwerben. Das Gesetz des Lebens ist unpersönlich und Ihnen geschieht immer nach Ihrem Glauben, wie dieser auch aussehen mag. Aber es wird Ihnen dann an den anderen Dingen fehlen, die für wahren Reichtum unerlässlich sind: innerer Frieden, Harmonie, liebevolle menschliche Beziehungen, Freude, Gesundheit und kreative Erfüllung.

Wären Sie körperlich krank, würden Sie diesen Zustand gewiss nicht als Ihre unabänderliche Bestimmung betrachten. Stattdessen würden Sie sich sagen: »Etwas stimmt nicht mit mir«, und Sie würden unverzüglich Schritte unternehmen, um Ihre Gesundheit wiederherzustellen.
Wenn Sie unter der Krankheit der Armut leiden, sollten Sie genauso vorgehen.

Sie sind nicht auf Erden, um in einer Baracke zu hausen, sich in Lumpen zu kleiden und zu hungern. Sie sind hier, um glücklich, wohlhabend und erfolgreich zu sein.

Machen Sie den Dienst an der Menschheit zu Ihrem Lebensziel, dann sind Ihnen Wohlstand und Erfüllung gewiss.

Ob ein Mensch reich wird und es im Leben zu etwas bringt, ist nicht von äußeren Faktoren oder einer besonderen Begabung abhängig. Manche Leute sind sehr talentiert und leben doch in ärmlichen und frustrierenden Verhältnissen, während andere, die wenig natürliche Begabung und eine schlechte Schulbildung aufweisen, es zu erstaunlichem Reichtum bringen. Aller Reichtum hängt von unserer Geisteshaltung ab.

Alles im Leben beziehen Sie aus der unendlichen göttlichen Quelle. Daher brauchen Sie nie zu befürchten, Sie könnten sich mehr nehmen, als Ihnen zusteht. Der Reichtum Gottes ist unerschöpflich und ewig. Sie können mit einer Tasse zum Ozean gehen und nur eine kleine Menge Wasser entnehmen. Sie können aber auch ein ganzes Fass füllen. Dem Ozean ist das gleich. Es ist immer noch mehr als genug Wasser übrig.

Gott, der Unendliche, musste zunächst an einen Mammutbaum denken, um ihn ins Dasein zu rufen. Dieser Gedanke ließ den Baum heranwachsen, auch wenn dazu Jahrhunderte ins Land gingen. Als der unendliche Den-

ker an den Mammutbaum dachte, bewirkte er nicht die sofortige Entstehung eines ausgewachsenen Baumes. Er setzte lediglich all die Kräfte in Bewegung, die mittels der im Samenkorn gespeicherten subjektiven Weisheit den Baum heranwachsen lassen würden.
Wenn Sie nun beschließen, sich von allen finanziellen Problemen und Einschränkungen zu befreien, müssen Sie sich klar machen, dass auch Sie ein schöpferischer Denker sind. Das heißt nicht, dass nun von einem Moment zum anderen sämtlicher erträumter Reichtum vor Ihnen auftaucht. Vielmehr bedeutet es, dass Sie alles, was Sie in der materiellen Welt erschaffen möchten, zunächst *ins Dasein denken* müssen.
Akzeptieren und glauben Sie also, dass Erfolg Ihr göttliches Recht ist, dass das Leben Sie überreich beschenkt, und Ihnen wird nach Ihrem Glauben geschehen.

———

Als Henry Ford einmal gefragt wurde, was er tun würde, wenn er all sein Geld verlöre und sein Unternehmen Konkurs anmelden müsste, antwortete er: »Ich würde einen anderen grundlegenden Bedarf aller Menschen finden und ich würde diesen Bedarf preiswerter und effizienter befriedigen als irgendjemand sonst. Innerhalb von fünf Jahren wäre ich wieder Multimillionär.«
Reichtum und Armut sind ausschließlich geistigen Ursprungs. Wie Henry Ford müssen Sie eine klare, eindeutige Entscheidung treffen, wohlhabend und erfolgreich sein zu wollen.

———

Leiden Sie unter einem Armuts-Komplex?
Viele Menschen glauben dem Geld nachjagen zu müssen und haben Angst, nicht genug abzubekommen.

Wenn Ihre Gedanken sorgenvoll um Schulden und unbezahlte Rechnungen kreisen, sollten Sie Gott lächelnd für all seine Schätze danken und schon jetzt die Freude empfinden, die die Begleichung all Ihrer finanziellen Verpflichtungen mit sich bringt. Damit konditionieren Sie Ihren Geist um auf Reichtum und Fülle.

―――

Um geben zu können, müssen Sie etwas besitzen. Nur wer reich ist, kann andere großzügig an seiner Fülle teilhaben lassen. Wer arm ist, kann nicht geben.

―――

Wenn Sie sich mit dem Geld wirklich anfreunden, wird es Ihnen immer reichlich zur Verfügung stehen.

―――

Ein Mensch, der arm ist, also noch nicht gelernt hat, die Schätze seines Geistes zu heben und zu nutzen, kann jederzeit damit beginnen, das Gesetz der Fülle zu praktizieren. Von diesem Moment an wird er Reichtum und Erfolg magisch anziehen.

―――

Verachten Sie materielle Dinge nicht. Alles Physische wurde aus dem lebendigen Geist erschaffen, der materielle Gestalt annahm. Wenn Sie irgendetwas in der Welt verachten, verachten Sie damit zugleich sich selbst.

▪ PRAKTISCHE BEISPIELE

Ramona S. besuchte regelmäßig die wöchentlichen Vorträge, die ich zu meinem Buch *Die Macht Ihres Unterbe-*

wusstseins hielt. Einmal kam sie anschließend zu mir nach vorn und brach in Tränen aus.

Als sie ihre Gefühle wieder unter Kontrolle hatte, sagte sie: »Ich weiß nicht, was ich tun soll. Mein Freund Mike hat ein Elektrogeschäft, das lange Zeit sehr gut lief, sodass er sehr stolz auf seinen Erfolg war. Aber jetzt sagt er plötzlich, dass er wahrscheinlich schließen muss.«
»Warum?«, fragte ich. »Wo liegt das Problem?«
Sie schüttelte den Kopf. »Ich weiß es nicht«, erzählte sie. »Er kann seine ausstehenden Rechnungen nicht bezahlen. Möglicherweise verliert er sogar sein Auto und sein Apartment. Alles hängt an dem Geschäft. Wir wollten heiraten, aber jetzt ist das nicht möglich. Ich sehe keinen Ausweg. Alles ist hoffnungslos.«
»Ramona, was tun Sie, wenn Sie solche Sätze sagen?«
»Ich sage es, wie es ist!«, entgegnete sie bitter. »Nein, ich weiß, was Sie meinen. Ich übermittle meinem Unterbewusstsein Gedanken an Mangel und Misserfolg, nicht wahr?«
»Genau«, pflichtete ich ihr bei. »Und was *sollten* Sie tun?«
»Das genaue Gegenteil«, antwortete sie. »So wie Sie es uns in Ihren Vorträgen raten. Aber wie mache ich das?«
»Zuerst müssen Sie sich in einen entspannten, aufnahmebereiten geistigen Zustand versetzen«, sagte ich. »Lassen Sie sich dann völlig von dem Gefühl durchdringen, dass es für Sie und Mike einen Ausweg gibt.«
Von nun an konzentrierte sich Ramona allabendlich vor dem Einschlafen auf die folgende wunderbare Wahrheit: »Ich weiß, dass die Weisheit meines Unterbewusstseins die perfekte Lösung kennt. Ich akzeptiere jetzt den glücklichen Ausgang in göttlicher Ordnung.«
Auf meinen Vorschlag versetzte sie sich drei bis vier Mal täglich in die glückliche Gewissheit, dass es eine Lösung für Sie und Ihren Freund gab.

Mit dieser Gebetstechnik wies Ramona den vermeintlichen äußeren Anschein und das, was der so genannte »gesunde Menschenverstand« ihr suggerierte, entschieden zurück. Stattdessen wandte Sie sich an die Weisheit Ihres Unterbewusstseins, um von dort die Antwort zu empfangen.
Es vergingen keine zwei Wochen, da rief Mike sie an und berichtete, dass ein Wunder geschehen sei. Sein wichtigster Lieferant hatte ihm mitgeteilt, dass sie irrtümlich Mikes Geschäft über zwei Monate lang zu viel berechnet hatten. Sein Konto war also gar nicht überzogen, sondern er hatte sogar noch ein ordentliches Guthaben.

Einmal erhielt ich einen verblüffenden Anruf vom Ehemann einer Dame, die ich hier Mrs. H. nennen möchte. Er sagte: »Meine Frau hat soeben eine Million Dollar geerbt. Und das verdankt sie Ihnen!« Natürlich gratulierte ich ihm herzlich und wünschte ihnen alle Segnungen des Lebens. Ich erinnerte mich, dass ich mich sonntags nach einem meiner Vorträge in Los Angeles mit der Dame unterhalten hatte. Damals hatte sie gesagt, sie benötige unbedingt eine Million Dollar für ein Projekt, das mir sehr gut durchdacht und konstruktiv zu sein schien. Ich erklärte ihr, dass sie sich zunächst einmal das geistige Äquivalent für eine Million Dollar schaffen müsse. Dies erreiche sie, indem sie sich das vollendete Projekt intensiv vorstelle, bereits jetzt die Freude über den Erfolg empfinde und dafür danke, wie wunderbar sich alles gefügt hatte.
Sie stellte sich also den glücklichen Ausgang so real und lebendig wie möglich vor und jede Nacht vor dem Einschlafen wiederholte sie »eine Million, eine Million, eine

Million«, immer wieder, und ließ sich damit in den Schlaf gleiten. Nach etwa einem Monat teilte ein Rechtsanwalt ihr mit, dass sie über eine Million Dollar geerbt hatte, eine, wie ihr Mann sagte, »vollkommen unerwartete Erbschaft wie aus heiterem Himmel«.

Eine junge Dame, die regelmäßig meine Vorträge und Seminare besuchte, benötigte für die Fahrt dorthin mit dem Bus eineinhalb Stunden und musste unterwegs dreimal umsteigen. In einem Vortrag beschrieb ich, wie ein junger Mann sich ein Auto verschaffte hatte, das er dringend für die Fahrt zur Arbeit benötigte. Sie ging nach Hause und experimentierte mit der von mir empfohlenen Methode. Hier ist ein Auszug aus ihrem Brief, den ich mit ihrer Erlaubnis veröffentliche:

»Sehr geehrter Dr. Murphy,
nachfolgend möchte ich berichten, wie ich zu einem eigenen Cadillac gekommen bin. Ich wünschte mir einen, um regelmäßig Ihre Vorträge besuchen zu können. In meiner Imagination malte ich mir so realistisch wie möglich aus, dass ich tatsächlich einen solchen Wagen fuhr. Ich ging zu einem Autohändler und machte eine Probefahrt in einem Cadillac und affirmierte dabei immer wieder, dass ein solcher Wagen mir gehört.

Immer wieder stellte ich mir vor, wie ich mich hinters Steuer setzte, beim Fahren die Sitzpolster spürte und so weiter. Das tat ich zwei Wochen lang. Und nun bin ich in der vergangenen Woche wirklich mit einem Cadillac zu Ihrem Vortrag gefahren! Mein Onkel ist gestorben und hat mir seinen Cadillac und dazu noch sein gesamtes Anwesen vermacht.«

Ein Geschäftsmann, der meine Vorträge besuchte und regelmäßig meine Radiosendung hörte, fragte mich: »Wie kann ich 50 000 Dollar im Jahr verdienen? Ich bin verheiratet und habe drei Kinder. Das Geld reicht hinten und vorne nicht. Meine Frau muss arbeiten gehen, damit wir wenigstens halbwegs zurechtkommen.«
Ich erklärte ihm, dass sein Gedankenbild oder mentales Muster die *erste Ursache* sei, um das Gewünschte zu erlangen. Es sei die eigentliche Substanz des Gewünschten, noch unberührt von Zuständen des Mangels oder irgendwelchen Einschränkungen.
Alles, was er zu tun hatte, war, sein Gedankenbild an sein Unterbewusstsein zu übermitteln. Dann würde sich seine Idee manifestieren.
Was weiter geschah, schilderte er mir in dem folgenden Brief:
»Sehr geehrter Dr. Murphy,
kurz nach unserem Gespräch entschloss ich mich, die Spiegeltechnik anzuwenden. Ich praktizierte sie in den nächsten drei Monaten jeden Morgen. Nach dem Rasieren stellte ich mich vor den Spiegel und erklärte laut, bewusst und mit Gefühl: ›John, du bist wunderbar erfolgreich. Du verdienst 50 000 Dollar im Jahr. Du bist ein ausgezeichneter Verkäufer.‹ Das wiederholte ich jeden Morgen ungefähr zehn Minuten lang in der Gewissheit, dass ich mir so in meinem Unterbewusstsein das geistige Äquivalent der 50 000 Dollar schuf und dass diese psychologische Technik funktionieren würde.
Ein innerer Impuls veranlasste mich, an einem Rhetorikseminar teilzunehmen. Vor zehn Wochen hielt ich dann bei unserer jährlichen Vertretertagung einen Vortrag. Der Vizedirektor unseres Unternehmens gratulierte mir, ich wurde befördert und erhielt einen einträglicheren

Verkaufsbezirk und ein höheres Grundgehalt. Im letzten Jahr verdiente ich, Grundgehalt und Provision zusammengenommen, über 50 000 Dollar! Ich habe jetzt den Beweis, dass der Geist wirklich die Quelle aller himmlischen Reichtümer ist!«

Während einer Irlandreise hatte ich in Killarney ein sehr aufschlussreiches Gespräch mit einem Chirurgen und seiner charmanten Frau. Wir redeten über die Wunder des Geistes, worauf er mir eine faszinierende Geschichte über seinen Vater erzählte. Ich gebe sie hier kurz zusammengefasst aus dem Gedächtnis wieder:
Dieser junge Chirurg war der Sohn eines walisischen Bergmannes. Sein Vater hatte für schlechten Lohn lang und schwer arbeiten müssen. Als Kind musste der Chirurg barfuß zur Schule gehen, weil sein Vater so arm war, dass er ihm keine Schuhe kaufen konnte. Nur zweimal im Jahr, an Ostern und Weihnachten, kamen zu Hause Obst und Fleisch auf den Tisch. Die übrige Zeit ernährte sich die Familie von Buttermilch, Kartoffeln und Tee. Eines Tages sagte der junge Mann zu seinem Vater: »Ich will Chirurg werden und ich sage dir auch, warum. Einer meiner Schulkameraden hatte grauen Star. Der Augenchirurg hat ihn operiert und nun kann er wunderbar sehen. Ich möchte Gutes tun wie dieser Arzt.«
Der Vater erwiderte: »Sohn, ich habe im Laufe der letzten fünfundzwanzig Jahre 3000 Pfund gespart, damit wir davon deine Ausbildung finanzieren können, aber ich bitte dich, dieses Geld erst anzurühren, wenn du dein Medizinstudium abgeschlossen hast. Dann kannst du dir damit eine schöne Praxis in London einrichten. Bis dahin wird das Geld reichlich Zinsen bringen und du hast immer

eine Sicherheit im Rücken. Wenn es während des Studiums einmal gar nicht anders geht, kannst du jederzeit darauf zurückgreifen. Das Geld gehört dir, aber mir wäre es lieber, wenn wir es weiter für dich auf der Bank liegen lassen, dann hast du nach deinem Examen ein nettes Startkapital.«

Diese Aussicht fand der junge Mann sehr aufregend und er versprach seinem Vater, das Geld bis zu seinem Examen nicht anzurühren. Er finanzierte sich sein Studium, indem er nachts und in den Semesterferien in Apotheken arbeitete und außerdem an der Universität Pharmakologie und Chemie unterrichtete. Er wollte unbedingt das seinem Vater gegebene Versprechen erfüllen, das Geld auf der Bank erst anzurühren, wenn er sein Examen absolviert hatte.

Am Tag, als er alle Prüfungen bestanden hatte, sagte sein Vater zu ihm: »Sohn, ich habe mein ganzes Leben als Bergmann geschuftet und es zu nichts gebracht. Jetzt muss ich dir die Wahrheit sagen: Es liegt kein einziger Penny auf der Bank, ich habe nie etwas für dich zurücklegen können. Ich wollte, dass du tief in dir gräbst und die Schätze deiner eigenen inneren Goldmine entdeckst.«

»Für einen Moment«, erzählte der Chirurg, »war ich völlig verblüfft und sprachlos. Doch nach ein paar Minuten überwand ich den Schock und wir fingen beide an zu lachen. Indem mein Vater in mir den Glauben weckte, eine Menge Geld auf der Bank zu haben, auf das ich im Notfall zurückgreifen konnte, wollte er bewirken, dass ich mich reich fühlte. Das verlieh mir Mut, Glauben und Zuversicht. Ich glaubte an mich und meine Fähigkeiten. Die Wirkung hätte nicht besser sein können, wenn tatsächlich 3000 Pfund auf der Bank gelegen hätten.«

Abschließend sagte der Chirurg, alles, was er in der äußeren Welt erreicht habe, sei nur ein Abbild seines inneren Glaubens, seiner Vision und Überzeugung. Er hatte nie auch nur einen Penny von seinem Vater bekommen, doch der Glaube daran hatte in seinem Leben Wunder bewirkt. Für jeden Menschen liegt der Schlüssel zur Verwirklichung seiner Lebensziele in der Entdeckung seiner wunderbaren Gedanken- und Gefühlskräfte. Dieser Mann hatte während seines Studiums so zuversichtlich gehandelt, als wäre das Geld tatsächlich die ganze Zeit über da gewesen!

Ein junger leitender Angestellter, ein brillanter Kopf, sagte zu mir: »Ich arbeite sehr hart, viele Stunden am Tag. Meine Vorschläge sind vom Management alle aufgegriffen worden und bringen unserem Unternehmen viel Geld ein. Doch in den letzten drei Jahren wurde ich bei anstehenden Beförderungen und Gehaltserhöhungen immer übergangen.«

Dieser Mann war intelligent und offensichtlich sehr fleißig. Der Grund für sein schlechtes berufliches Weiterkommen lag in der Beziehung zu seiner geschiedenen Frau.

Seit drei Jahren kämpften sie um die Aufteilung des Besitzes, die Unterhaltszahlungen und das Sorgerecht für die Kinder. Unterbewusst wollte er so lange nicht mehr Geld verdienen, bis der Sorgerechtsprozess abgeschlossen war. Er glaubte, je mehr er verdiente, desto höher würde das Gericht die Unterhaltszahlungen ansetzen. Er war verbittert wegen der vom Gericht seiner Meinung nach viel zu hoch veranschlagten vorläufigen Unterhaltssumme und zahlte sie nur sehr widerwillig.

Ich erklärte ihm, wie das Unterbewusstsein arbeitet und dass *er in Wirklichkeit momentan nicht mehr Geld verdie-*

nen wollte. Offensichtlich hatte er diese negative Vorstellung unbewusst emotional aufgeladen. Wenn Sie geistig einem anderen Menschen Wohlstand vorenthalten wollen, enthalten sie ihn damit gleichzeitig auch sich selbst vor. Darum rät uns die goldene Regel, dass wir unseren Mitmenschen nur Dinge wünschen sollen, die wir auch uns selbst wünschen. Wenn Sie anderen gegenüber hasserfüllt und verbittert sind oder an ihnen herumnörgeln, fällt das auf Sie selbst zurück, da Sie der einzige Denker in Ihrem Universum sind. Ihr Unterbewusstsein lässt in der physischen Realität stets die *Gesamtheit* Ihres alltäglichen Gedankenstromes in Erscheinung treten.
Der junge Mann sah ein, dass er sein berufliches Weiterkommen selbst blockiert hatte. Im weiteren Verlauf unseres Gesprächs begriff er, dass Liebe den Hass auslöscht und dass er, wenn er seiner Ex-Frau und seinen Kindern Gesundheit, Liebe, Frieden und Wohlstand wünschte, diese Qualitäten damit auch in sein eigenes Leben ziehen würde. Auch sah er ein, dass ihr ein fairer Unterhalt für die Versorgung ihrer gemeinsamen drei Kinder zustand und dass er diese Unterstützung frohen Herzens, bereitwillig und liebevoll zahlen sollte. Ich versicherte ihm, dass alles, was er auf solche Weise gab, vielfach vermehrt zu ihm zurückkehren würde, und empfahl ihm, das folgende Gebet häufig zu sprechen:
»Gott ist Liebe und Gott ist Leben. Das Leben ist eins und unteilbar. Es manifestiert sich in und durch alle Menschen. Es ist in meiner Mitte. Ich weiß, dass Licht die Dunkelheit vertreibt. Ebenso überwindet die Liebe zum Guten alles Böse. Mein Wissen um die Macht des Guten überwindet jetzt alle negativen Zustände. Liebe und Hass können nicht nebeneinander bestehen. Ich richte jetzt den Lichtstrahl Gottes auf alle meine Ängste und sie ver-

flüchtigen sich. Die Morgendämmerung (das Licht der Wahrheit) erscheint und die Schatten (Ängste und Zweifel) schwinden dahin.
Ich weiß, dass die göttliche Liebe mich beschützt und führt und mir meinen Weg bahnt. Ich trete jetzt ein in den Bereich des Göttlichen. Ich bringe jetzt in all meinen Gedanken, Worten und Handlungen Gott zum Ausdruck. Die Natur Gottes ist Liebe. Ich weiß, *dass vollkommene Liebe alle Furcht vertreibt.*«
Innerhalb weniger Woche erfuhr er eine tief greifende innere Wandlung. Er wurde freundlich, herzlich und liebenswert. Er erlebte eine spirituelle Wiedergeburt. Er wurde endlich befördert und erhielt eine kräftige Gehaltserhöhung.
Und die weitere Entwicklung war noch bemerkenswerter: Seine Ex-Frau bat um eine Aussöhnung und die Liebe, die sie einst zusammengeführt hatte, erwachte neu und schließlich traten die beiden ein zweites Mal vor den Traualtar!

———

Eine sehr talentierte junge Schriftstellerin, die bereits mehrere Artikel in Magazinen veröffentlicht hatte, sagte zu mir: »Ich schreibe nicht für Geld.« Ich erwiderte: »Es stimmt, dass Sie nicht für Geld schreiben, aber was haben Sie gegen Geld? Jeder Arbeiter verdient einen angemessenen Lohn. Ihre schriftstellerische Arbeit ist eine Quelle der Inspiration und Ermutigung für Ihre Leserinnen und Leser. Wenn Sie die richtige innere Haltung einnehmen, wird der finanzielle Lohn ganz automatisch und reichlich in Ihr Leben strömen.«
Tatsächlich hatte sie eine starke Abneigung gegen Geld. Einmal nannte sie es »schmutzigen Mammon«. Sie besaß ein unterbewusstes Denkmuster, wonach Armut etwas

Tugendhaftes sei. Ich erklärte ihr, dass es nichts Böses im Universum gibt und dass Gut und Böse nur in den Gedanken und Motiven der Menschen existieren. Alles Böse resultiert aus einer Fehlinterpretation des Lebens und dem Missbrauch der geistigen Gesetze. Mit anderen Worten, das einzige Böse ist Unwissenheit und die einzige Konsequenz daraus ist Leid.

Die junge Schriftstellerin wandte nun täglich das folgende Gebet an, durch das schon bald das Geld reichlich in ihr Leben floss: »Meine Bücher und Artikel bringen meinen Mitmenschen Segen, Heilung, Inspiration und Ermutigung. Ich werde dafür auf wunderbare göttliche Weise belohnt. Ich betrachte Geld als eine göttliche Substanz, denn alles entstammt dem einen Geist. Ich weiß, dass Materie und Geist eins sind. Geld zirkuliert jetzt frei in meinem Leben und ich verwende es weise und konstruktiv. Geld fließt mir jetzt frei, freudig und unerschöpflich zu. Geld ist eine Idee im Bewusstsein Gottes. Es ist gut, ja, es ist sehr gut.«

Dadurch tilgte sie die irrige, abergläubische Vorstellung, dass Geld »schmutziger Mammon« sei, aus Ihrem Bewusstsein und in nur drei Monaten verdreifachte sich ihr Einkommen.

Eine Frau erzählte mir: »Ich war finanziell völlig blockiert. Ich hatte einen Punkt erreicht, an dem ich nicht einmal mehr genug Geld hatte, um Essen für meine Kinder zu kaufen. Fünf Dollar waren alles, was mir geblieben war. Da sagte ich: ›Gott wird jetzt aus seiner herrlichen, unerschöpflichen Fülle dieses Geld gewaltig vermehren. Alle meine Bedürfnisse werden hier und heute und an allen weiteren Tagen meines Lebens augenblicklich erfüllt.‹ Diese Affirmation sagte ich für mindestens eine halbe Stunde immer wieder vor mich hin, bis mich ein tiefes Gefühl des Friedens überkam. Ich gab die ganzen fünf Dollar aus, um dafür Essen einzukaufen. Der Ladenbesitzer fragte mich, ob ich bei ihm als Kassiererin anfangen wollte, da gerade eine seiner Angestellten geheiratet und gekündigt hatte. Ich nahm das Angebot an und bald darauf heiratete ich meinen neuen Chef und gemeinsam freuen wir uns heute an den Reichtümern des Lebens.«

Segnen Sie alle Menschen, die Ihren Weg kreuzen, in Gedanken mit den folgenden Worten: Gott schenkt dir reichlich von den Freuden des Lebens und du gedeihst jetzt auf wunderbare Weise.

Affirmieren Sie täglich: »Es gibt sehr viel Geld auf der Welt. Es gibt von allem sehr viel und ich weiß, dass in meinem Unterbewusstsein unerschöpfliche Ressourcen darauf warten, von mir nutzbar gemacht zu werden.«

Empfehlenswerte Techniken

Hier ist ein Gebet, mit dem Sie sämtliche Geldnöte in Ihrem Leben ein für alle Mal beseitigen können. Wiederholen Sie es jeden Tag und schreiben Sie es sich mit goldenen Lettern in Ihr Herz:
»Ich bin eins mit dem unerschöpflichen Reichtum meines Unterbewusstseins. Ich habe ein Anrecht darauf, wohlhabend, glücklich und erfolgreich zu sein. Das Geld strömt mir aus ewigen Quellen in reicher Fülle zu. Ich bin mir in jedem Augenblick meines wahren Wertes bewusst. Was

ich kann und besitze, stelle ich gern in den Dienst meiner Mitmenschen. Ich bin materiell aufs Reichste gesegnet und freue mich dankbar daran. Das Leben ist wunderbar!«

Möglicherweise sind gegenwärtig alle Ihre finanziellen Reserven aufgebraucht und Sie fühlen sich der Situation völlig ausgeliefert. Wenn Sie es sich aber ab jetzt zur festen Gewohnheit machen, aufrichtig zu beanspruchen: »Gottes Reichtum zirkuliert in meinem Leben und es gibt immer einen göttlichen Überfluss«, werden schon bald wunderbare Dinge geschehen!

Affirmieren Sie: »Ich segne alle, die reicher sind als ich. Ich freue mich daran, alle meine Berufskollegen erfolgreich und wohlhabend zu sehen.«

Und eine weitere Affirmation: »Ich öffne jetzt die Fenster meines Geistes und lasse dankbar die Schätze des Himmels herein.«

Prinzipien, die Sie sich einprägen sollten

1. Reichtum ist nicht mehr und nicht weniger als eine gedankliche Vorstellung. Das gilt auch für Armut. Armut ist jedoch eine geistige Krankheit. Armutsdenken erzeugt Mangel und Begrenzung. Glauben Sie dagegen an das Gesetz des Reichtums, werden Sie reich sein. Die Reichen werden immer reicher und ziehen immer mehr von den guten Dingen des Lebens an, weil die freudige Er-

wartung immer neuer Reichtümer fester Bestandteil ihres Denkens ist. Vergessen Sie nicht: Das, worauf Sie Ihre Aufmerksamkeit richten, vergrößern und verstärken Sie dadurch.

2. Das Leben selbst ist ein Geschenk. Sie sind hier, um ein Leben in Fülle zu führen, ein Leben in Glück, Freude, Gesundheit und Wohlstand. Glauben Sie an Gottes unermessliche Schätze und leben Sie in freudiger Erwartung des Besten.

3. Die wahren Reichtümer befinden sich in Ihrem Unterbewusstsein. Das größte Geheimnis der Welt besteht darin, dass die unendliche Quelle in jedem von uns wohnt. Doch leider suchen die meisten Menschen Reichtum, Erfolg und Glück überall, nur nicht in ihrem Inneren.

4. Um einen inneren Konflikt zu vermeiden, sagen Sie nicht: »Ich bin reich, ich bin glücklich« usw. Sagen Sie: »Reichtum.« Seien Sie sich bewusst, dass Sie damit die latenten Kräfte Ihres Unterbewusstseins aktivieren. Wiegen Sie sich allabendlich mit dem Wort »Reichtum« in den Schlaf. Der Schlüssel zum Reichtum besteht darin, sich das unterbewusste Gesetz des Zwanges zunutze zu machen, indem Sie dem Unterbewusstsein die Idee des Reichtums aufprägen. Akzeptieren Sie die geistige Idee der Fülle. Dann werden Sie gar nicht anders können, als Reichtum und Erfolg in Ihrem Leben zum Ausdruck zu bringen.

5. Achten Sie darauf, dass Sie das, was Sie affirmieren, nicht anschließend wieder leugnen oder in Zweifel ziehen. Hören Sie auf, das Gute immer wieder zu neutralisieren. Gedanken sind Dinge: Was Sie als wahr empfinden, ziehen Sie in Ihr Leben. Und Sie werden zu dem, was Sie sich vorstellen.

6. Ihre Gedanken sind schöpferisch. Was Sie über andere denken, erschaffen Sie tendenziell auch für sich selbst.

Wenn Sie reiche und berühmte Menschen beneiden oder kritisieren, machen Sie sich selbst dadurch ärmer. Wünschen Sie allen Menschen, was Sie auch für sich selbst wünschen. Das ist der Schlüssel zum Wohlstand.
7. Sinnen Sie über die verschwenderische Fülle der Natur nach. Dann wird die Fülle auch in Ihr Leben strömen.
8. Im Leben herrscht Fülle vor, nicht Mangel.
9. Erkennen Sie, dass Gott Ihr wahrer Arbeitgeber ist. Wenn Sie Arbeit suchen, affirmieren Sie voller Vertrauen: »Ich bin ein Kind Gottes und Gott ist mein Arbeitgeber. Ich finde immer gut bezahlte Arbeit und ich danke jetzt dafür, dass ich in meinem Leben stets Erfüllung und Selbstausdruck finde und ein wundervolles Einkommen habe.« Dadurch erlangen Sie ein tiefes, dauerhaftes Gefühl der Sicherheit und werden immer gut bezahlte Arbeit finden.
10. Machen Sie den Dienst für Ihre Mitmenschen zu Ihrer wichtigsten Lebensaufgabe. Dann ist Ihnen dauerhafter Wohlstand sicher.
11. Der Versuch, Reichtum durch harte Arbeit und im Schweiße seines Angesichts zu erwerben, führt höchstens dazu, dass Sie der reichste Mann auf dem Friedhof werden. Es ist überhaupt nicht nötig, dass Sie sich plagen und abrackern.
12. Das Problem der meisten Menschen ist, dass sie sich ihrer unsichtbaren Versorgungskanäle nicht bewusst sind. Die wahre Quelle Ihres Reichtums ist die unendliche Intelligenz. Beten Sie nichts Erschaffenes an. Beten Sie zum Schöpfer. Machen Sie Gott zu Ihrem Partner. Wenn Sie sich der Quelle zuwenden, wendet die Quelle sich Ihnen zu und schenkt Ihnen ein Leben in Fülle. Von Gott, der uns Leben und alle guten Dinge schenkt, können Sie zu Recht das Allerbeste erwarten.

13. Dadurch, dass Sie sich reich *fühlen*, erzeugen Sie Reichtum. Vergessen Sie das nie. Es ist immer die stärkere, dominante Vorstellung, die vom Unterbewusstsein akzeptiert und verwirklicht wird. Ihre dominante Idee sollte *Reichtum* sein, nicht *Armut*. Solange Sie das Geld verteufeln oder glauben, es im Leben nie auf einen grünen Zweig zu bringen, werden Sie unter finanzieller Knappheit leiden. Wenn Sie das Geld gering schätzen, bekommt es Flügel und fliegt davon. Das, was Sie kritisieren, verlieren Sie.

14. »Das Geld reicht hinten und vorne nicht.« – »Ich kann mir das nicht leisten.« Solche Sätze sind, als würden Sie sich selbst einen ungedeckten Scheck ausstellen.

15. Wenn Sie nach Wohlstand streben, aber keine Vorstellung davon haben, wie Sie zu Geld kommen könnten, wird Ihr Unterbewusstsein Ihnen den Weg weisen.

16. Bitten Sie nicht lediglich darum, Ihr Auskommen zu haben. Sie wollen mehr, als nur von der Hand in den Mund zu leben! Haben Sie den Mut, Ihr Anrecht auf Reichtum zu beanspruchen, dann wird Ihr Tiefenbewusstsein diesen Anspruch erfüllen. Sie sind hier, um ein Leben in Fülle zu führen.

17. Betrachten Sie den Strom des Geldes wie die Gezeiten: Leben Sie in der Gewissheit, dass auf jede Ebbe schon bald die nächste Flut folgt.

18. Machen Sie nicht das Streben nach Geld zu Ihrem einzigen Lebensinhalt. Sie sind hier, um ein harmonisches, ausgewogenes Leben zu führen.

19. Tragen Sie zu Wohlstand und Wohlergehen Ihrer Mitmenschen bei. Dann werden Sie auch selbst gedeihen – finanziell und in jeder anderen Hinsicht.

20. Das Unterbewusstsein kennt Wege, von denen der Verstand nichts weiß. Übermitteln Sie Ihrem Unterbe-

wusstsein die Idee des Wohlstands, dann wird es alles Weitere für Sie erledigen.

21. Sie sind dazu geboren, reich zu sein und ein glückliches, erfülltes Leben zu führen. Gott möchte, dass Sie glücklich sind.

22. Bei jeder Rechnung, die Sie erhalten, sollten Sie dafür danken, dass Sie auch das Geld empfangen, um sie zu bezahlen. Dieser Gedanke wird sich dann allmählich Ihrem Unterbewusstsein einprägen.

23. Konkurrenzdenken und Neid behindern den Fluss des Guten in Ihrem Leben. An den Schätzen des Universums herrscht niemals Mangel. Wie auch? Sie sind unerschöpflich.

24. Lassen Sie Ihr Unternehmen für Ihre Angestellten eine Leiter zu Erfolg und Wohlstand sein. Indem Sie andere reich machen und sie entsprechend ihrem wahren Wert entlohnen, werden Sie selbst reich.

25. Entwickeln Sie eine neue Einstellung zum Geld. Denken Sie an all das Gute, das Sie tun können, wenn Geld reichlich und ungehindert in ihrem Leben zirkuliert.

26. Auch wenn Ihr gesunder Menschenverstand und der äußere Anschein Ihnen nahe legen, dass Wohlstand und beruflicher Erfolg für Sie unerreichbar sind, halten Sie dennoch beharrlich an Ihrer Wunschvorstellung fest, wie die Dinge sich entwickeln sollen. Dann wird diese dominierende Vorstellung schließlich von Ihrem Unterbewusstsein verwirklicht und Sie empfangen den Lohn für Ihre Beharrlichkeit.

27. Wenn sich bei Ihnen die unbezahlten Rechnungen stapeln, sollten Sie gedanklich nicht bei der Summe verweilen, die Sie zu zahlen haben. Beanspruchen Sie stattdessen, dass Gott Sie versorgt und jetzt Ihren gesamten

finanziellen Bedarf deckt. Notieren Sie die Namen aller Gläubiger und schreiben Sie jeweils den Betrag dahinter, den Sie ihnen schulden. Danken Sie dann dafür, dass dieser Betrag jetzt in voller Höhe beglichen wird. Stellen Sie sich lebhaft vor, dass Sie jedem Gläubiger einen Scheck überreichen und dass sie Ihnen freundlich zulächeln und Sie beglückwünschen. Tun Sie das immer wieder, bis es sich völlig real anfühlt.

28. Wenn Sie mit dem Problem konfrontiert sind, einen bestimmten Geldbetrag bis zu einem festgesetzten Termin aufbringen zu müssen, denken Sie nicht ständig über Betrag und Termin nach, da das nur Unruhe, Anspannung und Sorge hervorruft, die wiederum Verzögerungen und Hindernisse und noch mehr Sorgen nach sich ziehen. Bejahen Sie stattdessen, dass Gott Ihre jederzeitige und ewige Versorgungsquelle ist und alle Ihre Bedürfnisse aufs Beste erfüllt. Praktizieren Sie göttlichen Gleichmut, dann wird Ihr Gebet erhört, oft auf völlig unerwarteten Wegen.

29. Schieben Sie die Verwirklichung Ihres Erfolgs nicht hinaus. Sagen Sie nicht: »Es wird noch Jahre dauern, bis ich befördert werde oder eine Gehaltserhöhung bekomme.« Ihr Unterbewusstsein nimmt Sie beim Wort. Wenn Sie sagen: »Ich muss warten«, blockieren Sie damit den Fluss in Ihrem Leben. Gott ist das ewige Jetzt. Beanspruchen Sie die Fülle hier und jetzt!

30. Das Einzige, was Sie dazu zwingt, ein mittelmäßiges Leben zu führen oder in einer unerfreulichen Situation auszuharren, sind Ihre Denkweise und Ihre falschen Überzeugungen.

31. Sobald Sie einmal anerkennen, dass es Reichtum gibt, was sich Ihnen ja tagtäglich in der Üppigkeit der Natur offenbart, wird es Ihnen nicht länger schwer fallen, in

freudiger Erwartung der spirituellen, geistigen und materiellen Schätze Gottes zu leben.
32. Das Kostbarste, was Sie anderen Menschen vermitteln können, ist Wohlstandsbewusstsein, denn dann wird es ihnen im Leben an nichts mangeln.

18. Kapitel

Den Zehnten geben

*Sie sind hier, um sich
mit Hilfe der Macht und Weisheit in Ihnen
ein erfülltes, glückliches Leben in
Wohlstand zu erschaffen.
Sie sind außerdem hier, um zu Wohlstand,
Glück und Erfolg Ihrer Mitmenschen
beizutragen.*

Den Zehnten zu geben ist ein uraltes und fundamentales Lebensgesetz. Die Bibel äußert sich dazu nicht einheitlich, was darauf zurückzuführen ist, dass das allgemeine Prinzip der Wohltätigkeit zu unterschiedlichen Zeiten unterschiedlich gehandhabt wurde.
Im Allgemeinen ist damit aber gemeint, dass Menschen ein Zehntel ihrer Einkünfte für religiöse Zwecke spenden sollten. Der Zehnte muss jedoch nicht unbedingt ein Geldbetrag sein. Es kann sich auch um andere Einkünfte oder Erträge handeln. In vielen Ländern, von Babylonien bis Rom, pflegten die Menschen beispielsweise jährlich einen gewissen Teil ihrer Ernte und ihres Viehs Gott darzubringen.

Die traditionelle Art, den Zehnten zu geben, besteht darin, dass man einen gewissen Teil seines Geldes, seiner Ernte, seines Viehs, seines Landes oder irgendwelche anderen materiellen Werte für die Verkündigung der Wahrheit spendet – zumeist, indem man damit Kirchen, Organisationen oder wohltätige Einrichtungen unterstützt, von denen man spirituelle Hilfe oder Inspiration empfängt.

Den Zehnten zu geben bedeutet, einen spirituellen Beitrag zum spirituellen Wohlergehen einer Organisation oder Person zu leisten.

Geld ist Geist, aber auch das Denken ist etwas Geistiges. Man kann also den Zehnten geben, indem man Geld gibt oder indem man positive Gedanken gibt. Wenn man Geld spendet, trägt man finanziell zum Wohlergehen einer Organisation oder Einrichtung bei. Wenn man mental gibt, trägt man *durch positive Gedanken* zum Wohlergehen anderer bei.

Wenn Sie einen anderen Menschen segnen und so dazu beitragen, seine spirituellen Vorratskammern zu füllen, vertrauen Sie darauf, dass entsprechend Ihrer gedanklichen und emotionalen »Spende« Gott im Geist und Herzen dieses Menschen wohltätig aktiv wird.

Auch konstruktive Glaubenssätze können eine Form sein, den Zehnten zu geben. Schließlich ist der Zehnte eine Spende, die Sie einer spirituellen Quelle geben. Wenn Sie einen positiven Glaubenssatz über sich selbst affirmieren – z. B. »Ich bin ein liebevoller Mensch« –, geben Sie damit eine »Spende« an Ihre eigene spirituelle Schatzkammer und Inspirationsquelle: Ihr Unterbewusstsein.

Sie geben sich selbst den Zehnten, wenn Sie sich gegenüber Ihrem Unterbewusstsein verpflichten, dass alle Ihre Handlungen ausschließlich dem dienen, was spirituell gut, harmonisch und schön ist. So können Sie sich beispielsweise verpflichten, in all Ihren Handlungen der spirituellen Idee der Schönheit Ausdruck zu verleihen, der liebevollen Güte oder einer anderen spirituellen Qualität. Mit anderen Worten, Sie spenden sich selbst den Zehnten, wenn Sie gern und freudig Ihrem Leben eine spirituelle Qualität verleihen. Mit einer solchen »Spende« tragen Sie zum spirituellen Reichtum Ihres Daseins bei.

———

Im spirituellen Bereich macht es sich immer bezahlt, im Einklang mit den geistigen Gesetzen zu leben. Alles, was Sie als spirituelle Spende geben, kommt vermehrt zu Ihnen zurück. Man sollte das Geben des Zehnten aber nicht als finanzielle Investition verstehen, die Zinsen bringt. Der Lohn, den wir dafür empfangen, beruht auf der spirituellen Qualität der Spende – und wächst, je spiritueller die Einstellung ist, mit der wir geben.

———

Wenn Sie Geld spenden, muss es sich dabei nicht notwendigerweise um ein Zehntel Ihres Einkommens handeln. Der in der Bibel erwähnte Zehnte ist einfach nur als ein gewisser Anteil der eigenen Einkünfte zu verstehen. Viel wichtiger ist, dass Sie gern und freudig geben.
Wenn Sie bei Ihrer Spende einen Verlust empfinden oder das Gefühl haben, sie sich eigentlich nicht leisten zu können, besitzt sie keine spirituelle Kraft. Widerwillig oder aus Pflichtgefühl zu geben bewirkt nichts Posi-

tives, ja Sie ziehen damit sogar Mangel und Verlust in Ihr Leben.

―――――

Spenden Sie regelmäßig für gute Zwecke, und zwar frei von Hintergedanken. Einen wirklich spirituellen Beitrag leisten Sie, wenn Sie so viel geben, wie es Ihnen leicht und mit Freude möglich ist.

―――――

Den Zehnten geben bedeutet nicht, einfach an irgendwelche säkularen Wohltätigkeitsorganisationen zu spenden, auch wenn solche Spenden durchaus lobenswert sind und diese Organisationen edle Ziele verfolgen. Den Zehnten gibt man immer für die Verbreitung der Wahrheit Gottes – an jene Kirche oder Organisation, von der man spirituelle Hilfe oder Inspiration empfängt.

―――――

Wenn Sie den Zehnten als Geldspende geben, sollten Sie einen Betrag wählen, den Sie tief im Herzen als angemessen empfinden, und still oder laut affirmieren: »Ich gebe dieses Geld gern und bereitwillig und Gott vermehrt es überreich.«
Segnen Sie Ihre Spende und geben Sie mit Freude.

―――――

Das Gesetz des Zehnten ist ein spirituelles Gesetz und wirkt daher mit anderen spirituellen Gesetzen zusammen, etwa dem Gesetz, dass man erntet, was man gesät hat, oder dem Gesetz vom Geben und Nehmen. Spenden Sie in spiritueller Haltung, dann werden Sie dementsprechend spirituell gesegnet mit Fülle, Gesundheit und allen guten Dingen.

Praktische Beispiele

Ein bekannter Verkaufsmanager, der regelmäßig meine Vorträge besucht, erzählte mir einmal, dass er jedes Mal auf spirituelle Weise den Zehnten gibt, wenn er vor seinen zweihundert Handelsvertretern spricht. Wenn seine Ansprache eine Stunde dauert, widmet er ein Zehntel dieser Zeit Gott. Die Stunde hat sechzig Minuten, also reserviert er sechs Minuten davon für Gebet und Meditation, und zwar gleich am Anfang, ehe sein eigentlicher Vortrag beginnt.
Er erzählte, dass er seither die besten Ansprachen seines Lebens hält. Resultat seiner ausgezeichneten Arbeit ist, dass er kürzlich in den Vorstand des millionenschweren Unternehmens berufen wurde.

Einer meiner Bekannten beklagte sich bitter bei mir und sagte: »Jeden Sonntag spende ich große Geldsummen an eine religiöse Gemeinschaft in New York und trotzdem leide ich immer wieder unter finanziellen Schwierigkeiten!«
Ich fand heraus, dass er bei seinen Spenden immer dachte: »Ich erwarte dafür nichts.« Ich wies ihn darauf hin, dass er damit seinem Unterbewusstsein eine Anweisung erteilte, die es selbstverständlich ausführte. Seine dominante Vorstellung war: »Ich erwarte dafür nichts.« Damit blockierte er, auch wenn er das spirituelle Gesetz des Zehnten richtig anwandte, ein anderes spirituelles Gesetz, das besagt: *Was ein Mensch sät, das wird er ernten.*
Er sah ein, dass es sein gottgegebenes Recht war, zu *erwarten*, dass das Gesetz der Fülle zu seinen Gunsten arbeitete. Daraufhin besserte sich seine finanzielle Lage in beeindruckender Weise.

Ein Industriechemiker, Vorstandsmitglied der Firma, für die er arbeitet, berichtete mir unlängst, dass ein Kunde ihnen 10000 Dollar schuldete, die einzutreiben bislang niemandem gelungen war.

Daraufhin besuchte er diesen Kunden und gab ihm, wie er es nennt, eine Glaubens-Transfusion. »Ich sagte ihm, dass wir ihm vertrauten und sicher seien, er werde es schaffen, die Rechnung in voller Höhe zu bezahlen. Ich lud ihn zum Essen ein und erzählte ihm, dass wir seine Integrität und Ehrlichkeit schätzten und dass er in unserer nun zwanzigjährigen Geschäftsbeziehung immer korrekt und zuverlässig gewesen sei. Auch sagte ich ihm, dass ich persönlich für sein Wohlergehen und sein geschäftliches Gedeihen beten würde.«

Eine Woche verging, dann erhielt er einen Brief des Kunden, in dem dieser mitteilte, er habe schon mit dem Gedanken gespielt, Konkurs anzumelden, doch, schrieb er weiter, »dank Ihnen habe ich neues Selbstvertrauen gewonnen. Ich glaube jetzt wieder, dass ich es schaffen kann. Der Wind hat sich gedreht. Meine Kunden, bei denen ich Außenstände hatte, haben endlich gezahlt, und somit kann ich nun auch den Betrag, den ich Ihnen schulde, in voller Höhe begleichen.«

Empfehlenswerte Techniken

Geben Sie den ganzen Tag lang Ihren Mitmenschen den Zehnten. Spenden Sie in die spirituellen Vorratskammern – das Unterbewusstsein – Ihrer Nächsten, indem Sie Liebe, Güte, Freundschaft, Humor, Vertrauen, Dankbarkeit, Hoffnung, Begeisterung und guten Willen ausstrahlen.

Affirmieren Sie: »Ich segne dieses Geld und gebe es gern.«

Affirmieren Sie: »Alles, was ich tue, weckt in meinen Mitmenschen die Gaben Gottes.«

Wiederholen Sie den folgenden Satz häufig während des Tages, laut oder im Stillen: »Mit all meinen Handlungen erzeuge ich Schönheit und Freude.«

Prinzipien, die Sie sich einprägen sollten

1. Den Zehnten zu geben heißt, dass Sie einen Teil Ihres Einkommens für spirituelle Zwecke spenden.
2. Den Zehnten geben kann auch bedeuten, dass Sie spirituelle Glaubenssätze, Überzeugungen, Gedanken und Gebete an die spirituelle Schatzkammer – das Unterbewusstsein – in anderen Menschen oder in Ihnen selbst spenden. Aus dieser Schatzkammer erhalten Sie Ihre spirituelle Versorgung und Hilfe und den Zehnten geben meint, etwas Gutes einer Quelle spenden, von der man spirituelle Hilfe und Inspiration empfängt.
3. Widmen Sie ein Zehntel Ihrer Zeit Gebet und Meditation. Gott wird Sie inspirieren und in Ihrem Leben werden Wunder geschehen.
4. Sie geben den Zehnten, wenn Sie einem anderen Menschen eine Glaubens-Transfusion schenken. Lassen Sie diesen Menschen wissen, dass Sie an ihn glauben und ihm in jeder Hinsicht vertrauen, dann wird er entsprechend reagieren.

5. Geben Sie gern, freudig und mit Liebe. Wenn Sie spenden, sollten damit kein Widerwille und kein Gefühl des Verlustes verbunden sein.

6. Spenden Sie großzügig und bejahen Sie dabei: »Ich gebe dieses Geld gern und mit Freude.«

7. Spenden Sie regelmäßig einen Betrag, der sich für Sie gut und angemessen anfühlt.

8. Spenden Sie in spiritueller Haltung, dann werden Sie dementsprechend spirituell gesegnet mit Fülle, Gesundheit und allen guten Dingen. Der Mensch erntet stets, was er gesät hat.

19. Kapitel

Erfolg

*Erfolg ist mehr als nur die
Anhäufung von materiellem Reichtum.
Ohne inneren Frieden gibt es
keinen echten Erfolg.
Was nützt einem Menschen
sein ganzes Geld, wenn er nachts
nicht schlafen kann?*

Ihre einzige Chance ist die, die Sie sich selbst geben.

Indem wir die Menschen segnen, deren beruflicher Aufstieg, Erfolg oder Reichtum uns neidisch machen oder ärgern, und ihnen darüber hinaus wünschen, dass sie sogar noch wohlhabender und erfolgreicher werden mögen, heilen wir unseren Geist. So öffnet sich für uns die Tür zu den Schätzen Gottes.

Wenn Sie den Wunsch verspüren, eine bessere Rasierklinge, ein besseres Auto oder was auch immer zu entwickeln, und wenn dieser Wunsch aufrichtig dem Wohl der Menschheit dient und Sie bei seiner Realisierung stets die goldene Regel beherzigen, dann tun Sie ein Werk Gottes und Gott wird Sie seiner Natur entsprechend in jeder Hinsicht unterstützen. Dann gibt es keine Macht im

Himmel oder auf Erden, die Sie daran hindern könnte, erfolgreich zu sein.

———

Wenn Sie der Menschheit auf weise und gütige Weise dienen, ist das wahrer Erfolg und göttliche Liebe in Aktion.

———

Gott ist immer erfolgreich, ob er einen Stern, einen Planeten, einen Baum oder den ganzen Kosmos erschafft – und was auf Gott zutrifft, trifft auch auf Sie zu, denn Gott wohnt in Ihnen. Daher sind Sie zum Erfolg geboren, denn die unendliche Intelligenz kann niemals versagen. Lassen Sie sich von dieser Erkenntnis durchdringen, bis Sie mit absoluter Sicherheit wissen, dass auch Sie niemals versagen können!

———

Viele glauben, dass ihr Erfolg in Gottes Hand liege, dass Gott am besten wisse, was gut für Sie sei, und dass sie alles akzeptieren sollten, was geschieht. Das ist nicht wahr. In Wahrheit müssen Sie selbst die Initiative übernehmen. Gott, die kosmische Macht, arbeitet nicht *für* Sie, sondern *durch* Sie – durch Ihr Denken und Ihre Vorstellungskraft.

———

Alle erfolgreichen Frauen und Männer verfügen über ein hervorstechendes Merkmal: ihre Fähigkeit, Entscheidungen zu treffen und an diesen dann beharrlich festzuhalten, bis das Ziel erreicht ist.
Ein erfolgreicher Unternehmer sagte mir, während seiner fünfzigjährigen Erfahrung im Geschäftsleben habe er festgestellt, dass Menschen, die scheitern, eines gemeinsam haben: Sie treffen ungern Entscheidungen. Sie zau-

dern und sind wankelmütig. Und wenn sie sich entscheiden, verfolgen sie ihre Ziele nicht beharrlich genug.

———

Um Erfolg zu haben, müssen Sie ein »Selbstzünder« werden. Statt nur in besonderen Notsituationen zu ihrem vollen Potenzial zu erwachen, sollte es für Sie zur festen täglichen Gewohnheit werden, das Feuer Ihrer inneren Energien zu entzünden.

———

Lord Chesterfield sagte: »Manche Menschen leben und sterben, ohne je ihre innere Größe zum Vorschein gebracht zu haben.«
Wenn Sie Ihre Lebensziele nicht erreichen, ist das eine Sünde. Das Wort *Sünde* stammt aus dem Griechischen und bedeutete ursprünglich: das Ziel verfehlen. Wenn die griechischen Bogenschützen nicht ins Schwarze trafen, dann hatten sie gesündigt, also das Ziel verfehlt. Das Ziel Ihres Lebens ist es, Gesundheit, Wohlstand und inneren Frieden zu realisieren und zu wahrer Selbstentfaltung zu finden. Wenn Sie dieses Ziel verfehlen, sündigen Sie damit gegen die unendliche Intelligenz in Ihnen, die stets bereit ist, Ihnen den Weg zu weisen.

———

Sie müssen Ihr Potenzial durch Glauben, Hingabe und dynamisches Handeln entwickeln und stärken, sonst bleibt es ungenutzt.

———

Wenn Sie sich etwas wünschen, sollten Sie nicht darüber nachdenken, weshalb Sie es angeblich nicht haben können, sondern erkennen, dass es eine unendliche Intelligenz gibt, die jederzeit in der Lage ist, das Gewünschte in Ihr Leben zu ziehen. Wenn Sie diese Wahrheit akzeptieren, wird Sie von den Tiefen Ihres Geistes verwirklicht und der Erfolg ist Ihnen sicher.

Der brennende Wunsch, aktiv zu handeln und erfolgreich zu sein, ist die Voraussetzung für jeden Erfolg. Identifizieren Sie sich mit Ihrem Ziel, vereinigen Sie sich mental und emotional mit ihm. Dann wird die unendliche Intelligenz die Macht Ihres Unterbewusstseins aktivieren und Ihre Wünsche verwirklichen.

Sie werden erfolgreich sein, wenn Sie die *Idee* des Erfolgs verinnerlichen und sich gewiss sind, dass Sie damit die subjektive Macht in Ihnen aktivieren, die auf Ihr gewohnheitsmäßiges Denken reagiert.

Sie haben ein Anrecht auf Erfolg und alle guten Dinge des Lebens, aber Sie müssen dies bewusst beanspruchen – durch Ihr Denken und Fühlen.

Hier sind die Schlüssel zum Erfolg:
Einstein liebte die Mathematik und sie enthüllte ihm ihre Geheimnisse. Das Universum und die darin herrschenden Gesetze faszinierten ihn. Er widmete sich mit Hingabe und Fleiß der Erforschung von Zeit, Raum und der vierten Dimension und sein Unterbewusstsein reagierte, indem es ihm die Geheimnisse dieser Phänomene enthüllte.

Edison erforschte durch Experimente und intensives Nachdenken die Prinzipien der Elektrizität. Er hegte den starken Wunsch, der Welt Licht zu bringen und so der Menschheit zu dienen, und die Elektrizität offenbarte ihm ihre Geheimnisse. Der Preis, den er dafür zahlte, waren Ausdauer und der feste Glaube, dass die Antwort kommen würde. Wir verdanken ihm zahllose Erfindungen, weil er immer zuerst den Preis zahlte, in Form von Konzentration, Interesse und völliger Hingabe an seine Projekte. Stets wusste er in Herz und Seele, dass es eine subjektive Intelligenz gab, die ihm die Antwort übermitteln würde. Er verfolgte beharrlich seine Ziele und sein Unterbewusstsein ließ ihn niemals im Stich.

Emerson sagte: »Alle erfolgreichen Menschen sind Anhänger des Kausalprinzips.«
Mit anderen Worten, erfolgreiche Menschen glauben, dass ihr Leben nicht vom Zufall geformt wird, sondern durch ewig gültige Gesetze. Erfolglose Menschen glauben an Glück und Zufall. Erfolgreiche Menschen glauben an Ursache und Wirkung.

Glück ist die Reaktion Ihres Unterbewusstseins auf Ihren Glauben an ein günstiges Schicksal.

Menschen, die an das Glück glauben, warten immer darauf, dass etwas Besonderes geschieht. Sie liegen im Bett und hoffen, dass der Briefträger ihnen die Nachricht von einer Erbschaft überbringt oder dass sie in der Lotterie gewonnen haben.

Glück hängt von Zufällen ab. Erfolgreiche Menschen bauen stattdessen auf den Charakter, denn der Charakter eines Menschen bestimmt über sein Schicksal.

Konkurrenzdenken führt zu Sorge und übermäßiger Anspannung. Lassen Sie sich nicht durch die Angst vor möglichen Konkurrenten von Ihrem Ziel abschrecken. Die einzige wirkliche Konkurrenz findet in Ihrem Geist statt: zwischen Misserfolgsdenken und Erfolgsdenken.

Segnen Sie die Tätigkeit, die Sie gegenwärtig ausüben. Sie ist eine Stufe auf Ihrem Weg zu Triumph und Erfolg.

Jeder Gedanke zieht eine entsprechende Reaktion nach sich. Wenn Sie beginnen, über die Reichtümer in Ihrem Unterbewusstsein und rings um Sie nachzudenken, werden Ihnen von allen Seiten Erfolgsideen regelrecht zufliegen.

Die größte Entdeckung des Lebens besteht darin, sich bewusst zu werden, dass eine unendliche Macht und Weisheit in uns wohnt, die uns befähigt, alle Probleme zu lösen, sich über alle Schwierigkeiten zu erheben und alle Aufgaben zu bewältigen. Dank dieser Macht sind Sie mit allem ausgestattet, was Sie benötigen, um Meister Ihres Schicksals zu sein.
Wenn Sie diese unendliche Macht und Weisheit in Ihrem Inneren nicht anerkennen und sich nicht mit ihr vereinigen, hat das zur Folge, dass Sie sich von den Ereignissen und Zuständen in Ihrer Umwelt beherrschen lassen.

Dann neigen Sie dazu, sich selbst herabzusetzen und die Macht der äußeren Gegebenheiten überzubewerten. Damit versperren Sie sich selbst den Zugang zu jenen gewaltigen inneren Kräften, die Ihnen dauerhaft zu Glück, Gesundheit, Freiheit und Lebensfreude verhelfen können.

Bringen Sie Ihr Denken und Handeln in Einklang mit den Gesetzen Gottes, dann werden Sie einen triumphalen Sieg über Ihre Probleme erringen. Gott versagt niemals.

Die Imagination gehört zu unseren wichtigsten Verbündeten auf dem Weg zum Erfolg. Sie können eine kleine Eichel betrachten und dabei vor Ihrem inneren Auge einen wunderschönen Wald mit vielen sprudelnden Quellen und Bächen entstehen lassen. Sie können diesen Wald in Ihrer Vorstellung mit allerlei Tieren bevölkern, oder sich, wenn Sie möchten, einen Himmel voller Regenbogen ausmalen. Wer die Gesetze der Imagination begreift und anwendet, findet Wasser in der Wüste und erschafft eine blühende Oase. Er erbaut Städte, wo andere nur Wildnis erblicken.

Es ist gut, Träume, Ideale oder Ziele zu haben, aber zu deren Verwirklichung müssen Sie sich ein solides Fundament schaffen. Sonst bleiben sie nutzlose Phantasien, mit denen Sie Energie vergeuden und Ihren ganzen Organismus schwächen. Wenn Sie träumen, ohne zu wissen, wie Sie diese Träume durch die Kräfte des Unterbewusstseins Wirklichkeit werden lassen können, bauen Sie lediglich Luftschlösser, so substanzlos wie Rauchringe.

Leider gibt es viele Menschen, die das nicht begreifen und in kindlichen Tagträumereien stecken bleiben, statt ihre Ziele zu verwirklichen.

―――

Nur das Beste sollte für Sie gut genug sein. Geben Sie sich niemals mit dem Zweitbesten zufrieden. Das ist Erfolg.

―――

Emerson sagte: »Der Einzige, der Sie um Ihren Erfolg betrügen kann, sind Sie selbst.«

―――

Glauben Sie, dass Sie zum Erfolg geboren sind, dann werden Ihre Gebete Wunder vollbringen!

―――

Wenn Sie Ihre Träume aufgeben, ist das kein Zeichen dafür, dass Sie endlich erwachsen werden, sondern der Anfang vom Ende!

―――

Nicht das Schicksal oder ein Mangel an Geld und Beziehungen stehen Ihrem Erfolg im Weg. Das Problem liegt ganz bei Ihnen selbst. Nehmen Sie eine dauerhafte Änderung Ihres Denkens vor. Richten Sie Ihre gewohnheitsmäßige Aufmerksamkeit auf Erfolg und die Gewissheit, dass Sie Ihre Ziele verwirklichen können und werden. Denn: »*Alles, worum ihr betet und bittet – glaubt nur, dass ihr es schon erhalten habt, dann wird es euch zuteil.*«
(Markus 11,24)

―――

Wie wichtig sind Ihnen Ihre Ziele wirklich? Sind Sie bereit, alte Ideen und Sichtweisen zurückzulassen und sich für neue Ideen und Standpunkte zu öffnen? Sind Sie auf-

nahmebereit? Sind Sie willens, Ihre Bitterkeit über frühere Fehlschläge und Misserfolge aufzugeben?
Wenn ja, dann steht Ihrem Erfolg nichts mehr im Wege.

Empfehlenswerte Techniken

Die fünf Schritte zum Erfolg:
1. Der erste Schritt besteht darin, eine Aufgabe zu finden, die Sie wirklich begeistert. Erfolg stellt sich ein, wenn Sie Ihre Arbeit lieben.
2. Der zweite Schritt ist, sich aufrichtig um das Wohl Ihrer Kunden oder Geschäftspartner zu bemühen. Mit anderen Worten, das Motiv Ihrer Arbeit muss der Dienst an Ihren Mitmenschen sein.
3. Der dritte Schritt besteht darin, dass Sie sich auf ein bestimmtes Fachgebiet spezialisieren und darin besser Bescheid wissen als irgendjemand sonst.
4. Dann müssen Sie sich vergewissern, dass Ihre Ziele nicht rein selbstsüchtiger Natur sind, sondern der Allgemeinheit dienen. Der spirituelle Kreislauf muss wirklich geschlossen sein. Anders ausgedrückt, Ihre Idee muss mit der Absicht in die Welt hinaus gehen, einen positiven Beitrag zu leisten. Wenn Ihre Bestrebungen ausschließlich auf den eigenen Vorteil abzielen, schließt sich der spirituelle Stromkreis nicht und es kann in Ihrem Leben zu einem Kurzschluss in Form von Mangel oder Krankheit kommen.
5. Und schließlich dürfen Sie niemals die allem zugrunde liegende schöpferische Macht Ihres Unterbewusstseins vergessen. Das Wissen um die enormen Kräfte in Ihrem Inneren, die Ihnen sämtliche Wünsche erfüllen können, gibt Ihnen Zuversicht und Gelassenheit. Das ist die Ener-

gie, die Ihren Schritten auf dem Weg zum Erfolg den nötigen Elan verleiht.

───────

Nun wird manch einer vielleicht sagen: »Wie soll ich denn den ersten Schritt Ihrer fünf Schritte zum Erfolg gehen, wenn ich gar nicht weiß, wo mein wahrer Platz im Leben ist?« Bitten Sie in diesem Fall in der nachfolgend vorgeschlagenen Weise um Führung, in dem Wissen, dass die *Idee des Erfolges* bereits alle wesentlichen Elemente enthält: »Die unendliche Intelligenz meines Unterbewusstseins offenbart mir jetzt meinen wahren Platz im Leben.« Wiederholen Sie dieses Gebet still, positiv und liebevoll gestimmt, sodass es tief in Ihr Unterbewusstsein einsinkt. Wenn Sie dies lange genug mit Glauben und Zuversicht praktizieren, wird die Antwort kommen – in Gestalt eines Gefühls, einer Ahnung oder eines Impulses, der Sie in eine bestimmte Richtung führt. Diese Informationen werden auf klare und friedvolle Weise kommen, als ein stilles inneres Wissen.
Es gibt ein Gesetz des Geistes, wonach Angebot und Nachfrage untrennbar zusammengehören. Das, was Sie suchen, sucht auch nach Ihnen. Wenn Sie Ihr ganzes Vertrauen auf die Weisheit Ihres Unterbewusstseins setzen, wird es Ihnen Ihre wahre Bestimmung enthüllen.

───────

Affirmieren Sie: »Die unendliche Intelligenz offenbart mir meine verborgenen Talente und zeigt mir, welchen Weg ich einschlagen soll.«

───────

Immer wieder geschieht es, dass Menschen ein hoffnungsvolles Projekt beginnen oder sich einem erstrebenswerten Ziel verschreiben, und dann gelingt es ihnen nicht, durchzuhalten, das Ganze zu einem erfolgreichen Abschluss zu bringen. Oder es kommt etwas dazwischen, das sie zwingt, das Projekt aufzuschieben, oder ein Geschäftspartner springt plötzlich ab und dergleichen.

Nach einer Weile entwickelt sich daraus eine negative Erwartungshaltung: Wir glauben schon zu ahnen, dass doch wieder etwas dazwischenkommt und wir unser Ziel nicht erreichen werden.

Machen Sie sich klar, dass Sie immer erleben, was Sie erwarten. Unterbrechen Sie den Teufelskreis der sich selbst erfüllenden Prophezeiungen mit Hilfe der folgenden Affirmation: »Die unendliche Intelligenz in mir kennt den Weg zur Verwirklichung all meiner Ziele. Wenn ich zweifle oder schwanke, brauche ich nur die unendliche Intelligenz, die mein Unterbewusstsein ist, vertrauensvoll um Führung zu bitten, dann werde ich Erfolg haben.«

Viele erfolgreiche Geschäftsleute haben es sich zur Gewohnheit gemacht, immer wieder während des Tages still das Wort »Erfolg« vor sich hin zu sprechen, bis sie zu der festen Überzeugung gelangen, dass ihnen der Erfolg sicher ist. Sie wissen, dass die *Idee* des Erfolges bereits alle wesentlichen Elemente enthält. Auch Sie können jetzt sofort damit beginnen, das Wort »Erfolg« leise mit tiefer Zuversicht vor sich hin zu sagen. Ihr Unterbewusstsein wird es als wahr akzeptieren, wodurch ein innerer Zwang entsteht, erfolgreich zu leben.

Affirmieren Sie: »Ich glaube und akzeptiere zweifelsfrei, dass es in meinem Unterbewusstsein eine schöpferische

Intelligenz gibt, die alles weiß und alles sieht. Ich weiß, dass sie mich geradewegs zu meinem wahren Platz im Leben führt. Ich akzeptiere diese innere Führung ohne jeden Zweifel. Ich bin hier, um eine Bestimmung zu erfüllen, und bin jetzt von ganzem Herzen dazu bereit.«

Prinzipien, die Sie sich einprägen sollten

1. Wahrer Erfolg bringt immer auch inneren Frieden.
2. Sehen Sie sich das tun, was Ihnen wirklich Freude macht, stellen Sie es sich so lebhaft wie möglich vor, fühlen Sie es. So öffnet sich für Sie der Weg zu echter Erfüllung, denn das Unterbewusstsein verwirklicht dann Ihren Traum.
3. Ein erfolgreicher Mensch kann nicht selbstsüchtig sein. Sein vordringliches Ziel ist es, der Menschheit zu dienen.
4. Spezialisieren Sie sich auf ein bestimmtes Fachgebiet und versuchen Sie, darin besser zu werden als alle anderen.
5. Die *Idee des Erfolgs* enthält bereits alle seine wesentlichen Elemente. Sprechen Sie das Wort »Erfolg« oft mit gläubiger Zuversicht vor sich hin. Dadurch erzeugen Sie in sich den unterbewussten Zwang, tatsächlich ein erfolgreiches Leben zu führen.
6. Sie sind zum Erfolg geboren, nicht zum Scheitern. Die Unendlichkeit in Ihnen kann nicht scheitern.
7. Mut, Glauben, Ausdauer und Beharrlichkeit werden vom Leben immer belohnt. Durch das mutige Überwinden von Hindernissen erzielen Sie nicht nur Erfolge, Sie entwickeln außerdem Charakter.
8. Die einzige wirkliche Konkurrenz findet in Ihrem eigenen Geist statt – zwischen der Idee des Erfolges und der Idee des Scheiterns.

9. Viele Menschen durchschauen die Mechanismen des Erfolges nicht. Sie nehmen nur das Ergebnis wahr und sprechen dann von »Zufall« oder »Glück«.
10. Glück ist die Reaktion Ihres Unterbewusstseins auf Ihren Glauben an ein günstiges Schicksal.
11. Kampf, Mühsal und Plackerei sind keineswegs Voraussetzung für große Leistungen. Entscheidend ist es, an Gott zu glauben und Verbindung mit seiner Macht aufzunehmen. Sie können alle Schwierigkeiten überwinden, wenn Sie sich mit der Gottesgegenwart in Ihrer Mitte verbinden.
12. Wenn Ihre Geschäfte schlecht gehen oder Sie erfolgreicher sein möchten, sollten Sie dieses großartige Gebet anwenden: »Gott, zeige mir, wie ich der Menschheit besser dienen kann.«
13. Wir blockieren unseren beruflichen Erfolg und unser Wachstum, wenn wir andere Menschen verachten, kritisieren oder verdammen. Letztlich erzeugen wir damit nur die vermeintlichen schlechten Eigenschaften der anderen in uns selbst, da jeder von uns der einzige Denker in seinem Universum ist.
14. Das Wort Sünde bedeutet eigentlich, sein Ziel zu verfehlen. Wenn Sie Ihr Ziel verfehlen, ein glückliches, erfülltes und erfolgreiches Leben zu führen, sündigen Sie gegen die unendliche Intelligenz in Ihnen.
15. Es gibt keine Menschen, die vom Glück begünstigt sind oder es mehr verdient hätten als andere. Erfolg ist für Sie genauso erreichbar wie für jeden anderen Menschen auch.
16. Glück hängt nicht von blinden Zufällen ab. Sie selbst sind Ihres Glückes Schmied.
17. Wenn Sie die unendliche Intelligenz darum bitten, wird sie Ihnen Ihren wahren Platz im Leben und Ihre verborgenen Talente enthüllen.

18. Wenn Sie eine »Pechsträhne« durchmachen, heißt das nichts anderes, als dass Sie die Konsequenzen Ihrer eigenen, ständig wiederholten negativen Gedanken zu spüren bekommen. Durchbrechen Sie den Teufelskreis der sich selbst erfüllenden Prophezeiungen, indem Sie den starken Glauben entwickeln, dass Sie alles, was Sie unternehmen, im Einklang mit der göttlichen Ordnung erfolgreich abschließen werden. Stellen Sie sich den glücklichen Ausgang möglichst oft vor. Das einzige Hindernis auf Ihrem Weg zum Erfolg sind Ihre eigenen negativen Gedanken und Vorstellungsbilder.

19. Ihre Gedanken und Gefühle bestimmen Ihr Schicksal. Daher liegt die Verantwortung für sämtliche Misserfolge ganz allein bei Ihnen. Erkennen Sie, dass Ihre Gedanken schöpferisch sind, und wagen Sie einen Neuanfang, indem Sie Ihr Unterbewusstsein mit Wohlstands- und Erfolgsgedanken erfüllen. Wenn Sie diese dann nicht durch Gedanken des Zweifels und der Angst neutralisieren, ist Ihnen der Erfolg gewiss.

20. Kapitel

Arbeit

Ein Zimmermann, der es liebt, Häuser zu bauen, und Freude daran hat, etwas Nützliches für andere zu tun, leistet spirituelle Arbeit – nicht weniger als ein Geistlicher, der von der Kanzel über die Bedeutung der Zehn Gebote predigt.

Sicherlich besteht ein gewisser Unterschied zwischen spirituellen und weltlichen Aktivitäten, aber in Wirklichkeit ist jede Arbeit spirituell, wenn Sie lieben, was Sie tun.

21. Kapitel

Selbstliebe

Sie werden gebraucht!
Sie wurden erschaffen, weil es hier auf
Erden eine Aufgabe für Sie gibt.

Segnen Sie alle Menschen in Ihrer Umgebung. Sie werden feststellen, dass Sie durch den Segen, den Sie anderen spenden, gleichzeitig sich selbst segnen. Dadurch fühlen Sie sich reich und alle Minderwertigkeitsgefühle verschwinden.

Denken Sie immer gut von sich selbst. Gott wohnt in Ihnen und seine Macht und Gegenwart sind Ihr wahres Selbst.

Fühlen Sie sich erwünscht und geliebt, denn Gott will Sie. Glauben Sie fest daran, dass Sie jeder Aufgabe gewachsen sind, dass Sie eine Rolle im Plan des Lebens spielen und Ihre höchste Bestimmung auf jeden Fall entdecken und erfüllen werden.

In Ihnen schlummert ein Genie. Stimmen Sie sich auf die Weisheit und Intelligenz Ihres Unterbewusstseins ein, dann wird dieses Genie geweckt.

Da Sie selbst der Mensch sind, mit dem Sie die meiste Zeit verbringen müssen, sollten Sie unbedingt lernen, sich selbst zu mögen.

———

Solange Sie das göttliche Selbst in Ihnen nicht anerkennen, werden Sie sich minderwertig und unsicher fühlen. Damit untergraben Sie gleichzeitig Ihre Selbstachtung und sperren sich gegen Ihre göttliche Bestimmung.

———

Emerson wies immer wieder darauf hin, dass berühmte Menschen uns nur deshalb so groß erscheinen, weil wir uns selbst für minderwertig halten und so viel Zeit damit verbringen, uns klein zu machen.

———

Selbstliebe im biblischen Sinne hat nichts mit Egoismus oder Überheblichkeit zu tun. Im Gegenteil: Gerade die völlige Hingabe an das Göttliche in uns macht uns wahrhaft bescheiden.

———

Hören Sie auf, Fußabtreter zu sein. Ein Fußabtreter ist etwas, worauf die Leute herumtrampeln.

———

Es gibt keine Wertunterschiede zwischen den Menschen. Jeder Mensch ist ein Gott, der sich entfaltet wie eine Knospe. »*Ihr seid Götter, ihr alle seid Söhne des Höchsten.*« (Psalm 82,6)

———

Sie besitzen die Macht und Fähigkeit, Göttliches zu vollbringen, denn was für Gott gilt, das gilt auch für Sie. Überlegen Sie einmal, welche wunderbaren Dinge Sie mit Hilfe der unendlichen Macht in Ihnen vollbringen können. Reden Sie sich also nicht länger ein, minderwertig und unbedeutend zu sein und nichts in der Welt bewirken zu können.

———

In Ihnen stecken gewaltige Möglichkeiten.

———

Lernen Sie sich selbst zu vergeben.
Vergeben Sie sich alle vergangenen Misserfolge und Fehler. Selbstvorwürfe und Schuldgefühle blockieren den Fluss der kosmischen Energie in Ihrem Leben, berauben Sie Ihrer Vitalität und Begeisterung. So beschwören Sie nur neue Fehlschläge und Leiden herauf. Verzeihen Sie sich selbst, üben Sie Nachsicht mit sich und anderen. Dadurch bringen Sie Freude, Glück und Wohlstand in Ihr Leben.

———

Es ist Ihre heiligste Aufgabe, sich aus Liebe zu Gott – und damit letztlich aus Liebe zu sich selbst – entschieden allem zu verweigern, was Ihnen nicht Seelenfrieden, Erfüllung und Sicherheit schenkt. Geben Sie sich niemals mit weniger als dem Besten zufrieden.

———

Sie sind hier auf Erden, um Ihr göttliches Selbst zu entdecken!

———

Denken Sie gut von sich selbst und setzen Sie sich hohe Ziele. Je größer und edler unser Streben ist, desto höher schwingen wir uns empor, und je schlechter wir über uns denken, desto tiefer sinken wir.

———

Es gibt wichtige Gründe dafür, sich selbst zu lieben, denn das Leben will sich durch Sie ausdrücken. Das Leben verkörpert sich in Ihnen und Sie sind ein Instrument seines schöpferischen Ausdrucks.
Daher hat das Leben höchstes Interesse an Ihrem Wohlergehen und Ihrer optimalen Entfaltung. Sie sind hier, um eine besondere Bestimmung zu erfüllen.

———

Ängstlichkeit ist lediglich ein geistiger Zustand. Tun Sie die Dinge, vor denen Sie Angst haben, dann vergeht die Angst – und Sie werden erkennen, welches enorme Potenzial in Ihnen steckt.

———

Vergessen Sie niemals die folgende wichtige Wahrheit: Die Ursachen für alle äußeren Erfahrungen liegen in Ihrem eigenen Denken und Fühlen. Weigern Sie sich, Leid zu akzeptieren, und kapitulieren Sie niemals vor einer Situation. Da Sie der einzige Denker in Ihrem Universum sind, können Sie Ihre Gedanken jederzeit ändern. Diese Erkenntnis macht Sie stark und unbesiegbar, sodass Sie sich über alle Probleme und Schwierigkeiten erheben können.

———

Mögen die Schwierigkeiten, Herausforderungen und Widerstände auch noch so groß erscheinen – die Verbindung mit der unendlichen Intelligenz in Ihrem Inneren verleiht Ihnen eine tiefe, unerschütterliche Zuversicht, die Sie alle Wechselfälle des Lebens gelassen durchstehen lässt.

———

Die schöpferische Intelligenz, von der Sie erschaffen wurden, verliert niemals das Interesse an ihren Schöpfungen.

———

Identifizieren Sie sich niemals gefühlsmäßig mit Gedanken des Mangels, weil Sie dann unvermeidlich die Konsequenzen dieser unheiligen Allianz zu spüren bekommen. Sie erniedrigen sich selbst, wenn Sie sich auf Ihre Schwächen und Fehler konzentrieren, die nicht nur eine Lüge sind, sondern darüber hinaus eine Zurückweisung des Göttlichen in Ihnen.
Sie sind ein individualisierter Ausdruck Gottes. Schenken Sie sich den Respekt, den Sie verdienen!

Sie sind ein spirituelles Wesen, das in einem spirituellen Universum lebt. Dieses Universum wird von einem vollkommenen Gott gelenkt und alles darin funktioniert nach seinen göttlichen Gesetzen. Wenn Sie das wissen, werden Sie sich niemals minderwertig fühlen. Ihr Geist wird frei von Selbstzweifel, Sorge, Angst und Anspannung.

Wenn Sie sich in einem depressiven Zustand befinden, können Sie Ihr Potenzial nicht manifestieren. Richten Sie Ihre Aufmerksamkeit auf die Gottesgegenwart in Ihnen. Dadurch lösen sich alle angstvollen Schatten auf, die Ihre Seele verdunkeln, und Sie werden alle Hindernisse und Schwierigkeiten überwinden.

Praktische Beispiele

Eine junge Verkäuferin sagte zu mir: »Ich bin ein Niemand. Ich wurde auf der Schattenseite des Lebens geboren. Ich habe keine gute Schulbildung.« Ich erklärte ihr, sie könne sich vollständig von diesen Minderwertigkeits-

gefühlen befreien, wenn sie ihr Selbstbild ändere. Sie müsse sich klar machen, dass die Zustände und Ereignisse Ihres Lebens Wirkungen seien, keine Ursachen.
Sie beschloss, sich die folgenden Wahrheiten tief einzuprägen: »Ich bin eine Tochter Gottes. Ich bin einzigartig. Auf der ganzen Welt gibt es keinen zweiten Menschen wie mich, denn Gott wiederholt sich niemals. Gott ist mein Vater und ich bin sein Kind. Gott liebt mich und sorgt für mich. Immer wenn ich mich dabei ertappe, dass ich mich kritisiere oder herabsetze, werde ich sofort dagegensetzen: ›Ich bin eins mit Gott in meiner Mitte.‹ Gott drückt sich jetzt auf wundervolle Weise durch mich aus. Ich strahle Liebe, Frieden und Wohlwollen auf alle Menschen aus. Ich bin eins mit meinem Vater und mein Vater ist Gott. Ich weiß, dass mein wahres Selbst Gott ist und von diesem Moment an entwickle ich einen gesunden Respekt vor dem Göttlichen in mir, das mich erschuf, mir den Atem einhauchte und mir alle Dinge geschenkt hat.«
Sobald sie anfing, über diese Wahrheiten zu meditieren, verflüchtigten sich schon bald ihre Unsicherheit und Selbstzweifel. Sie entdeckte zunächst ihren inneren Reichtum und schon bald auch den äußeren Reichtum des Lebens. Sie begann darüber nachzusinnen, welche Art von Mann sie gerne heiraten würde. Bald darauf lernte sie dort, wo sie arbeitete, einen Kunden kennen, der die Antwort auf alle ihre Träume war. Die beiden heirateten, was die junge Frau aus ihrem langweiligen, ärmlichen Dasein befreite. Jetzt wohnt sie in einem großen, schönen Haus und hat einen liebevollen Ehemann.
Das alles geschah in nur einem Monat!

Ein erfolgreicher Geschäftsmann aus Los Angeles erzählte mir, dass er und sein Bruder im Börsenkrach von 1929 ihr ganzes Vermögen verloren hatten. Sein Bruder sah nach dieser Erfahrung keinen Sinn mehr in seinem Leben und beging Selbstmord.

Er selbst aber sagte sich: »Gut, ich habe viel Geld verloren. Na und? Ich bin gesund, ich habe eine wunderbare Frau, ich besitze Fähigkeiten und Talente. Ich finde schon einen Ausweg. Gott wird mich führen und mir neue Türen öffnen. Ich werde neue Millionen verdienen.« Er krempelte die Ärmel hoch und schlug sich anfangs als Gärtner und mit anderen Gelegenheitsjobs durch. Er sparte etwas Geld zusammen, das er in Aktien investierte, die dann enorme Kursgewinne verzeichneten. Schließlich begann er, andere Anleger zu beraten, die auf diese Weise ebenfalls ein kleines Vermögen verdienten.

Machen Sie sich immer wieder bewusst: Äußere Zustände und Ereignisse sind lediglich Wirkungen. Die einzige Ursache ist Ihr Denken. Lassen Sie Ihr Selbstwertgefühl niemals von äußeren Problemen und Schwierigkeiten untergraben. Richtiges Denken ist der einzige Ausweg – und verhilft Ihnen zu Erfolg und Wohlstand.

Empfehlenswerte Techniken

Affirmieren Sie: »Unaufhörlich offenbare ich die in mir verborgene Herrlichkeit.«

―――――

Besonders gut lassen sich Selbstzweifel in der Zeit kurz vor dem Einschlafen lindern, wenn Sie sich in einem schläfrigen, entspannten Zustand befinden und Ihr Unterbewusstsein deutlicher zutage tritt. Akzeptieren Sie sich dann liebevoll. Machen Sie sich klar, dass Sie ein individualisierter Ausdruck Gottes sind. Sagen Sie zu sich selbst: »Gott wohnt in mir, spricht zu mir und begleitet mich auf allen Wegen. Gott führt mich auch jetzt. Dank der göttlichen Kraft in mir ist mir nichts unmöglich. Wenn Gott für mich ist, wer kann dann gegen mich sein? Es gibt keine Macht, die Gott etwas anhaben könnte. Gott wacht Tag und Nacht über mich. Ich weiß, dass es für jedes Problem eine göttliche Lösung gibt, und ich stelle mich mutig allen Herausforderungen. Gott enthüllt mir zur rechten Zeit alles, was ich wissen muss. Gott liebt mich und sorgt für mich.«

———

Prägen Sie Ihrem Unterbewusstsein die von Ihnen angestrebten positiven Eigenschaften ein, indem Sie täglich über diese Eigenschaften meditieren.

———

Wann immer Sie sich schwach, überfordert, nervös oder unsicher fühlen, sollten Sie sich gedanklich mit dem einen Sein, dem Lebensprinzip, vereinigen und zu sich selbst sagen: »*Gott richtet mich auf.*«

———

Die Spiegel-Technik

Sagen Sie jedes Mal, wenn Sie vor einem Spiegel stehen oder an einem vorbeikommen, mit tiefer Überzeugung:
»_____ (Ihr Name), du bist absolut herausragend, du bist ein enormer Erfolg, du bist von Glauben und Zuversicht erfüllt und immens reich. Du bist liebevoll, har-

monisch und inspiriert. Du bist eins mit Gott und stehst daher niemals allein.«

Wenn Sie diese Technik häufig anwenden, werden wunderbare Veränderungen im beruflichen und privaten Bereich die Folge sein – ganz zu schweigen davon, wie positiv sich Ihr Selbstbild wandeln wird!

Es gibt in der Bibel eine Zeile, die unser Selbstvertrauen auf wunderbare Weise stärken kann. Vielen Menschen gilt sie als eine der großartigsten und tiefgründigsten Aussagen der Bibel. Sie finden sie im Paulusbrief an die Römer (Römer 8,31): *»Ist Gott für uns, wer ist dann gegen uns?«* Ich empfehle, den Vers zu einer persönlichen Aussage umzuformulieren: »Wenn Gott für mich ist, wer kann dann gegen mich sein?« Menschen, die diese Worte jeden Morgen für drei bis vier Minuten vor dem Spiegel wiederholen, haben mir berichtet, dass sie das mit der tiefen Gewissheit erfüllt, alle Hindernisse überwinden zu können. Sie machten eine spirituelle Erfahrung, die mit einem Gefühl der Unbesiegbarkeit einherging. Lassen Sie sich geistig von der Schönheit und Weisheit dieser Bibelworte durchdringen, sodass sie völlig von Ihnen Besitz ergreifen. Dann werden Sie voller Selbstvertrauen und Zuversicht leben.

Der Vier-Schritte-Plan für mehr Selbstliebe

1. Da das Unterbewusstsein für Suggestionen empfänglich ist und unter der Kontrolle des Bewusstseins steht, können Sie sämtliche Zweifel und negativen Muster aus-

löschen, indem Sie drei- bis viermal täglich positive Affirmationen wiederholen, um so die Gewohnheit konstruktiven Denkens zu etablieren. Jede frühere negative Erfahrung kann vollständig ausradiert werden, wenn Sie das Unterbewusstsein mit ewigen Wahrheiten und positiven Denkmustern versorgen.

2. Denken und sprechen Sie niemals abschätzig und negativ über sich selbst. Sobald in Ihnen Gedanken auftauchen wie: »Ich bin zu nichts nutze«, »Ich bin vom Pech verfolgt«, »Niemand mag mich«, oder »Ich bin wertlos«, kehren Sie diese unverzüglich um, indem Sie bekräftigen: »Ich bin eins mit Gott in meiner Mitte.«

3. Stellen Sie sich intensiv vor, wie andere Menschen Sie herzlich willkommen heißen und Sie bereitwillig akzeptieren. Sehen Sie vor Ihrem inneren Auge und hören Sie, wie Ihre Vorgesetzten und Kollegen Ihnen zu einer gut erledigten Aufgabe gratulieren. Vor allem: Glauben Sie an Ihr neues Selbstbild und seine Wirklichkeit.

4. Machen Sie sich bewusst, dass alles, was Sie gewohnheitsmäßig denken und sich vorstellen, sich verwirklichen muss. Was Sie Ihrem Unterbewusstsein auf diese Weise einprägen, muss in der objektiven Realität als Erfahrung, Zustand und Ereignis sichtbar werden. Denken Sie von nun an ausschließlich Gutes: »*Was immer wahrhaft, edel, recht, was lauter, liebenswert, ansprechend ist, was Tugend heißt und lobenswert ist, darauf seid bedacht!*«
(Philipper 4,8)

―――――

Affirmieren Sie: »Ich weiß, dass ich nur geben kann, was ich besitze. Von nun an empfinde ich tiefen Respekt für mein wahres Selbst, das Gott ist. Ich bin ein Selbstausdruck Gottes und Gott braucht mich dort, wo ich bin, denn sonst ware ich nicht hier. Ab jetzt ehre, achte und liebe ich das Göttliche in mir. Ich bin eins mit der Unendlichkeit Gottes.«

Prinzipien, die Sie sich einprägen sollten

1. Sie sind einzigartig. Kein zweiter Mensch auf Erden ist wie Sie. Sie sind mit ganz besonderen Qualitäten, Fähigkeiten und Begabungen ausgestattet.
2. Seien Sie freundlich zu sich selbst, denn Ihr wahres Selbst ist Gott. Konzentrieren Sie sich immer wieder auf die Vorstellung, dass Gottes Schönheit und Reichtum Sie offen und frei durchströmen und in Ihren Gedanken, Worten und Taten zum Ausdruck kommen. Dann werden Sie die Ihrem Denken entsprechenden Resultate erleben.
3. Wenn Sie erkennen, dass Gott Sie braucht, dass Sie geliebt und erwünscht sind, findet eine vollkommene Transformation in Ihnen statt. Von nun an werden Sie Gottes Reichtum in Form von Liebe, Wohlwollen, innerem Frieden und Fülle in Ihrem Leben manifestieren.
4. Das einzige, was zählt, ist der gegenwärtige Augenblick. Die Vergangenheit ist vorbei und hat keine Macht über Sie. Die einzige Macht ist Ihr gegenwärtiges Denken. Verweilen Sie niemals bei alten Enttäuschungen und Kränkungen oder bei Zukunftsängsten. Denken Sie regelmäßig und systematisch an Harmonie, Schönheit, Liebe, Frieden und Fülle, dann erwartet Sie eine herrliche Gegenwart und eine wunderbare Zukunft.
5. Selbstvertrauen können Sie aufbauen, indem Sie sich klar machen, dass die Gotteskraft in Ihnen allmächtig ist. Es gibt nichts, das sich Gottes Allmacht in den Weg stel-

len könnte. Und wenn Ihre Gedanken Gottes Gedanken sind, ist Gottes Macht mit Ihren Gedanken. Erkennen Sie, dass der Allmächtige in Ihnen wohnt, dann verschwinden alle Selbstzweifel.

6. Immer wenn Sie sich dabei ertappen, dass Sie sich selbst kritisieren oder herabsetzen, sollten Sie sofort affirmieren: »Ich bin eins mit Gott in meiner Mitte.« Wenn Sie sich das zur festen Gewohnheit machen, verschwinden alle Selbstzweifel und Minderwertigkeitsgefühle. Wenn Sie diese Gebetstechnik praktizieren, wird göttliche Kraft durch Sie fließen und alle Blockaden auflösen.

7. In einem Universum, das von Gesetz und Ordnung regiert wird, gibt es nichts Unerwünschtes. Jeder Mensch ist einzigartig und wurde mit besonderen Talenten geboren. Beanspruchen Sie für sich, dass Sie ein Werkzeug Gottes sind und dass Gott Sie braucht, denn sonst wären Sie nicht hier.

8. Für jedes Problem gibt es eine göttliche Lösung. Darum steht es Ihnen frei, ein erfolgreiches Leben zu führen.

9. Wenn Gott für Sie ist, wer kann gegen Sie sein? Glauben Sie fest an diese Wahrheit, dann wird sich in Ihrem Leben alles zum Guten wenden.

10. Gott und Sie sind eins. Selbstvertrauen zu haben heißt, dass Sie Ihrem inneren allwissenden Lebensprinzip vertrauen.

11. Wenn Sie sich selbst ablehnen und gering schätzen, blockieren Sie damit den Fluss der kosmischen Energie in Ihrem Leben und berauben sich selbst Ihrer Vitalität und Begeisterung. Fehlschläge und Misserfolge sind dann unvermeidlich. Sich selbst zu vergeben schenkt dagegen Freude, Glück und Wohlstand. Lernen Sie darum, sich zu vergeben.

12. Wenn Sie sich vorstellen, dass Sie eine Arbeit tun, die Sie wirklich lieben, gewinnen Sie ein neues, größeres, positiveres Selbstbild. Die Liebe zu Ihrem Ideal vertreibt alle Ängste.

22. Kapitel

Warum Sie hier sind

*Als Sie geboren wurden,
gab es die Welt bereits. Das Leben war
ein Geschenk. Daher sind Sie
nicht einfach nur hier, um irgendwie Ihren
Lebensunterhalt zu verdienen.
Sie sind hier, um dem Leben
Ausdruck zu verleihen und Ihre
Göttlichkeit und
Ihre Talente dieser Welt zu
schenken, die auf Sie gewartet hat –
damit die Welt durch
Ihre Gegenwart gesegnet wird.*

In Wahrheit sind Sie hier, weil Gott durch Sie nach schöpferischem Ausdruck strebt.

———

Wir sind vor allem spirituelle Wesen. Der heilige Augustinus schrieb: »Du hast uns zu dir hin geschaffen und unruhig ist unser Herz, bis es ruht in dir.« Gott, der unendliche Geist, ist in uns verborgen und wir sind hier, um all seine Qualitäten und Potenziale zu entfalten.

———

Der Samen eines Baumes überwindet alle Hindernisse und durchbricht sogar Gestein, um zum Baum zu werden.

Ebenso sind auch Sie hier, um alle Schwierigkeiten zu überwinden und Ihren wahren Platz im Leben zu finden.

Unsere Gedanken treten immer in Gegensatzpaaren auf, wie Materie und Geist, negativ und positiv, Dunkelheit und Licht, Gut und Böse, Krankheit und Gesundheit, Schmerz und Freude, Leid und Glück, männlich und weiblich, drinnen und draußen, subjektiv und objektiv, Furcht und Liebe, heiß und kalt, ja und nein.
Gegensätze sind die Art, wie der Kosmos sich ausdrückt.
Emerson schrieb: »Die Polarität – oder Aktion und Reaktion – begegnet uns überall in der Natur.«
Tatsächlich handelt es sich bei Gegensätzen um den dualistischen Ausdruck desselben Prinzips. Wenn Sie sich beispielsweise fürchten, können Sie sicher sein, dass in Ihnen ein Wunsch nach dem Gegenteil des Gefürchteten besteht.
Sie sind hier, um die Gegensätze auszusöhnen und Harmonie, Gesundheit und Frieden in die Welt insgesamt und in Ihr persönliches Leben zu bringen.
Richten Sie Ihre Aufmerksamkeit auf das Gewünschte.
Dadurch versöhnen Sie die Gegensätze – und finden den wahren inneren Frieden.

Wir bestehen aus vier Teilen: unserem physischen Körper, unserer emotionalen Natur, unserem Intellekt und unserer spirituellen Natur.
Ihr physischer Körper besitzt keine Eigeninitiative, keine selbstbewusste Intelligenz, keinen eigenen Willen. Er ist völlig Ihren Befehlen und Entscheidungen unterworfen.

Er wird getreulich alle Ihre mit Emotionen aufgeladenen Vorstellungen registrieren und niemals von ihnen abweichen. Er wird eine Melodie der Liebe und Schönheit ebenso akzeptieren und zum Ausdruck bringen wie eine des Leidens und der Sorge. Groll, Eifersucht, Hass, Wut und Depression finden im Körper als Krankheiten ihren Ausdruck.
Es gehört zu Ihren Lebensaufgaben, Selbstdisziplin zu erlernen und Ihre intellektuelle, emotionale und physische Natur in Einklang zu bringen, damit das Spirituelle, Göttliche in Ihnen die Führung übernehmen kann.

―――――

Sie sind hier auf Erden, um Ihren wahren Platz im Leben zu finden, Ihre verborgenen Talente zu offenbaren und die höchste Ebene des Selbstausdrucks zu erreichen.
Wenn Sie diesen Weg gehen, erwarten Sie alle Segnungen des Lebens.

―――――

Es gibt ein Gesetz des rechten Handelns. Es gibt eine richtige und eine falsche Art zu denken, zu sprechen, zu handeln, zu singen, Auto zu fahren, zu imaginieren und zu fühlen, zu arbeiten und seine Geschäfte zu führen. Dies zu lernen, sind Sie hier. Haben Sie es begriffen, werden Sie für immer auf den Pfaden des Glücks und des Friedens wandeln.

―――――

Einer meiner Freunde ist Astronom. Er sagte mir, er habe Jahre damit zugebracht, den Himmel abzusuchen, in der Hoffnung, dem Geheimnis der Schöpfung und des Universums auf die Spur zu kommen. In letzter Zeit aber habe er begonnen, in sich selbst nach der Antwort zu suchen – am kleineren Ende des Teleskops. Er fügte hinzu, das kleinere Ende des Teleskops sei das wichtigere, denn dort befinde sich ein Individuum, ein einzelner Mensch, in dem sich, wie in allen anderen Menschen, Gott verkörpere – und somit das ganze Geheimnis der Schöpfung und des Kosmos.

Sie sind hier, um die Schönheit zu bestaunen, die Sie durch das größere Ende des Teleskops sehen, sich an ihr zu freuen und zu ihr beizutragen. Und zugleich sollen Sie das lieben, was sich am kleineren Ende befindet: sich selbst.

Prinzipien, die Sie sich einprägen sollten

1. Sie sind hier, weil Gott sich durch Sie schöpferisch ausdrücken möchte.
2. Es gibt ein richtiges Handeln und ein falsches Handeln. Sie sind hier, um richtiges Handeln zu lernen, sodass alle Ihre Wege zu Freude, Glück und Frieden führen.
3. Sie sind hier, um Ihren wahren Platz im Leben zu finden. Erfüllen Sie Ihre höchste Bestimmung, dann sind Ihnen alle Segnungen des Lebens gewiss.
4. Die einzige Macht im Universum ist Gott. Sie sind hier, um sich mit Gott zu vereinigen.
5. Unsere Gedanken treten immer in Gegensatzpaaren auf. Sie sind hier, um die Gegensätze auszusöhnen und Harmonie, Gesundheit und Frieden in die Welt insgesamt und in Ihre persönliche Welt zu bringen.
6. Sie sind ein spirituelles Wesen und Ihre Aufgabe besteht darin, Ihr Leben so zu gestalten, dass das Lebensprinzip frei durch Sie fließen kann.

7. Sie sind hier, um alle Hindernisse zu überwinden, alle Probleme zu transzendieren, zu wachsen, sich des Lebens zu freuen und von Erfolg zu Erfolg zu schreiten.
8. Sie sind hier, um die Schönheit der Welt zu bestaunen, sich an ihr zu freuen und selbst zu ihr beizutragen.

23. Kapitel

Persönliches Wachstum

*Für positive Veränderungen und
persönliches Wachstum gibt es nur einen Weg:
Sie müssen Ihr Denken verändern.*

Sie können Ihre alten Denkmuster hinter sich lassen, wenn Sie sich gedanklich auf das konzentrieren, was Ihnen wünschenswert erscheint.

Sehen Sie sich als die Person, die Sie gerne sein möchten. Bleiben Sie diesem neuen Selbstbild treu, dann wird es tief in Ihr Unterbewusstsein einsinken, dort in der Dunkelheit heranreifen und nach einer Weile als beantwortetes Gebet Wirklichkeit werden.
Sie sind dann ein neuer Mensch in Gott und werden von Erfolg zu Erfolg schreiten.

Um Ihr Leben zu verändern, müssen Sie Ihre Reaktion auf das Leben verändern. Sehen Sie ab jetzt Gott in allen Menschen.

*»Immer, Mensch, wirst du
Zu dem, was du siehst:
Siehst du Gott, wirst du Gott,
Siehst du Staub, wirst du Staub.«*

BRUDER ANGELAS

Wenn Sie wirklich wollen, können Sie Ihr ganzes Leben verändern. Dazu müssen Sie jeden Groll und alle schlechten Absichten aufgeben. Negatives Denken muss durch konstruktives Denken ersetzt werden. Ändern Sie systematisch und dauerhaft Ihr Denken. Damit ändern Sie Ihr Schicksal.

―――

Wir sollten uns von den alten Ansichten und falschen Überzeugungen trennen, die uns eingeprägt wurden, als wir jung und leicht zu beeindrucken waren. Der Durchschnittsmensch denkt die Gedanken toter Ahnen und handelt dementsprechend. Die tote Vergangenheit scheint bei Millionen von Menschen das Denken zu beherrschen. Wir reiten heute nicht mehr auf Maultieren wie einst unsere Großväter und schicken keine Briefe mehr per Postkutsche. Ebenso wenig sollten Sie es dulden, dass Ihr Weltbild von den überlebten, abergläubischen Vorstellungen Ihrer Vorfahren bestimmt wird.

―――

Emotionen entstehen immer, wenn Ihr Geist eine Idee ausarbeitet. Unerwünschte Emotionen lassen sich nicht durch Unterdrückung und Zwang überwinden oder disziplinieren. Wenn Sie ein Gefühl unterdrücken, staut sich die Energie im Unterbewusstsein an, so wie der Druck in einem Dampfkessel ansteigt, dessen Ventile geschlossen sind. Irgendwann kommt es zu einer Explosion.
Wenn Sie Ihr Leben wirklich verwandeln und sich von unerwünschten Verhaltensweisen befreien möchten, müssen Sie Ihr Denken und Ihre Vorstellungsbilder positiv und konstruktiv gestalten. Dann harmonisiert sich automatisch auch Ihr Gefühlsleben.

―――

Der ärgste Tyrann sind negative Vorstellungen, die Ihr Denken beherrschen und Sie in Fesseln halten. Wenn Sie von Bitterkeit oder Missgunst gegen einen anderen Menschen erfüllt sind, werden diese Gefühle einen unheilvollen Einfluss auf Sie ausüben und Ihr Handeln in unerwünschte Bahnen lenken: Sie werden sich hässlich, zynisch und verdrießlich benehmen, wenn Sie doch eigentlich freundlich, sympathisch und herzlich sein möchten. Sie sehen nur das Schlechte, obwohl Sie doch eigentlich gesund, erfolgreich und wohlhabend sein möchten.

Um die ersehnte Veränderung herbeizuführen, müssen Sie sich aufrichtig mit Ideen des Friedens und der Liebe erfüllen. Dann werden auch die entsprechenden Gefühle Ihr Handeln bestimmen.

Wenn Sie zu einem anderen Ort reisen möchten, ist es unerlässlich, dass Sie Ihren jetzigen Aufenthaltsort verlassen. Ebenso müssen Sie, wenn Sie ein neuer Mensch werden wollen, zunächst das Buch Ihrer alten Ängste, Ärgernisse und Neidgefühle zuklappen und zurücklassen. Dann müssen Sie Ihre Aufmerksamkeit auf Harmonie, Gesundheit, Frieden, Glück, Liebe und Wohlwollen richten, um die ersehnte neue Lebensfreude zu erfahren.

EIN PRAKTISCHES BEISPIEL

Eine Frau, die mehrere meiner Vorträge über die Macht des Unterbewusstseins besucht hatte, kam vor Beginn des nächsten Vortrags zu mir. Sie stellte sich als Marina R. vor und sagte: »Ich hatte immer schon ein aufbrausendes Temperament, bereits als Kind. Doch in letzter Zeit ... du meine Güte! Meine neuen Nachbarn sind unmöglich. Sie hören bis spät in die Nacht laute Musik, sie lassen ihre Mülltonnen offen stehen, sodass Tiere sie umkippen und darin herumwühlen, und sie lachen mir ins Gesicht, wenn ich mich deshalb bei ihnen beschwere!«

»Da wird Ihre Geduld aber auf eine harte Probe gestellt«, sagte ich.

»Allerdings!«, rief sie aus. »Aber ich habe einen Weg gefunden, mit der Situation fertig zu werden, ohne aus der Haut zu fahren. Durch Ihre Vorträge habe ich gelernt, dass ich nicht zulassen darf, dass Wut und Hass mein Unterbewusstsein vergiften.«

»Und wie erreichen Sie das?«, fragte ich neugierig.

Marina lachte. »Hängt vom Wetter ab«, antwortete sie. »Wenn es ein schöner Tag ist, grabe ich im Garten Beete um. Bei der Arbeit sage ich laut zu mir: ›Ich arbeite in Gottes Garten und pflanze darin Gottes Ideen.‹ Wenn das Wetter nicht so gut ist, putze ich drinnen die Fenster. Dabei sage ich mir: ›Ich reinige meinen Geist mit dem Wasser der Liebe und des Lebens.‹ Das funktioniert immer. So halte ich nicht nur meinen Ärger im Zaum, sondern gelange außerdem zu einer positiven Geisteshaltung und erledige nebenbei eine Menge Arbeit in Haus und Garten!«

Empfehlenswerte Techniken

Stellen Sie sich vor einen Spiegel und sagen Sie zu sich selbst: »Ich bin hier, weil Gott sich durch mich schöpferisch ausdrücken möchte. Ich bin hier, um etwas zum Leben beizutragen. Ich bin hier, weil ich einzigartig bin und Gott mich und meine Einzigartigkeit braucht.«

Angenommen, Sie möchten sich von einer destruktiven Angewohnheit befreien. Setzen oder legen Sie sich bequem hin, entspannen Sie Ihren Körper und werden Sie still. Versetzen Sie sich in einen entspannten Zustand. Sagen Sie dann immer wieder leise zu sich: »Ich bin jetzt völlig frei von _____ (die Angewohnheit). Harmonie und Frieden erfüllen meinen Geist.« Wiederholen Sie diese Worte morgens und abends langsam, leise und liebevoll fünf bis zehn Minuten lang. Mit jeder Wiederholung erhöht sich die emotionale Wirkung. Wenn Sie den Drang verspüren, wieder in Ihre negative Gewohnheit zu verfallen, wiederholen Sie die Gebetsformel laut. Dadurch stimulieren Sie Ihr Unterbewusstsein dazu, die neue Idee zu akzeptieren, und die Heilung kann erfolgen.

Verwenden Sie in schwierigen Situationen folgende Affirmation: »Ich bin immer gelassen, friedvoll und ruhig. Denn: *Der Langmütige ist immer der Klügere, der Jähzornige treibt die Torheit auf die Spitze.*«
(Sprichwörter 14,29)

Prinzipien, die Sie sich einprägen sollten

1. Um sich zu wandeln, müssen Sie Ihre Gedanken, Gefühle und Lebensreaktionen disziplinieren und stets aus Ihrer göttlichen Mitte heraus denken, sprechen und handeln, aus dem göttlichen Selbst in Ihnen.
2. Wenn Sie sich wandeln und weiterentwickeln möchten, müssen Sie durch richtiges Denken Ihren Gefühlshaushalt reinigen. Denn die Gefühle folgen immer dem Denken.

3. Um Ihr Leben zu ändern, müssen Sie Ihre Reaktionen auf das Leben ändern. Sehen Sie Gott in allen Menschen.
4. Ein neuer Mensch werden Sie, wenn Sie von ganzem Herzen wünschen, Ihr Denken dauerhaft zu verändern.
5. Ändern Sie das, was Sie gegenwärtig denken, und bleiben Sie bei dieser Änderung. Damit wandeln Sie Ihren Charakter und Ihr Schicksal – denn Ihr Charakter ist Ihr Schicksal.

24. Kapitel

Beziehungen zu anderen Menschen

*Manche Männer und
Frauen kommen im Leben vor allem
deshalb nicht weiter,
weil sie mit anderen nicht
zurechtkommen.*

Lassen Sie sich nicht durch irgendwelche Attacken auf Ihr Herz und Ihre Gefühle von anderen ausnutzen und manipulieren. Bleiben Sie freundlich, aber bestimmt, und geben Sie nicht nach. Beschwichtigungspolitik bringt überhaupt nichts. Weigern Sie sich, die Selbstsucht und das besitzergreifende Verhalten dieser Menschen zu unterstützen. Tun Sie stets das, was richtig ist, denn Sie sind hier, um Ihr Ideal zu erfüllen und den ewigen spirituellen Werten des Lebens treu zu bleiben.

Räumen Sie niemandem auf der Welt das Recht ein, Sie von Ihrem Lebensziel abzubringen, das darin besteht, Ihre verborgenen Talente zum Ausdruck zu bringen, der Menschheit zu dienen und zum Wohle aller immer mehr von Gottes Weisheit, Wahrheit und Schönheit zu offenbaren.

Bleiben Sie Ihrem Ideal treu. Seien Sie gewiss, dass alles, was Ihnen Frieden, Glück und Erfüllung beschert, notwendigerweise auch ein Segen für alle anderen Menschen ist, die auf Erden wandeln.

Sie schulden, wie Paulus sagte, Ihren Nächsten nichts außer Liebe – und Liebe geben Sie, wenn Sie in Ihrem Leben konsequent Gesundheit, Glück und inneren Frieden verwirklichen.

———

Wenn wir die schöpferischen Gesetze unseres Geistes begreifen, hören wir damit auf, anderen Menschen oder äußeren Umständen die Schuld an unseren Schwierigkeiten zu geben. Wir erkennen, dass nicht die äußeren Lebenserfahrungen unser Schicksal formen, sondern unsere eigenen Gedanken und Gefühle.

———

Alles, was Sie über andere Menschen denken, erschaffen Sie damit in Ihrem eigenen Leben, denn Ihr Denken ist immer schöpferisch. Legen Sie daher Ihren Mitmenschen niemals Steine in den Weg, sonst werden unvermeidlich auch auf Ihrem eigenen Lebensweg Hindernisse auftauchen. Seien Sie zudem nie eifersüchtig, neidisch oder missgünstig gegen andere. Ihre bewussten Sorgen und Befürchtungen teilen sich über Ihr eigenes Unterbewusstsein auch dem Unterbewusstsein der anderen Person mit – und tragen so dazu bei, genau das von Ihnen Gefürchtete hervorzubringen.

———

Vergessen Sie nie, dass alle Menschen, die Ihnen beim Erreichen Ihrer Ziele helfen, Boten Ihres eigenen tiefen kosmischen Bewusstseins sind, gesandt, um Sie bei der Entfaltung Ihres Lebensdramas zu unterstützen.

———

Seien Sie intolerant gegenüber falschen Ideen, aber niemals gegenüber den Menschen, die sie äußern.

Versuchen Sie nicht, Gebete zur subtilen geistigen Willensbeeinflussung eines anderen Menschen einzusetzen. Damit würden Sie die Rechte des anderen verletzen. Vertrauen Sie voll und ganz darauf, dass die unendliche Intelligenz Ihnen alle Ihre Lebenswünsche erfüllt. Durch göttliches Gesetz und göttliche Ordnung können Sie alles im Leben bekommen, was Sie sich wünschen, ohne dafür die Rechte und Interessen anderer Menschen zu verletzen. Es besteht also überhaupt keine Veranlassung für den Versuch, andere durch geistigen Zwang zu beeinflussen.

Erkennen Sie, dass Ihr Beruf oder Unternehmen eine wundervolle Möglichkeit darstellt, anderen Menschen zu dienen.

Als Sie jung waren, warnten Ihre Eltern Sie vor schlechter Gesellschaft. Wenn Sie nicht gehorchten, bekamen Sie die Missbilligung Ihrer Eltern zu spüren. In ähnlicher Weise sollten Sie nicht durch die dunklen Gassen Ihres Geistes laufen und sich in die schlechte Gesellschaft von Groll, Furcht, Sorgen, Böswilligkeit und Feindschaft begeben. Das sind die geistigen Diebe, die Sie Ihrer Ausgeglichenheit, Harmonie und Gesundheit berauben und Ihr Verhältnis zu Ihren Mitmenschen belasten.

Sie sind ein mit freiem Willen begabtes Wesen. Machen Sie eine geistige Bestandsaufnahme und wählen Sie dann bewusst Gedanken an Gesundheit, Glück, Frieden und Fülle. Das wird sich in allen Ihren zwischenmenschlichen Beziehungen wunderbar bezahlt machen.

———

Nicht immer ist die Kritik, die andere an Ihnen üben, unberechtigt. Wenn jemand Sie auf Fehler hinweist, die tatsächlich vorhanden sind, sollten Sie sich darüber freuen und dankbar sein. Sie erhalten dadurch Gelegenheit, die betreffenden Fehler zu korrigieren.

———

»Denn wie ihr richtet, so werdet ihr gerichtet werden.«
(Matthäus 7,2)
Wenn Sie diese Bibelworte wirklich begriffen haben und darüber hinaus verstehen, wie Ihr Unterbewusstsein arbeitet, werden Sie sorgfältig darauf achten, anderen gegenüber recht zu denken, zu fühlen und zu handeln.
Darum ist es so empfehlenswert, in allen zwischenmenschlichen Beziehungen die goldene Regel anzuwenden.

———

Negative, destruktive Kritik kann Sie nur dann verletzen, wenn Sie das zulassen. Dagegen kann sie Ihnen nicht das Geringste anhaben, wenn Sie wissen, dass Sie Meister Ihrer Gedanken, Reaktionen und Gefühle sind. Die Gefühle folgen den Gedanken und Sie haben die Macht, alle Gedanken zurückzuweisen, die dem Gesetz der Harmonie zuwiderlaufen und eine beunruhigende und schwächende Wirkung haben könnten.
Reagieren Sie niemals negativ auf Kritik oder Vorwürfe von anderen. Schenken Sie unwahren Behauptungen, die

andere über Sie verbreiten, keinerlei Beachtung. Andernfalls würden Sie sich auf das niedrige geistige Schwingungsniveau und in die negative Atmosphäre derjenigen begeben, die sich so destruktiv äußern. Welche Lügen auch immer über Sie verbreitet werden, nichts kann Sie verletzen, solange Sie diese Ideen nicht mental akzeptieren.

Weigern Sie sich, Ihre schöpferische Macht an andere Personen abzugeben. Sie sind Herr Ihres eigenen Geistes und sollten sich niemals von anderen irritieren oder manipulieren lassen. Fremde Suggestionen haben keine Macht über Sie, solange Sie dies nicht zulassen. Die ganze Macht liegt in Ihrem eigenen Denken. Identifizieren Sie sich mit Ihrem Lebensziel und erlauben Sie keinem Menschen, Ort oder Ding, Sie von Ihrer inneren Ausrichtung auf Frieden, heitere Gelassenheit und strahlende Gesundheit abzubringen.

―――

Man kann durchaus auch im Umgang mit Menschen, die anderer Meinung sind als man selbst, freundlich und liebenswürdig bleiben.

―――

Vergleichen Sie sich niemals mit anderen. Wenn Sie das tun, stellen Sie die andere Person auf ein Podest und erniedrigen sich selbst.

―――

Wenn Sie sich über jemanden ärgern, findet der ganze Prozess nur in Ihrem eigenen Denken statt. Dabei durchlaufen Sie vier Stadien: 1. Sie denken über das nach, was der andere gesagt hat. 2. Sie beschließen, wütend zu werden. 3. Sie erzeugen in sich ein Wutgefühl. 4. Sie beschließen zu handeln, etwa indem Sie dem anderen eine wütende Bemerkung an den Kopf werfen.

Wie Sie sehen, findet dieser ganze Vorgang in Ihrem eigenen Geist statt. Hier handelt es sich um ein sehr treffendes Beispiel dafür, dass Gedanken die Welt beherrschen.

Es *gibt* schwierige Menschen! Menschen, die streitsüchtig, unkooperativ, zynisch und sauertöpfisch sind.
Wenn Sie es mit solchen Leuten zu tun haben, sollten Sie sich auf die Liebe in Ihrem Herzen konzentrieren, denn dann sind Sie immun gegen die schlechte Laune der anderen.

Wir sind alle abhängig voneinander. Es kommt vor, dass Sie die Dienste eines Arztes, Anwalts, Psychologen oder Handwerkers brauchen – und ebenso kann es sein, dass diese Leute Sie brauchen. Wir brauchen einander. Daher sollten wir nie vergessen, Gott in unseren Nächsten zu erkennen und jeden Menschen so zu sehen, wie er es verdient: als ein Kind Gottes, strahlend, freudig, wohlhabend und frei.

Achten Sie darauf, anderen auf richtige Weise zu geben. Berauben Sie einen Menschen niemals der Möglichkeit, zu wachsen und sich weiterzuentwickeln. Einem jungen Menschen, dem Geld und Hilfe allzu großzügig gegeben werden, fehlt dadurch oft der Ansporn, seine eigenen Fähigkeiten zu entdecken und zu erproben. Ständige Hilfe wirkt destruktiv auf den Charakter. Zeigen Sie anderen, wie sie selbst Zugang zu den eigenen inneren Schätzen finden, auf eigenen Füßen stehen und etwas zum Wohl der Menschheit beitragen können, dann werden sie niemals hungern oder um Geld betteln.

Geben Sie Ihren Mitmenschen die Chance, ihre Schwächen zu überwinden und ihren Charakter zu entwickeln. Sonst erziehen Sie sie zur Abhängigkeit.

———

Statt sich auf die Fehler und Schwächen der anderen zu konzentrieren, sollten Sie sich angewöhnen, in jedem Menschen Gott zu erkennen.

———

Vergessen Sie nie, dass wir alle Teil der Menschheit sind und uns auf einer gemeinsamen Reise befinden.

Empfehlenswerte Techniken

Richten Sie Ihre Gedanken, Ihre inneren Bilder und Ihre Reaktionen auf andere Menschen ganz an den Prinzipien der Harmonie und des Friedens aus. Wenn Sie mit einem wütenden oder hasserfüllten Menschen konfrontiert sind, strahlen Sie göttliche Liebe auf ihn aus, im festen Vertrauen, dass diese Liebe in Herz und Geist dieses Menschen alles ihr nicht Gemäße auflösen wird. Das ist ein hochwirksames Gebet, dessen Wahrheit Sie befreien wird.

———

Eine wunderbare spirituelle Technik besteht darin, für alle Menschen zu beten, mit denen Sie beruflich und privat in Kontakt stehen. Wünschen Sie ihnen alle Segnungen des Lebens. Was Sie anderen wünschen, ziehen Sie auch in Ihr eigenes Leben.

———

Machen Sie sich klar, dass es Menschen, die sich streitsüchtig, feindselig und griesgrämig benehmen, an innerem Frieden mangelt und dass sie unter großer Anspannung stehen. Etwas zehrt an ihnen, sie leiden seelische Schmerzen. Achten und segnen Sie das Göttliche in diesen Menschen: Dadurch identifizieren Sie den Betreffenden mit göttlichen Qualitäten und ehren den Gott in ihm. Strahlen Sie Liebe und Wohlwollen aus, in dem Bewusstsein, dass das, was für Gott wahr ist, auch für Sie und alle anderen Menschen wahr ist.

―――

Gott ist Ihr wahres Selbst. Dieses wahre Selbst ist unverletzlich. Wenn Sie auf schwierige Menschen treffen, übergeben Sie diese liebevoll an Gott und lassen Sie ihn sich um sie kümmern. Dadurch werden Sie frei und können sich an Gottes grünen Auen und seinem frischen Wasser erfreuen.

―――

Wenn Sie einen Konflikt mit schwierigen Menschen durchzustehen haben, können Sie die folgenden Worte auf einen Zettel schreiben: »Auch das geht vorüber. Die Weisheit meines Unterbewusstseins kennt eine göttliche und harmonische Lösung für dieses Problem. Ich löse mich jetzt von aller Wut, Bitterkeit und Missgunst.« Stecken Sie den Zettel in einen Umschlag, den Sie wie folgt beschriften: »Mit Gott ist alles möglich.« Legen Sie ihn in eine Schublade. Das ist eine Methode, ein Problem auf symbolische Weise loszulassen und es Gott zu übergeben. Sie wirkt oft Wunder.

―――

Affirmieren Sie: »Alle Menschen, mit denen ich mich gedanklich beschäftige, sind Kinder Gottes. Ich lebe in geistigem Frieden mit allen Mitgliedern meiner Familie und wünsche Ihnen all das Gute, das ich auch mir selbst wünsche.«

———

Affirmieren Sie: »Ich bin der einzige Denker in meinem Universum. Ich allein bin verantwortlich für meine Gedanken. Ich weigere mich, irgendeinem Menschen, Ort oder Ding die Macht einzuräumen, mich zu ärgern oder zu belästigen. Ich weiß, dass ich andere Menschen nicht dadurch ändern kann, dass ich mich über sie beklage oder ärgere. Ich lasse mir von niemandem meinen Seelenfrieden rauben. Ich segne alle Menschen und gehe meinen eigenen Weg.«

Prinzipien, die Sie sich einprägen sollten

1. Zeigen Sie allen Menschen aufrichtige Anerkennung – Angehörigen ebenso wie Arbeitskollegen. Die Menschen sehnen sich nach Anerkennung. Schenken Sie sie ihnen bereitwillig und liebevoll.
2. Ein hasserfüllter oder bitterer Gedanke ist mentales Gift. Denken Sie nie schlecht über andere, denn damit vergiften Sie nur Ihre eigene Psyche.
3. Hier ist der Schlüssel zu harmonischen zwischenmenschlichen Beziehungen: Wünschen Sie anderen Menschen immer nur das, was Sie auch für sich selbst wünschen. Denken Sie gut von anderen, denn was Sie bezüglich Ihrer Mitmenschen denken und empfinden, erschaffen Sie damit in Ihrem eigenen Leben. Das ist die psychologische Bedeutung der goldenen Regel. Denken Sie so über Ihre Mitmenschen, wie diese über Sie denken sollen.

4. Sie selbst sind für Ihre Gedanken verantwortlich. Ein anderer Mensch ist niemals dafür verantwortlich, was Sie über ihn denken. Suggestionen, Worte und Taten anderer können Ihnen nur schaden, wenn Sie dazu die mentale Einwilligung geben. Die schöpferische Macht liegt immer in Ihnen selbst. Entscheidend ist nicht, was andere sagen oder tun, sondern wie Sie darüber denken.

5. Ihre Gedanken verwirklichen sich. Was denken Sie gegenwärtig über andere Menschen?

6. Akzeptieren Sie, dass Ihre Mitmenschen anders sind als Sie, und gestehen Sie ihnen das Recht auf eine eigene Meinung zu, ebenso wie auch Sie das Recht haben, anderer Meinung zu sein. Dass ein Mensch anders denkt als Sie, ist kein Grund, sich ihm gegenüber unfreundlich und lieblos zu verhalten.

7. Ihr innerer Dialog (Ihre Gedanken und Gefühle) zeigt sich darin, wie andere sich gegenüber Ihnen und Sie sich gegenüber anderen verhalten.

8. Liebe ist die Antwort auf alle zwischenmenschlichen Probleme. Zu lieben heißt, das Göttliche in anderen Menschen zu achten.

9. Sie würden nicht auf die Idee kommen, einen körperbehinderten Menschen zu hassen, sondern ihm mit Mitgefühl und Verständnis begegnen. Dieses Mitgefühl und Verständnis sollten Sie auch Menschen entgegenbringen, die in ihrem geistigen Ausdrucksvermögen behindert sind, weil sie negativ konditioniert wurden. Alles zu verstehen heißt, alles zu vergeben.

10. Lassen Sie sich niemals von anderen emotional manipulieren oder gar als Fußabtreter missbrauchen. Lassen Sie sich nicht vom rechten Weg abbringen. Bleiben Sie Ihrem Ideal treu, im Wissen, dass die Geisteshaltung, die

Ihnen Frieden, Freude und Wohlergehen beschert, unter allen Umständen die richtige, gute und wahre ist.

11. Sie schulden anderen Menschen nichts als Liebe – und Liebe bedeutet, dass Sie allen Menschen wünschen, was Sie auch für sich selbst wünschen: Gesundheit, Glück und alle Segnungen des Lebens.

12. Wenn jemand einen Fehler in Ihrem Denken oder Verhalten bemängelt und diese Kritik berechtigt ist, sollten Sie dankbar sein, denn das gibt Ihnen Gelegenheit, den Fehler zu korrigieren.

13. Sie können Ihre emotionale Reaktion auf andere Menschen steuern, indem Sie sich mit der Gottesgegenwart in jedem Menschen identifizieren. Ersetzen Sie Hass durch Liebe.

14. Sie sind nicht verantwortlich für die Handlungen anderer.

15. Erkennen Sie, dass Ihr Beruf oder Unternehmen eine Chance ist, Gutes für andere zu tun. Beanspruchen Sie, dass die unendliche Intelligenz Ihnen den Weg weist, auf dem Sie am besten zum Wohl der Menschheit beitragen können.

16. Wenn wir andere kritisieren oder verurteilen, blockieren wir damit unsere eigene berufliche und persönliche Entwicklung. Alles, was Sie bei anderen kritisieren, verdammen oder verspotten, machen Sie damit zum Bestandteil Ihres eigenen Charakters.

17. Segnen Sie das Göttliche in allen Menschen, wünschen Sie ihnen Wohlstand, Erfolg und alle guten Dinge des Lebens. Wenn Sie das systematisch und regelmäßig tun, wird es Ihnen zur festen Gewohnheit und Sie werden in allen zwischenmenschlichen Beziehungen wahren Frieden erfahren.

18. Sie haben ein Recht auf alles, was Sie glücklicher, gesünder und erfolgreicher macht. Auf Ihrer Reise auf-

wärts und gottwärts wäre es allerdings ein großes Hindernis, wenn Sie etwas begehren, das einem anderen Menschen gehört. Die Rechte anderer anzutasten ist ein schwerer Verstoß gegen die kosmische Gerechtigkeit. Wünschen Sie allen Menschen nur das, was Sie auch für sich selbst wünschen.

19. Jeder Mensch wünscht sich, dass wir über seine Fehler, Schwächen und Versäumnisse hinwegsehen und das Göttliche in ihm anerkennen und ehren.

25. Kapitel

Gut und Böse, Lohn und Strafe

Ich schickte meine Seele aus
Zu suchen das Jenseits, die Quelle;
Sie kam zurück und sagte zu mir:
»Ich selbst bin Himmel und Hölle.«

OMAR KHAYAAM, *Rubaiyyat*

Wenn Sie bei der Arbeit einen heimlichen Groll hegen, weil Sie glauben, dass man Sie zu schlecht bezahlt und Ihre Leistungen nicht genügend anerkennt, durchtrennen Sie damit unterbewusst das Band, das Sie mit Ihrem Arbeitgeber verbindet. Wenn Sie nicht von sich aus kündigen und sich nach einer Arbeitsstelle umsehen, die Ihnen mehr Erfüllung bringt, dann setzen Sie ein Gesetz in Bewegung, wonach Ihr Arbeitgeber schon bald und mit ziemlicher Sicherheit Ihnen kündigen wird. Hier wirkt das Gesetz von Aktion und Reaktion, wobei es aber keineswegs so ist, dass das Leben Sie bestraft. Ihr Denken ist die Aktion – und die Reaktion ist die Antwort Ihres Unterbewusstseins, das früher oder später den Verlust Ihres Arbeitsplatzes bewirken wird.

In Wahrheit haben Sie sich selbst gekündigt. Ihr Arbeitgeber oder Vorgesetzter diente dabei nur als Instrument zur äußeren Bestätigung Ihres eigenen negativen Geisteszustandes.

Das Lebensprinzip straft niemals. Wir bestrafen uns selbst durch Missbrauch der geistigen Gesetze und negatives Denken.

———

Ihre höchste Bestimmung besteht darin, mit Gott eins zu sein und Macht, Weisheit, Stärke und Erleuchtung zu erfahren.
Sagen Sie nie: »Ich muss mich mit meinem Schicksal abfinden.« – »Mir bleibt keine andere Wahl.« – »Das ist Gottes Wille, den ich akzeptieren muss.« – »Ich bin unheilbar krank.« – »Meine Lage ist hoffnungslos.« Mit solchen Äußerungen legen Sie sich selbst Fesseln an. Wenn Sie glauben, dass Sie auf Erden sind, um zu leiden oder von Gott geprüft oder bestraft zu werden, verleugnen Sie Ihre göttliche Bestimmung und die Quelle Ihrer Kraft – einer Kraft, die Ihr Leben verändern und Sie zu ungeahnten Höhen tragen kann.

———

Sie sind nie Opfer eines unbarmherzigen Schicksals, sondern Ihres eigenen falschen Denkens.

———

Ein kleiner Junge sagte zu mir: »Wenn ich ohne Licht Rad fahre, habe ich Angst, dass ich dafür bestraft werde und hinfalle, denn meine Mutter hat zu mir gesagt: ›Du wirst hinfallen und dir wehtun. Du bist ungezogen und wirst dafür bestraft werden.‹«
Wie kann man einem Kind nur solchen Unsinn erzählen! Um wie viel besser wäre es gewesen, wenn seine Mutter zu ihm gesagt hätte, dass er zu seinem eigenen Schutz im Dunkeln immer mit Licht fahren soll und weil seine Mutter ihn liebt und nicht möchte, dass ihm etwas geschieht.

Statt einen Menschen durch negative, hypnotische Suggestionen zu ängstigen, sollten wir ihm sagen, dass Gott ihn liebt und immer gut für ihn sorgt.

Die unendliche Gottesgegenwart wohnt in Ihnen, vergessen Sie das nicht. Wenn Sie an einen rachsüchtigen, strafenden Gott glauben, werden Sie dadurch zu Ihrem eigenen Peiniger und ziehen Misserfolg, Mangel und Unglück auf sich. *»Denn sie säen Wind und sie ernten Sturm.«* (Hosea 8,7)

Unser Unterbewusstsein kennt keine Bosheit, doch wenn wir Böses denken, hat das unweigerlich Böses zur Folge. Wenn wir Gutes denken, ist Gutes die Folge. Überlegen Sie gut, welche Samen (Gedanken) Sie im Garten Ihres Geistes aussäen, denn was Sie säen, werden Sie ernten. *»Wer Unrecht pflügt, wer Unheil sät, der erntet es auch.«* (Hiob 4,8)

Gottes Wille für Sie ist ein glückliches Leben in Fülle! Wenn Gottes Wille für Sie Leid und Krankheit wären, dann würden alle Ärzte, Psychologen, Krankenschwestern, Priester und Rabbiner gegen den Willen Gottes handeln – was natürlich vollkommen absurd ist.

Shakespeare schrieb: »Es gibt nichts, das aus sich heraus gut oder schlecht wäre, erst unser Denken macht es dazu.«

Manche Leute machen den Teufel für Ihre Leiden und Schwierigkeiten verantwortlich.

Die alten hebräischen Mystiker lehrten, dass der Teufel jemand sei, der Lügen über Gott verbreitet, die Wahrheiten Gottes verdreht und verfälscht und dessen Handeln gegen die göttlichen Gesetze verstößt. Wenn es in Ihrem Leben Unglück und Misserfolge gibt, spielen Sie vielleicht unabsichtlich die Rolle des Teufels in Ihrer Welt.

———

Das Lebensprinzip fließt immer in konstruktiven, harmonischen, rhythmischen und freudigen Bahnen. Wenn wir gegen das Prinzip der Harmonie und Liebe verstoßen oder unser Denken und Handeln den konstruktiven Fluss des Lebens hemmt, müssen wir leiden. Doch diese Bestrafung haben wir uns dann selbst auferlegt.

———

Lohn und Strafe hängen allein davon ab, welchen Gebrauch Sie von Ihrer geistigen Kraft machen. Wenn Sie falsche Entscheidungen treffen, lösen Sie damit eine entsprechende, mit mathematischer Genauigkeit erfolgende und gerechte Reaktion Ihres Unterbewusstseins aus. Das Resultat falscher Urteile und Entscheidungen sind Fehlschläge und Verluste.

Gut und Böse sind demnach ausschließlich in unserem Denken und Handeln vorhanden, in der Einstellung, die wir gegenüber den Dingen einnehmen, aber nicht in den Dingen selbst. Der Wind kann ein Schiff gegen die Klippen werfen oder in einen sicheren Hafen bringen.

———

Wenn Sie glauben, Opfer von Rache oder Vergeltung zu sein, offenbaren Sie damit eine tiefe Unkenntnis über die Arbeitsweise Ihres Geistes. Angenommen, einer Ihrer Freunde fällt in einen See und ertrinkt, weil er nicht schwimmen kann. Würden Sie dann dem See die Schuld geben? Würden Sie dem See vorwerfen, rachsüchtig zu sein? Natürlich nicht.

Das Wasser ist völlig unpersönlich. Es gehorcht einfach den Gesetzen der Physik.

———

Manche Menschen machen Ihr Karma für die Probleme in Ihrem Leben verantwortlich. Aus der Sicht des Hinduismus und Buddhismus bedeutet Karma Handeln – *ka* heißt *tun, machen* und *ma* ist *die Reaktion* oder *das Ergebnis*. Demnach zieht das eigene Handeln unvermeidliche Konsequenzen nach sich, entweder in diesem Leben oder in einer späteren Inkarnation. Nach dieser Theorie gibt es ein kosmisches Prinzip, wonach jeder Mensch in diesem Leben für seine Handlungen in einem früheren Leben belohnt oder bestraft wird.

Karma – dass man erntet, was man gesät hat – ist aber nur unvermeidlich, solange der Mensch nicht betet oder über die Wahrheiten Gottes meditiert. Wenn Sie zu beten beginnen, erheben Sie sich über Ihr Karma und die unangenehmen Konsequenzen früherer Fehler werden ausgelöscht. Rein oberflächliches, formelhaftes Beten wird dies freilich nicht bewirken. Ein tiefes Hungern und Dürsten nach Gottes Liebe und Gnade und ein intensives Verlangen nach Veränderung sind notwendig, um Sie von der Bestrafung zu erlösen, die sonst unweigerlich auf negatives und destruktives Denken folgt.

———

Wenn Sie eine Stromleitung berühren, bekommen Sie einen elektrischen Schlag. Warum wollen Sie das Gesetz der Elektrizität verantwortlich machen, wenn es doch

Ihre Unkenntnis der elektrischen Prinzipien war, die zu dem Unfall führte?

———

Die Kräfte der Natur sind nicht böse. Ob wir positive oder negative Reaktionen erleben, hängt völlig davon ab, welchen Gebrauch wir von den Elementen der Natur und den Kräften in uns machen.

———

Wenn Sie irgendein Naturgesetz missachten, werden Sie verletzt. Wenn in Ihrem Leben negative Reaktionen auftreten, liegt das nicht daran, dass Ihr Unterbewusstsein, das Leben oder Gott sie strafen oder sich an Ihnen rächen wollen, sondern es handelt sich lediglich um das Gesetz von Aktion und Reaktion – das die Person nicht ansieht und niemanden bevorzugt oder benachteiligt.

———

Sie sind kein Opfer Ihrer Vergangenheit. Sie können die Gegenwart verändern und die Zukunft verwandeln. Welche Zukunft sich für Sie manifestiert, hängt immer von Ihren gegenwärtigen Vorstellungen und Überzeugungen ab – so führt ein neuer Anfang zu einem neuen Ende.

———

Gott, die lebendige Intelligenz in Ihnen, ist zeitlos und allgegenwärtig. Ausschließlich *Ihr Denken* ist dafür verantwortlich, dass Sie sich als Gefangener Ihrer Vergangenheit fühlen.

———

Hier folgt eine wunderbare Lektion aus dem Neuen Testament, die Ihnen die Angst nehmen kann, Opfer Ihrer Vergangenheit zu sein:

»Da fragten ihn seine Jünger: Rabbi, wer hat gesündigt? Er selbst? Oder haben seine Eltern gesündigt, sodass er blind geboren wurde? Jesus antwortete: Weder er noch seine Eltern haben gesündigt, sondern das Wirken Gottes soll an ihm offenbar werden. [...] und sagte zu ihm: Geh und wasch dich in dem Teich Schiloach! Schiloach heißt übersetzt: Der Gesandte. Der Mann ging fort und wusch sich. Und als er zurückkam, konnte er sehen.«
(Johannes 9,2-7)

An der Frage der Jünger kann man erkennen, dass sie glaubten, der Mann habe in einem früheren Leben gesündigt. Dieser Glaube war damals im Nahen und Mittleren Osten weit verbreitet. Auch glaubten die Menschen, dass die Kinder für die Sünden der Eltern büßen müssten.

Jesus wies beide Vorstellungen zurück und sagte, die Blindheit des Mannes solle nicht als Beleg für frühere Sünden gesehen werden, sondern als Gelegenheit, Gottes Heilkraft zu demonstrieren.

Kindern einzureden, sie seien mit der Erbsünde geboren, weil Adam und Eva gesündigt hätten, ist theologischer Unsinn. Die Bezeichnung »Erbsünde« bezieht sich auf den Umstand, dass wir alle in das Menschheitsbewusstsein hineingeboren werden. Das ist unser Erbe. In dem Maße, wie wir unsere göttliche Herkunft vergessen und die Suggestionen und abergläubischen Vorstellungen anderer Menschen für wahr halten, »sündigen« wir alle, da wir dann nicht gemäß unserer wahren Bestimmung leben. Unsere »Erbsünde« besteht darin, dass wir unkritisch die Denkmuster unserer Vorfahren und des heutigen Massenbewusstseins übernehmen.

Ihr Geist ist ein Prinzip und wie alle Prinzipien kann es richtig oder falsch angewendet werden. Wenn Sie es falsch anwenden, zieht das Misserfolge und Schwierigkeiten nach sich. Dies geschieht aber nicht, weil das Prinzip Sie nicht leiden kann. Wenn Sie das Prinzip der Elektrizität falsch anwenden und deshalb einen Stromschlag erhalten, geschieht das schließlich auch nicht, weil das Prinzip der Elektrizität etwas gegen Sie persönlich hätte!

———

Nicht das, von dem Sie glauben, dass es Ihnen Schaden zufügt, schadet Ihnen wirklich, sondern Ihr Glaube, der diesen Eindruck hervorruft.

———

Solange Sie denken, dass Gott Ihnen wie ein eifersüchtiger, grausamer und launischer Tyrann Heimsuchungen und Prüfungen schickt und Sie für jede Ihrer Sünden beim Jüngsten Gericht unbarmherzig bestraft, leben Sie in einem geistigen Konfliktzustand. Zudem fürchten Sie sich dann vor Gott und werden bei jeder Tragödie oder Krankheit zu der Auffassung neigen, Ihr Leiden sei Gottes Wille.
Würde Gott aber wirklich *wollen*, dass Sie krank sind, oder Ihnen eine Krankheit schicken, um Sie irgendwie auf die Probe zu stellen, hätte er es überhaupt nicht verdient, dass Sie ihm Beachtung und Anerkennung schenken!

———

Es ist Gotteslästerung zu sagen, dass Gott Sie straft. Es ist Gotteslästerung, Gott für Ihre Schwierigkeiten verantwortlich zu machen.
Gott ist ein Gesetz, ein Prinzip. Es gibt ein Prinzip des rechten Handelns, aber nicht des falschen Handelns, ein

Prinzip der Schönheit, aber nicht der Hässlichkeit, ein Prinzip der Liebe, aber nicht des Hasses, ein Prinzip der Fülle, aber nicht des Mangels.

Entscheiden Sie sich für das, was für Gott gilt, dann gehören alle Segnungen des Lebens Ihnen.

»Nur der Triumph der Prinzipien kann uns Frieden bringen«, sagte Emerson.

———

So genannte Flüche, Zauberei, schwarze Magie, Satanismus und dergleichen beruhen auf Unwissenheit und dem Aberglauben, dass es im Universum zwei widerstreitende Prinzipien gäbe. Doch es gibt nur eine Macht, einen Gott – nicht zwei, drei oder tausend – nur einen.

Wenn Menschen die eine Macht konstruktiv, harmonisch, friedvoll und freudig anwenden, nennen sie diese Macht Gott. Wenden sie die eine Macht auf ignorante, negative und dumme Weise an, denken sie, sie hätten es mit einer zweiten Macht zu tun, die sie dann als Satan, Teufel, böse Geister oder dergleichen bezeichnen.

———

Die Menschen der Vorzeit glaubten, fremden Mächten ausgeliefert zu sein, über die sie keine Kontrolle hatten. Die Sonne schenkte Ihnen Licht, konnte aber auch das Land austrocknen.

Das Feuer spendete ihnen Wärme, sie konnten sich aber auch daran verbrennen. Der Donner erschreckte sie. Blitze machten ihnen furchtbare Angst. Das Wasser, das ihren Durst stillte, überschwemmte auch manchmal ihr Land und ertränkte Vieh und Kinder.

Da sie die wissenschaftlichen Ursachen solcher Ereignisse nicht kannten, sagten die Stammespriester, manchmal seien eben die Götter zornig.

So begannen die Menschen, Opfer darzubringen, um den vermeintlichen Zorn der Götter zu besänftigen. Im Glauben, dass in der Natur personifizierte, absichtsvoll handelnde Mächte am Werk seien, flehten die Menschen diese Mächte an, ihre Gebete zu erhören.
Diesen Annahmen entsprechend unterteilten die frühen Völker das Universum in wohltätige und bösartige Mächte. Auch heute noch ist die Annahme, es gäbe zwei Mächte – eine gute und eine böse – bei Millionen von Menschen fester Bestandteil ihres religiösen Glaubens.
Doch diese Vorstellung, dass Gut und Böse über den Kosmos und die menschlichen Angelegenheiten herrschen, ist nichts als ein Überbleibsel uralten Aberglaubens. In Wahrheit sind Gut und Böse in Ihrem Leben allein durch Ihr Denken bestimmt. Gut und Böse existieren im Bewusstsein des einzelnen Menschen und nirgendwo sonst.
Gute Gedanken haben gute Folgen. Böse Gedanken haben böse Folgen.
Sie sind niemals Opfer äußerer Lebensumstände, es sei denn, Sie glauben, dass Sie es sind.

Viele Menschen blockieren unwissentlich den Fluss ihrer Lebensenergie, indem sie Gott für die Sünden, Krankheiten und Leiden der Menschheit verantwortlich machen. Andere beschuldigen Gott, für ihre persönlichen Tragödien und Schmerzen verantwortlich zu sein. Sie sind zornig auf Gott und klagen ihn wegen ihres Elends an.
Das alles sind negative Gedanken und solange Sie negativen gedanklichen Konzepten anhängen, werden Sie automatisch die entsprechenden negativen Reaktionen Ihres Unterbewusstseins zu spüren bekommen. Das ist die ein-

zige Ursache für die so genannten Bestrafungen und Prüfungen in Ihrem Leben.

Lösen Sie sich von jeder Form der Verachtung, Verbitterung und Wut gegen irgendeinen Menschen oder überhaupt gegen irgendetwas, das außerhalb von Ihnen existiert. Sonst versperren Sie sich selbst den Weg in ein gesundes, glückliches Leben in schöpferischer Erfüllung.

Sobald Sie die Idee eines Gottes der Liebe in Ihrem Herzen und Geist akzeptieren, eines Gottes, der Sie beschützt, führt und erhält, wird diese Idee von Ihrem Unterbewusstsein akzeptiert. Dann werden Sie Ihr Dasein nicht länger als eine Kette von göttlichen Bestrafungen und »Prüfungen« betrachten und sich stattdessen für die zahllosen Segnungen des Lebens öffnen.

Der lebendige Geist setzt die Gesetze des Lebens nicht außer Kraft, um irgendeinen Menschen wegen dessen Religionszugehörigkeit oder besonderen Heiligkeit zu bevorzugen, denn »*Gott sieht nicht auf die Person*«.
(Apostelgeschichte 10,34)

Zu glauben, Gott oder die unendliche Intelligenz würde bestimmte Menschen wegen ihrer religiösen Überzeugungen bevorzugen, hieße, Gott widersprüchliche menschliche Launen und Vorlieben zuzuschreiben.
Die Gesetze des Lebens gelten für alle gleichermaßen. Niemand wird von ihnen begünstigt.

Wir leben in einem Universum von Gesetz und Ordnung. Gott ist, neben anderem, ein universelles Prinzip und Gesetz. Wenn jemand ein Gesetz missachtet, muss er die Konsequenzen tragen. Dabei handelt es sich dann aber keineswegs um die Bestrafung durch einen rachsüchtigen Gott, sondern um eine unpersönliche Abfolge von Ursache und Wirkung.

———

Es gibt nur eine einzige Macht und Kraft. Das ist die wichtigste Erkenntnis überhaupt. Diese Macht ist allgegenwärtig und daher muss sie auch in Ihnen vorhanden sein. Beantworten Sie sich darum ehrlich die Frage: »Auf welche Weise mache ich von dieser Macht in meinem Inneren Gebrauch?«
Dann wissen Sie, wie es in Ihrem Leben um Gut und Böse, um Lohn und Strafe bestellt ist.

▪ PRAKTISCHE BEISPIELE

Ein Frau suchte mich auf und erzählte, dass sie seit mehreren Jahren an einer inneren Erkrankung litt. Alle Behandlungsversuche, bis hin zu Bestrahlungen, waren erfolglos geblieben. Sie hatte gebetet und Hilfe bei Heilern gesucht, doch ohne Ergebnis.
Sie sagte: »Gott hat mir diese Krankheit auferlegt. Ich bin eine Sünderin. Deshalb werde ich bestraft.« Sie erzählte, sie sei zu einem Hypnotherapeuten gegangen, der ihre Vergangenheit erforscht und ihr mitgeteilt habe, ihre Krankheit sei Folge ihres Karmas. In einem früheren Leben habe sie anderen Menschen Leid zugefügt und sie zu Unrecht bestraft. Dafür müsse sie nun büßen. Eindringlich fragte sie mich: »Glauben Sie, dass ich deshalb nicht wieder gesund werde?«

Was für ein absurder und geradezu ungeheuerlicher Unfug! Die Erklärung, die ihr dieser Hypnotiseur gab, verstärkte ihre Not nur und half ihr in keinster Weise. Ich wies sie auf die uralte Wahrheit hin, dass es nur eine einzige Macht gibt.

Sie ist die schöpferische Intelligenz in uns allen. Von ihr wurden wir erschaffen. Diese Macht wird für uns zu dem, was wir über sie glauben. Wenn ein Mensch denkt, Gott würde ihn bestrafen oder ihm Leiden auferlegen wollen, dann *geschieht ihm nach seinem Glauben.*
(Matthäus 9,29)

Dies bedeutet, erläuterte ich ihr, dass es unsere *Gedanken und Gefühle* sind, die über unser Schicksal bestimmen. Wenn sie die Gesetze der Chemie oder Elektrizität fünfzig Jahre lang falsch angewendet hätte, würden diese Gesetze doch gewiss deswegen keinen Groll gehen sie hegen.

Das Leben oder Gott straft niemals. Wenn Sie sich den Finger verbrennen, bemüht sich das Leben sofort, die Wunde zu heilen, und lässt neues Gewebe wachsen. Wenn Sie etwas Verdorbenes essen, löst das Lebensprinzip Erbrechen aus, um so Ihre Gesundheit wiederherzustellen. Der Arzt verbindet die Wunde und Gott heilt sie, lautet ein altes Sprichwort.

Diese Frau suchte nach einer Rechtfertigung für ihre Krankheit. Sie suchte nach äußeren Ursachen, statt zu erkennen, dass die Ursache immer im eigenen Unterbewusstsein zu finden ist.

Eine andere Frau schrieb mir: »Warum müssen manche guten und ehrlichen Menschen leiden, während viele schlechte Menschen im Wohlstand leben?«

Ich war mir nicht sicher, was sie mit »gut« meinte. Vielleicht bezog sie sich auf Leute, die regelmäßig in die Kirche gehen, ein ehrliches Geschäftsgebaren an den Tag legen, ihre Nachbarn freundlich behandeln, für wohltätige Zwecke spenden, liebevolle Eltern und Ehepartner sind und aktiv an den religiösen Praktiken ihrer jeweiligen Kirche teilnehmen. Und für »schlecht« hielt sie vermutlich Menschen, die nicht in die Kirche gehen, stehlen und betrügen, trinken und die Existenz Gottes oder irgendeiner höheren Macht leugnen.

In Wahrheit ist das Gesetz aber unpersönlich und bevorzugt oder benachteiligt niemanden. Wenn ein so genannter schlechter Mensch an Erfolg, Wohlstand und Gesundheit glaubt, dann geschieht ihm nach seinem Glauben.

Die Sonne scheint auf die Gerechten und die Ungerechten. Das Gesetz kennt keine Moral. Wenn ein Mörder schwimmen kann, wird das Wasser ihn ebenso tragen wie einen Heiligen. Ein Halsabschneider kann die Luft genauso atmen wie ein spirituell erleuchteter Mensch.

Das Gesetz des Lebens ist das Gesetz des Glaubens.

Ein Mensch kann in bestimmten Lebensbereichen durch und durch unehrlich sein und außerdem die Existenz Gottes leugnen. Dennoch gibt es kein Gesetz, das einem solchen Menschen verbietet, Reichtum zu erwerben, vorausgesetzt, er glaubt daran, dass er Erfolg haben und reich werden kann. Denn es geschieht jedem von uns immer nach seinem Glauben. Ein unehrlicher oder boshafter Mensch erntet genauso die Resultate seines Glaubens wie ein ehrlicher und so genannter guter Mensch.

Das große Gesetz ist absolut gerecht und gibt niemals Gutes für Böses oder Böses für Gutes.

Prinzipien, die Sie sich einprägen sollten

1. Gott oder die Liebe straft oder verurteilt nie.
2. Gottes Wille entspricht immer dem göttlichen Prinzip. Gott, der das Leben ist, kann sich nichts wünschen, was ihm selbst schaden würde.
3. Erkennen Sie, dass Gott *für Sie* ist, nicht gegen Sie.
4. Wenn Sie glauben, dass Gott Sie bestraft oder Ihnen Krankheit und Leid schickt oder dass Gott etwas Unerfreuliches und Unangenehmes mit Ihnen vorhat, dann wird Ihnen nach Ihrem Glauben geschehen. In Wahrheit bestrafen Sie sich aber selbst – durch Ihren falschen Glauben. Ihre Gedanken sind schöpferisch und so erschaffen Sie sich Ihr eigenes Leiden. Entwickeln Sie die Vorstellung von einem Gott der Liebe und glauben Sie, dass Gott Großes mit Ihnen vorhat, etwas, das Ihre kühnsten Träume übersteigt. Dann wird Ihnen auch nach Ihrem Glauben geschehen.
5. Primitive Völker glauben, dass sie ihre Freuden den Göttern verdanken, während sie für ihre Schmerzen und Leiden böse Mächte verantwortlich wähnen. Sie flehen die Wesen des Windes, der Sterne und des Wassers an, in der Hoffnung, dass diese Naturkräfte sie erhören und ihnen antworten würden. Die Auffassung, dass zwei Mächte (Gut und Böse) existieren, ist ein Rückfall in diese uralten abergläubischen Vorstellungen.
6. Gott oder das Leben sieht nicht auf die Person. Das Leben bevorzugt niemanden. Gott oder das Lebensprinzip hegt keinerlei Groll gegen Sie. Das Lebensprinzip verurteilt Sie niemals. Es ist vielmehr stets bestrebt, Sie zu heilen und Ihr Wohl zu mehren. Es heilt Sie, wenn Sie sich schneiden, und vergibt Ihnen, wenn Sie sich den Finger verbrennen.

7. Das Lebensprinzip (Gott) schickt der Welt nie Krankheit, Leid oder Krieg. Wir bringen diese Plagen selbst über uns, wenn wir negativ und destruktiv denken. *Was wir säen, werden wir auch ernten.*

8. Gott kennt keine Favoriten und Günstlinge. Die Vorstellung, Gott würde manche Menschen wegen ihrer religiösen Überzeugungen oder bestimmter Glaubenspraktiken bevorzugen, ist kindische Sentimentalität. Gott ist die universelle Weisheit und Macht. Sie ist für jeden Menschen frei verfügbar, der sich geistig für diese Erkenntnis öffnet und sie uneingeschränkt akzeptiert.

9. Es gibt in der Natur keine bösen Gesetze oder Kräfte. Es kommt vielmehr darauf an, welchen Gebrauch wir von diesen Kräften machen.

10. Sie schaffen sich jetzt und hier Ihren eigenen Himmel oder Ihre eigene Hölle, und zwar durch das, was Sie den ganzen Tag lang denken. Allein daraus resultieren Gut und Böse.

26. Kapitel

Schlaf

Schlaf bringt Rat.

Ihr Unterbewusstsein ist besonders aufnahmebereit, wenn Ihre äußeren Sinne sich im Schwebezustand kurz vor dem Einschlafen befinden. Daher ist dies der beste Zeitpunkt, um Ihrem Unterbewusstsein positive Gedanken, heilende Gebete, Veränderungswünsche und dergleichen zu übermitteln: Wenn Sie sich in einem schläfrigen Zustand befinden, ist die Wachsamkeit Ihres Alltagsbewusstseins stark reduziert, sodass es weniger leicht zu Konflikten zwischen Ihren Wünschen und Ihren Vorstellungen kommt.

Kurz vor dem Einschlafen und kurz nach dem Aufwachen ist das Unterbewusstsein besonders gut erreichbar. In diesem Zustand sind negative Gedanken, die die Tendenz besitzen, Ihren Wunsch zu neutralisieren, nicht länger präsent.

Wir schlafen, damit unser Körper sich erholen kann. Doch es gibt für den Schlaf noch einen tieferen Beweggrund: unsere spirituelle Entwicklung. Jene göttliche Kraft, die unser Leben formt, ist allwissend und hat es so eingerichtet, dass wir uns immer wieder von der äußeren, lauten Welt zurückziehen müssen, um im Stillen reifen zu können.

―――――

Damit unser Wachbewusstsein den Mühen und Erfordernissen des Alltags wirkungsvoll begegnen kann, ist es unverzichtbar, dass wir uns regelmäßig von den Sinneseindrücken der objektiven Welt zurückziehen und in der Stille Verbindung mit der inneren Weisheit unseres Unterbewusstseins aufnehmen.
Man kann also durchaus sagen, dass der Schlaf eine Form des Gebets ist.

―――――

Vergessen Sie nicht, dass Ihr Unterbewusstsein unpersönlich ist und keine Unterscheidungen vornimmt – es akzeptiert Ihre negativen und hasserfüllten Gedanken ebenso wie Ihre guten Gedanken und verwirklicht beides.
Das Unterbewusstsein verstärkt und vergrößert alles, was Sie in ihm speichern – *Gutes wie Schlechtes*. Achten Sie also sorgsam darauf, mit welchen Gedanken und Gefühlen Sie abends ins Bett gehen. Die Gedanken und Gefühle, die Sie vor dem Einschlafen hegen, werden Ihrem Unterbewusstsein übermittelt. Mögen sie auch noch so negativ sein – Ihr Unterbewusstsein hält sie für Ihre sehnlichen Wünsche und beginnt unverzüglich mit der Verwirklichung.
Vor dem Einschlafen sollten Sie deshalb Ihren Geist von allen belastenden, unerfreulichen Gedanken reinigen. So schaffen Sie einen offenen Kanal, durch den die göttlichen Energien ungehindert und konstruktiv fließen können, während Sie schlafen.

―――――

Allgemein gilt der Schlaf als Erholungsphase für den Körper. Aber Ihr Unterbewusstsein schläft oder ruht nie. Es ist immer aktiv und überwacht alle Ihre Lebensfunktionen. Darum können Heilungsprozesse im Schlaf rascher und leichter stattfinden, da es dann keine störende Einmischung des Bewusstseins gibt.

Dr. John Bigelow, der berühmte Schlafforscher und Verfasser eines der ersten großen Bücher zu diesem Thema (*The Mystery of Sleep*, Harper Brothers, 1903), konnte nachweisen, dass die Nerven von Augen, Ohren, Nase und Geschmacksknospen während des Schlafs aktiv sind, ebenso die Gehirnnerven. Er schrieb, wir würden vor allem deshalb schlafen, weil während des Schlafs »der edlere Teil unserer Seele sich mit unserer höheren Natur vereinigt und dadurch an der Weisheit und dem Vorauswissen der Götter partizipiert.«

Dr. Bigelow führte weiter aus: »Meine Forschungsergebnisse haben mich nicht nur in meiner Überzeugung bestärkt, dass die Befreiung von den Alltagspflichten und -aktivitäten nicht der Hauptzweck des Schlafs ist. Sie haben mir darüber hinaus deutlich gemacht, dass für die harmonische spirituelle Entwicklung des menschlichen Daseins nichts so unentbehrlich ist wie jene Phase, die der Mensch, abgeschieden von der Welt der Sinne, schlafend verbringt.«

Ein praktisches Beispiel

Einer Geschäftsfrau, die sich beklagte, sie müsse wegen ihrer inneren Anspannung jeden Abend zwei Schlaf-

tabletten einnehmen, empfahl ich die folgende Formel: »Sprechen Sie, wenn Sie im Bett liegen, folgendermaßen zu Ihrem Körper: Meine Zehen sind entspannt, meine Knöchel sind entspannt, meine Füße sind entspannt, meine Beine sind entspannt, meine Bauchmuskeln sind entspannt, mein Herz und meine Lunge sind entspannt, meine Wirbelsäule ist entspannt, meine Hände und Arme sind entspannt, meine Schultern sind entspannt, mein Nacken ist entspannt, mein Gehirn ist entspannt, meine Augen sind entspannt, meine Gesichtsmuskeln sind entspannt. Ich fühle jetzt, wie Gottes Fluss des Friedens mich durchströmt, jedes einzelne Atom meines Seins. Ich schlafe in Frieden und erwache in Freude.«
Diese einfachen Wahrheiten wiederholte sie von nun an jeden Abend, im Wissen, dass ihr Körper auf die Inhalte ihres Denkens reagieren würde.
Nach etwa einer Woche waren alle Einschlafstörungen verschwunden.

Empfehlenswerte Techniken

Sie können die wundersame Kraft Ihres Unterbewusstseins in Aktion erleben, wenn Sie ihm kurz vor dem Einschlafen eine klare Anweisung erteilen.
Sagen Sie, während Sie eindösen, kurz und knapp »Antwort« oder »Zeige mir die Lösung zu diesem Problem«. Tun Sie das entweder laut oder still in Gedanken. Zu Ihrer Freude werden Sie erleben, wie dadurch in Ihnen Kräfte freigesetzt werden, die Ihnen das gewünschte Ergebnis liefern.

Wenn Sie auf Reisen sind und Ihren Wecker nicht bei sich haben, nennen Sie vor dem Einschlafen Ihrem Unterbewusstsein die genaue Uhrzeit, zu der Sie aufwachen möchten. Es wird Sie pünktlich aufwecken, denn es benötigt keine Uhr.

———

Charles Baudoin war ein brillanter Psychotherapeut und Professor am Rousseau-Institut in Frankreich. Schon 1910 lehrte er, dass man das Unterbewusstsein am besten beeinflussen könne, wenn man sich in einen tief entspannten, schläfrigen Zustand versetzt, in dem alle bewusste Anstrengung auf ein Minimum reduziert ist. In diesem stillen, aufnahmebereiten Zustand solle man dem Unterbewusstsein auf sanfte Weise suggestive Anweisungen geben.
Seine Formel hierfür lautete: »Dies (die Konditionierung des Unterbewusstseins) lässt sich am leichtesten bewerkstelligen, wenn man die Idee, die man dem Unterbewusstsein suggerieren möchte, in einem kurzen, einprägsamen Satz zusammenfasst, den man dann wie ein Schlaflied ständig wiederholt.«

———

Affirmieren Sie: »Ich lasse jetzt vollständig los. Ich schlafe in Frieden und erwache in Freude, denn Gott sorgt für mich.«

———

Eine gute Praxis vor dem Einschlafen ist es, den Geist von allem Negativen zu reinigen, indem man ihn mit den Wahrheiten Gottes erfüllt und allen Menschen Liebe und Wohlergehen wünscht. Affirmieren Sie: »Ich schlafe in Frieden, ich erwache in Freude und ich lebe in Gott.«

Prinzipien, die Sie sich einprägen sollten

1. Nach dem Zubettgehen oder morgens nach dem Aufwachen, wenn Sie entspannt und schläfrig sind, bestehen die wenigsten Konflikte zwischen Bewusstsein und Unterbewusstsein. Stellen Sie sich die Erfüllung Ihrer Wünsche vor dem Einschlafen immer wieder vor. Schlafen Sie dann in Frieden und erwachen Sie in Freude.
2. Schlaf bringt Rat. Weisen Sie Ihr Unterbewusstsein vor dem Einschlafen an, eine Lösung für das Problem zu finden, mit dem Sie sich gerade beschäftigen. Es wird Ihnen auf jeden Fall antworten. Vertrauen Sie ihm voll und ganz, dann wird die Antwort kommen. Es weiß alles und sieht alles, aber Sie dürfen seine Kräfte nicht anzweifeln.

Seien Sie offen für die Antwort auf Ihre Frage. Sie kann in Form eines Traumes kommen oder plötzlich am nächsten Tag, wenn Sie gerade mit etwas anderem beschäftigt sind.

3. Wenn Sie auf Reisen sind und Ihren Wecker nicht bei sich haben, nennen Sie vor dem Einschlafen Ihrem Unterbewusstsein die genaue Uhrzeit, zu der Sie aufwachen möchten. Es wird Sie pünktlich aufwecken, denn es benötigt keine Uhr.

Verfahren Sie so mit allen Problemen. Für das Unterbewusstsein ist keine Aufgabe zu schwer!

4. Wenn Sie nicht einschlafen können, sprechen Sie mit Ihrem Körper. Weisen Sie ihn an, sich zu entspannen, loszulassen. Er wird Ihnen gehorchen.

Affirmieren Sie dann langsam und ruhig: »Ich schlafe in Frieden und erwache in Freude, denn Gott sorgt für mich.«

5. Wenn Sie einschlafen, wird Ihr bewusstes Anliegen schöpferisch von Ihrem Unterbewusstsein aufgenommen und es findet einen Weg, Sie zu heilen und Ihre Wünsche zu erfüllen.

27. Kapitel

Träume

*Im Traumzustand offenbart
das Unterbewusstsein Ihnen, was Sie
ihm übermittelt haben,
und weist Sie damit auf den Kurs hin,
den Sie eingeschlagen haben.*

Schlaf ist ein göttliches Gesetz. Viele Antworten auf unsere Probleme empfangen wir, während wir tief und fest schlafen.

———

Wenn Sie träumen, hat Ihr Bewusstsein die Kontrolle abgegeben und schläft.

———

Wissenschaftliche Traumanalysen haben gezeigt, dass die Symbole, die in unserem Unterbewusstsein auftauchen, während wir träumen, individuell verschieden sind. Wenn das gleiche Symbol in zweien Ihrer Träume auftaucht oder in den Träumen von Freunden oder Verwandten, wird es in der Regel jeweils eine völlig andere Bedeutung haben. So sind etwa im Alten Testament Josephs Deutungen der Träume des Pharao nur für den Pharao selbst gültig.

———

Selbsterhaltung ist das oberste Lebensgesetz und Ihr Unterbewusstsein ist immer bestrebt, Sie vor Schaden zu bewahren. Ein Mittel, das es hierzu einsetzt, sind Träume.

Es kann daher durchaus vorkommen, dass Sie präkognitive Träume haben, begleitet von einer starken intuitiven Ahnung drohender Gefahr für Sie selbst oder eine Ihnen nahe stehende Person.

Wenn ein Traum Ihnen ein tragisches Ereignis ankündigt, sollten Sie das nicht als bloße Einbildung oder Halluzination abtun. Nehmen Sie die Botschaft ernst. Ihr Unterbewusstsein ist stets bemüht, Sie rechtzeitig vor drohenden Gefahren zu warnen, damit ein Unglück verhütet werden kann.

»Weil ihnen aber im Traum geboten wurde, nicht zu Herodes zurückzukehren, zogen sie auf einem anderen Weg heim in ihr Land.« (Matthäus 2,12)

Meist sind die Bildwelten unserer Träume symbolisch. Aber wir können uns darauf trainieren, konkret und klar zu träumen. Mehrere Jahre hindurch habe ich meinem Unterbewusstsein vor dem Einschlafen immer wieder suggeriert: »Ich träume klar und deutlich und kann mich an meine Träume erinnern.« Nach einer gewissen Zeit gelang es mir, mein Unterbewusstsein von dieser Aussage zu überzeugen, mit dem Ergebnis, dass heute 90 Prozent meiner Träume für mich so klar verständlich und lesbar sind wie die Morgenzeitung. Seither empfange ich auch die Antworten auf viele meiner Gebete im Traum.

Manchmal kann ein Traum Sie veranlassen, Ihre Überzeugungen oder Verhaltensweisen kritisch zu überdenken. Die unendliche Intelligenz nutzt unsere Träume oft, um in uns einen Konflikt zu erzeugen und unsere falschen Konditionierungen, Überzeugungen und Dogmen infrage zu stellen. So will sie uns veranlassen, stattdessen auf Gott und die Liebe zu hören.

Wenn ein Traum in mehreren Nächten hintereinander immer wieder auftaucht, enthält er mit Sicherheit eine sehr wichtige Botschaft Ihres Unterbewusstseins. Diese Träume unterscheiden sich von den weniger wichtigen dadurch, dass sie sich nicht auf etwas am Tag zuvor Erlebtes zurückführen lassen.

Alle Ihre Träume sind Dramatisierungen Ihres Unterbewusstseins und warnen Sie in vielen Fällen vor einer drohenden Gefahr. Träume, die ein negatives Ereignis ankündigen, sind aber niemals fatalistischer Natur, sondern zeigen lediglich eine mögliche Zukunft, die eintreten kann, wenn der gegenwärtige Kurs beibehalten wird.
So etwas wie ein unvermeidliches Schicksal gibt es nicht.
Denken Sie immer daran, dass Sie Herr oder Herrin Ihres Schicksals sind. Ihre Zukunft wird nicht von Ihren nächtlichen Träumen bestimmt, sondern durch Ihr *Denken und Fühlen* von Ihnen selbst geformt. Sie können sämtliche Inhalte Ihres Unterbewusstseins jederzeit verändern. Wenn Sie mit den Gesetzen des Geistes vertraut sind, können Sie sich eine neue Zukunft erschaffen.

Sie träumen nicht mit Ihrem Bewusstsein. Wenn Sie träumen, schläft Ihr Bewusstsein und ist schöpferisch mit Ihrem Unterbewusstsein verbunden, das dann seine Inhalte in Form von Träumen dramatisiert.

In seinem Werk *Across the Plains* widmet Robert Louis Stevenson ein ganzes Kapitel seinen Traumerlebnissen. Er pflegte sehr lebhaft zu träumen und hatte die feste Gewohnheit, seinem Unterbewusstsein jeden Abend vor dem Einschlafen genaue Anweisungen zu erteilen. Er beauftragte es, während des Schlafs neue Geschichten zu entwickeln. Wenn auf seinem Bankkonto Ebbe herrschte, gab er seinem Unterbewusstsein in etwa den folgenden Befehl: »Liefere mir einen guten, spannenden Roman, der sich ausgezeichnet verkauft und mir viel Geld einbringt.« Mit dieser Methode erzielte er großartige Resultate.

Stevenson schrieb: »Diese kleinen Heinzelmännchen [die schöpferische Intelligenz seines Unterbewusstseins] erzählen mir die Handlung Stück für Stück, wie einen Fortsetzungsroman, und lassen mich, den angeblichen Autor, bis zuletzt über den Ausgang der Geschichte im Unklaren.«

Und er fügte hinzu: »Der Teil meiner schriftstellerischen Arbeit, den ich dann tagsüber erledige, scheint ebenfalls nicht uneingeschränkt meine eigene Leistung zu sein, denn viel spricht dafür, dass auch dabei die Heinzelmännchen die Hand im Spiel haben.«

Ihre letzten Gedanken vor dem Einschlafen prägen sich dem Unterbewusstsein besonders deutlich ein. Mitunter dramatisiert Ihr Unterbewusstsein diese Gedanken dann als Traumgeschehen. Ob diese Träume erfreulich oder unangenehm sind, hängt von der Natur der Gedanken ab, mit denen Sie sich kurz vor dem Einschlafen beschäftigt haben.

Im Schlaf, wenn wir uns ganz vom Lärm und Trubel der äußeren Welt zurückgezogen haben, empfangen wir oft göttliche Inspirationen und Eingebungen.

▪ Praktische Beispiele

Ich empfehle Eltern immer, Jungen und Mädchen ab dem Alter von zwölf Jahren ruhig zu meinen Vorträgen mitzubringen, da sie das dort vermittelte Wissen bereits sehr gut aufnehmen können. So begleitete auch der zwölfjährige Billy seine Eltern. Wie er mir erzählte, hatte seine Mutter ihm ein Buch über Hawaii zu lesen gegeben, das er regelrecht verschlang. Da er bis zu einem gewissen Grad begriff, wie sein Unterbewusstsein funktionierte, sagte er zu ihm abends vor dem Einschlafen Folgendes: »Pass auf: Ich werde meine Ferien auf Hawaii verbringen. Ich werde mit dem Flugzeug dorthin fliegen, ich werde im Meer schwimmen, mit dem Fahrrad über eine der Inseln fahren und in einem Penthouse wohnen. Ich will eine klare Antwort, bitte!«
Er sprach darüber weder mit seinem Bruder noch mit seinen Eltern. Kurz darauf hatte er einen Traum, in dem er deutlich ein Penthouse sah, das zu einem Hotel namens Maui Hilton gehörte – und er sah die Hawaii-Insel Maui. Am nächsten Tag sagte er zu seiner Mutter: »Mom, wir fliegen in den Ferien nach Hawaii!«
Sie lachte und sagte: »Also, das ist mir ja ganz neu! Wie kommst du denn auf die Idee?«
Billy erwiderte: »Ich weiß nur, dass wir dorthin fliegen, und wir werden im Penthouse eines Hotels wohnen.« Dann beschrieb er ihr in allen Einzelheiten, was er im Traum gesehen hatte.

Seine Mutter hielt das alles lediglich für kindliche Phantastereien.

Zwei Wochen später machte Billys Vater (der nichts von dem Traum wusste) den Vorschlag, dass Billys Mutter mit den beiden Söhnen Urlaub auf Hawaii machen sollte, unter anderem auch als Belohnung für Billys gute Schulnoten. Der Vater war als Marineoffizier auf Hawaii stationiert gewesen und wusste daher, wie schön es dort war. Er sagte, er würde sämtliche Kosten für die Reise übernehmen.

Billy rief begeistert: »Siehst du, Mom! Ich habe dir doch gesagt, dass wir nach Hawaii fliegen!« Der Traum des Jungen erfüllte sich bis ins Detail, einschließlich des Penthouses, das genau so war, wie er es im Traum gesehen hatte.

Wie Sie sicher bemerkt haben, handelte es sich um einen klar verständlichen Traum, der nicht symbolisch verschlüsselt war. Billy hatte gesagt: »Ich will eine klare Antwort«, und sein Unterbewusstsein reagierte entsprechend.

———

Ein Mann, der mich aufsuchte, weil er sich wegen seiner Eheprobleme beraten lassen wollte, erwähnte nebenbei, er habe in der letzten Zeit mehrfach geträumt, er müsse an der Prostata operiert werden. Er fragte mich, ob er sich deswegen ärztlich untersuchen lassen solle, obwohl er keinerlei Beschwerden oder Schmerzen habe. Ich wies ihn darauf hin, dass sein Unterbewusstsein stets bestrebt sei, ihn zu schützen, und ihm zweifellos mitzuteilen versuche, dass eine organische Störung vorliege, die medizinischer Behandlung bedürfe. Das Unterbewusstsein beurteile die Wirklichkeit deduktiv und habe ihm eine entsprechende Warnung übermittelt. Er sah ein, dass es wohl besser war, diese intuitive Botschaft ernst zu nehmen.

Ich empfahl ihm, sich unverzüglich gründlich von einem Urologen untersuchen zu lassen, doch er schob den Arztbesuch auf. Innerhalb weniger Tage entwickelte sich bei ihm ein Harnstau, der ihm erhebliche Schmerzen verursachte. Sein Hausarzt wies ihn ins Krankenhaus ein, wo man ihn sofort operierte. Als ich ihn in der Klinik besuchte, sagte er: »Ich hätte meinem Traum mehr Beachtung schenken und früher etwas unternehmen sollen.« Glücklicherweise wurde er wieder vollständig gesund, da er seine Genesung förderte, indem er sein Unterbewusstsein mit Gedanken an Heilung, Harmonie, Vitalität und vollkommene Gesundheit erfüllte.

Sein Unterbewusstsein hatte von der Prostatavergrößerung und der Entzündung gewusst und ihm mehrfach im Traum eine Warnung geschickt. Die Vorahnung, dass er operiert werden musste, resultierte daraus, dass sein Unterbewusstsein die Schwere der Erkrankung richtig eingeschätzt hatte.

»Schlaf bringt Rat.« Dieses alte Sprichwort erweist sich immer wieder als zutreffend. Je mehr Beachtung wir den Traumbotschaften unseres Unterbewusstseins schenken, desto besser lernen wir, sie richtig zu deuten und in unserem Leben nutzbringend anzuwenden.

Einmal erhielt ich aus New York den Telefonanruf einer frisch verwitweten Frau, die mir berichtete, ihr Mann habe kurz vor seinem Tod davon gesprochen, eine größere Summe Bargeld aus seinem Banksafe entnehmen zu wollen, die er in ein Auslandsgeschäft zu investieren gedachte. Wenige Tage später starb er plötzlich. Als sie den

Banksafe öffnen ließ, war das Geld nicht mehr da, doch nichts deutete darauf hin, dass er es noch irgendwo investiert hatte, und auch bei seinen persönlichen Unterlagen entdeckte sie keinen Hinweis auf den Verbleib des Geldes.

Ich empfahl ihr, das Problem ihrem Unterbewusstsein zu übergeben, das immer die Antwort kenne. Es werde ihr diese Antwort auf seine Weise mitteilen. Bevor sie sich schlafen legte, betete sie wie folgt: »Mein Unterbewusstsein weiß, wo mein Mann dieses Geld hinterlegt hat, und ich akzeptiere die Antwort und glaube fest daran, dass sie mir klar und unmissverständlich mitgeteilt wird.«

Daraufhin hatte sie einen sehr lebhaften Traum, in dem sie eine kleine schwarze Kassette sah. Sie war in einem Tresor hinter dem Bild Abraham Lincolns versteckt, das im Arbeitszimmer ihres Mannes hing. In dem Traum wurde ihr ein versteckter Knopf gezeigt, den sie betätigen musste, um den Tresor zu öffnen. Als sie aufwachte, lief sie sofort in das Arbeitszimmer, nahm das Lincoln-Bild von der Wand und entdeckte den Knopf, genau wie sie es im Traum gesehen hatte. Als sie ihn drückte, öffnete sich eine Tresortür und die kleine schwarze Kassette kam zum Vorschein. Sie enthielt 50 000 Dollar in bar.

Diese Frau hatte die Schätze ihres Unterbewusstseins entdeckt, das alles weiß, alles sieht und die Lösung für alle Probleme kennt.

―――――

Ein Geschäftsmann erzählte mir, wie er sich das Geld beschaffte, das er benötigte, um als Teilhaber in eine Firma einzusteigen. Er hatte mein Buch *Die Macht Ihres Unterbewusstseins* gelesen und eines Abends sagte er vor dem Einschlafen zu seinem Unterbewusstsein: »Du bist allwissend. Du kennst die Antwort auf alle Fragen. Ich interes-

siere mich für zwei Goldanleihen: Campbell Red Lake und Homestake. Zeige mir, welche dieser beiden eine höhere Rendite verspricht.« Er entspannte sich, ließ das ganze Problem vollständig los und fiel in einen tiefen Schlaf.
Im Traum sah er, wie ein Mann eine Dose Campbell-Suppe öffnete und ihm davon anbot. Da wachte er auf und wusste sofort, das es sich hierbei um eine symbolische Empfehlung handelte, Campbell Red Lake zu kaufen.
Er erwarb mehrere tausend Anteile und innerhalb kurzer Zeit stieg der Kurs um vierzig Punkte, was ihm 80 000 Dollar Gewinn einbrachte. Nun konnte er mühelos die 60 000 Dollar aufbringen, die er für die Teilhaberschaft benötigte.

———

Vernon K. kam in Panik aufgelöst zu mir. »Ich stecke furchtbar in der Klemme!«, klagte er. »Ich habe an der Börse spekuliert und dabei jahrelang enorme Gewinne gemacht. Alles, was ich kaufte, stieg und stieg. Also habe ich auf mein Aktienkapital Kredite aufgenommen und weiter gekauft. Schließlich war mein Aktienvermögen über eine Million Dollar schwer. Ich hielt mich schon für eine ganz große Nummer!«
»Ich glaube, ich ahne, was dann geschah«, sagte ich.
»Kann ich mir denken«, entgegnete Vernon. »Ich entdeckte das Gesetz der Schwerkraft: Was hoch hinaufsteigt, fällt irgendwann wieder tief hinunter.«
Dann beschrieb er mir, wie er in seine momentane Klemme geraten war. Abschließend sagte er: »Ich stehe mit dem Rücken zur Wand. Wenn ich bis Montagmorgen keine 30 000 Dollar beschaffe, verkauft mein Broker meine Aktien. Dann verliere ich alles, was ich habe, und bin

obendrein bis über beide Ohren verschuldet. Sie sind meine letzte Hoffnung. Können Sie mir helfen?«
»Nein«, sagte ich. »Aber Sie können sich selbst helfen.«
Auf meinen Vorschlag hin stellte sich Vernon an jenem Abend lebhaft vor, wie er ins Büro des Brokers spazierte und ihm die geforderte Summe aushändigte. Er hörte, wie der Broker zu ihm sagte: »Nun sind Sie erst mal gerettet. Freut mich für Sie. Ihr Portfolio hat die Talsohle überschritten und wird jetzt wieder im Wert steigen.«
Vernon konzentrierte alle seine Energien auf dieses mentale Bild. Er gestaltete es in seiner Vorstellung so realistisch und natürlich wie möglich. So schuf er sich eine Sicherheit auf dem Konto seines Unterbewusstseins und fühlte deutlich, dass seine Imagination sich einfach physisch verwirklichen musste.
Ein paar Tage später erzählte mir Vernon, wie die Geschichte ausgegangen war. In der fraglichen Nacht träumte er sehr lebhaft, wie ein Pferd auf dem Hollywood Race Track ein Rennen gewann. In dem Traum wusste er genau, dass es sich bei diesem Pferd um einen sechzig zu eins gesetzten Außenseiter handelte. Weiter träumte er, dass der Kassierer im Wettbüro der Rennbahn ihm 30 000 Dollar auszahlte und sagte: »Meinen Glückwunsch zu Ihrem Gewinn, Sir.« Dann wachte er auf, alle Einzelheiten des Traums klar vor Augen. Er weckte seine Frau und erzählte ihr davon. Sie sagte: »Ich habe fünfhundert Dollar für schlechte Zeiten zurückgelegt. Jetzt wird dieses Geld unsere Rettung sein. Geh zur Rennbahn und setze es auf dieses Pferd!«
Vernons Pferd gewann sechzig zu eins, ganz so, wie er es in seinem Traum gesehen hatte. Als der Kassierer ihm den Gewinn auszahlte, tat er das mit genau den gleichen Worten wie in dem Traum. Gleich von der Rennbahn aus

ging Vernon zu seinem Broker und tilgte in der gleichen Weise, wie er es zuvor lebhaft und gläubig visualisiert hatte, seine Kreditüberschreitung.

Empfehlenswerte Techniken

Ihr Bewusstsein steuert Ihr Unterbewusstsein. Sie können Ihr Bewusstsein gezielt einsetzen, um die Natur Ihrer Träume zu verändern und sich von wiederkehrenden »schlechten Träumen« oder »Albträumen« zu befreien. Verwenden Sie dazu die gleichen Techniken, die Sie während des Tages benutzen, um negative Gedanken zu überwinden. Auf diese Weise gewinnen Sie nach und nach die bewusste Kontrolle über Ihre Träume.

———

»Albträume« treten oft auf, wenn Sie Gewalt- oder Horrorfilme im Fernsehen anschauen oder vor dem Einschlafen Thriller oder Gruselromane lesen. Wenn Sie oft »schlecht träumen« und vermuten, dass die Ursache in einer Aktivität zu suchen ist, der Sie sich vor dem Zubettgehen widmen, hilft es, vor dem Einschlafen zu affirmieren: »Ich weiß, warum ich solche Träume habe, und ich weiß, dass es nur ein Traum ist. Ich träume auch weiterhin, aber die Albträume werden jetzt einfach ausgeschaltet und verschwinden. Gottes Liebe erfüllt meine Seele. Ich träume friedvoll und erwache in Freude.«

———

Es ist eine gute Idee, wenn Sie an Ihrem Bett immer Stift und Papier oder einen Kassettenrecorder zur Hand haben, sodass Sie nach dem Aufwachen Ihre Traumeindrücke sofort aufzeichnen können. Es wird Sie überraschen, welche Einsichten Ihnen das Unterbewusstsein im Schlafzustand übermittelt.

———

Manche Menschen sagen: »Ich träume nie.« Das stimmt nicht. Wir alle träumen. Wenn Sie sich nicht an Ihre Träume erinnern, brauchen Sie Ihrem Unterbewusstsein vor dem Einschlafen nur drei Worte zu suggerieren: »Ich erinnere mich.« Es weiß, woran Sie sich erinnern möchten, und wird Ihre Anweisung genau befolgen.
Manchmal wissen wir zwar, dass wir etwas geträumt haben, können uns aber nicht mehr an den Inhalt des Traums erinnern. Wenn Sie in einem solchen Fall das Gefühl haben, dass der Traum wichtig war, können Sie sich gleich nach dem Aufwachen ebenfalls suggerieren: »Ich erinnere mich.« Dann wird der Traum vollständig wieder vor Ihrem inneren Auge auftauchen.

———

Affirmieren Sie kurz vor dem Einschlafen: »Die unendliche Intelligenz in meinem Unterbewusstsein wird mir in einem Traum alle erforderlichen Antworten in Bezug auf _____ (Ihr Problem oder Anliegen) enthüllen.«

Prinzipien, die Sie sich einprägen sollten

1. Träume sind Dramatisierungen Ihres Unterbewusstseins, die gewöhnlich in symbolischer Form erscheinen. Mit Hilfe Ihrer Imagination können Sie die verborgene Bedeutung des Traums entschlüsseln.

2. Übergeben Sie vor dem Einschlafen Ihre Fragen und Probleme dem Unterbewusstsein. Dann werden Sie sehr schnell klare Beweise für seine wundervollen Kräfte erhalten. Es wird Ihnen immer antworten.
3. Normalerweise spricht das Unterbewusstsein in Träumen auf symbolische Weise zu Ihnen. Sie können ihm jedoch – am besten unmittelbar vor dem Einschlafen – suggerieren: »Ich träume klar und verständlich.« Auf diese Weise wird es sich umgewöhnen und in klar verständlichen Träumen zu Ihnen sprechen.
4. Das Prinzip des Geistes kennt weder Zeit noch Raum. Ihre Zukunft ist bereits jetzt in Ihrem Unterbewusstsein enthalten, basierend auf Ihren subjektiven Eindrücken, Überzeugungen und Annahmen. Träume können Sie daher symbolisch vor drohenden Gefahren warnen, sodass Sie Gelegenheit haben, den eingeschlagenen Kurs zu ändern.
5. Wenn Sie in der Überzeugung einschlafen, dass Sie im Schlaf Antworten erhalten, wird Ihnen häufig eine komplette Lösung für ein Problem, beispielsweise eine gesuchte wissenschaftliche Formel, im Traum übermittelt. Es geschieht Ihnen immer nach Ihrem Glauben.
6. Im Schlafzustand gibt es keine Konflikte zwischen Bewusstsein und Unterbewusstsein. Stellen Sie sich die Erfüllung Ihres Wunsches vor dem Einschlafen immer wieder lebhaft vor. Schlafen Sie dann in Frieden ein und erwachen Sie in Freude.
7. Um mit dem Unterbewusstsein Kontakt aufzunehmen, ist die Zeit kurz vor dem Einschlafen am günstigsten, weil Sie dann entspannt und in friedlicher Stimmung sind. Wenn Sie nach der Antwort auf ein Problem suchen, sollten Sie ruhig und vertrauensvoll bejahen, dass die Weisheit Ihres Unterbewusstseins die Antwort kennt.

Wiegen Sie sich dann mit den Worten »Die Antwort kommt im Traum« oder »Liefere mir die Antwort auf diese Frage in einem Traum« sanft in den Schlaf. Ihr Unterbewusstsein wird alles Weitere erledigen.

28. Kapitel

Gesundheit und Heilung

*Und wären Sie der
reichste Mensch auf Erden,
könnten Sie sich doch keinen gesunden
Körper kaufen.
Doch die inneren Schätze
Ihres Geistes können Ihnen neue
Gesundheit schenken.*

Es muss nachdrücklich betont werden, dass Sie das universelle Heilungsprinzip für *jeden* Zweck einsetzen können. Es ist nicht auf die Heilung des Körpers oder Geistes beschränkt. Mit Hilfe dieses Prinzips können Sie den idealen Ehemann oder die ideale Ehefrau anziehen, dafür sorgen, dass Ihre Unternehmungen florieren, Ihre wahre Lebensbestimmung entdecken und Lösungen selbst für die schwierigsten Probleme finden. Durch die korrekte Anwendung dieses Prinzips können Sie ein großer Musiker, Arzt oder Diplomat werden. Sie können es nutzen, um Harmonie zu bringen, wo Zwietracht herrscht, und um Frieden zu bringen, wo Leid und Schmerz auf den Menschen lasten. Sie können Freude anstelle von Traurigkeit setzen und Wohlstand und Fülle anstelle von Armut.

Der Weg der Heilung existiert bereits in Ihnen. Sie brauchen Gott nicht anzubetteln oder anzuflehen. Alles, was

Sie tun müssen, ist, den Strom Ihrer Gedanken und inneren Bilder positiv zu verändern.

Wenn Sie in einem Gebet um Heilung ständig Ihre Schmerzen und Symptome aufzählen, behindern Sie dadurch die Freisetzung Ihrer inneren Heilungsenergie. Ja, durch die ausführliche Beschreibung Ihrer Symptome verstärken Sie Ihre Fixierung auf die Krankheit und verschlimmern damit nur die Beschwerden. Schaffen Sie sich eine Vision von vollkommener Gesundheit und Vitalität. Dadurch aktivieren Sie augenblicklich die kosmische Macht. Trainieren Sie sich darauf, diese Gesundheitsvision ständig aufrechtzuerhalten. Affirmieren Sie mit tiefer Überzeugung, dass die unendliche Intelligenz, die Ihren Körper erschuf, ihn jetzt heilt. Sobald diese Idee von Ihrem Unterbewusstsein aufgenommen wird, erfolgt die Heilung.

Denken Sie an die Heilung, nicht an die Krankheit.

Das einzige mögliche Hindernis für eine Heilung ist Ihr eigenes Denken.

Durch die Jahrhunderte hat es immer wieder Berichte über spirituelle Wunderheilungen gegeben. Jesus heilte Blinde und Lahme. Jesus war ein Mensch wie jeder andere auch. Der einzige Unterschied zwischen Jesus und den meisten anderen Menschen bestand darin, dass er intensiver meditiert hatte, intensiver die Wahrheiten Gottes in sich aufgenommen hatte, sodass er mehr Göttlichkeit in seinem Leben zum Ausdruck brachte. Und er hatte ein

klares Gespür für sein Einssein mit Gott. Er sagte zu uns allen: »*Wer an mich glaubt, wird die Werke, die ich vollbringe, auch vollbringen, und er wird noch größere vollbringen ...*« (Johannes 14,12) Auch sagte er: »*Und durch die, die zum Glauben gekommen sind, werden folgende Zeichen geschehen: In meinem Namen werden sie Dämonen austreiben; sie werden in neuen Sprachen reden; [...] und die Kranken, denen sie die Hände auflegen, werden gesund werden.*« (Markus 16,17-18)
Die Macht zu heilen entsteht aus dem Glauben, dass mit Gott alle Dinge möglich sind.

Ihre Gesundheit hängt zu einem großen Teil davon ab, was Sie den ganzen Tag lang denken. Wenn Sie Ihre Aufmerksamkeit auf Gedanken des Heilseins, der Schönheit, Vollkommenheit und Vitalität lenken, wird sich Wohlbefinden einstellen. Kreist Ihr Denken dagegen um Sorge, Furcht, Hass, Eifersucht und Depression, beschwören Sie leidvolle Erfahrungen in allen Lebensbereichen herauf. Sie sind, was Sie den ganzen Tag lang denken.

Vermeiden Sie es, über negative Zustände in der Welt oder Ihre persönlichen Probleme zu sprechen, denn dadurch verstärken Sie Ihre inneren Schwierigkeiten nur und verschlimmern Ihren Zustand, denn Ihr Bewusstsein vergrößert und verstärkt alles, worauf es seine Aufmerksamkeit richtet.

Der Körper verkörpert das, was Sie ihm gedanklich einprägen.

Die unendliche Heilsgegenwart – jene Macht und Energie, die die Planeten und Sterne auf ihren Bahnen lenkt und die Milliarden Zellen Ihres Körpers steuert – ist immer bestrebt, sich durch Sie auszudrücken. Vertrauen Sie ihr. Glauben Sie an sie. Erkennen Sie, dass Ihr Körper nicht nur aus Fleisch und Blut besteht, sondern vor allem spiritueller Natur ist. Lassen Sie ihn von der göttlichen Kraft durchströmen. Behindern Sie den Fluss dieser Energie nicht durch Ängste und Zweifel.

―――

Wenn Sie darauf beharren, durch den Luftzug eines Ventilators einen steifen Hals bekommen zu haben, ist das für Sie eine relative Wahrheit, da Sie daran glauben. Doch der Ventilator an sich ist harmlos und verfügt über keinerlei Macht. Die Macht liegt ausschließlich in Ihrem eigenen Bewusstsein, in Ihrem Denken und Glauben. Wenn Ventilatoren tatsächlich einen steifen Hals verursachen könnten, müssten sie bei allen Menschen solche Beschwerden auslösen. Dies ist aber nicht der Fall. Die wahre Ursache liegt im subjektiven Glauben des einzelnen Menschen.

―――

Im achten Kapitel des Lukas-Evangeliums wird uns eine wunderschöne Geschichte über eine Frau erzählt, die seit zwölf Jahren unter Blutungen litt und von den damaligen Ärzten nicht geheilt werden konnte. Sie drängte sich durch die Menge, berührte den Saum von Jesu Gewand und wurde gesund.
In der Sprache der Bibel bedeutet dies, dass jemand, der sich seinen Weg durch die »Menge« seiner falschen Meinungen und Glaubensvorstellungen, seiner Zweifel und Ängste bahnt und sich von ganzem Herzen für die unend-

liche Heilsgegenwart öffnet, eine entsprechende Heilungsreaktion erleben wird. Die Frau in der Bibel gab sich völlig hin, vertraute sich der Heilsgegenwart ohne Wenn und Aber an. Und sie wurde geheilt.
Beginnen Sie jetzt gleich damit, Ihr Bewusstsein auf die richtige Weise zu gebrauchen. Weigern Sie sich, etwas anderem als der Heilsgegenwart in Ihrem Inneren Macht einzuräumen. Dann wird es Ihnen ergehen wie der blutenden Frau, die sich ihren Weg durch die falschen Überzeugungen des Massenbewusstseins bahnte und geistig und emotional die Gegenwart Gottes berührte, wodurch eine sofortige Heilung bewirkt wurde.

———

Denken Sie niemals, dass Gott Ihnen Krankheiten als Prüfungen oder Strafen schickt! Ein solcher Gott wäre es nicht wert, zu ihm zu beten oder ihn überhaupt zu beachten. Ein solches Denken ist finsterster Aberglaube. Das universelle Gesetz des Lebens dient immer der Selbsterhaltung und im Gesetz des Universums (Gott) gibt es nur ein Prinzip der Gesundheit, keines der Krankheit.

———

Der Geist in Ihnen ist gesund, vollkommen und frei. Alle Ihre Organe sind Ideen Gottes und im Geist Gottes sind sie perfekt. Eine Heilung wird jedoch erst möglich, wenn Sie Bitterkeit und Feindseligkeit hinter sich lassen.

———

Wenn Sie glauben, dass Viren, Bakterien oder Krebszellen die Macht haben, Sie zu vernichten, werden alle Ihre Affirmationen göttlicher Vollkommenheit, Gesundheit und Vitalität sich als wirkungslos erweisen.

———

Ein Chirurg kann ein akutes körperliches Problem beheben, aber solange Sie Ihr Denken nicht verändern, wird die Heilung nicht von Dauer sein.

―――

Eine Selbstheilung ist der überzeugendste Beweis für die Kräfte des Unterbewusstseins.

―――

Veränderungen im Körper finden erst statt, wenn zuvor ein entsprechendes geistiges Bild erschaffen wurde. Wenn Sie Ihren Geist mit Gedanken der Gesundheit erfüllen, verändern Sie damit auch Ihren Körper.

―――

Wir alle kennen die Redensart: »Der Mensch ist, was er isst.« Wir wissen, dass viele körperliche und geistige Krankheiten aus einem Mangel an bestimmten Vitaminen und anderen Substanzen herrühren können. Wir wissen, dass es gesundheitsschädlich sein kann, übermäßig viel Fett zu verzehren, weil dadurch die Funktion lebenswichtiger Organe wie Herz, Lunge, Leber und Nieren beeinträchtigt wird.

All das ist wichtig, aber für ein wirklich gesundes Leben ist Ihre mentale und spirituelle Diät von entscheidender Bedeutung. Die Nahrung, die letztlich über Ihre Gesundheit und Lebensqualität entscheidet, sind Ihre Gedanken. Wir alle kennen Menschen, die sämtliche Regeln für eine gesunde, ausgewogene Ernährung beachten und dennoch Magengeschwüre, Krebs, Arthritis oder andere degenerative oder lebensbedrohliche Krankheiten entwickeln.

Ihr gewohnheitsmäßiges Denken formt Ihre Lebensbedingungen. Wenn Sie sich regelmäßig gedanklich mit einer Sache beschäftigen, tritt sie dadurch in Ihrem Leben vermehrt und verstärkt in Erscheinung. Ängstliche, sorgenvolle, verurteilende, wütende und hasserfüllte Gedanken sind Nahrung für Krankheit, Verzweiflung, Misserfolg und Elend, denn alles strebt nach der ihm gemäßen Nahrung. Wenn Sie Ihr Inneres mit Negativität erfüllen, laden Sie damit Krankheit, Mangel und Not in Ihr Leben ein, denn diese finden dann bei Ihnen reichlich Nahrung.

———

Alle negativen Emotionen sind destruktiv und hemmen die Lebenskräfte des Körpers. Im Grunde wissen wir das alle, beachten es aber oft nicht. Achten Sie einmal darauf, wie sich schlechte Nachrichten oder seelischer Schmerz auf Ihren Verdauungstrakt auswirken. Beobachten Sie dann, was geschieht, wenn die schlechte Nachricht sich als falsch, die Befürchtung als unbegründet erweist: Ihre Verdauung normalisiert sich, Ihre Körperfunktionen sind nicht länger beeinträchtigt.

———

Ihre Ärzte werden alles für Sie tun, was die medizinische Wissenschaft vermag. Doch Sie selbst können weitaus mehr tun. Sie können die bewusste Entscheidung treffen, sich zu entspannen und sich für die innere Heilenergie zu öffnen.

———

Von manchen Menschen wird behauptet, sie seien »geborene Heiler«. Das ist Aberglaube. In Wahrheit sind wir alle geborene Heiler. Die Heilsgegenwart Gottes wohnt in jedem Menschen. Wir alle können durch unser Denken mit ihr in Verbindung treten und sie wird uns immer antworten.

Jeder Mensch kann das Gesetz der Heilung aktivieren, ganz so wie wir Autofahren lernen können. Informieren Sie sich über die Gesetze des Geistes und die Arbeitsweise der unendlichen Intelligenz in Ihnen. Die unendliche Heilsgegenwart antwortet auf Ihre Gedanken und Überzeugungen.

Wenn ein Heiler für einen Patienten betet und ihm die Hand auflegt, tritt eine Wirkung ein, weil das Unterbewusstsein des Patienten die Suggestion akzeptiert. Wenn Sie selbst mit der gleichen Überzeugungskraft beten, wird Ihr Unterbewusstsein ebenfalls von der Idee der Gesundheit durchdrungen und es findet eine heilende Reaktion statt. Denn Ihnen geschieht immer nach Ihrem Glauben.

In Ihnen gibt es eine wundersame Heilkraft, für die keine Heilung zu schwierig ist. Für den Gott, der uns alle erschaffen hat, ist nichts zu schwer.

Lassen Sie sich nicht von dem Wort *unheilbar* erschrecken. Angst vor Krankheit ist eine Perversion der Wahrheit. Krankheiten verfügen über keine wirkliche Macht, denn es gibt in unserem Leben kein Krankheitsprinzip. Erkennen Sie Ihren Beschwerden oder Symptomen keinerlei Macht zu. Erkennen Sie die unendliche Heilsgegenwart als einzige Macht an. Wenn Sie schwimmen lernen, sagt der Lehrer Ihnen, dass Sie sich auf dem Wasser treiben lassen können und dass es Sie trägt, solange Sie ruhig und entspannt bleiben. Wenn Sie aber nervös und ängstlich werden, gehen Sie unter.

Lernen Sie, loszulassen und sich zu entspannen. Die schöpferische Intelligenz, die Ihren Körper erschuf und

Ihnen Leben einhauchte, ist absolut in der Lage, das von ihr Erschaffene auch zu heilen. *»Für Gott aber ist alles möglich.«* (Matthäus 19,26) *»Denn ich lasse dich genesen und heile dich von deinen Wunden ...«* (Jeremia 30,17)

Was bewirkt die Heilung? Wo sitzt die heilende Kraft? Die Antwortet lautet, dass dieser heilenden Kraft viele Namen gegeben werden: Natur, Leben, Gott, schöpferische Intelligenz, kosmisches Bewusstsein und so weiter. Doch welchen Namen wir ihr auch immer geben, sie hat ihren Sitz im Unterbewusstsein eines jeden Menschen. Und sie ist der einzige Heiler, den es gibt. Von Kind an hat sie alle Verletzungen und Schnittwunden an Ihrem Körper geheilt. Sie weiß genau, wie sie das zu bewerkstelligen hat, ohne dass dafür bewusste Kenntnisse oder Bemühungen Ihrerseits erforderlich wären.

Es gibt nur einen wirklichen Weg zur Heilung: den Glauben – *»Wie ihr geglaubt habt, so soll es geschehen«* (Matthäus 9,29) – und es gibt nur eine Heilkraft: Ihr Unterbewusstsein.
Um in den Genuss dieser Heilkraft zu kommen, müssen Sie keiner bestimmten Religion angehören. Auch wenn Sie sich zum Atheismus oder Agnostizismus bekennen, wird Ihr Unterbewusstsein Sie heilen, wenn Sie sich in den Finger geschnitten oder sich die Hand verbrüht haben.

Es gibt nur das eine universelle Heilprinzip, das in allem wirkt: in Menschen, Katzen, Hunden, Bäumen, dem Gras, der Erde. In den meisten Lebensformen arbeitet dieses

Prinzip als angeborener Instinkt. Wir Menschen sind die einzige Lebensform, die sich dieses Lebensprinzips bewusst ist und es gezielt zum eigenen Wohl steuern kann.

Die Wissenschaft hat herausgefunden, dass sich die Zellen unseres Körpers innerhalb von elf Monaten vollständig erneuern. Vom diesem Standpunkt aus betrachtet, sind wir also lediglich elf Monate alt. Also können Sie jede Krankheit heilen – da Ihr Körper sich ständig erneuert –, indem Sie sich weigern, durch falsches Denken – Angst, Wut, Eifersucht, Bosheit – Defekte in Ihrem Körper entstehen zu lassen. Bekräftigen Sie immer wieder Ihren Glauben an die Heilkraft der unendlichen Intelligenz und aktivieren Sie so den Strom der Vitalkräfte Ihres Unterbewusstseins.

Eliminieren Sie Gedanken der Angst, Sorge, Unruhe und Eifersucht sowie alle anderen destruktiven Denkmuster. Denn diese negativen Gedankenformen belasten und zerstören Ihre Nerven und Drüsen, die Körpergewebe, die die Ausscheidung von Abfallstoffen kontrollieren – einschließlich des mentalen Abfalls (der destruktiven Gedanken).

Krank zu sein ist nicht normal. Es bedeutet schlichtweg, dass Sie sich gegen den Strom des Lebens sperren und negativ denken. Der Instinkt der Selbsterhaltung ist der stärkste natürliche Instinkt und er ist Ihnen angeboren als machtvolle, jederzeit präsente und wirksame Wahrheit Ihres tieferen Selbst.

Das Gesetz des Lebens ist das Gesetz des Wachstums. Die gesamte Natur bezeugt das Wirken dieses Gesetzes, indem sie es unaufhörlich in ihren vielen Erscheinungsformen zum Ausdruck bringt. Wo Wachstum ist, ist Leben. Wo Leben ist, ist Harmonie. Und wo Harmonie ist, da ist vollkommene Gesundheit.
Wenn Ihr Denken sich in Harmonie mit dem schöpferischen Prinzip Ihres Unterbewusstseins befindet, folgen Sie Ihrer angeborenen Bestimmung. Kreist Ihr Denken aber um Inhalte, die gegen das Prinzip der Harmonie verstoßen, werden diese Gedanken Ihnen den inneren Frieden rauben und schließlich zu Krankheit oder sogar zum Tod führen.

―――――

Jedes medizinische Problem, das die Ärzte bei Ihnen diagnostizieren, wird sich weiter verschlimmern, solange Ihr Unterbewusstsein mit negativen Ideen über Ihren Gesundheitszustand genährt wird, sei es von Ihnen selbst oder den Menschen in Ihrer Umgebung. Wenn Sie Zweifel bezüglich Ihrer Genesung befallen, sollten Sie sich daran erinnern, dass der Schöpfer jederzeit in der Lage ist, alles von ihm Erschaffene zu heilen.

―――――

Sie können für die Gesundheit anderer beten, ohne an deren Krankenbett zugegen zu sein, was manchmal auch als »Fernheilung« bezeichnet wird.
Dabei geht es nicht darum, der betreffenden Person Gedanken zu schicken. Die Behandlung besteht lediglich in einer bewussten Bewegung Ihres Denkens: Indem Sie sich auf Gesundheit, Wohlbefinden und Entspannung konzentrieren, aktivieren Sie diese Qualitäten im Erfahrungsbereich des Kranken, für den Sie beten,

und die entsprechenden Resultate werden sich einstellen.

In Wahrheit handelt es sich dabei gar nicht um eine »Fernheilung«, denn da im Geistprinzip weder Zeit noch Raum existieren, ist die unendliche Intelligenz überall gleichzeitig vorhanden. Sie kann daher niemals fern oder abwesend sein.

―――

Gott hat die Ärzte ebenso erschaffen, wie er Sie erschaffen hat. Wenn Sie um Gesundheit beten und fest überzeugt sind, dass Gott gegenwärtig ist, *wird er Sie heilen.* Wenn Sie aber feststellen, dass Sie eine Krankheit nicht sofort beseitigen, keinen gesunden Zahn nachwachsen lassen oder einen gebrochenen Knochen heilen können, dann *sollten Sie unbedingt ärztliche Hilfe in Anspruch nehmen!* Das ist gesunder Menschenverstand und gewiss besser, als den Rest Ihres Lebens als Krüppel zu verbringen.

―――

Eine im Unterbewusstsein aufgestaute Emotion wird früher oder später körperliche Symptome auslösen.

―――

Es gibt keine unheilbaren Krankheiten. Es gibt jedoch Menschen, die unheilbar sind, weil sie glauben, nicht geheilt werden zu können. Und es geschieht uns immer nach unserem Glauben.

▓ PRAKTISCHE BEISPIELE

Im November 1966 hielt ich eine Reihe von Vorträgen bei der Unity Society in New Orleans. Einer der Besu-

cher erzählte mir, er sei noch vor wenigen Monaten durch Arthritis fast völlig steif und unfähig gewesen, seine Knie zu beugen. Eines Abends kam ein vermummter Mann in sein Geschäft, richtete eine Pistole auf ihn und forderte ihn auf, sich hinter die Ladentheke zu knien. Er erwiderte: »Ich kann nicht! Ich habe Arthritis und meine Knie sind steif!« Der Ganove sagte: »Ich gebe dir zehn Sekunden. Wenn du dann nicht auf dem Boden kniest, knalle ich dich ab!« Der Mann erzählte mir: »Da schaffte ich es plötzlich, die Knie zu beugen! Seither hat sich mein Zustand kontinuierlich gebessert. Mein Arzt sagt, die Kalkablagerungen hätten sich aufgelöst. Meine Gelenke sind wieder sehr gut beweglich. Wie erklären Sie sich das?«
Das ist eine gute Frage.
Ich antwortete ihm, dass es ein heilendes Prinzip gibt, das hier wirksam geworden sei. Wenn er von diesem Prinzip vorher gewusst und es angewendet hätte, wäre eine Heilung durchaus bereits vor dem Überfall möglich gewesen. Dabei war einfach durch die akute Gefahrensituation das innere Heilprinzip unter Umgehung des bewussten Verstandes aktiviert worden.

Bei der Heilung des Körpers ist es wünschenswert, die oft im Widerstreit stehenden Überzeugungen des Bewusstseins und des Unterbewusstseins in Einklang zu bringen. Dies ist jedoch nicht zwingend notwendig. Der Glaube, der zur Heilung jedes gesundheitlichen Problems benötigt wird, ist ein rein subjektiver Glaube und er wird wirksam, wenn es gelingt, den aktiven Widerstand des objektiven Bewusstseins oder Verstandes zu überwinden. Wenn Sie es schaffen, sich in einen passiven, schläfrigen Zustand zu versetzen, indem Sie sich geistig und körperlich entspannen, wird Ihr Unterbewusstsein aufnahmebereit für subjektive Eindrücke.

Kürzlich fragte mich beispielsweise ein Mann: »Wie ist es möglich, dass ein Geistlicher mich heilen konnte? Ich habe ihm nicht geglaubt, als er sagte, dass es Krankheiten in Wahrheit gar nicht gibt, weil Materie nicht wirklich existiert.«

Der Mann hielt die Behauptung des Geistlichen zunächst für eine Beleidigung seines Intellekts und widersprach dieser vermeintlich absurden These heftig. Die Erklärung ist einfach. Der Geistliche redete mit beruhigender Stimme auf ihn ein und bat ihn, sich völlig zu entspannen, nichts zu sagen, an nichts Bestimmtes zu denken. Auch der Geistliche versetzte sich in einen passiven Zustand und affirmierte für den Patienten ungefähr eine halbe Stunde lang still und friedvoll vollkommene Gesundheit, Frieden, Harmonie und Heilsein. Schließlich überkam den Mann ein starkes Gefühl der Erleichterung und seine Gesundheit kehrte zurück.

Ganz offensichtlich drang die Suggestion vollkommener Gesundheit bis ins Unterbewusstsein des Mannes vor. Zwischen dem subjektiven Bewusstsein des Geistlichen und dem des Mannes entstand ein Rapport.

Die Wirkung wurde nicht durch widerstreitende Autosuggestionen des Patienten behindert. Zwar zweifelte dessen objektiver Verstand die Heilfähigkeit des Priesters und dessen Theorie an, doch in dem schläfrigen, tief entspannten Zustand, in dem er sich befand, war der Widerstand seines Bewusstseins auf ein Minimum reduziert. So konnte eine Heilung stattfinden.

Während eines Besuchs in San Francisco vor einigen Monaten besuchte ich einen Freund im Krankenhaus, der an einer Niereninfektion und einem geschädigten Herzen litt. Er sagte zu mir: »Ich werde nicht lange hier sein. Die ganze Zeit stelle ich mir vor, wie ich wieder an meinem Schreibtisch sitze und auch daheim bei meiner geliebten Frau und den Kindern bin. Im Geiste sehe ich mich all die Dinge tun, die ich tun würde, wenn ich heil und gesund wäre. Es ist mein göttliches Recht, gesund zu sein, und meine ganze Vorstellungskraft ist auf Vitalität und Wohlbefinden ausgerichtet. Ich habe den intensiven Wunsch, gesund zu sein und zu bleiben, und darum werde ich wieder gesund.«

Mein Freund musste nur zehn Tage im Krankenhaus bleiben, obwohl ihm ursprünglich ein Aufenthalt von ungefähr sechs Wochen prognostiziert worden war.

Sie müssen wirklich aus ganzem Herzen gesund werden wollen, dann werden Sie auch wieder gesund und bleiben es!

———

1955 hielt ich Vorträge an der Yoga Forest University in Rishikesh in Indien. Dort kam ich mit einem Chirurgen aus Bombay ins Gespräch, der gerade zu Besuch war. Er erzählte mir von Dr. James Esdaille, einem schottischen Chirurgen, der vor der Entdeckung des Äthers und anderer moderner Narkosemethoden in Bengalen praktiziert hatte. Zwischen 1843 und 1846 führte Dr. Esdaille über vierhundert größere Operationen aller Art aus, von Amputationen über die Entfernung von Tumoren und Krebsgeschwüren bis zu Eingriffen an Auge, Ohr und Hals. Sämtliche Operationen wurden ausschließlich mit Hilfe geistiger Anästhesie vorgenommen. Wie der indische Arzt mir berichtete, war die postoperative Sterblichkeits-

rate der von Dr. Esdaille operierten Patienten äußerst niedrig und lag bei schätzungsweise drei bis vier Prozent. Die Patienten fühlten keine Schmerzen und nie kam es während der Operationen zu Todesfällen.
Dr. Esdaille suggerierte dem Unterbewusstsein seiner Patienten, die er zuvor in einen hypnotischen Zustand versetzt hatte, dass sich keine Infektion oder Sepsis entwickeln würde. Bedenken Sie, dass sich dies zu einer Zeit abspielte, als Louis Pasteur, Joseph Lister und andere noch nicht auf die Gefahr bakterieller Infektionen durch unsterilisierte Instrumente aufmerksam gemacht hatten! Der indische Chirurg meinte, die geringe Sterblichkeitsrate und das generelle Ausbleiben von Infektionen seien zweifellos auf die Suggestionen zurückzuführen, die Dr. Esdaille dem Unterbewusstsein seiner Patienten erteilt hatte.

———

Einer meiner Bekannten, Donald L., schrieb ein wunderbares Buch über Ernährung, sehr wissenschaftlich und fundiert. Er selbst jedoch litt unter Magengeschwüren. Sein Arzt verordnete ihm Antibiotika zusammen mit einer bestimmten Diät, doch die Magengeschwüre verschlimmerten sich.
Als mir Donald seine Situation schilderte, fragte ich ihn: »Ist Ihnen in Ihrem mentalen oder emotionalen Leben etwas aufgefallen, das in Zusammenhang mit Ihren Geschwüren stehen könnte?«
»In meinem Leben?«, entgegnete er. »Überhaupt nicht. Aber eines sage ich Ihnen: Immer wenn ich die Zeitung aufschlage oder mir die Fernsehnachrichten anschaue, bekomme ich Magenschmerzen. All diese Reportagen über Leid, Kriminalität, Ungerechtigkeit und Unmenschlichkeit! Das lässt mir keine Ruhe. Ich bringe täglich

mehrere Stunden damit zu, Briefe an Kongressabgeordnete und die Regierung zu schreiben. Darin sage ich ihnen klipp und klar, was ich von ihrer Arbeit halte.«
»Da haben Sie ja wohl keine besonders hohe Meinung von unseren Politikern«, bemerkte ich trocken. »Es handelt sich um richtig wütende Briefe, nehme ich an?«
»Allerdings«, sagte Donald. »Und mein Ärger ist durch und durch gerechtfertigt.«
»Auch wenn er für Ihre Krankheit verantwortlich ist?«, fragte ich. »Wenn Sie so viel negative Energie in sich aufbauen, bleibt das nicht ohne Folgen, auch wenn Sie einen großen Teil der Energie auf äußere Ziele richten. Wenn Sie Ihren Magen kurieren möchten, sollten Sie unbedingt Ihre geistige und emotionale Ernährung umstellen.«
Unser Gespräch endete damit, dass Donald sich zu der folgenden geistigen Diät entschloss: »Ich werde ab jetzt alle negativen Eindrücke, die mich während des Tages erreichen, positiv transformieren. Von nun an gestatte ich es nicht länger, dass Nachrichten, Propaganda, Kritik oder negative Aussagen anderer in mir negative Reaktionen auslösen. Wenn ich in Versuchung gerate, negativ und nachtragend zu reagieren, halte ich sofort inne und bekräftige: ›Gott denkt, spricht und handelt jetzt durch mich. Ein Fluss des Friedens durchströmt mich und ich identifiziere mich völlig mit meinem Ziel, das darin besteht, in Frieden und Harmonie zu leben.‹«
Schon bald wurde ihm diese neue Reaktionsweise zur festen Gewohnheit und seither isst er vom Brot der Liebe und des Friedens. Nach kurzer Zeit heilten seine Magengeschwüre vollständig aus.

Hier folgt ein perfektes Beispiel für eine so genannte »Fernheilung«:
Eine Hörerin meines Radioprogramms in Los Angeles betete wie folgt für ihre Mutter in New York, die eine Koronarthrombose hatte:
»Die Heilsgegenwart ist dort, wo meine Mutter ist. Ihr körperlicher Zustand ist nur eine Spiegelung ihrer Gedankenwelt, wie Schattenbilder auf der Leinwand des Körpers. Ich weiß, um die Bilder auf der Leinwand zu ändern, muss ich den Film wechseln. Mein eigener Geist ist der Filmprojektor und ich projiziere jetzt in meinem Geist für meine Mutter Bilder der Heilung, Harmonie und vollkommenen Gesundheit.
Die unendliche Heilsgegenwart, die den Körper meiner Mutter und alle seine Organe erschuf, strömt jetzt durch jedes Atom ihres Körpers und ein Fluss des Friedens fließt durch jede ihrer Zellen und jedes Organ. Die Ärzte werden göttlich geführt und geleitet und das gesamte Krankenhauspersonal, von dem meine Mutter betreut wird, tut zur rechten Zeit das Richtige. Ich weiß, dass Krankheiten keine letztgültige Realität besitzen, denn sonst könnte niemand gesund werden. Ich stimme mich jetzt auf das unendliche Prinzip der Liebe und des Lebens ein und ich weiß, dass Harmonie, Gesundheit und Frieden jetzt im Körper meiner Mutter zum Ausdruck kommen.«
Mehrmals täglich wiederholte sie dieses Gebet und nach wenigen Tagen besserte sich, sehr zum Erstaunen der behandelnden Fachärzte, der Zustand ihrer Mutter auf höchst bemerkenswerte Weise.

Empfehlenswerte Techniken

Schwächen Sie die Kraft Ihrer heilenden Gedanken nicht durch Formulierungen wie: »Ich wünschte, ich könnte geheilt werden«, oder: »Ich hoffe, ich werde wieder gesund.« Machen Sie sich immer wieder klar, dass Sie einen Anspruch darauf haben, gesund zu sein. Entscheidend ist, was Sie bezüglich Ihres Gebets *fühlen*. Machen Sie sich zum Kanal für die unendliche Heilkraft Ihres Unterbewusstseins. Flößen Sie Ihrem Unterbewusstsein die Idee der Gesundheit so lange ein, bis Sie ein Gefühl tiefer innerer Gewissheit überkommt. Entspannen Sie sich dann. Im entspannten Zustand können Sie Ihr Unterbewusstsein beeinflussen. So kann die Energie, mit der Sie Ihre Idee aufgeladen haben, die Kontrolle übernehmen und das Gewünschte verwirklichen.

―――――

Die ideale Methode spiritueller Geistheilung – zur Selbstbehandlung oder zur Anwendung für andere – besteht darin, seine Aufmerksamkeit völlig von allen Krankheitssymptomen und dem körperlichen Zustand abzuziehen. Konzentrieren Sie sich nicht auf das Leiden. Wenn Sie für die Heilung eines Körperteils oder Organs beten, sei es bei Ihnen selbst oder für eine andere Person, sollten Sie nicht daran denken, dass dieser Teil des Körpers krank ist. Das wäre kein spirituelles Denken. Gedanken sind Dinge. Ihr spirituelles Denken nimmt Gestalt an in Form von Zellen, Körpergeweben, Nerven und Organen. Wenn Sie an ein geschädigtes Herz oder erhöhten Blutdruck denken, suggerieren Sie damit Ihrem Unterbewusstsein, dass Sie gern noch mehr von diesen Symptomen hätten. Befassen Sie sich daher gedanklich nicht mit Symptomen, Organen oder Körperfunktionen. Richten Sie Ihre Aufmerksamkeit stattdessen auf Gott und seine Liebe. Fühlen und wissen Sie, dass es nur eine Heilsgegenwart und Macht gibt, und dass für Gott nichts unmöglich ist.

Sehen Sie sich oder die Person, für die Sie beten, als ein rein spirituelles Wesen. Mit anderen Worten, identifizieren Sie sich mit dem Geist oder der Heilsgegenwart in Ihnen oder der anderen Person und beanspruchen Sie, dass das, was für den göttlichen Geist gilt, auch für Sie oder den Menschen gilt, dem Sie helfen möchten. Bejahen Sie dann ruhig und liebevoll, dass die inspirierende, heilende, stärkende Kraft der Heilsgegenwart Sie durchströmt und Sie mit Gesundheit erfüllt. Wissen und fühlen Sie, dass Harmonie, Schönheit und Leben Gottes sich in Ihnen manifestieren als Kraft, Frieden, Vitalität, Gesundheit und rechtes Handeln. Spüren Sie diese Realität, dann wird die Krankheit sich im Licht der göttlichen Liebe auflösen.

―――――

Ein Geistlicher aus Johannesburg beschrieb mir die Methode, die er anwendete, um seinem Unterbewusstsein die Idee vollkommener Gesundheit zu übermitteln. Er litt an Lungenkrebs. Seine Gebetsformel, die er mir eigenhändig aufschrieb, lautete wie folgt: »Mehrmals täglich entspannte ich mich geistig und körperlich. Nach etwa fünf Minuten geriet ich in einen sehr ruhigen, schläfrigen Zustand. Dann affirmierte ich die folgenden Wahrheiten: ›Ich verkörpere jetzt die Vollkommenheit Gottes. Die Idee vollkommener Gesundheit erfüllt mein Unterbewusstsein. Das Bild, das Gott von mir hat, ist ein vollkommenes Bild und mein Unterbewusstsein erschafft meinen Körper jetzt gemäß dem vollkommenen Bild im Geiste Gottes neu.‹«

Dank dieser Formel erlebte der Geistliche eine vollständige Heilung.

―――――

Ein weiterer wunderbarer Weg, Ihrem Unterbewusstsein die Idee völliger Gesundheit zu vermitteln, ist die gelenkte Imagination.

Ich empfahl einem Mann, der an einer funktionalen Paralyse litt, sich lebhaft und intensiv vorzustellen, wie er in seinem Büro umherging, seinen Schreibtisch berührte, Telefonate führte und all die Dinge tat, die ihm nach einer Heilung wieder möglich sein würden. Ich erklärte ihm, dass diese Idee und das innere Bild vollkommener Gesundheit von seinem Unterbewusstsein akzeptiert werden würden.

Er lebte und fühlte sich in den Zustand der Heilung hinein. Er wusste, dass er mit dieser Vorstellung, wieder im Büro bei der Arbeit zu sein, seinem Unterbewusstsein einen klaren Auftrag erteilte.

Sein Unterbewusstsein war wie ein Film, auf dem sein Vorstellungsbild belichtet wurde. Eines Tages, nach mehreren Wochen intensiver mentaler Konditionierung, klingelte bei ihm zu Hause das Telefon, und zwar, als seine Ehefrau und seine Krankenschwester gerade nicht da waren. Dies hatte man ohne sein Wissen arrangiert. Das Telefon stand vier Meter entfernt, doch es gelang ihm, dorthin zu gehen und den Hörer abzunehmen. Von diesem Tag an war er geheilt.

―――――

Sie können die heilende Gebetskraft selbstverständlich auch für andere Menschen anwenden. »*Sprich nur ein Wort, dann muss mein Diener gesund werden.*« (Lukas 7,7) Dieser Satz in der Bibel meint nicht, dass man beim

Beten Gedanken oder Heilenergien zu dem Betreffenden sendet, sondern dass man die Heilsgegenwart affirmiert. Dazu müssen Sie sich klar machen, dass Sie mit Ihrer Affirmation (Ihrem Wort) in sich die tiefe Gewissheit der heilenden Liebe Gottes wachrufen, die dann simultan auch im Unterbewusstsein der anderen Person erweckt wird. Sobald Sie die Realität der göttlichen Heilsgegenwart wirklich spüren, erfolgt automatisch die Heilung.

Folgendes ist also zu beachten, wenn Sie für andere beten:

1. Spüren Sie die Gegenwart Gottes, die Gegenwart von Harmonie, Gesundheit und Frieden in der Person, der Ihr Gebet gilt. Spüren Sie, wie diese Macht die Person durchströmt. Spüren Sie, dass der andere jederzeit göttlich geführt und beschützt wird.

2. Auch wenn die andere Person nicht weiß, dass Sie für sie beten, sollten Sie ganz und gar akzeptieren, dass die Heilung jetzt erfolgt. Glauben Sie unerschütterlich daran.

Dieses Gebet können Sie, wenn Sie möchten, mehrmals täglich anwenden. Die Heilung wird allmählich oder ganz schnell eintreten, je nachdem, was Sie glauben und erwarten.

Affirmieren Sie in Zeiten der Krankheit täglich zu festen Zeiten:

»Mein Körper wurde von der unendlichen Intelligenz meines Unterbewusstseins erschaffen. Diese Intelligenz weiß, wie sie mich heilen kann. Ich danke für die Heilung, die jetzt stattfindet.«

Affirmieren Sie: »Gott heilt mich jetzt.«

Prinzipien, die Sie sich einprägen sollten

1. Es gibt nur einen wirklichen Weg zur Heilung: den Glauben. Und es gibt nur eine Heilkraft: Ihr Unterbewusstsein.
2. Alle Krankheiten haben Ihren Ursprung im Bewusstsein. Im Körper erscheint nichts, dem nicht ein entsprechendes geistiges Muster zugrunde liegt.
3. Die Symptome beinahe aller Krankheiten lassen sich durch hypnotische Suggestion auslösen. Das beweist die immense Macht der Gedanken.
4. Ihr Unterbewusstsein, der Baumeister Ihres Körpers, ist vierundzwanzig Stunden täglich an der Arbeit. Durch negatives Denken stören Sie seine Leben spendenden Muster. Erfüllen Sie Ihr Unterbewusstsein mit Gedanken an Harmonie, Gesundheit und Frieden, dann werden sich alle Ihre Körperfunktionen vollkommen normalisieren.
5. Es ist töricht, an Krankheit oder andere schädliche Einflüsse zu glauben. Es ist normal, gesund zu sein. Krankheit ist unnormal. Ihnen wohnt ein angeborenes Harmonieprinzip inne. Glauben Sie an vollkommene Gesundheit, Wohlstand, Frieden, Reichtum und göttliche Führung.
6. Wahre Heilkraft erlangen Sie durch Glauben. Glauben erlangen Sie durch Kenntnis der Arbeitsweise Ihres Bewusstseins und Unterbewusstseins.
7. Glauben Sie an die göttliche Heilkraft. Wenn Sie krank sind, malen Sie sich lebhaft aus, wie Sie all die Dinge tun, die Sie nach Ihrer Genesung gern tun möchten.
8. Auch wenn man Ihnen sagt, eine Heilung sei unmöglich – mit Gott sind alle Dinge möglich. Der Gott, der Sie erschaffen hat, vermag Sie auch zu heilen.

9. Wir alle sind geborene Heilerinnen und Heiler, denn in jedem von uns wohnt die unendliche Heilkraft und wir können sie durch unser Denken und Glauben kontaktieren.

10. Es gibt keine unheilbaren Krankheiten. Es gibt Menschen, die unheilbar sind, weil sie glauben, es zu sein.

11. Die Ernährung des Körpers ist wichtig, aber von entscheidender Bedeutung ist Ihre geistige und spirituelle Diät. Ob Sie gesund sind und bleiben, hängt vor allem von einer Nahrung ab: Ihren Gedanken. Sie werden zu dem, was Sie an psychologischer und spiritueller Nahrung zu sich nehmen.

12. Wenn Sie erkranken und Ihre Heilgebete keine sofortige Wirkung erzielen, suchen Sie unbedingt einen Arzt auf! Segnen Sie Ihren Arzt und erbitten Sie während der Behandlung durch ihn weiterhin im Gebet Gesundheit und Harmonie.

13. Identifizieren Sie sich während des Betens nicht mit Ihren Krankheitssymptomen oder bestimmten Körperteilen. Bekräftigen Sie stattdessen, dass die unendliche Heilsgegenwart Sie durchströmt.

14. Ihre Haut ist die Berührungsfläche zwischen Innenwelt und Außenwelt. Feindselige, aggressive Gefühle, unterdrückte Wut und Verbitterung äußern sich daher häufig als Hautkrankheiten.

15. Negative und destruktive Emotionen stauen sich im Unterbewusstsein an und verursachen zahlreiche Krankheiten.

16. Die unendliche Heilsgegenwart ist überall gleichzeitig vorhanden. Daher können Sie jederzeit auch für Menschen an weit entfernten Orten Heilgebete sprechen. Der göttliche Geist kennt weder Raum noch Zeit. Er ist allgegenwärtig. Werden Sie innerlich ruhig und affirmieren Sie

Gesundheit, Vitalität und Vollkommenheit. Innerhalb des einen universellen Geistes wird das Unterbewusstsein der Person, für die Sie beten, diese Affirmationen empfangen und die Heilwirkung setzt ein.

17. Die Heilsgegenwart, die Schnittwunden, Verbrennungen und andere körperliche Blessuren heilt, vermag auch alle anderen Störungen zu heilen, ob es sich nun um Eheprobleme oder Geldnöte handelt. Sie ist die Lösung für alle Probleme.

18. Wenn Sie den intensiven Wunsch hegen, gesund zu werden und gesund zu bleiben, wird dieser Wunsch erfüllt.

19. Alles hat seinen Preis. Der Preis, den Sie für Ihre Heilung zahlen müssen, ist der Glaube an die unendliche Heilsgegenwart, denn jedem Menschen geschieht immer nach seinem Glauben.

20. Wir haben uns nicht selbst erschaffen. Wir wurden von der unendlichen Intelligenz erschaffen und sie kann uns jederzeit heilen und erneuern. Vertrauen Sie ihr, wenden Sie sich zuversichtlich an sie, dann erhalten Sie immer eine positive Antwort. Geben Sie es nicht nur äußerlich vor, sondern glauben Sie wirklich von ganzem Herzen, dass die schöpferische Intelligenz, die alle Ihre Organe schuf, Sie stets heilen kann, dann wird sie genau das tun.

29. Kapitel

Entscheidungen

Die Freiheit, Entscheidungen zu treffen, ist die herausragendste menschliche Eigenschaft, unser höchstes Privileg. Indem Sie sich für ein Ziel entscheiden und es dann konsequent verwirklichen, offenbart sich Ihre schöpferische Macht.

Entscheiden Sie sich für Frieden, göttliche Führung und rechtes Handeln und bekräftigen Sie: »Güte, Wahrheit und Barmherzigkeit werden mir folgen mein Leben lang und ich verweile im Hause des Herrn immerdar.«

Die unendliche Intelligenz kann nur etwas *für Sie* tun, wenn Sie ihr erlauben, *durch Sie* zu wirken – indem Sie Entscheidungen treffen und wählen, was sich in Ihrem Leben verwirklichen soll.

In Wirklichkeit gibt es keine Unentschiedenheit. Unentschiedenheit heißt lediglich, dass Sie entschieden haben, sich nicht zu entscheiden, dass Sie gewählt haben, nicht zu wählen. Wenn Sie keine eigenständigen Entscheidungen treffen, werden andere über Ihren Kopf hinweg entscheiden oder Ihr Handeln wird durch das irrationale Massenbewusstsein bestimmt – in beiden Fällen sind die Resultate nur selten befriedigend.

Wenn Sie ängstlich und besorgt sind, wenn Sie unentschlossen hin und her schwanken, denken Sie nicht wirklich. Dann ist es das Massenbewusstsein, das in Ihnen denkt. Wahres Denken ist frei von Furcht, denn es ist ein Denken vom Standpunkt universeller Prinzipien und ewiger Wahrheiten aus.

Wenn Sie gelernt haben, klug zu wählen, dann wählen Sie immer Glück, Frieden, Sicherheit, Freude, Gesundheit, Fülle und alle Segnungen des Lebens. Dann werden Sie die spirituellen Werte und Wahrheiten Gottes auf den Thron Ihres Geistes setzen. Sie werden diese ewigen Wahrheiten zum Zentrum Ihres Denkens machen, sodass sie Ihnen völlig in Fleisch und Blut übergehen.

Ihre wunderbare Fähigkeit, Entscheidungen zu treffen, ist Ihr Schlüssel zu Gesundheit, Wohlstand und Erfolg.

Wenn Sie sich nicht für das himmlische Königreich in Ihrem Inneren entscheiden, für die Gottesgegenwart in Ihrem Tiefenbewusstsein, werden Sie Entscheidungen auf der Basis äußerer Ereignisse und Zustände treffen. Dann werden Sie blind sein für Ihre inneren Kräfte und sich als Opfer der äußeren Umstände fühlen.

Entscheiden Sie sich für das Königreich Gottes in Ihnen, dann werden Glück, Gesundheit, Freiheit und alle Segnungen des Lebens Sie überallhin begleiten.

———

Wenn ein besorgter, ängstlicher Mensch sagt: »Ich will Gott für mich entscheiden lassen«, ist damit meist ein Gott außerhalb des eigenen Selbst gemeint, irgendwo hoch oben im Himmel.
Das Universum tut Ihnen aber weder etwas an noch tut es etwas *für Sie*, sondern es wirkt immer nur *durch Sie*, d. h. durch Ihre Gedanken, inneren Bilder und Überzeugungen.
Sie sind ein Wesen, das über einen freien Willen verfügt und Entscheidungen treffen muss. Das ist die Grundlage Ihrer Individualität. Sie müssen eine bewusste Wahl treffen und dann wird die unendliche Intelligenz Ihres Unterbewusstseins reagieren. Akzeptieren Sie Ihre Göttlichkeit und die Verantwortung, eigene Entscheidungen zu treffen. Wenn Sie sich weigern, für sich selbst zu entscheiden, leugnen Sie damit Ihre Göttlichkeit und denken in Begriffen der Schwäche und des Mittelmaßes.

———

Sie sind hier, um zu entscheiden. Sie sind hier, um selbstständig zu denken und zu wählen. Sie verfügen über Willensfreiheit und Initiative. Das ist es, was Ihre Individualität ausmacht. Akzeptieren Sie Ihre Göttlichkeit und Eigenverantwortung und treffen Sie selbstständige Entscheidungen. Andere Menschen, auch wenn sie Ihnen sehr nahe stehen, können niemals wissen, was das Beste für Sie ist. Wenn Sie sich weigern, für sich selbst zu entscheiden, verleugnen Sie damit Ihre göttliche Bestimmung und denken wie ein Sklave, Leibeigener oder Knecht.

———

Entscheiden Sie sich für Glück, Wohlstand und Erfolg. Ihr Unterbewusstsein gehorcht stets auf subjektive Weise den Entscheidungen und Anordnungen des Bewusstseins. Alles, was Sie bewusst und mit Überzeugung anordnen (wählen), wird von ihm verwirklicht.

———

Wir sind ständig gefordert, in unserem Leben Entscheidungen zu treffen. Wir entscheiden uns für den Kauf eines bestimmten Anzugs oder Kleides. Wir wählen unseren Geistlichen, Hausarzt, Zahnarzt, Wohnort, Ehepartner, entscheiden, was wir essen und welche Automarke wir fahren.
Welche Wahl treffen Sie in jedem Moment?
Ihr Leben ist die Summe Ihrer Entscheidungen.

———

Sie entscheiden selbst, was Sie denken wollen. Gedanken sind Gebete. Sie wählen die Lebenserfahrungen, die dem Inhalt Ihrer Gebete entsprechen – bewusst oder unbewusst.

———

Ihre Gefühle sind Ergebnisse Ihres Denkens. Entscheiden Sie sich für die richtigen Gedanken und schaffen Sie sich auf diese Weise ein erfreuliches Gefühlsleben.

———

Entscheiden Sie sich für den Glauben, dass für Sie wahr ist, was auch für Gott wahr ist. Haben Sie diese Entscheidung einmal getroffen, werden Ihre Gedanken und Erwartungen von Gott inspiriert sein, der Ihnen Leben, Atem und alle Dinge schenkt. Und Ihr Herz wird stets offen sein für Gottes unerschöpfliche Schätze.

Ein praktisches Beispiel

Eine Frau sagte zu mir: »Ich weiß nicht, wie ich mich entscheiden soll oder was vernünftig und logisch ist!« Ich wies sie darauf hin, dass sie bereits eine Entscheidung getroffen habe. Sie hatte entschieden, sich nicht zu entscheiden, was bedeutete, dass sie blind den Überzeugungen des Massenbewusstseins folgte, dem Gesetz des Durchschnitts, in dessen Meer wir alle eingetaucht sind.
Je weniger wir selbstständig und eigenverantwortlich entscheiden, desto mehr beherrscht der Geist der schweigenden Mehrheit unser Leben.

Eine empfehlenswerte Technik

Sagen Sie sich, wenn Sie morgens die Augen aufschlagen: »Ich entscheide mich dafür, heute glücklich zu sein. Ich entscheide mich dafür, heute erfolgreich zu sein. Ich entscheide mich dafür, heute richtig zu handeln. Ich entscheide mich, heute Liebe und Wohlwollen auf alle Menschen auszustrahlen. Ich entscheide mich heute für den Frieden.«

Prinzipien, die Sie sich einprägen sollten

1. Ihre Fähigkeit, Entscheidungen zu treffen, ist Ihr Schlüssel zu Gesundheit, Wohlstand und Erfolg. Ent-

scheiden Sie sich ausschließlich für Dinge, die wahr, liebevoll, edel und göttlich sind. Wählen Sie Gedanken und Vorstellungsbilder, die heilend, segnend und inspirierend wirken und Ihr ganzes Sein zum Strahlen bringen.

2. Ihr höchstes Privileg ist Ihre Entscheidungsfreiheit, dank der Sie aus der unendlichen Schatzkammer in Ihrem Inneren alle Segnungen des Lebens auswählen können.

3. Wenn Sie sich für Harmonie, Frieden und rechtes Handeln entscheiden, können Sie sicher sein, dass die unendliche Intelligenz diese Wahl hundertprozentig unterstützt. So können Sie sich voller Zuversicht ein Leben nach Ihren Wünschen erschaffen und sich von allen Gewohnheiten befreien, die Sie gerne ablegen möchten.

4. Zögern Sie niemals, eine Entscheidung zu treffen. Sie sind ein mit freiem Willen ausgestattetes Wesen. Wenn Sie sich weigern, von Ihrer freien Entscheidung Gebrauch zu machen, verleugnen Sie Ihre eigene Göttlichkeit.

5. Wenn Sie nicht eigenständig entscheiden, erlauben Sie damit dem Massenbewusstsein, dem Durchschnittsdenken, mit seinen irrationalen Ängsten, abergläubischen Vorstellungen und seiner Ignoranz Ihr Leben zu beherrschen.

6. Unentschiedenheit gibt es nicht. In diesem Fall haben Sie vielmehr entschieden, sich nicht zu entscheiden.

7. Ihr ganzes Leben besteht aus einer unaufhörlichen Kette von Entscheidungen. Sie selbst sind die Summe all Ihrer Entscheidungen. Wählen Sie Ihre Gedanken und inneren Bilder sorgfältig aus, denn Sie sind, was Sie den ganzen Tag lang denken. Entscheiden Sie sich für Gedanken der Liebe und des guten Willens.

8. Gott, die unendliche Intelligenz, tut nichts *für Sie*. Gott wirkt *durch Sie*, entsprechend den Entscheidungen, die Sie treffen.

9. Wenn Sie nicht wissen, welche von mehreren Alternativen Sie wählen sollen, ist es gut, darauf zu vertrauen, dass die unendliche Intelligenz die richtige Antwort kennt. Bitten Sie um Führung, dann wird die unendliche Intelligenz Ihnen immer antworten, denn sie versagt niemals.

10. Sie haben die völlige Freiheit, sich für gute oder für schlechte Angewohnheiten zu entscheiden.

11. Sie bestimmen Ihre Zukunft selbst – durch die Gedanken, für die Sie sich heute entscheiden.

30. Kapitel

Glück

*Am glücklichsten sind jene Menschen,
die ständig bestrebt sind,
das Beste in sich und anderen
zum Vorschein zu bringen.*

Glück ist ein geistiger Zustand.

———

Glück ist die Frucht eines gelassenen, friedvollen Geistes.

———

Viele Leute glauben, sie hätten in diesem Leben kein Anrecht darauf, glücklich zu sein. Sie fühlen sich minderwertig und ungeliebt.
In Wahrheit gibt es aber keine Wertunterschiede zwischen den einzelnen Menschen. Jeder Mensch ist ein Gott oder eine Göttin: *»Ihr seid Götter, ihr alle seid Söhne des Höchsten.«* (Psalm 82,6)

———

Sie sind frei, sich für das Glück zu entscheiden. Das mag sehr einfach klingen und in der Tat ist es das auch. Vielleicht stolpern so viele Menschen deshalb an ihrem Glück vorbei. Sie erkennen nicht, wie einfach es ist, glücklich zu sein.

Die großen Dinge im Leben sind immer einfach, dynamisch und schöpferisch. Und sie sind der Weg zu Glück und Wohlergehen.

Glück lässt sich nicht kaufen: Manche Millionäre sind sehr glücklich, andere sehr unglücklich. Viele Menschen, die nur über geringen materiellen Besitz verfügen, sind trotzdem sehr glücklich, andere jedoch sehr unglücklich. Manche Verheirateten sind glücklich, andere Eheleute sehr unglücklich. Manche Alleinstehenden führen ein glückliches Leben, andere fühlen sich einsam und unglücklich.
Das Königreich des Glücks befindet sich in Ihrem eigenen Denken und Fühlen.

In dem Bestreben, Glück, Frieden und Wohlstand außerhalb von uns zu finden, haben wir es versäumt, in unserem Inneren nach der wahren Quelle des Glücks zu suchen. In jedem Menschen gibt es wahre Schatzkammern des Glücks – in seinem Unterbewusstsein.

Es gibt nichts, das sich Ihrem Glück wirklich in den Weg stellen könnte. Äußere Dinge sind niemals Ursachen, sondern immer nur Wirkungen. Ihre eigenen Gedanken sind die einzigen Ursachen und neue Ursachen bringen immer auch neue Wirkungen hervor.

Wahres und dauerhaftes Glück kehrt in dem Augenblick in Ihr Leben ein, wenn Sie erkennen, dass Sie jede Schwäche überwinden können, dass Sie Kontrolle über Ihr

Denken haben und dass Ihr Unterbewusstsein in der Lage ist, alle Ihre Probleme zu lösen, Ihren Körper zu heilen und Ihnen paradiesischen Wohlstand zu verschaffen.

———

Zweifellos waren Sie sehr glücklich, als Sie glaubten, den idealen Lebenspartner gefunden zu haben, oder als Ihr Kind zur Welt kam. Doch wie wunderbar solche Erlebnisse auch sein mögen, sie garantieren uns kein dauerhaftes Glück.
In der Bibel, in den Sprüchen Salomos, finden wir die Antwort: »*Glücklich ist, wer auf den Herrn vertraut.*« Wenn Sie auf Gott vertrauen (auf die Macht und Weisheit Ihres Unterbewusstseins) und zuversichtlich sind, dass er Sie auf allen Ihren Wegen beschützt, führt und inspiriert, verhilft Ihnen dies zu dauerhafter heiterer Gelassenheit und Seelenfrieden.

———

Viele Leute sagen: »Wenn ich dieses und jenes wäre oder dieses und jenes besäße, wäre ich glücklich.«
Doch wahres Glück gewinnen Sie nicht durch den Erwerb von Titeln oder materiellen Besitztümern, die letztlich alle vergänglich sind.
Glück heißt, in Ihrem Unterbewusstsein die Prinzipien der göttlichen Ordnung und des rechten Handelns zu entdecken und diese Prinzipien in allen Bereichen Ihres Lebens anzuwenden.

———

Der griechische Philosoph Epiktet lehrte: »Bedenke stets, dass es nur einen einzigen Weg zu Gelassenheit und Glück gibt. Dieser Weg besteht darin, alle äußeren Dinge niemals als persönliches Eigentum zu betrachten, sondern sie vollständig Gott zu überantworten.«

Vergessen Sie nicht, dass Ihr Unterbewusstsein nicht aktiv werden kann, solange Ihr Geist gespalten ist. Solange Sie daran zweifeln, dass dauerhaftes Glück möglich ist, werden Sie tatsächlich kein Glück finden.
Ihrem Glück stehen allein Ihre negativen Gedanken und inneren Bilder im Wege.

PRAKTISCHE BEISPIELE

Was das Glücklichsein angeht, gilt es einen ganz besonders wichtigen Punkt zu beachten: Sie müssen wirklich den ernsthaften *Wunsch* haben, glücklich zu sein.
Leider entscheiden sich viele Menschen dafür, unglücklich zu sein. Ich kannte eine Frau in England, bei der seit vielen Jahren ein schwerer Gelenkrheumatismus bestand. Sie tätschelte immer wieder ihr Knie und sagte: »Mein Rheuma ist heute wieder wirklich schlimm. Ich kann nicht aus dem Haus gehen. Mir geht es richtig schlecht.« Diese nette ältere Dame erhielt wegen ihrer Krankheit eine Menge Aufmerksamkeit und Zuwendung von ihrem Sohn, der Tochter und den Nachbarn. Sie wollte ihr Rheuma gerne behalten. Sie genoss geradezu ihr »Elend«, wie sie es nannte. Diese Frau wollte nicht wirklich glücklich sein.

Vor einigen Jahren las ich einen Zeitungsartikel über ein Pferd, das jedes Mal scheute, wenn es an einem bestimmten Baumstumpf vorbeikam. Der Bauer, dem das Pferd

gehörte, grub den Stumpf aus, verbrannte ihn und ebnete an der Stelle den Boden ein. Doch auch in den folgenden fünfundzwanzig Jahren scheute das Pferd weiterhin jedes Mal an dieser Stelle. Es erschreckte sich vor der Erinnerung an den Baumstumpf.
So wird es auch in Ihrem Leben an Glück mangeln, wenn Sie aus lauter Angst und Zweifel immer wieder – bewusst oder unbewusst – vor ihm zurückscheuen.

Eine empfehlenswerte Technik

In den folgenden Zeilen verkündet der heilige Paulus, was Sie tun müssen, um dauerhaftes Glück zu erlangen:
»*Schließlich, Brüder: Was immer wahr, edel, recht, was lauter, liebenswert, ansprechend ist, was Tugend heißt und lobenswert ist, darauf seid bedacht!*« (Philipper 4,8)

Prinzipien, die Sie sich einprägen sollten

1. In Ihnen gibt es eine gewaltige Macht. Das Glück kommt zu ihnen, sobald Sie ein tiefes Vertrauen in diese Macht entwickeln.
2. Die wunderbaren Kräfte Ihres Unterbewusstseins ermöglichen es Ihnen, alle Schwierigkeiten zu überwinden und Ihr Glück zu finden.
3. Glück ist eine Gewohnheit. Entscheiden Sie sich bewusst für das Glück.
4. Um glücklich zu sein, müssen Sie es sich wirklich *wünschen*.
5. Glück kann man nicht kaufen. Sie erlangen es durch positives Denken und Fühlen.

6. Glück ist die Frucht eines friedvollen Geistes. Disziplinieren Sie Ihr Denken und praktizieren Sie mentale Gelassenheit.

7. Ihre Freuden und Leiden sind das genaue Spiegelbild Ihres gewohnheitsmäßigen Denkens.

8. Am glücklichsten sind die Menschen, die stets bestrebt sind, das Beste in sich und anderen zum Vorschein zu bringen.

31. Kapitel

Innere Führung

*Für jeden von uns gibt es Führung.
Wenn wir demütig lauschen,
hören wir das rechte Wort.*

RALPH WALDO EMERSON

Für jedes Problem gibt es eine Lösung, auf jede Frage eine Antwort.

———

Wie gut Sie innere Führung aus Ihrem Unterbewusstsein empfangen können, hängt davon ab, wie weit es Ihnen gelingt, Ihre negativen Gedanken zu besiegen, die Sie an der Weisheit der unendlichen Intelligenz zweifeln lassen.

———

Wir alle sind Teil des einen Geistes. Führung kann Ihnen daher auch unerwartet durch andere Menschen zuteil werden, die als Boten Ihres eigenen tieferen kosmischen Bewusstseins agieren, um Ihnen bei der Entfaltung Ihres Lebensdramas zu helfen.

———

Die kosmische Macht wartet stets bereitwillig darauf, von Ihnen genutzt zu werden, so leicht und mühelos, wie Wasser aus dem Hahn in der Küche fließt. Mit der gleichen

Selbstverständlichkeit, mit der Sie davon ausgehen, dass Wasser aus dem Wasserhahn kommt, können Sie auch darauf vertrauen, dass die kosmische Macht Ihnen antwortet und dass Sie in allem, was Sie tun, göttlich geführt werden. Dann werden in Ihrem Leben wahre Wunder geschehen.

―――――

Vermeiden Sie den Fehler, den so viele machen: Sie sagen zwar, dass sie an ein Höheres Selbst glauben, versuchen aber dennoch, alle ihre Probleme auf der bewussten Ebene zu lösen. Der Intellekt kann manche, aber nicht alle unserer Lebensprobleme lösen.

―――――

Es ist Ihr gutes Recht, Führung durch die unendliche Intelligenz zu beanspruchen, um Gutes in Ihr Leben zu bringen, vorausgesetzt, Ihre Motive sind selbstlos und Ihre persönlichen Wünsche erzeugen ausschließlich Gesundheit, Glück, Frieden, Liebe und Fülle und schaden niemandem. Die unendliche Gegenwart wird Ihnen immer helfen, wenn Sie integere und ehrenwerte Ziele verfolgen.

Wenn Ihr Begehren *rechtens* ist – wenn es im Einklang mit der goldenen Regel steht, dem allgemeinen Wohl dient und nicht von Gedanken des Zweifels und der Unsicherheit neutralisiert wird –, spüren Sie einen inneren Frieden, eine ruhige Gewissheit, die Ihnen sagt, dass die göttliche Führung bereits alles zu Ihrem Besten regelt.

―――――

Im Universum besteht ein Prinzip rechten Handelns. Die kosmische Intelligenz in Ihnen wird Ihnen alles schenken, was Sie gläubig beanspruchen und als real empfinden. Der kosmische Geist verfügt über unzählige Kanäle, durch die er seine unerschöpflichen Segnungen ausgießt. Sie sind ein Kanal Gottes. Akzeptieren Sie Ihr Gutes jetzt.

———

Wenn Sie alle dem Verstand zugänglichen Wege zur Lösung eines Problems ausprobiert und den Rat einschlägiger Fachleute eingeholt haben – aus spirituellen und allen anderen verfügbaren und vertrauenswürdigen Quellen –, sollten Sie Paulus' Empfehlung folgen: »Ich habe getan, was ich konnte, und überlasse alles Weitere Gott.« Übergeben Sie Ihr Problem oder Anliegen voller Zuversicht der kosmischen Macht, im Vertrauen, dass Ihre Motivation rechtens ist und Gott Ihnen die perfekte Antwort enthüllen wird. Dann bricht ein neuer Tag an und die Schatten fliehen.

———

Die universelle Lebenskraft, Gott in Ihnen, kann Sie inspirieren und Ihnen alles enthüllen, was Sie wissen müssen. Dazu ist es lediglich erforderlich, dass Sie Geist und Herz für Gottes Geschenke öffnen.

———

Sie sind Teil der unendlichen göttlichen Intelligenz, die die Antworten auf alle Probleme der Welt kennt und auf Ihre Gedanken reagiert. Diese Intelligenz wird als *allwissend, allgegenwärtig* und *allmächtig* bezeichnet.
Allwissend heißt, dass sie alles weiß und alles sieht. Sie hat alle Welten und Galaxien erschaffen und auch Sie wurden von ihr erschaffen. Da sie allwissend ist, kennt sie die Antworten auf alle Probleme unter der Sonne.
Allgegenwärtig heißt, dass sie überall präsent ist – in Ihnen und um Sie herum: überall. Es gibt keinen Ort, an

dem sie nicht ist. Daher gibt es kein Problem, das ihren Horizont übersteigen würde.

Allmächtig heißt, dass der unendlichen Intelligenz alle Macht und alle Energie im gesamten Universum zu Gebote stehen, um Sie mit dem nötigen Wissen zur Lösung Ihrer Probleme zu versorgen und Ihnen sämtliche Wünsche zu erfüllen.

Diese unglaubliche Quelle der Macht und Energie ist in Ihnen. Sie ist überall dort, wo Sie auch sind. Es spielt keine Rolle, wie viele Menschen von dieser Energie erfüllt und durchströmt werden, denn ihr Vorrat ist absolut unerschöpflich, da wir es hier mit der unendlichen Quelle aller Energie zu tun haben. Daher können Sie sich mit Fug und Recht als Empfänger oder Empfängerin allen Reichtums und aller Weisheit des unendlichen Einen betrachten, ohne dass Sie dadurch irgendeinem anderen Menschen etwas wegnehmen.

Kein Problem ist an sich schlecht. Es kommt immer darauf an, wie Sie darüber denken.

Sie sind jeder Herausforderung gewachsen, weil es in Ihnen eine Weisheit und Macht gibt, die Sie befähigt, alle Probleme zu meistern. Erkennen Sie, dass Ihre Schwierigkeiten und Probleme wunderbare Gelegenheiten sind, sich Ihre enormen Fähigkeiten zu beweisen, sich zu beweisen, dass die göttliche Führung Ihnen immer zur Seite steht.

Gott ist in allen seinen Unternehmungen immer erfolgreich und was für Gott gilt, das gilt auch für Sie, denn Sie sind Erbe oder Erbin all seiner Schätze. Es ist daher Ihre heilige Aufgabe, sich bei allem, was Sie unternehmen, niemals mit weniger als dem vollen Erfolg zufrieden zu geben. Bitten Sie und klopfen Sie so lange an, bis Ihnen aufgetan wird und Sie göttliche Führung erlangen.

———

Es gibt immer einen Ausweg und eine Lösung, die zum glücklichen Ende und zum Erfolg führen.

———

Wenn wir uns mutig unseren Schwierigkeiten und Problemen stellen, finden wir unsere Göttlichkeit.

———

Wie immer Ihr Problem aussehen mag, wenn Sie fest an eine göttliche Lösung und einen glücklichen Ausgang glauben, wird die subjektive Weisheit in Ihnen entsprechend reagieren und Ihnen den perfekten Plan enthüllen, wie Sie Ihr Ziel erreichen können.

———

Wenn früher Könige oder Fürsten auf Reisen gingen, wurden Kuriere vorausgeschickt, um den Weg zu bereiten und dafür zu sorgen, dass die Herrscher am Zielort ein triumphaler Empfang erwartete. Wenn heute Staatsmänner reisen, werden Sicherheitsbeamte vorausgeschickt, die vor Ort ein wachsames Auge auf die Vorbereitungen haben.
Keine Diebe, Räuber oder Gangster – mit anderen Worten, keine Gefahren – können zu den hohen Staatsreisenden vordringen, weil stets umfangreiche Sicherheitsvorkehrungen getroffen werden.

Machen Sie sich bewusst, dass für Ihre Sicherheit mindestens ebenso gut gesorgt ist, da göttliche Liebe und Führung Ihnen vorausgehen und Ihnen den Weg ebnen. *»Jedes Tal soll sich heben, jeder Berg und Hügel sich senken. Was krumm ist, soll gerade werden, und was hüglig ist, werde eben.«* (Jesaja 40,4)

———

Sie sind dazu geboren, über alle Schwierigkeiten zu siegen, denn Gott wohnt in Ihnen. Daher gibt es für jedes Problem eine göttliche Lösung.

———

Wenn Sie Hilfe suchen, sollten Sie wissen, dass das, was Sie suchen, auch immer nach Ihnen sucht: Für alles, was Sie verkaufen möchten, gibt es einen entsprechenden Bedarf; bei allem, was Sie benötigen, gibt es immer auch jemanden, der das Gesuchte anzubieten hat. Dieses Wissen wird Ihnen Zuversicht und Sicherheit schenken. Auf all Ihren Wegen erwartet Sie göttliche Führung und Hilfe.

———

Wenn Sie sagen: »Es gibt keinen Ausweg. Ich habe keine Chance. Ich weiß weder ein noch aus. Warum erhalte ich keinen Fingerzeig, keine göttliche Führung?«, flüstert in Ihnen der Wind der Verwirrung, der Angst und der irrigen menschlichen Meinungen. Rufen Sie sich ins Gedächtnis, dass es in Ihnen eine spirituelle Macht gibt – allwissend und allmächtig. Das weckt in Ihnen die Gewissheit, dass es einen Ausweg gibt und dass Ihnen dieser Ausweg gezeigt wird. Erteilen Sie Ihrem Unterbewusstsein vertrauensvoll die entsprechende Anweisung, dann wird es auf jeden Fall mit Ihnen kooperieren.

———

Die Antwort auf Ihr Gebet um Führung kommt nicht immer sofort. Vertrauen Sie dennoch unerschütterlich darauf, dass die Antwort kommen *wird* und dass es eine glückliche Lösung gibt.
Wenn Sie mit Hilfe dieses Wissens Ihre Gedanken und Emotionen kontrollieren, werden Sie inneren Gleichmut entwickeln – ungeachtet der äußeren Situation. Dazu müssen Sie lediglich an die Gottesgegenwart in Ihnen glauben und auf sie vertrauen. Dann werden in Ihrem Leben Wunder geschehen.

———

Wenn Sie Führung und Erfolg suchen und Ihnen dann eine Möglichkeit angeboten wird, beruflich aufzusteigen und mehr Geld zu verdienen, die nicht der von Ihnen erwarteten Lösung entspricht, sich aber gut anfühlt, sollten Sie zugreifen. Denn dieses Angebot wird sich als wertvoller Schritt auf dem Weg zu immer größeren Erfolgen erweisen.

———

»Sucht die Nähe Gottes; dann wird er sich euch nähern.«
(Jakobus 4,8)
Das bedeutet, dass die unendliche Intelligenz Ihnen immer antwortet, wenn Sie sich an sie wenden.

———

Wenn Sie Ihre Muskeln nicht gebrauchen, verkümmern sie. Doch Sie verfügen auch über geistige und spirituelle »Muskeln«, die genauso trainiert werden müssen.
Wenn Ihre Gedanken, Einstellungen, Motive und Verhaltensweisen nicht göttlich sind, unterbrechen Sie dadurch Ihre Verbindung zu Gott. Wenn Sie sich dann in Ihrem Leben einer Herausforderung gegenübersehen, wird es

Ihnen an Gottvertrauen mangeln und Sie werden sich ängstigen.

Die unendliche Intelligenz in den Tiefen Ihres Unterbewusstseins antwortet immer, wenn Sie sich an sie wenden und um Führung bitten. Die Antwort kommt als innere Ahnung, als besonderes Gewahrsein oder als starker Impuls, der Sie veranlasst, zur rechten Zeit den richtigen Ort aufzusuchen, das Richtige zu sagen oder zu tun.

Wenn es uns nicht gelingt, in Kontakt zu unserer inneren Führung zu kommen, gibt es dafür zwei mögliche Ursachen: Wir sind innerlich zu angespannt oder wir erkennen die Botschaften nicht. Deshalb ist es so wichtig, gelassen und zuversichtlich zu sein, denn dann sind wir offener für unsere intuitiven Geistesblitze. Außerdem sind wir dann stärker bereit, ihnen auch die entsprechenden Taten folgen zu lassen.
Wenn Sie um Führung beten, sollten Sie daher unbedingt ruhig und entspannt sein. Mit einer angespannten, ängstlichen und besorgten Haltung erreichen Sie gar nichts. Ihr Unterbewusstsein antwortet Ihnen, wenn Ihr Bewusstsein ruhig, aufnahmebereit und entspannt ist.

Innere Führung erhalten Sie dann, wenn Ihre Motive Gesundheit, Glück, Geistesfrieden und Fülle sind, für sich und für andere. Wenn Sie lernen, richtig zu denken, wählen Sie nicht länger Schmerz, Elend, Armut und Begrenzung. Das erscheint selbstverständlich und doch treffen viele Menschen eine Wahl, die ihnen nur Leid einbringt. So bitten sie beispielsweise um etwas, das einem anderen gehört. Oder sie bitten die göttliche Führung, ihnen bei der Beeinflussung anderer Menschen zu helfen. Dann fällt die Antwort ihrer inneren Führung entweder unbefriedigend aus oder sie erhalten überhaupt keine Antwort.

Die kostbarsten Schätze der Welt finden Sie in Ihrem eigenen Geist. In Ihnen harren kostbare Juwelen auf die Entdeckung – schöpferische Ideen, Erfindungen, herrliche Musik, neue Lieder und Antworten auf alle Probleme.

Glauben Sie hier und jetzt, dass die subjektive Weisheit Ihres Unterbewusstseins Ihnen stets zur rechten Zeit die jeweils für Sie besten Gelegenheiten eröffnet. Akzeptieren Sie Ihre innere Führung jetzt, dann wird sich die Tür öffnen.
Sie sind mit einer besonderen Bestimmung hierher gekommen und Sie müssen diese Rolle im Leben akzeptieren. Glauben Sie, dass Sie jetzt göttliche Führung erhalten, dann wird sie kommen.

Praktische Beispiele

Ich sollte eine Hochzeitszeremonie leiten, doch der junge Bräutigam erschien nicht. Zwei Stunden vergingen. Die Braut vergoss ein paar Tränen und sagte zu mir: »Ich habe um göttliche Führung gebetet. Vermutlich ist das die Antwort, denn Gott versagt niemals.«
Das war ihre Reaktion – Glauben an Gott und die göttliche Führung. Daher konnte sie ganz ohne Bitterkeit sagen: »Offenbar wäre unsere Heirat falsch gewesen, denn

ich habe um richtiges Handeln für uns beide gebetet.« So manche andere Frau wäre in einer solchen Situation aus der Haut gefahren, hätte vielleicht einen Nervenzusammenbruch erlitten oder gar ärztlich behandelt werden müssen.

Einmal verlor ich einen wertvollen Ring, ein Familienerbstück. Ich suchte überall, konnte ihn aber nicht finden. Am Abend sprach ich so zu meinem Unterbewusstsein, wie ich auch mit einem Freund oder Bekannten gesprochen hätte. Vor dem Einschlafen sagte ich: »Du weißt alle Dinge. Du weißt, wo dieser Ring ist, und zeigst es mir jetzt.«
Am anderen Morgen, im Moment des Aufwachens, hörte ich in meinem Ohr eine Stimme: »Frag Robert!«
Es erschien mir seltsam, dass ich Robert fragen sollte, einen neunjährigen Jungen. Dennoch folgte ich der Stimme meiner Intuition.
Robert sagte: »O ja, ich habe den Ring im Hof gefunden, als ich mit den anderen Jungen dort spielte. Ich habe ihn in meinem Zimmer auf den Schreibtisch gelegt. Ich wusste ja nicht, dass er wertvoll ist. Darum habe ich gar nichts davon erzählt.«
Das Unterbewusstsein antwortet Ihnen immer. Sie müssen ihm nur vertrauen.

Alan F., Professor an der örtlichen Universität, besuchte regelmäßig meine öffentlichen Vorträge. Nach einem dieser Vorträge kamen wir ins Gespräch. Ich sagte ihm, er mache auf mich einen bekümmerten Eindruck, und fragte, ob etwas nicht in Ordnung sei.
»Das stimmt«, antwortete er. »Ich arbeite gerade an einem Aufsatz über archäologische Ausgrabungen in Ägyp-

ten im neunzehnten Jahrhundert. Meine Arbeit ist fast abgeschlossen, aber eine bestimmte Information kann ich nicht verifizieren. Die einzige verlässliche Quelle für diese Information ist ein Buch, das 1884 privat in kleiner Auflage in Kairo herausgegeben wurde. Ich habe mit allen großen Bibliotheken korrespondiert, jedoch nirgendwo ein Exemplar des Buches auftreiben können. Ich muss es aber unbedingt finden, denn sonst kann ich meinen Artikel nicht zur Veröffentlichung freigeben.«
»Da sind Sie ja in einer schwierigen Lage«, meinte ich mitfühlend. »Darf ich Ihnen einen Vorschlag machen?«
»Aber natürlich«, sagte er, hellhörig geworden.
»Ich würde in einer solchen Situation Folgendes tun«, sagte ich. »Heute Abend würde ich mich in einen ruhigen, entspannten Zustand versetzen. Dann würde ich ins Bett gehen und ruhig und mit völligem Vertrauen zu mir sagen: ›Mein Unterbewusstsein kennt die Antwort und versorgt mich mit allen Informationen, die ich benötige.‹ Dann würde ich mich in den Schlaf wiegen, indem ich in Gedanken ständig das Wort ›Antwort‹ wiederhole.«
»Und Sie glauben wirklich, das funktioniert?«, fragte er.
»Unbedingt«, erwiderte ich. »Ihr Unterbewusstsein ist allwissend. Es weiß genau, welche Antwort Sie benötigen. Es wird Ihnen in einem Traum antworten, durch einen plötzlichen, drängenden Impuls oder eine Vorahnung, die Sie auf den richtigen Weg führt.«
Ein paar Tage später rief mich Alan an. »Es ist unglaublich!«, berichtete er aufgeregt. »Ich habe die Methode, die Sie mir empfohlen haben, an drei aufeinander folgenden Abenden benutzt. Dann, als ich gestern Morgen auf dem Campus eintraf, zog es mich zu den Aushängen am schwarzen Brett. Normalerweise gehe ich achtlos daran vorbei, aber das konnte ich diesmal einfach nicht. Ich

schaute mir die Zettel an und mein Blick wurde von einem Flugblatt angezogen, auf dem ein Bücherbasar angekündigt wurde. Der Verkauf fand just an diesem Tag statt, nachmittags.«

»Und Sie sind hingegangen?«, fragte ich.

»Ja. Als ich den Raum betrat, fragte ich mich, was ich eigentlich dort sollte. Auf den Tischen lagen stapelweise abgegriffene Taschenbuchromane, gebrauchte Lehrbücher, Ratgeber fürs Grillen und dergleichen ... Sie wissen schon – was man eben bei solchen Basaren findet. Doch in diesem Moment kam ein Mann mit einem Karton voller Bücher herein. Ich hörte ihn zu dem Studenten, der die Aufsicht führte, sagen, sein verstorbener Onkel habe sich für mystischen Kram wie beispielsweise die Pyramiden interessiert und hier seien ein paar von seinen alten Büchern.«

»Ah, jetzt wird die Sache interessant«, sagte ich.

»Allerdings«, entgegnete Alan. »Ich fragte, ob ich mir die Bücher mal anschauen dürfe, da ich mich für dieses Gebiet interessiere. Ich öffnete den Karton und das zweite Buch, das ich in die Hand nahm, war exakt jener rare Band, nach dem ich so verzweifelt gesucht hatte! Und erfreulicherweise waren mehrere andere Bücher in dem Karton für mein Forschungsgebiet ebenfalls sehr wertvoll. Aus lauter Freude habe ich den Leuten doppelt so viel für die Bücher bezahlt, wie sie eigentlich verlangen wollten.«

Bei einem Wohltätigkeitsdiner saß ich mit Adrienne W. am Tisch, einer erfolgreichen Medienunternehmerin. Im Verlauf des Abends kamen wir irgendwann auf die Frage zu sprechen, was die beste Methode sei, geschäftliche Entscheidungen zu treffen.

»Ich verwende da eine sehr simple Technik«, sagte Adrienne. »Vielleicht wirkt sie ein bisschen zu simpel, aber bei mir funktioniert sie sehr gut.«
Neugierig fragte ich: »Möchten Sie mir davon erzählen?«
»Gern. Wenn ich mit einer wichtigen Frage konfrontiert bin, die eine schnelle Entscheidung erfordert – und das kommt täglich mindestens einmal vor – gehe ich in mein Büro, schließe die Tür, schalte das Telefon aus und meditiere über die göttlichen Eigenschaften, die, wie glaube, in mir und in jedem Menschen vorhanden sind. Dadurch gelange ich in einen Zustand inneren Friedens und starker Zuversicht.«
Ein Mann, der uns gegenüber saß und aufmerksam zuhörte, warf ein: »Ich wünschte, davon hätte ich in *meinem* Alltag auch eine Portion!«
»Dann sollten Sie meine Methode ausprobieren. Es ist wirklich ganz einfach«, sagte Adrienne. »Wenn ich mich in diesem entspannten, zuversichtlichen Zustand befinde, bete ich: ›Vater, du weißt alle Dinge. Gib mir die Idee, die ich für unser neues Programm benötige, oder die Lösung für dieses Problem, je nachdem, was gerade ansteht. Dann stelle ich mir intensiv vor, wie die Antwort in meinen Geist strömt, vollständig und perfekt. Und ich denke: ›Ich akzeptiere die Antwort und danke dafür.‹«
Eine andere Dame am Tisch, eine Börsenmaklerin, sagte: »Aber Sie haben die Antwort dann noch gar nicht, oder? Sie tun nur so.«
Adrienne lächelte. »Meine Großmutter sagte immer: ›Gut begonnen ist halb gewonnen.‹ Wenn ich mein Gebet abgeschlossen habe, wende ich mich wieder meinen anderen Aktivitäten zu. Ich denke nicht mehr an die ganze Sache. Die Antwort kommt dann fast immer in einem Augenblick, wenn ich überhaupt nicht damit rechne – wie

ein Lichtblitz in einem dunklen Raum, der mir ganz plötzlich alles Wesentliche offenbart. Und eines möchte ich betonen: Wie die meisten von uns habe ich im Leben so manche falsche geschäftliche Entscheidung getroffen. Die Entscheidungen aber, die ich mithilfe dieser Methode getroffen habe, erwiesen sich stets als richtig. Immer, ohne Ausnahme!«

———

Ein Mann schrieb mir, dass er seit zwanzig Jahren nichts von seinem Bruder gehört und keine Ahnung hatte, wo dieser sich aufhielt. Inzwischen war ihnen beiden zusammen ein großes Anwesen vererbt worden und er wollte diese gute Nachricht gerne seinem Bruder mitteilen. Hier ist der weitere Inhalt seines Briefs im Wortlaut:
»Sehr geehrter Dr. Murphy,
die Lektüre Ihres Buches *Das Wunder Ihres Geistes* hat mich tief beeindruckt. Also konzentrierte ich mich auf die unendliche Intelligenz. Natürlich kann man diese Intelligenz nicht sehen, aber aufgrund früherer Erlebnisse war ich von ihrer Existenz überzeugt. Schließlich sieht man auch den Wind nicht, kann ihn aber sehr wohl auf der Haut spüren.
Ich bat diese unendliche Intelligenz also, mir den Aufenthaltsort meines Bruders zu offenbaren. Immer wieder betete ich: ›Göttliche Führung ist jetzt mein und die unendliche Intelligenz führt meinen Bruder und mich zusammen.‹ In der vorigen Woche nahm ich an einer Konferenz in New York teil – und siehe da! Einer der Passagiere, die nahe bei mir im Flugzeug saßen, war mein Bruder, den ich seit über zwanzig Jahren nicht mehr gesehen hatte!
Ich dachte mir, dass Sie meinen Brief vielleicht für Ihr neues Buch verwenden möchten, an dem Sie gerade

schreiben. Ich bin sicher, mein Erlebnis wird uns alle in dem Glauben an die mystische Macht in unserem Leben bestärken.

T. L., San Francisco, Kalifornien«

Empfehlenswerte Techniken

Manche Leute sagen, sie könnten beruflich nicht weiterkommen, weil es an ihrer Arbeitsstelle keine Aufstiegsmöglichkeiten gibt oder die Gehälter nach festgesetzten Tarifen gezahlt werden. Doch die Gesetze des Geistes lassen sich in allen Lebenssituationen wirkungsvoll einsetzen.

Das Geheimnis besteht darin, sich ein klares inneres Bild von dem zu schaffen, was man erreichen möchte, und dann uneingeschränkt darauf zu vertrauen, dass dank der Macht und Weisheit des Unterbewusstseins nichts unmöglich ist. Machen Sie Ihr Lebensziel zu Ihrem Leitstern. Die Antwort wird in Ihrem Unterbewusstsein entwickelt und objektiviert sich dann in Ihrer äußeren Lebenserfahrung.

―――

Sie können die unendliche Macht auch nutzen, um anderen Menschen bei Entscheidungen zu helfen. Das funktioniert bei nahen Verwandten und Freunden ebenso wie bei Personen, die Ihnen fremd sind. Dazu müssen Sie sich klar machen, dass die unendliche göttliche Führung allgegenwärtig ist und auf Ihre Gedanken reagiert. Ich habe das schon für viele Menschen praktiziert, mit außergewöhnlichen und höchst faszinierenden Resultaten.

Beispielsweise rief mich einmal ein junger Ingenieur an und berichtete: »Die Firma, bei der ich arbeite, wird an ein größeres Unternehmen verkauft. Man hat mir gesagt, dass ich in der neuen Firmenstruktur nicht mehr gebraucht werde. Würden Sie für mich um göttliche Führung beten?« Ich antwortete ihm, dass das unendliche Geistprinzip auf jeden Fall neue berufliche Aufgaben für ihn finden würde. Dazu sei es lediglich erforderlich, dass er daran so fest glaube wie an ein wissenschaftliches Gesetz.

Ich stellte mir also lebhaft vor, wie dieser Ingenieur zu mir sagte: »Ich habe eine wunderbare neue Anstellung gefunden und man zahlt mir dort ein ausgezeichnetes Gehalt. Dieses Angebot kam völlig unerwartet, aus heiterem Himmel!« Diese Imagination praktizierte ich für ungefähr drei oder vier Minuten und beschäftigte mich dann nicht weiter mit der Angelegenheit. Ich glaubte und erwartete, dass die Antwort kommen würde. Die unendliche Intelligenz ist allwissend und wenn Sie um Führung oder rechtes Handeln bitten, brauchen Sie der Unendlichkeit nicht vorzuschreiben, was Sie zu tun hat. Vertrauen Sie einfach darauf, dass sie immer die optimale Lösung findet, auf Wegen, von denen unser bewusster Verstand nichts weiß.

Am nächsten Tag rief der Ingenieur mich an und bestätigte, dass er ein ausgezeichnetes Angebot einer anderen Firma angenommen hatte. Das Angebot kam, wie er sagte, »völlig unerwartet, aus heiterem Himmel«!

Es gibt nur einen Geist, und das, was ich mir subjektiv als wahr vorstellte, verwirklichte sich in der Erfahrung des Ingenieurs. Wenn Sie sich an das unendliche Führungsprinzip wenden, antwortet es Ihnen immer. Das, was Sie geistig als wahr empfinden, wird sich mit absoluter Sicherheit verwirklichen.

Wenn Sie Rat und Führung suchen, müssen Sie still und entspannt über das richtige Handeln nachsinnen. Aktivieren Sie die unendliche Intelligenz in Ihnen so lange, bis sie die Führung übernimmt. Von diesem Moment an wird Ihr Handeln von der subjektiven Weisheit gesteuert, die alles weiß und alles sieht. Wenn Ihr Denken positiv ist und Ihre Motive lauterer Natur sind, unterliegen Sie von da an dem unterbewussten Zwang, das Richtige zu tun.

Wenn Sie ein Problem haben, für das Sie durch bewusstes Nachdenken keine Lösung finden, sagen Sie abends vor dem Einschlafen zu Ihrem Unterbewusstsein: »Ich übergebe diese Angelegenheit jetzt an dich. Enthülle mir die Antwort.« Dies können Sie gedanklich oder laut aussprechen, ganz wie es Ihnen angenehm ist. Wenn Sie morgens aufwachen, haben Sie dann oft die Antwort auf den Lippen. Wenn nicht, vertrauen Sie dennoch unerschütterlich darauf, dass die Antwort in göttlicher Ordnung kommen wird. Manchmal taucht sie als plötzlicher Geistesblitz genau in dem Moment auf, wenn Sie die betreffende Information benötigen.

Viele Geschäftsleute und Wissenschaftler wenden bei ihrer Arbeit die folgende Methode an: Ziehen Sie sich in ein ruhiges Büro oder an einen anderen ruhigen Ort zurück, werden Sie innerlich still, entspannen Sie sich und denken Sie an die unendliche Intelligenz und Weisheit in Ihnen, die alle Ihre Körperfunktionen steuert und den gesamten Kosmos mit mathematischer Präzision und unfehlbarer Genauigkeit regiert. Schließen Sie die Augen und richten Sie Ihre ganze Aufmerksamkeit darauf, eine Antwort zu erhalten. Affirmieren Sie dann leise »Antwort«, in dem sicheren Wissen, dass die unendliche Intelligenz immer bereit ist, Ihnen zu helfen.

Denken Sie an nichts anderes als daran, die Antwort auf Ihre Frage, die Lösung für ihr Problem zu empfangen. Verweilen Sie für einige Minuten in diesem stillen, entspannten, passiven Zustand. Wenn Sie merken, dass Ihre Aufmerksamkeit wandert, bringen Sie sie sanft wieder zu Ihrer Kontemplation zurück. Wenn sich die Antwort nach drei bis vier Minuten nicht eingestellt hat, beenden Sie die Meditation und wenden sich wieder Ihren Alltagsgeschäften zu. Wenn Ihnen das Problem erneut in den Sinn kommt, sagen Sie sich einfach: »Ich habe mein Anliegen der unendlichen Intelligenz übergeben und sie erledigt alles Weitere.«

Wenn Sie diese Haltung einnehmen, wird die Antwort schon bald glasklar in Ihrem Bewusstsein auftauchen. Vielleicht kommt sie, wenn Sie mit etwas ganz anderem beschäftigt sind. Sie wird in einem Moment kommen, wenn Sie gerade gar nicht damit rechnen, und auf Wegen, von denen Sie nichts wissen.

Affirmieren Sie: »Ich danke für die perfekte, harmonische Lösung, die mir jetzt von der Weisheit meiner unendlichen Intelligenz übermittelt wird.«

Prinzipien, die Sie sich einprägen sollten

1. Sie sind spirituell dafür ausgerüstet, über alle Probleme und Schwierigkeiten des Lebens zu triumphieren.
2. Wenn Ihnen plötzlich und ungerechtfertigterweise gekündigt wird, sollten Sie weder wütend reagieren noch

sich dadurch entmutigen lassen. Bekräftigen Sie, dass die Gottesgegenwart Ihnen in göttlicher Ordnung einen neuen Weg des Selbstausdrucks zeigen wird. Dann werden Sie die Freude des erhörten Gebets erleben.

3. Probleme sollten Sie zunächst auf der objektiven Ebene zu lösen versuchen, indem Sie sich in der Außenwelt alle verfügbaren Informationen beschaffen. Wenn Sie auf diesem Weg nicht zu einem befriedigenden Resultat gelangen, übergeben Sie die Angelegenheit abends vor dem Einschlafen Ihrem Unterbewusstsein.

Sagen Sie dabei in Gedanken oder laut: »Nimm dich der Sache an und gib mir die Antwort.« Manchmal kommt die gesuchte Information in einem Traum. Dabei werden gleichzeitig immer auch heilende Energien freigesetzt, sodass Sie sich am nächsten Morgen erfrischt und regeneriert fühlen. Ihre innere Führung kann sich aber auch während des Tages melden, als ein Gefühl, eine Ahnung, ein inneres Wissen. Folgen Sie diesem intuitiven Fingerzeig. Er weist Ihnen immer den richtigen Weg.

4. Wenn Sie um Führung und rechtes Handeln beten, müssen Sie auch bereit sein, die Antwort der unendlichen Intelligenz zu akzeptieren. Begrüßen Sie die neuen Ideen, die Ihnen als Reaktion auf Ihr Gebet in den Sinn kommen. Gehen Sie konsequent den Weg, den die göttliche Weisheit Ihnen aufzeigt.

5. In jedem Problem liegt seine Lösung beschlossen. Jede Frage enthält zugleich die Antwort.

6. Es gibt immer einen Ausweg. Sagen Sie niemals: »Ich kann nicht.« Überwinden Sie Ihre Angst mit der folgenden Affirmation: »Dank der Macht meines Unterbewusstseins ist mir nichts unmöglich.« Gott sagt niemals, dass es keinen Ausweg gebe. Gott sagt immer: *Es gibt einen Weg. Es gibt eine Antwort*. Mit Gott überwinden Sie

jede Schwierigkeit. Äußere Situationen und Lebensumstände sind nicht schöpferisch. Die schöpferische Macht liegt in Ihrem Denken und Fühlen, nicht in den falschen und einschränkenden Suggestionen der Außenwelt. Bringen Sie die Räder Ihres Geistes zur Ruhe und erklären Sie, dass Gott die Antwort kennt und dass Sie eins mit Gott sind.

7. Wenn Ihre Motive aufrichtig sind und Sie im Gebet um göttliche Ordnung in Ihrem Leben bitten, werden Sie Gottes Führung empfangen. Sie wird in Gestalt plötzlicher intuitiver Einsichten aus den Tiefen Ihres Unterbewusstseins aufsteigen.

8. Es gibt eine Lösung für jedes Problem und eine Antwort auf jede Frage. Sie müssen nur in völlig entspanntem Zustand in die Tiefen Ihrer Seele hinabtauchen und dort beanspruchen, dass Sie bereits jetzt sind, was Sie zu sein wünschen, dass Sie bereits jetzt besitzen, was Sie zu besitzen wünschen, dann wird Ihr Unterbewusstsein genau das hervorbringen, was Sie als wahr beanspruchen und empfinden. Das Königreich Gottes ist das Königreich der unendlichen Intelligenz und Macht in Ihnen. Die Schätze des unendlichen Einen befinden sich in Ihrem Inneren. Beanspruchen Sie daher entschlossen Ihr Erbe, das Ihnen seit Anbeginn der Zeiten zusteht.

9. Ob Sie Ihr Anliegen wirklich losgelassen, es völlig Ihrem Unterbewusstsein übergeben haben, erkennen Sie daran, dass Sie ein Gefühl tiefen inneren Friedens überkommt.

10. Versuchen Sie nicht, durch Gebete andere Menschen zu beeinflussen und ihnen Ihren Willen aufzuzwingen. Das wäre eine Verletzung der Rechte der anderen. Vertrauen Sie darauf, dass die unendliche Intelligenz Sie zur rechten Zeit mit den richtigen Menschen zusammen-

führt. Sie macht keine Fehler. Die unendliche Intelligenz erfüllt alle Ihre Wünsche auf bestmögliche Weise. Daher besteht überhaupt kein Grund, geistigen Druck auf andere auszuüben.

32. Kapitel

Intuition

*Die höchste Intelligenz,
das Lebensprinzip, klopft ständig
an die Tür Ihres Herzens.
Öffnen Sie die Tür und lauschen Sie.*

Wenn Sie Ihr Unterbewusstsein um Führung bitten, antwortet es oft in Form eines inneren Gefühls – eines stillen, sicheren Wissens.

Gemäß dem Gesetz von Aktion und Reaktion reagiert das Unterbewusstsein auf die Inhalte des Bewusstseins. Durch das Unterbewusstsein können Sie Informationen erhalten über das, was sich auf der subjektiven Ebene des Lebens abspielt. Dies geschieht durch intuitive Eindrücke, Vorahnungen, plötzliche Einsichten und dergleichen.

Ihre innere Lebenskraft ist immer bestrebt, Sie zu schützen. Die Botschaften, die sie Ihren inneren Ohren zuflüstert, sind stets konstruktiv und lebensfördernd.

Intuition ist etwas anderes als Instinkt.
Vögel bauen vom Instinkt gesteuert ihre Nester, so wie Hunde ihre Knochen vergraben und Biber Dämme aufschichten. Diese inneren Antriebe führen aber nicht zur

Kommunikation mit der Gottesgegenwart. Der Instinkt entspricht lediglich dem für alle Lebensformen charakteristischen Selbsterhaltungstrieb.

Die Intuition dagegen ermöglicht es Ihnen, sich bewusst auf die Unendlichkeit einzustimmen und Erfindungen, Poesie, Musik oder andere nie dagewesene schöpferische Erzeugnisse hervorzubringen sowie ein Wissen anzuzapfen, das in keinem Buch und keiner Bibliothek zu finden ist. Durch ihre Intuition erreichen Menschen die höchsten Höhen künstlerischer Genialität in Musik, Dichtkunst, Malerei, Wissenschaft, Industrie und Architektur.

Dass Männer und Frauen nicht häufiger intuitive Inspirationen und Hinweise empfangen, hat nur einen einzigen Grund: Sie lassen sich viel zu sehr von ihren fünf Sinnen und der Außenwelt ablenken.

Intuition lässt uns die Allgegenwart des unendlichen Einen erkennen, die uns eine nie versagende Hilfe in schweren Zeiten ist.

Ihr Unterbewusstsein reagiert auf die Suggestionen und Befehle des Bewusstseins. Wenn Sie ihm eine entsprechende Anweisung erteilen, wird Ihr Unterbewusstsein Ihnen zeigen, wie Sie ein waches Ohr für Ihre innere Stimme entwickeln und die intuitiven Botschaften richtig deuten können.

Innere Anspannung kann bewirken, dass Sie die intuitiven Botschaften nicht erkennen. Uns allen ist es doch schon so ergangen, dass uns etwas Bestimmtes einfach

nicht einfallen wollte, so sehr wir uns auch bemühten: ein Name, der Titel eines Liedes, ein Zitat aus einem Buch oder dergleichen. Dann, wenn wir die krampfhafte Suche aufgeben und uns mit anderen Dingen beschäftigen, fällt uns das Gesuchte plötzlich ein.
Ruhe und Entspannung sind daher unbedingt nötig. Wenn Sie sich in einem Zustand der Anspannung, Furcht oder Sorge befinden, dringen intuitive Botschaften nur sehr schwer zu Ihnen durch.

Viele Menschen glauben, die Stimme ihres Gewissens sei die Stimme Gottes. Doch das trifft nicht zu. Dadurch, dass sie der Stimme ihres Gewissens folgten, haben sich schon viele Menschen ihr Leben ruiniert.
Beispielsweise sagte mir einmal ein Mann, er höre eine innere Stimme, die ihm befehle, seine Schwiegermutter umzubringen. Diese Stimme war durchaus real, aber er bedachte nicht, dass das Unterbewusstsein immer das dramatisiert, was wir ihm eingeben. Es ist Ihr Buch des Lebens, in dem all Ihre Gedanken, Gefühle und Überzeugungen aufgezeichnet werden – seien sie gut oder schlecht, richtig oder falsch. Die Stimme, die dieser Mann hörte, war nicht die Stimme Gottes, sondern sein Unterbewusstsein, das ihm seine bewussten Denkinhalte spiegelte.

Sie müssen lernen, zwischen dem zu unterscheiden, was Sie Ihr Gewissen nennen, und der Stimme Gottes.
Gottes Botschaften sind niemals wirr, sondern klar und friedvoll. Die Stimme Gottes ist immer konstruktiv, harmonisch und liebevoll. Das Göttliche sendet Ihnen ausschließlich inspirierende, lebensbejahende Botschaften,

die Ihnen den Weg zu Wohlergehen und Erfüllung weisen. Wenn Sie den Drang verspüren, gegen die Gesetze des Lebens zu verstoßen, also gegen die goldene Regel, die Zehn Gebote oder Paulus' Botschaft der Liebe im 13. Kapitel des Korintherbriefs, dann wissen Sie sehr genau, dass dies nicht die Stimme der göttlichen Wahrheit sein kann.
Gott ist Leben und will sich durch Sie ausschließlich als Schönheit, Harmonie, Freude, Liebe, Ordnung, Rhythmus und Fülle ausdrücken. Wenn Sie dieses große Gesetz des Lebens beachten, werden Sie immer klar zwischen Ihrem Gewissen und der Stimme Gottes zu unterscheiden wissen.

———

Ihr Gewissen ist die Stimme jener Gefühle, die auf Ihren im Laufe des Lebens gemachten äußeren Erfahrungen beruhen. Daher ist Ihr Gewissen weniger Ihre eigene innere Stimme als vielmehr die Stimme anderer Menschen. Zumeist handelt es sich um die Stimme all jener Ängste, abergläubischen Vorstellungen, Irrtümer, Tabus und Verbote, die Ihrem Unterbewusstsein in der Kindheit von Eltern und Lehrern eingeprägt wurden. Wir verwechseln diese Stimme oft mit unserer intuitiven inneren Stimme, was zu verhängnisvollen Fehlentscheidungen führen kann.

———

Lassen Sie sich niemals von Ihrem Gewissen leiten. Wenden Sie sich ausschließlich an die unendliche Intelligenz, wenn Sie Führung und Inspiration suchen. Die Botschaften der unendlichen Intelligenz sind immer konstruktiv, dienen immer dem Leben. Die Stimme des Gewissens ist dagegen Ausdruck unterschiedlicher religiöser und kultureller Einflüsse.

———

Intuition ist eine klare und plötzliche Einsicht, ein unmittelbares Erkennen der Wahrheit, völlig unabhängig von den Denkprozessen des Verstandes.

Die Intuition ist viel weitsichtiger als der Verstand. Und oft rät uns die Intuition zum genauen Gegenteil dessen, was der Verstand uns sagt.
Der Verstand ist dazu da, die intuitiven Botschaften in konkretes Handeln umzusetzen.

Die Intuition kommt aus dem subjektiven Geist. Wie ein Leuchtsignal erreicht sie den bewussten Intellekt, oft, um vor den Folgen eines bestimmten Vorhabens zu warnen.
Ihr Unterbewusstsein wird ganz besonders aktiv, wenn es gilt, Ihr Leben zu schützen. Daher sollten Sie die Warnungen Ihres tieferen Selbst unbedingt ernst nehmen.

Die Stimme der Intuition spricht nicht immer dann zu Ihnen, wenn Sie sich das wünschen. Sie meldet sich zu Wort, wenn es nötig ist.

Künstler, Dichter, Schriftsteller und Erfinder lauschen auf die Stimme der Intuition. Das befähigt solche Menschen, die Welt mit wunderbaren Schöpfungen und Erfindungen in Erstaunen zu versetzen. Sie haben die Quelle des wahren Reichtums entdeckt.

Wenn der Verstand versagt und uns in Verwirrung stürzt, singt die Intuition das leise Lied des Triumphs. Die Intuition transzendiert den Verstand.

———

Sie erhalten intuitive Botschaften bezüglich des Gegenstandes, auf den Sie Ihre Aufmerksamkeit richten. Ihr Unterbewusstsein reagiert auf Ihr konzentriertes Denken.

———

Wenn Ihre Motive recht sind und auf Liebe und Wohlwollen für alle Menschen beruhen und wenn Sie frei von Selbstverdammung und Selbstkritik sind und niemanden in irgendeiner Weise manipulieren oder übervorteilen wollen, wird es Ihnen mit der Zeit immer besser gelingen, die intuitiven Antworten auf Ihre Fragen zu erkennen und zu deuten.

———

Ihr bewusster Verstand versucht gern, sich Ihrer unterbewussten intuitiven Weisheit in den Weg zu stellen, denn die Intuition sagt oft das genaue Gegenteil dessen, wozu der Verstand Ihnen rät. Sorgen Sie also dafür, dass Ihr bewusster, zweifelnder, argumentierender Verstand den Weg freimacht.
Dann werden Sie wissen, dass Sie wissen.
Ein Zeichen, dass Sie eine echte intuitive Erkenntnis empfangen haben, ist zumeist, dass der Verstand sich gegen diese Erkenntnis wehrt.

———

Üben Sie sich darin, Ihre Intuition zu entwickeln. Dann werden in Ihrem Leben Wunder geschehen.

———

Ihr subjektiver Geist nimmt die Welt intuitiv wahr. Er muss nicht argumentieren, abwägen oder Fakten sammeln, denn er ist allwissend und unendlich intelligent.

Ihr Atem fließt ganz selbstverständlich und mühelos. Lernen Sie, die Intelligenz Ihres Unterbewusstseins genauso mühelos fließen zu lassen.

PRAKTISCHE BEISPIELE

Eine Frau, nennen wir sie Louise Bergmann, sagte zu mir: »Mir wurde ein wunderbarer Job angeboten. Die Bezahlung ist doppelt so hoch wie mein jetziges Gehalt. Dazu erhalte ich noch eine Provision und die Gelegenheit, auf Firmenkosten ins Ausland zu reisen. Das Ganze scheint wirklich perfekt zu sein und meine Mutter drängt mich, zuzusagen – aber ich kann nicht. Irgendein inneres Gefühl rät mir ab.«
Ich empfahl ihr, ihrer Intuition zu folgen, was sie dann auch tat. Kurz darauf stellte sich heraus, dass das Unternehmen, von dem Sie das Stellenangebot erhalten hatte, zahlungsunfähig und zudem in einen Rechtsstreit mit der Regierung verwickelt war.
Auf der Basis der objektiven Fakten hatte Louises Verstand das Angebot als positiv bewertet, aber Louises Intuition wusste um die wahre Natur des Unternehmens und die geheimen Motive der Unternehmensleitung. Da sie ihrem objektiven Bewusstsein nicht gestattete, die Oberhand zu gewinnen, und stattdessen ihrer intuitiven Stimme folgte, traf Louise die, wie sich im Nachhinein herausstellte, einzig richtige Entscheidung.

Wie sie mir erzählte, hatte sie es sich, wenn sie um göttliche Führung betete, zur festen Gewohnheit gemacht, dem ersten intuitiven Eindruck zu folgen, der sich daraufhin einstellte. Dieser Eindruck erwies sich immer als richtig.

―――――

Eine junge Mitarbeiterin unserer Organisation war von ihrer Kusine zu einem Wochenendbesuch nach Fresno eingeladen worden.
Am Samstagmorgen rief die Kusine an und sagte, ein anderes Mädchen, das mit dem Auto nach Fresno fahre, werde sie abholen und mitnehmen. In diesem Moment hörte unsere Mitarbeiterin eine deutliche innere Stimme, die sagte: »Bleib zu Hause! Bleib zu Hause!« Sie folgte dem Rat und sagte den Besuch ab.
Das Mädchen, mit dem sie hätte mitfahren sollen, wurde unterwegs in einen schweren Verkehrsunfall verwickelt und starb.
Die junge Frau, die mir dieses Erlebnis erzählte, hatte ihr Unterbewusstsein schon seit längerer Zeit angewiesen, in ihrem Leben göttliches rechtes Handeln walten zu lassen. Ihre regelmäßige Affirmation lautete, dass die Weisheit ihres Unterbewusstseins sie jederzeit beschützte und sie vor allen Gefahren warnen würde. Wie sie sagte, konnte sie sich hundertprozentig auf diesen spirituellen Schutz verlassen.
Durch die häufige Wiederholung dieser Suggestion hatte sie ihr Unterbewusstsein darauf konditioniert, in klar verständlichen Worten mit Ihrem Wachbewusstsein zu kommunizieren.

Empfehlenswerte Techniken

Es ist von größter Bedeutung, unsere intuitiven Fähigkeiten zu entwickeln. Die Intuition verhilft uns zu spontanen Erkenntnissen, zu denen der Verstand, wenn überhaupt, nur durch wochen- oder monatelanges Herumprobieren gelangen würde.
Viele Menschen haben eine völlig falsche Vorstellung von der Intuition. Sie halten sie für eine außergewöhnliche Gabe, die nur besonders spirituellen Menschen zuteil wird. Das stimmt nicht. Wenn Sie wirklich bereit sind, daran zu glauben, dass die unendliche Intelligenz Sie auf allen Ihren Wegen führt – in Ihren Gedanken, Worten und Taten –, werden Sie die Stimme der Intuition oft vernehmen und von ihr sicher durchs Leben geleitet.
Probieren Sie die folgende Technik aus: Schließen Sie die Augen, werden Sie innerlich ruhig und denken Sie an die unendliche Macht und Weisheit in Ihnen. (Wie Sie diese Macht nennen, steht Ihnen frei: höheres Bewusstsein, unendliche Intelligenz, Gott, unendliche Weisheit. Es spielt keine Rolle, denn in Wahrheit ist sie namenlos.) Das wird in Ihnen ein Gefühl des Friedens, der Stärke und Zuversicht hervorrufen. Sprechen Sie dann auf die folgende, einfache Weise zu der schöpferischen Intelligenz in Ihnen, die allein alle Antworten kennt:
»Die schöpferische Intelligenz in mir ist allwissend und gibt mir jetzt die neuen Ideen ein, die ich benötige, um mir meine Wünsche zu erfüllen.«
Stellen Sie sich vor, wie daraufhin das intuitive Wissen aus der Quelle Ihrer unterbewussten Tiefen emporsteigt und Ihr Bewusstsein erfüllt. Tun Sie nicht nur so, als würden Sie daran glauben; glauben Sie wirklich. Akzeptieren Sie dann die Antwort und lassen Sie die ganze Angele-

genheit vollständig los. Das ist das wichtigste, das Geheimnis dieser Technik.
Wenden Sie sich nun wieder Ihrer Alltagsroutine zu. Sitzen Sie auf keinen Fall herum und warten Sie auf die Antwort. Sie kommt, wenn Sie gerade an etwas anderes denken und gar nicht damit rechnen. Die innere Stimme der Intuition äußert sich in plötzlichen Geistesblitzen, spontan und ohne Vorankündigung.

Am klarsten werden Sie die Stimme der Intuition aus dem Chor Ihrer anderen inneren Stimmen heraushören, wenn Sie dem Unterbewusstsein die Anweisung erteilen, Ihnen dabei zu helfen, das Wahre vom Falschen zu unterscheiden. Werden Sie mehrmals täglich innerlich still und affirmieren Sie langsam, ruhig und liebevoll: »Die unendliche Intelligenz durchströmt mich als Harmonie, Gesundheit, Frieden, Freude und Vollkommenheit. Sie spricht und handelt durch mich und führt mich auf allen meinen Wegen. Alle Botschaften meines Höheren Selbst, das mich immer beschützt und leitet, erkenne und verstehe ich klar und deutlich.«
Wenn Sie sich dieses Gebet zur festen Gewohnheit machen, werden Sie die intuitive Stimme durch ein inneres Gefühl der Berührtheit erkennen, das es Ihnen ermöglicht, zwischen wahr und falsch zu unterscheiden.

Prinzipien, die Sie sich einprägen sollten

1. Wenn Sie geistig und körperlich ruhig und entspannt sind, werden Sie die Stimme der Intuition klar und deutlich vernehmen.

2. Sie können Ihr Unterbewusstsein anweisen, Sie stets zu rechtem Handeln zu führen und rechtzeitig zu warnen, wenn dies zu Ihrem Schutz erforderlich ist. Wiederholen Sie häufig die Affirmation, dass die unendliche Intelligenz stets Ihre Führerin und Ratgeberin ist und dass Sie die Stimme Ihres Höheren Selbst unverzüglich erkennen. Die unendliche Intelligenz wird Ihnen auf Ihre aufrichtige Bitte auf jeden Fall antworten und Sie werden die erbetene Führung erhalten.

3. Intuition bedeutet, Wahrheiten unmittelbar zu erkennen, ohne Beteiligung des Verstandes. Intuition bedeutet auch »inneres Hören«. Manchmal kommt die intuitive Antwort als Gedanke, aber meist hört man eine Stimme, so deutlich, als käme sie aus dem Radio. Beginnen Sie gleich heute damit, Ihre Intuition zu entwickeln, dann werden in Ihrem Leben wahre Wunder geschehen.

4. Die Intuition verhilft uns zu spontanen Erkenntnissen, zu denen der Verstand, wenn überhaupt, nur durch wochen- oder monatelanges Probieren und Forschen gelangt.

5. Benutzen Sie Ihren Verstand dazu, die Botschaften der Intuition in konkretes Handeln umzusetzen.

6. Das Gewissen ist oft nicht Ihre eigene innere Stimme, sondern die Stimme anderer Menschen. Vielfach handelt es sich um Ängste, abergläubische Vorstellungen und Irrtümer, die Sie von Eltern, Lehrern und anderen übernommen haben. Lassen Sie sich daher nicht von Ihrem Gewissen leiten. Wenden Sie sich an die unendliche Intelligenz in Ihnen, um Führung und Inspiration zu erhalten.

7. Intuition ist nicht Instinkt. Der Instinkt ermöglicht es zum Beispiel Vögeln, nach einem ererbten Muster ihre Nester zu bauen. Instinkt dient der Selbsterhaltung. Die Intuition dagegen befähigt uns, Verbindung mit den

Schätzen der Unendlichkeit aufzunehmen und diese Schätze in Gestalt von Wissenschaft, Kunst, technischen Erfindungen, Musik, Poesie und mystischen Erfahrungen schöpferisch umzusetzen. Mit anderen Worten, die Intuition ermöglicht es uns, die göttliche Weisheit zu offenbaren und Antworten für die Lösung aller großen Menschheitsprobleme zu empfangen.

8. Die Botschaften Ihres tieferen Geistes dienen grundsätzlich dem Leben und sollten unbedingt beachtet werden. Ihr Unterbewusstsein ist immer bestrebt, Sie zu schützen und Sie rechtzeitig vor allen drohenden Gefahren zu warnen. Es spricht auf klar verständliche Weise zu Ihnen, wenn Sie bereit sind, Ihrer Intuition die nötige Beachtung zu schenken. Und das sollten Sie auf jeden Fall tun!

33. Kapitel

Liebe und Ehe

*Liebe ist die wahre Vereinigung
zweier Seelen,
die ihren Weg zurück ins Herz der
Wirklichkeit suchen.*

Liebe ist eine Regung des Herzens.

Emerson schrieb: »Ringe und Juwelen sind keine Geschenke. Das einzige echte Geschenk besteht darin, etwas von dir selbst zu geben.«

Fragen Sie nicht: »Wie erreiche ich es, dass dieser Mensch mich heiraten will?« Damit würden Sie das Gesetz der Liebe falsch anwenden. Der Wunsch, eine andere Person dazu zu zwingen, etwas zu tun, was sie nicht tun will, wäre tatsächlich eine Verdrehung der Liebe. Damit verstoßen Sie gegen das jedem Menschen von Gott verliehene Privileg der Entscheidungsfreiheit.

Liebe hat nichts mit Besitzen zu tun. Liebe ist nicht Eifersucht. Liebe will nicht beherrschen und zwingen. Wenn Sie jemanden wirklich lieben, dann möchten Sie ihn glücklich, froh und frei sehen.

Liebe ist Freiheit.

———

Es ist sehr wichtig, dass Menschen, die einander lieben, ihre Ideale, Motive und Handlungen in Einklang bringen. Wenn beide darin übereinstimmen, dass Gott die unerschöpfliche Quelle alles Guten ist, werden sie gedeihen. Übereinstimmung bedeutet Harmonie. Wenn zwei Menschen in harmonischer Weise zusammenleben, sind sie vereint mit der unendlichen Quelle aller Segnungen.

———

Da Gedanken schöpferisch sind, segnen Sie, wenn Sie einen geliebten Menschen segnen, gleichzeitig auch sich selbst. Was Sie im Gebet für einen anderen erbitten, das erbitten Sie auch für sich selbst.

———

Viele Menschen gehen eine Beziehung ein, ohne um Führung und göttliches rechtes Handeln zu bitten. Wahre Liebe beruht aber stets auf einer spirituellen Grundlage. Es muss sich um eine echte Herzensbindung handeln.

———

Wenn eine Frau heiratet, um materiell abgesichert zu sein, oder ein Mann, weil das Mädchen gut aussieht oder Geld hat, dann ist diese Ehe falsch – denn sie beruht nicht auf Liebe, die immer eine Bewegung der Herzen ist.

———

Liebe und Ehe müssen im Einklang mit göttlichen Idealen stehen. Harmonie, Aufrichtigkeit, Liebe und Integrität sind göttliche Ideale und müssen in Herz und Geist beider Partner herrschen, dann wird ihre Liebe wahrhaft glücklich und erfüllend sein.

Bei Liebe und Ehe geht es nicht um die Vereinigung zweier körperlicher Wesen, sondern um die Vermählung zweier Seelen.

Wenn es zu einer wahren spirituellen Vereinigung zwischen zwei Menschen kommt, gibt es keine Trennung oder Scheidung. Keiner der beiden würde sich das wünschen, denn sie sind spirituell, geistig und körperlich miteinander verschmolzen.

»*Was aber Gott verbunden hat, das darf der Mensch nicht trennen.*« (Matthäus 19,6)
Diese Bibelstelle meint, dass die Liebe, *wenn sie gegenseitiger Ausdruck des göttlichen Geistes ist*, zwei Herzen unauflöslich miteinander verbindet. Der Geist kann nicht geteilt oder zerbrochen werden, unter keinen Umständen.

Liebe und Ehe sind nur echt und wahr, wenn sie aus einer Herzensbindung entstehen. Das Herz ist der Kelch der Liebe.

Zur Liebe gehören immer auch Aufrichtigkeit, Güte und Integrität. Liebespartner sollten vollkommen ehrlich und aufrichtig zueinander sein.

Wenn ein Mensch eine Bindung eingeht, weil er sich davon Geld, gesellschaftliches Ansehen und eine Aufwertung seines Egos verspricht, handelt es sich nicht um eine wirkliche Liebesehe, denn es mangelt dieser Beziehung an Aufrichtigkeit – an persönlicher Sicherheit.

Wenn Sie die Gesetze des Geistes richtig anwenden, haben Sie es nicht nötig, einen Menschen des Geldes wegen zu heiraten, denn Sie werden dann selbst immer über genügend finanzielle Mittel verfügen. Auf diesem Weg erwerben Sie sich eigenen Wohlstand, der Sie materiell völlig unabhängig von anderen macht. Ihre Fähigkeit, Gesundheit, Frieden, Freude, Inspiration, Führung, Liebe, Wohlstand, Sicherheit, Glück und alle guten Dinge in Ihrem Leben zu realisieren, ist nicht von anderen Menschen abhängig. Wahre Sicherheit und inneren Frieden erlangen Sie durch Kenntnis Ihrer inneren Kräfte und durch konstruktive Anwendung der Gesetze Ihres Geistes.

———

Wenn Sie einen heimlichen Groll gegen Ihren Partner hegen, brechen Sie damit Ihr Ehegelübde (einander alle Tage Ihres Lebens zu lieben und zu achten). Sie sind untreu. Im psychologischen Sinne begehen Sie damit Ehebruch.

———

Es ist ein schwerer Fehler, über Eheprobleme mit Nachbarn, Verwandten oder Freunden zu sprechen. Vertrauen Sie sich in diesem Fall ausschließlich einem qualifizierten Eheberater an. Warum wollen Sie allen möglichen Personen Anlass geben, schlecht über Ihr Leben oder den Zustand Ihrer Partnerschaft zu denken? Je mehr Sie über die so genannten Fehler und Schwächen Ihres Lebenspartners reden, desto mehr erzeugen Sie diese Zustände in sich selbst. Denn wer denkt und fühlt diese Ideen? Sie selbst! Und so, wie Sie denken und fühlen, sind Sie.

Dass in einer Ehe gelegentlich Schwierigkeiten auftreten, ist normal. Wenn zwei Menschen unter einem Dach zusammenleben, sind gelegentliche Temperamentsausbrüche oder Spannungen unvermeidlich. Sprechen Sie aber niemals mit Freunden über die negative Seite Ihrer Partnerschaft. Behalten Sie Ihre Konflikte für sich. Sprechen Sie niemals schlecht über Ihren Partner oder Ihre Partnerin.

Auch sollten Sie von anderen Menschen niemals einen Rat annehmen, dessen Befolgung ein Verstoß gegen die goldene Regel wäre, ein unbedingt zu beachtendes kosmisches Gesetz. Solche Ratschläge sind immer falsch und unvernünftig.

───────

In Liebe und Ehe ist ein gewisser beiderseitiger Anpassungsprozess erforderlich, aber das heißt keineswegs, dass Sie versuchen sollten, aus Ihrem Partner eine zweite Ausgabe Ihrer selbst zu machen. Damit würden Sie nur den Stolz und die Selbstachtung des anderen zerstören und in ihm Widerstand und Groll hervorrufen, die sich fatal auf jede eheliche Bindung auswirken.

Natürlich ist eine gewisse Anpassung notwendig, aber wenn Sie einmal ehrlich in sich hineinschauen und Ihren Charakter und Ihr Verhalten überprüfen, werden Sie dabei so viele Schwächen und Fehler entdecken, dass Sie mit sich selbst für den Rest Ihres Lebens genug zu tun haben.

Letztlich gibt es nur einen Menschen, den Sie verbessern sollten: sich selbst!

───────

Es gibt den idealen Gefährten, die ideale Gefährtin für Sie: Jemanden, der Sie so sehr sucht wie Sie ihn. Denken Sie an das kosmische Gesetz, wonach das, was Sie suchen, in Wahrheit auch nach Ihnen sucht. Untergraben Sie diese Vorstellung nicht durch unnötige Zweifel.

Da die Liebe eine Vereinigung auf geistiger und spiritueller Ebene ist, wird das Unterbewusstsein Ihres Partners häufig Ihre eigenen Ängste und Sorgen auf lebhafte und dramatische Weise verwirklichen.

Ehe Sie den idealen Mann oder die ideale Frau anziehen können, müssen Sie zunächst allen früheren Partnerinnen oder Partnern vergeben.
Jede Bitterkeit und Feindschaft gegenüber früheren Partnern wird in Ihrem Unterbewusstsein vergrößert und verstärkt und führt dazu, dass Sie immer wieder Menschen anziehen – und von ihnen angezogen werden –, die eine Affinität zu diesen negativen Gefühlen besitzen. Hier wirkt das Gesetz der Anziehung: Gleich und Gleich gesellt sich gern.
Wenn Sie dieses Muster verändern möchten, gibt es nur einen Weg: Vergebung. Sie müssen sich selbst und dem früheren Partner die Freiheit schenken. An die Stelle von Bitterkeit und Groll müssen Sie Liebe und Frieden setzen. Wenn Sie bezüglich Ihrer früheren Partner aufrichtig sagen können: »Ich gebe dich frei und lasse dich los und wünsche dir Gesundheit, Wohlstand, Liebe, Glück und Freude«, stellen Sie dadurch Ihr ganzes Bild von Liebe und Ehe auf eine spirituellere Grundlage.

Es ist immer falsch, wenn Sie versuchen, geistigen Zwang auf andere auszuüben, um Ihren Willen durchzusetzen.

Gestehen Sie jedem Menschen das Recht zu, seine eigenen Entscheidungen zu treffen. Schließlich werden Sie doch nicht wirklich jemanden zum Partner wollen, der Sie nicht will. Die göttliche Führung, die den anderen dazu veranlasst, nicht Sie zum Lebensgefährten zu wählen, wird sich auch für Sie als richtig erweisen.

Meditieren Sie über die Qualitäten, die Ihr Wunschpartner haben sollte. So erschaffen Sie diese Eigenschaften in sich selbst und werden den für Sie richtigen Partner anziehen, einen Menschen, dessen Eigenschaften mit Ihrem eigenen inneren Zustand korrespondieren.

PRAKTISCHE BEISPIELE

Ein junges Paar, erst seit wenigen Monaten verheiratet, wollte die Scheidung einreichen. Ich fand heraus, dass der junge Mann unter der ständigen Furcht litt, seine Frau könnte ihn verlassen. Er erwartete, von ihr zurückgewiesen und betrogen zu werden.
Diese Gedanken verfolgten ihn, er war geradezu von ihnen besessen. Geistig war er ganz auf Trennung und Misstrauen eingestellt. Zugleich fühlte sie sich von ihm zurückgewiesen. Das Gefühl des Verlustes und der Trennung, das er ausstrahlte, übertrug sich auf sie, was bewirkte, dass sie sich genau entsprechend seiner Erwartung, seinem inneren Muster verhielt: Sie zog aus und verlangte die Scheidung – genau das also, was er befürchtet *und geglaubt* hatte ... *»Was mich erschreckte, das kam über mich, wovor mir bangte, das traf mich auch.«* (Hiob 3,25)

Die beiden waren erfüllt von gegenseitigem Groll, Misstrauen und Ärger. Sie lernten die Lektion, dass Hass trennt und Liebe verbindet. Sie sahen ein, was sie durch ihr falsches Denken angerichtet hatten. Beide hatten nichts von den geistigen Gesetzen gewusst, sodass sie ihr Denken falsch eingesetzt und dadurch Chaos und Leid in ihr Leben gebracht hatten. Auf meinen Vorschlag hin gaben sie sich gegenseitig noch eine Chance und versuchten es mit Gebetstherapie.
Sie begannen Liebe, Frieden und Wohlwollen aufeinander auszustrahlen. Und abwechselnd lasen sie sich abends aus den Psalmen vor. Seither verstehen sie sich immer besser und führen eine glückliche Ehe.

Rose L., eine Anwaltsgehilfin aus London, kam zur Beratung zu mir und sagte: »Ich liebe meinen Chef. George ist verheiratet und hat vier Kinder, aber das ist mir gleich. Ich bin verrückt nach ihm und ich bekomme ihn, koste es, was es wolle. Und seine Frau muss dann eben sehen, wo sie bleibt!«
Rose schien fest entschlossen, eine Familie zu zerstören, um ihren Willen durchzusetzen. Doch ich erklärte ihr, dass sie gar nicht wirklich diesen verheirateten Mann wolle. Im tiefsten Herzen wünschte sie sich das, was ihr Chef und seine Frau in ihrer Vorstellung hatten – eine Beziehung, die auf gegenseitiger Liebe und Wertschätzung beruhte. »Es gibt einen idealen Partner für Sie«, versicherte ich ihr, »einen, der so sehr nach Ihnen sucht wie Sie nach ihm. Und er wird zu Ihnen kommen, ohne dass eine bereits bestehende Beziehung im Weg steht. Sie können diesen Mann in Ihr Leben ziehen, wenn Sie nur wollen.«

»Warum sollte ich?«, entgegnete sie. »George ist doch bereits da. Er ist der Mann, den ich will!«

»Schon möglich, dass es Ihnen gelingt, George an sich zu binden und ihm Ihren Willen aufzuzwingen. Aber Sie machen sich offensichtlich keine Vorstellung von den Problemen, die Sie sich damit einhandeln. In Ihrem Unterbewusstsein wird ein Gefühl der Begrenztheit und Schuld entstehen. Sie kennen doch das Gebot: *»Du sollst nicht nach der Frau deines Nächsten verlangen.«* (2 Mose 20,17) Und das noch größere Gebot der goldenen Regel: *»Alles, was ihr also von anderen erwartet, das tut auch ihnen!«* (Matthäus 7,12) Diese Worte weisen Ihnen den Weg zu einem glücklichen und erfolgreichen Leben. Selbstsucht und Gier verführen uns dazu, diese großen Wahrheiten zu vergessen.«

»Ja, aber ...«, begann Rose, doch dann schwieg sie verwirrt.

Ich argumentierte weiter: »Was sollen denn Georges Kinder von Ihnen denken? Möchten Sie nicht, dass sie in Ihnen eine anständige, gutherzige Frau sehen, die ehrlich und aufrichtig ist? Richten Sie Ihr Leben an der goldenen Regel aus dem Matthäus-Evangelium aus, die ich Ihnen eben zitiert habe, und überlegen Sie, ob Sie dann immer noch Georges Familie auseinander reißen wollen.«

Da erkannte Rose die wahren Konsequenzen ihres Vorhabens und begann heftig zu schluchzen. Als sie sich wieder beruhigt hatte, stimmte sie meinem Vorschlag zu, ab jetzt den idealen Gefährten in ihr Leben ziehen zu wollen, ohne dadurch anderen Menschen Schmerz und Leid zuzufügen. Sie betete: »Ich ziehe jetzt einen wunderbaren Mann an, der spirituell, geistig und körperlich mit mir harmoniert. Er kommt jetzt ganz leicht und ohne irgendwelche Hindernisse zu mir, in göttlicher Ordnung.«

Von da an besuchte Rose auf meinen Rat hin regelmäßig das London Truth Forum in der Caxton Hall. Auf einer dieser Versammlungen lernte sie einen jungen Chemiker kennen, der sich als der Mann erwies, den sie wirklich wollte. So erkannte sie, dass es ein Gesetz des Geistes gibt, das alles verwirklicht, was wir als wahr akzeptieren.

Empfehlenswerte Techniken

Bekräftigen Sie oft, dass Ihr Partner / Ihre Partnerin auf allen Wegen göttlich inspiriert und geführt wird. Wenn beide Partner dies häufig affirmieren, ziehen sie damit Glück und Wohlergehen in ihr Leben. Beide gedeihen wunderbar, weil sie füreinander Fülle bejahen.

Unsere geistige Einstellung bestimmt, was uns im Leben widerfährt. Wir ziehen stets Menschen an, die sich auf derselben mentalen und spirituellen Wellenlänge befinden, denn Gleich und Gleich gesellt sich gern. In Bezug auf Liebe und Partnerschaft ist es daher entscheidend, dass wir uns geistig auf jene Qualitäten konzentrieren, die wir in unserem Leben verwirklicht sehen wollen. Dies tun wir, indem wir in ruhiger, entspannter Haltung über die Eigenschaften nachsinnen, die unser Wunschpartner haben soll. Dadurch erzeugen wir diese Eigenschaften in uns selbst und unser Unterbewusstsein zieht dann durch die Gesetze des Zwangs und der Resonanz das Gewünschte in unser Leben.

Schaffen Sie sich eine glückliche Ehe, indem Sie das Wunder der fünf Schritte anwenden:

1. Aller Anfang ist Gott. Affirmieren Sie morgens gleich nach dem Aufwachen, dass Gott Sie und Ihren Partner/Ihre Partnerin auf allen Weg führt. Strahlen Sie liebevolle Gedanken des Friedens, der Harmonie und Freude aufeinander und in die ganze Welt aus und bringen Sie diese Gedanken auch verbal zum Ausdruck.

2. Nehmen Sie Ärgernisse und Enttäuschungen niemals mit in den Schlaf oder in den folgenden Tag. Vergeben Sie einander immer spätestens vor dem Ende des Tages.

3. Sprechen Sie vor jeder Mahlzeit gemeinsam ein Dankgebet. Danken Sie für das wunderbare Essen, für Ihren Wohlstand und alle Segnungen. Sprechen Sie bei Tisch niemals über Probleme, Sorgen oder Konflikte. Sagen Sie sich gegenseitig: »Ich schätze alles, was du tust, und ich strahle den ganzen Tag lang Liebe und Wohlwollen auf dich aus.«

4. Nehmen Sie den Partner/die Partnerin niemals für selbstverständlich. Zeigen Sie ihm/ihr täglich Ihre Liebe und Wertschätzung. Denken Sie positiv und liebevoll voneinander, statt sich gegenseitig zu beurteilen und zu kritisieren. Vermeiden Sie Nörgeleien. Eine dauerhafte Liebesbeziehung wird nur auf einem Fundament aus Liebe, Schönheit, Harmonie und gegenseitiger Achtung errichtet.

5. Beten Sie gemeinsam, besonders am Abend. Lesen Sie das 1. Buch Mose 2,21–25, den 1. Psalm 1–3, den 23. Psalm, den 93. Psalm, die Sprichwörter 31,10–31, das Buch Ruth 1,16–17, das Hohelied Salomos, Matthäus 22,34–40 und andere großartige Bibeltexte. Beten Sie dann vor dem Einschlafen leise füreinander: »Danke, Vater, für alle deine Segnungen. Schenke meinem Partner/meiner Partnerin einen behüteten Schlaf.«

Wenn Sie diese Wahrheiten praktizieren, wird Ihre Beziehung mit den Jahren immer erfüllter und gesegneter werden.

Wenn Sie dafür beten, den richtigen Partner zu finden, sollten Sie dabei nicht an eine bestimmte Person denken. Mit anderen Worten, versuchen Sie niemals, einen anderen Menschen geistig zu manipulieren. Sinnen Sie einfach ganz allgemein über jene Charaktereigenschaften und Qualitäten nach, die Sie sich bei einem Mann oder einer Frau wünschen. Schließlich wünschen Sie sich einen Menschen, der in Resonanz zu Ihren eigenen besten Qualitäten steht. Vertrauen Sie unerschütterlich darauf, dass die tiefere Weisheit Ihres Geistes Sie beide in göttlicher Ordnung zusammenführen wird.

Die nachfolgend geschilderte Meditation bringt ausgezeichnete Resultate. Sie können Sie abends vor dem Einschlafen praktizieren, aber auch während des Tages. Ziehen Sie sich dazu an einen ruhigen Ort zurück, wo Sie ungestört sind, schließen Sie die Augen, entspannen Sie sich, werden Sie sehr ruhig, passiv und aufnahmebereit und sprechen Sie wie folgt zu Ihrem Unterbewusstsein:
»Ich ziehe jetzt einen Mann/eine Frau in mein Leben, der/die ehrlich, aufrichtig, treu, friedvoll, glücklich und wohlhabend ist. Diese von mir bewunderten Qualitäten sinken jetzt tief in mein Unterbewusstsein ein. Indem ich über diese Eigenschaften nachsinne, werden sie ein Teil von mir und verkörpern sich in meinem Unterbewusstsein. Ich erlebe eine spirituelle Vereinigung, denn die göttliche Liebe wirkt durch die Persönlichkeit von jemandem, mit dem ich mich perfekt ergänze.

Ich weiß, es existiert ein unwiderstehliches Gesetz der Anziehung. Gemäß meiner unterbewussten Überzeugung ziehe jetzt einen Mann/eine Frau in mein Leben, weil ich dies in meinem Unterbewusstsein als wahr akzeptiere. Die göttliche Intelligenz weiß, wo dieser Mann/diese Frau ist, und die tiefere Weisheit meines Unterbewusstseins führt uns beide jetzt zusammen und wir erkennen einander augenblicklich.
Ich weiß, ich kann zum Seelenfrieden dieses Menschen beitragen. Er/sie liebt meine Ideale und ich liebe die seinen/ihren. Er/sie akzeptiert mich, wie ich bin, und versucht nicht, mich zu ändern. Ich akzeptiere ihn/sie, wie er/sie ist, und versuche nicht, ihn/sie zu ändern. Zwischen uns gibt es nur gegenseitige Liebe, Freiheit und Achtung. Ich weiß, er/sie will mich, und ich will ihn/sie.
Ich übergebe meinen Wunsch jetzt meinem Unterbewusstsein, das ihn unfehlbar verwirklichen wird. Nur Liebe, Wahrheit und Schönheit können in meinen Erfahrungsbereich gelangen. Ich akzeptiere meinen idealen Gefährten/meine ideale Gefährtin jetzt und ich danke für die perfekte Antwort.«
Programmieren Sie auf diese Weise Ihr Unterbewusstsein. Wenn Sie wirklich glauben, dass Sie den Ihrem Ideal entsprechenden Partner bekommen werden, wird Ihnen nach diesem Glauben geschehen. Ihr Unterbewusstsein wird einen Weg finden, Sie beide zusammenzuführen.

Prinzipien, die Sie sich einprägen sollten

1. Eine Liebesbeziehung sollte mit Hingabe und Ehrfurcht eingegangen werden, im tiefen Bewusstsein der Heiligkeit der Liebe.

2. Liebe ist eine Vereinigung von Mann und Frau, die aus der Tiefe des Herzens kommt.

3. Wenn zwei Menschen zusammenleben, wird die Sorge, Eifersucht und Angst des einen Partners an das Unterbewusstsein des anderen übermittelt, was zu endlosen Problemen führt. Sorgen Sie dafür, dass sich negative Gefühle gar nicht erst anstauen, indem Sie stets aufrichtig miteinander über alle Probleme sprechen.

4. Liebe ist Einssein. Wenn Sie einander wirklich lieben, gibt es kein Verlangen nach anderen Männern oder Frauen.

5. Identifizieren Sie sich mit den guten Eigenschaften Ihres Partners/Ihrer Partnerin, dann wird Ihre Beziehung mit den Jahren immer glücklicher und erfüllter werden.

6. Sie begehen geistigen Ehebruch, wenn Sie gegenüber Ihrem Ehepartner launisch, nachtragend und missgünstig denken und handeln.

7. Suchen Sie bei Eheproblemen professionellen Rat.

8. Versuchen Sie niemals, einen anderen Menschen zu ändern. Damit untergraben Sie den Stolz und das Selbstwertgefühl des anderen. Außerdem wecken Sie dadurch Widerstand und Groll, die sich fatal auf jede Liebesbeziehung auswirken.

9. Beten Sie zusammen, dann werden Sie auch zusammenbleiben. Das Gebet löst alle Probleme.

10. Sehen Sie Ihre Frau immer so, wie sie gerne von Ihnen gesehen werden möchte: liebevoll, gütig, fröhlich, glücklich, gesund und schön. Sehen Sie Ihren Mann immer so, wie er gerne von Ihnen gesehen werden möchte: tüchtig, liebevoll, harmonisch und gütig. So werden Sie eine Liebesbeziehung erleben, die wie der Himmel auf Erden ist: harmonisch und friedvoll. Gewöhnen Sie es sich an, immer nur liebevolle Gedanken zu denken.

11. Wahre Liebe beruht immer auf einer spirituellen Grundlage. Beide Partner müssen ein Empfinden für das Göttliche haben, das unser Leben bestimmt.

12. Beten Sie niemals darum, das Herz einer bestimmten Person zu gewinnen. Damit würden Sie die Rechte dieses Menschen verletzen. Vertrauen Sie darauf, dass die unendliche Intelligenz Sie mit dem für Sie idealen Partner zusammenführt.

13. Sie heiraten Charakter, einen Bewusstseinszustand. Sinnen Sie über die Eigenschaften nach, die der für Sie ideale Partner haben sollte. Dadurch verwirklichen Sie diese positiven Eigenschaften in sich selbst und das Gesetz der Resonanz wird den Menschen anziehen, der Ihrem inneren Ideal entspricht.

34. Kapitel

Scheidung

*Der beste Zeitpunkt,
um Scheidungen zu vermeiden,
ist vor der Eheschließung.*

Eine Scheidung findet zuerst im Geiste statt. Die rechtlichen Schritte folgen später.

Es gibt Männer und Frauen, die überhaupt nicht zueinander passen und dennoch in tiefer gegenseitiger Verbitterung zusammen ausharren, weil sie sich aus religiösen Gründen vor einer Scheidung fürchten. Sie stecken voller Schuldgefühle und denken, Gott werde sie bestrafen, wenn sie sich trennen.
Sie sagen: *»Was Gott verbunden hat, das darf der Mensch nicht trennen.«*
Aber Gott ist unendliche Liebe. Das Herz ist der Raum der Gottesgegenwart in uns, und wenn die Herzen zweier Menschen *nicht* in Liebe verbunden sind, ist ihre Ehe eine Farce, eine Lüge, eine Maskerade.

Viele sagen, sie wollten sich »wegen der Kinder« nicht scheiden lassen, oder führen zahlreiche andere rationale Gründe an. Aber es ist viel besser für ein Kind, wenn es mit nur einem Elternteil zusammenlebt, der es wirklich

liebt, als inmitten ständiger Streitereien und Feindseligkeiten der Eltern aufzuwachsen.
Kinder entwickeln sich entsprechend dem in ihrer häuslichen Umgebung vorherrschenden geistigen und emotionalen Klima.

―――

Wenn ein Mann oder eine Frau sich in Hass, Bitterkeit und Wut gegen den eigenen Partner ergeht, hat er oder sie innerlich bereits die Scheidung eingereicht. Wenn Sie schlecht von Ihrem Ehepartner denken, stimmen Sie sich geistig ein auf Furcht, Eifersucht und Verlust. Damit brechen Sie Ihr Ehegelübde. Sie haben versprochen, Ihren Mann oder Ihre Frau alle Tage Ihres Lebens zu lieben und zu achten und ihm/ihr die Treue zu halten. Doch jetzt lieben Sie anstelle Ihres Mannes oder Ihrer Frau Ihr eigenes Misstrauen.

―――

Die Tatsache, dass zwei Menschen kirchlich getraut sind, muss nicht zwangsläufig bedeuten, dass ihre Verbindung geheiligt oder wahrhaftig wäre.

―――

Es ist keineswegs falsch, sich aus einer sehr schlimmen Situation zu befreien. Es gibt kein göttliches Gesetz, das Sie zwingt, sich einschüchtern, verprügeln und missbrauchen zu lassen, nur weil einmal jemand gesagt hat: »Ich erkläre euch zu Mann und Frau.«

―――

Die Frage, ob man sich scheiden lassen soll oder nicht, kann immer nur individuell entschieden werden. Dafür lassen sich keine allgemein gültigen Regeln aufstellen. In manchen Fällen hätte es niemals zur Heirat kommen dürfen. In anderen Fällen ist Scheidung keine Lösung, so wie auch die Ehe nicht das Patentrezept für jeden einsamen Menschen ist. Sich scheiden zu lassen kann in manchen Situationen das einzig Richtige sein, in anderen völlig falsch.

———

Wenn Sie unsicher sind, was Sie tun sollen, bitten Sie die unendliche Intelligenz Ihres Unterbewusstseins um Führung, in der Gewissheit, dass es immer eine Lösung gibt. Folgen Sie dem Fingerzeig, der Ihnen aus der tiefen Stille Ihrer Seele gegeben wird. Um die Botschaft empfangen zu können, müssen Sie sich entspannen und innerlich ruhig werden.

———

Nicht in allen Ehen ist Gott gegenwärtig. Vielleicht gab es äußere Motive dafür, eine Bindung einzugehen. Wenn ein Mann eine Frau heiratet, weil sie Geld hat oder ihm gesellschaftliches Prestige verschafft und sein Ego befriedigt, dann ist diese Heirat falsch und eine Lüge. Wenn eine Frau einen Mann heiratet, um materiell abgesichert zu sein und gesellschaftlich aufzusteigen oder wegen einer rein körperlichen Anziehung oder aus einer Trotzreaktion heraus, dann handelt es sich nicht um eine göttlich gesegnete Ehe. Denn Gott, die Wahrheit, ist bei einer solchen Heirat nicht anwesend. Solche Ehen sind falsch und verlogen, da sie nicht auf Liebe, Ehrlichkeit, Integrität und gegenseitiger Achtung beruhen.

———

Es ist besser, eine Lüge zu beenden, als ständig mit ihr zu leben.

▪ Praktische Beispiele

Maria S. war seit dreißig Jahren verheiratet. Sie und ihr Mann Michael hatten gemeinsam ein Geschäft aufgebaut und drei Kinder großgezogen. Eines Tages, kurz nachdem ihr jüngstes Kind das College verlassen hatte, verlangte Michael die Scheidung. Er erzählte Maria, er wolle eine junge Frau heiraten, die nicht viel älter war als ihr ältester Sohn.
Maria fühlte sich am Boden zerstört und deprimiert. Doch sie entdeckte, dass diese Gefühle sich überwinden ließen. Sie lernte, die Kräfte ihres Geistes konstruktiv einzusetzen, indem sie die auf diesen Seiten beschriebenen Techniken anwendete. Dadurch fand sie eine enorme innere Stärke, Inspiration und Mut.
Maria verkaufte ihren Anteil an der gemeinsamen Firma und begab sich auf eine lang geplante und bisher immer aufgeschobene Europareise.
Sie affirmierte häufig: »Die unendliche Intelligenz führt mich jetzt mit einem Mann zusammen, der vollkommen mit mir harmoniert.« Als sie in einem berühmten Restaurant in Südfrankreich zu Abend aß, kam sie mit einem Mann am Nachbartisch ins Gespräch, einem pensionierten Diplomaten. Während sie sich unterhielten, wurde ihr klar, dass er der ideale Mann für sie war. Und diese Gefühle beruhten ganz offensichtlich auf Gegenseitigkeit.
Ein paar Wochen später heirateten Maria und der Diplomat in Paris. Marias drei Kinder flogen aus den Staaten herüber, um bei der Trauung dabei zu sein.
Maria entdeckte, dass ihre Scheidung die Brücke in ein neues, reicheres, erfüllteres Leben gewesen war. Sie hatte gelernt, die Herausforderung ihrer plötzlichen Einsam-

keit und Verzweiflung zu meistern, indem sie auf die unendliche Weisheit ihres Unterbewusstseins vertraute.

———

Vor einiger Zeit beriet ich eine Frau, die in San Francisco verheiratet gewesen war. Sie hatte einen Mann geheiratet, den sie seit sechs Monaten kannte. Er hatte sie in die teuersten Restaurants der Stadt eingeladen und sie mit kostbaren Geschenken überhäuft. Er hatte ihr erzählt, er wäre ein hoch bezahlter Privatdetektiv, aber später entdeckte sie in seinen Reisetaschen Kokain, Marihuana und andere Drogen. Als sie ihn deswegen zur Rede stellte, gab er zu, dass er mit Drogen handelte und häufig nach Mexiko reiste, um sich dort neue Ware zu beschaffen. Das war keine wirkliche Ehe, denn er hatte sie belogen. Er hatte sie getäuscht und ihr falsche Tatsachen vorgespiegelt.
Auf meinen Rat nahm sie sich einen Anwalt und reichte die Scheidung ein. Sie war wohlhabend und verfügte über gute politische Verbindungen, die, wie ihr Mann zugab, der wahre Grund waren, warum er sie geheiratet hatte. Eine solche Ehe ist reiner Schwindel, eine Farce.

Eine empfehlenswerte Technik

Liebe befreit immer. Liebe ist frei von Besitzdenken. Wenn Sie einen Menschen wirklich lieben, möchten Sie ihn gerne glücklich, fröhlich und frei sehen. Sie lieben es dann, den anderen so zu sehen, wie er sein sollte. Wenn der Mensch, den Sie lieben, sich Hals über Kopf in jemand anderen verliebt, lassen Sie ihn ziehen und wünschen ihm alle Segnungen des Lebens. Geben Sie ihm oder ihr völlige Freiheit, im Vertrauen darauf, dass alles sich stets harmonisch in göttlicher Ordnung entfaltet. Liebe ist der Geist Gottes. Sie befreit und gibt.

Prinzipien, die Sie sich einprägen sollten

1. Eine Scheidung findet zunächst im Geiste statt. Die rechtlichen Schritte folgen später.
2. Manchmal fehlt es im Zusammenleben zweier Menschen völlig an Liebe, Güte, Frieden, Harmonie, gutem Willen und gegenseitigem Verständnis. Eine solche Ehe besteht nicht wirklich. Sie ist ein Schwindel, eine Vorspiegelung falscher Tatsachen. Es ist besser, eine solche Lüge zu beenden, als ständig mit ihr zu leben.
3. Der beste Zeitpunkt, um eine Scheidung zu vermeiden, ist vor der Eheschließung.
4. Ob eine Scheidung angebracht ist, muss immer individuell entschieden werden. Allgemeine Regeln lassen sich hierfür nicht aufstellen. In manchen Fällen ist die Scheidung genau das Richtige, in anderen wäre sie grundfalsch. Eine Scheidung ist niemals ein persönlicher Makel. Viele geschiedene Menschen sind weitaus anständiger, aufrichtiger und spiritueller als ihre Freunde und Verwandten, die lieber die Lüge einer Ehe aufrechterhalten, statt sich der Wahrheit zu stellen.
5. Es ist ein Fehler, »wegen der Kinder« in einer unglücklichen Ehe auszuharren.
6. Wenn Sie negativ und lieblos über Ihren Partner/Ihre Partnerin denken, haben Sie damit bereits Ihr Ehegelübde gebrochen.

35. Kapitel

Alter

*Im Alter verlangsamt die Natur
Ihren Körper,
damit Sie mehr Zeit haben,
über die göttlichen
Wahrheiten zu meditieren.*

Setzen Sie sich niemals geistig zur Ruhe. Ihr Geist sollte wie ein Fallschirm sein, der auch nur dann etwas taugt, wenn er sich jederzeit rasch und problemlos öffnet.

Ihr Unterbewusstsein altert niemals. Es ist zeitlos, alterslos, endlos. Es ist Teil des universellen göttlichen Geistes, der niemals geboren wurde und niemals sterben wird.

Geduld, Güte, Wahrheitsliebe, Demut, Wohlwollen, Frieden, Harmonie und Nächstenliebe sind Qualitäten, die niemals alt werden. Wenn Sie diese Eigenschaften stets zum Ausdruck bringen, bleibt Ihr Geist ewig jung.

Vor einigen Jahren las ich in einem Zeitungsartikel, dass angesehene medizinische Forscher der De Courcy Clinic in Cincinnati, Ohio, zu dem Ergebnis gelangt waren, dass nicht das Altwerden allein verantwortlich für degenerative körperliche Symptome war. Diese Mediziner sagten, die Angst vor dem Verstreichen der Zeit und nicht die Zeit selbst sei verantwortlich für schädliche Alterungsprozesse in Geist und Körper. Die neurotische Angst vor dem Altwerden könne Ursache eines vorzeitigen Alterungsprozesses sein.

―――

Während meiner langen Jahre in der Öffentlichkeit hatte ich Gelegenheit, den Lebensweg bekannter Männer und Frauen zu verfolgen, die bis ins hohe Alter hinein produktiv und aktiv blieben. Manche fanden sogar erst im Alter zu ihrer wahren Bestimmung und Größe. Gleichzeitig war es mir vergönnt, unzählige nicht im Licht der Öffentlichkeit stehende Menschen kennen zu lernen, die ebenfalls eindrucksvoll unter Beweis stellten, dass das Alter keineswegs zwangsläufig den Verfall unserer geistigen und körperlichen Kräfte bedeuten muss.

―――

Alt werden Sie erst, wenn Sie das Interesse am Leben verlieren, wenn Sie aufhören zu träumen, nicht länger nach neuen Wahrheiten hungern und keine Lust mehr haben, sich neue Welten zu erschließen. Solange Ihr Geist offen für neue Ideen und alle Wunder des Universums ist, solange Sie immer wieder den Vorhang öffnen und den Sonnenschein neuer Wahrheiten und Lebensinspirationen einlassen, werden Sie jung und vital bleiben.

―――

Viele Menschen fürchten sich vor dem Altwerden, was in Wahrheit bedeutet, dass sie sich vor dem Leben fürchten.

―――

Das Alter ist nicht die Flucht der Jahre, sondern die Morgendämmerung der Weisheit.

―――

Sie sind so alt, wie Sie sich denken und fühlen.

―――

Manche Menschen sind schon mit dreißig alt, während andere noch mit achtzig jung sind. George Bernard Shaw war noch mit neunzig Jahren mit ungebrochen schöpferischem Geist aktiv. Die Vorstellung, das Leben sei vorbei und könne Ihnen nichts mehr bieten, wenn Sie die fünfundsechzig, fünfundsiebzig oder achtzig erreicht haben, sollten Sie ein für alle Mal aus Ihrem Denken verbannen! Die späte Lebensphase kann eine wundervolle, fruchtbare, aktive und höchst schöpferische Zeit sein, oft besser als alles, was Sie zuvor erlebt haben. Glauben Sie daran, erwarten Sie es, dann wird Ihr Unterbewusstsein genau dies verwirklichen.

―――

Dem Altern wohnt keine Tragik inne. Der so genannte Alterungsprozess ist eine Veränderung, die wir freudig willkommen heißen sollten. Jede Phase des menschlichen Daseins ist ein Schritt vorwärts auf dem spirituellen Pfad, der niemals endet.

―――

Das Alter besitzt seine eigene Würde, Schönheit und Weisheit.

―――

Ralph Waldo Emerson schrieb: »Die Jahre eines Menschen zählen wir erst, wenn bei ihm sonst nichts mehr zählt.«

―――

Der Jugend wird in unserer Gesellschaft ein hoher Stellenwert beigemessen, obwohl doch Jugend gleichbedeutend ist mit Unerfahrenheit, mangelnder Urteilskraft und vorschnellen Entscheidungen.

———

Nicht Diäten, Körperübungen und Aktivität sind es, die Sie jung erhalten. Von Ihrem Denken hängt es ab, ob Sie jung bleiben oder alt werden. Wenn Ihr Denken beharrlich auf alles Schöne, Gute und Wahre ausgerichtet ist, werden Sie immer im Geiste jung bleiben, völlig unabhängig von der Zahl Ihrer Jahre.

———

Sagen Sie, wenn Sie pensioniert werden, niemals: »Ich gehöre jetzt zum alten Eisen. Ich habe nichts mehr vom Leben zu erwarten.«

———

Die heutige Überbetonung der Jugend, wonach im Berufsleben praktisch nur noch Menschen unter fünfunddreißig etwas gelten, ist, genau besehen, äußerst oberflächlich. Arbeitgeber sollten einmal darüber nachdenken, dass die grauen Haare eines Angestellten Zeichen für Erfahrung und Wissen sind, die in langen Jahren der Berufstätigkeit erworben wurden und von unschätzbarem Wert sein können.

———

Versuchen Sie, jeden Tag etwas Neues zu lernen. Dann wird Ihr Geist ewig jung bleiben.

———

Menschen, die man wegen ihres Alters entlässt, müssen dann durch steuerlich finanzierte staatliche Zuwendungen ernährt werden. Es ist doch eine große Ironie, dass jene Unternehmen, die sich weigern, ältere Mitarbeiter zu beschäftigen und von deren Weisheit und Erfahrung zu profitieren, indirekt über höhere Steuern letztlich doch für deren Lebensunterhalt aufkommen müssen!

Mit fortschreitendem Alter werden unsere Körper langsamer und schwerfälliger, aber unser Geist kann aktiv, frisch und lebendig bleiben, ständig aufs Neue inspiriert von der Weisheit unseres Unterbewusstseins.
Sagen Sie nicht: »Ich bin alt.« Sagen Sie: »Dank meiner göttlichen Führung werde ich von Tag zu Tag weiser.«

In der Struktur des kosmischen Bewusstseins gibt es kein Altern. Altern ist ein psychologischer Vorgang, der aus geistiger und spiritueller Bequemlichkeit resultiert.

Sie werden nur alt, wenn Sie Ihre Träume aufgeben und das Interesse am Leben verlieren.

▚ PRAKTISCHE BEISPIELE

Letztes Jahr begegnete mir auf Bermuda ein Mann, der mir erzählte, er sei über neunzig Jahre alt. Vitalität und Lebensfreude gingen von ihm aus. Sein Gesicht strahlte regelrecht. Ich fragte ihn, wie er es schaffe, mit über neunzig noch so vital, rege und energiegeladen zu sein.
Er antwortete: »Das ist ganz einfach. Ich lasse mich durch nichts aus der Ruhe bringen. Ich begegne meinen Mit-

menschen mit Wohlwollen, hege gegen niemanden Groll, habe mir und allen anderen vergeben. Ich lebe in Gott und Gott lebt in mir. Morgens nach dem Aufstehen bekräftige ich fünfzehn Minuten lang, dass Gott seine Energie, Kraft, Freude, Liebe und Schönheit in jede Zelle meines Körpers strömen lässt und mein ganzes Sein verjüngt und erneuert. Ich gebe mich ganz in Gottes Obhut und die Kraft des Allmächtigen fließt durch meine Adern und durch meine Seele.«

Dieser Mann war in seinem ganzen Leben noch nie krank gewesen. Er hielt keine spezielle Diät ein und aß alles, was ihm im Hotel serviert wurde. Er sagte, wenn ein Mensch sein Essen mit Freude und Dankbarkeit verzehre, würde die schöpferische Intelligenz jede Nahrung in Vitalkraft und körperliche Schönheit transformieren.

Was dieser Mann mir sagte, erinnerte mich an eine Passage aus der Heiligen Schrift. *»Jene, die den Herrn erwarten, werden in ihrer Stärke erneuert werden; sie werden wie auf Adlerschwingen emporsteigen; sie werden laufen, ohne zu ermüden; sie werden gehen, ohne dass ihre Kräfte jemals erlahmen.«* Mit der Formulierung *den Herrn erwarten* ist gemeint, dass wir die Räder unseres Geistes zum Stillstand bringen, uns entspannen, loslassen und uns ganz auf Gott einstimmen sollen. Synchronisieren Sie sich geistig mit Gottes Fluss des Friedens, des Lebens und der Liebe und leben Sie im Rhythmus des Göttlichen.

Der römische Staatsmann Marcus Porcius Cato lernte Griechisch im Alter von achtzig Jahren. Ernestine Schumann-Heink, die große deutsch-amerikanische Sängerin, erreichte den Höhepunkt ihrer künstlerischen Laufbahn,

als sie bereits Großmutter war. Es ist einfach wunderbar, zu welchen Leistungen Menschen im Alter fähig sind.
Sokrates, der griechische Philosoph, lernte noch mit siebzig Jahren mehrere Musikinstrumente zu spielen. Michelangelo schuf seine größten Gemälde im Alter von achtzig Jahren. Im gleichen Alter wurde Simonides von Keos mit dem Lyrikerpreis ausgezeichnet, beendete Goethe seinen *Faust* und begann Leopold von Ranke seine *Weltgeschichte*, die er mit zweiundneunzig abschloss.
Alfred Tennyson schrieb mit dreiundachtzig das großartige Gedicht »Crossing the Bar«. Isaac Newton war bis in sein fünfundachtzigstes Jahr intensiv tätig. Mit achtundachtzig war John Wesley noch aktiver Prediger und leitete die methodistische Kirche.
Mein Vater begann mit fünfundsechzig Jahren Französisch zu lernen und mit siebzig beherrschte er diese Sprache perfekt. Als er die sechzig schon überschritten hatte, studierte er Gälisch und brachte es noch zu einem angesehenen Lehrer dieses Fachgebiets. Er unterstützte meine Schwester bei ihrer Lehrtätigkeit, bis er im Alter von neunundneunzig Jahren verstarb. Mit neunundneunzig war sein Geist noch so klar wie in seiner Jugend. Überdies wurde im hohen Alter seine Handschrift immer deutlicher und schöner und er leistete auf intellektuellem Gebiet Erstaunliches.

Einmal telefonierte ich mit einem alten Freund, der über achtzig Jahre zählte, gebrechlich geworden war und sich spürbar von der Last des Alters niederdrücken ließ. Er klagte über seine körperliche Schwäche, die er als sehr frustrierend empfand. Ich merkte ihm deutlich an, wie sehr er in körperlicher und geistiger Hinsicht abgebaut

hatte. Er fühlte sich, wie er sagte, nutzlos. Niemand brauche ihn mehr. Mit hoffnungslos klingender Stimme sprach er seine irregeleitete Philosophie aus: »Wir werden geboren, wachsen auf, werden alt und nutzlos und das ist das ganze Leben.«
Diese geistige Perspektive der Sinnleere und Wertlosigkeit war der Hauptgrund für seine schlechte Verfassung. Tod und Verfall schienen alles zu sein, was er noch erwartete. Tatsächlich war sein Denken alt und starr geworden und sein Unterbewusstsein erschuf ihm eine seinem gewohnheitsmäßigen Denken entsprechende Lebenswirklichkeit.

———

Ein Manager hatte das Rentenalter von fünfundsechzig erreicht und musste seinen Abschied nehmen. Er sagte zu mir: »Für mich ist die Pensionierung wie eine Versetzung vom Kindergarten in die Grundschule.« Seine Philosophie sah folgendermaßen aus: Nach dem Absolvieren der High School hatte seine Zeit auf dem College für ihn die nächste Stufe auf der Lebensleiter dargestellt, einen großen Schritt nach vorn, der ihm viele neue Einsichten und Erkenntnisse gebracht hatte. Und auch jetzt mit seiner Pensionierung hatte er, wie er sagte, wieder eine neue Stufe der Leiter erklommen. Er hatte jetzt Zeit für die Dinge, die er sich immer schon vorgenommen hatte, und würde auch weiterhin neue Erfahrungen machen und seine Weisheit vermehren.
Er musste sich nun nicht mehr um seinen Lebensunterhalt kümmern und konnte sich ganz darauf konzentrieren, seinen persönlichen Interessen zu folgen. Er war Amateurfotograf und belegte Kurse, um sein Können zu verbessern. Er unternahm eine Weltreise und fotografierte viele berühmte Sehenswürdigkeiten. Heute hält er

höchst gefragte Diavorträge, bei denen er die Menschen mit seinen ausgezeichneten Fotos erfreut.

Nach einem meiner Vorträge in England sagte ein Chirurg zu mir: »Ich bin jetzt vierundachtzig Jahre alt. Ich operiere jeden Morgen, besuche nachmittags meine Patienten und am Abend schreibe ich Artikel für medizinische und andere wissenschaftliche Zeitschriften.«
Seine geistige Einstellung bestand darin, dass man so jung ist wie seine Gedanken. Er sagte: »Sie haben völlig Recht mit dem, was Sie in Ihrem Vortrag sagten: ›Ein Mensch ist so stark und wertvoll, wie er zu sein glaubt.‹«
Dieser Chirurg betrachtete sein Alter nicht als Bürde. Am Ende unseres Gesprächs bemerkte er noch: »Wenn ich morgen in die nächste Dimension weitergehen sollte, würde ich auch dort weiter Menschen operieren – nicht mit dem Skalpell, sondern mit mentaler und spiritueller Chirurgie.«

Empfehlenswerte Techniken

Affirmieren Sie: »Wie ich in meinem Herzen denke, so bin ich.«

Affirmieren Sie: »Ich bin so stark und so wertvoll, wie ich zu sein glaube.«

Affirmieren Sie: »Mein Leben ist Gottes Leben. Gott ist Leben und Gott wird niemals alt.«

Prinzipien, die Sie sich einprägen sollten

1. Geduld, Güte, Liebe, Wohlwollen, Freude, Glück, Weisheit und Verständnis sind Qualitäten, die niemals alt werden. Kultivieren Sie sie und bringen Sie sie in Ihrem Leben zum Ausdruck. Dann bleiben Sie jung an Körper und Geist.
2. Wissenschaftler haben herausgefunden, dass es offenbar gerade die Furcht vor dem Alter ist, die einen vorzeitigen Alterungsprozess hervorruft.
3. Das Alter ist nicht die Flucht der Jahre, sondern die Morgendämmerung der Weisheit.
4. Die Zeit von fünfundsechzig bis fünfundneunzig kann die produktivste Ihres Lebens sein.
5. Freuen Sie sich auf Ihre späten Jahre! Auf dem Pfad des Lebens geht es immer aufwärts, gottwärts.
6. Gott ist Leben und dieses Leben findet immer jetzt statt. Das Leben erneuert sich unaufhörlich.
7. Die Natur lässt Ihren Körper mit den Jahren langsamer und schwerfälliger werden, damit Sie mehr Zeit haben, über das Göttliche zu meditieren.
8. Sie sind so jung wie Ihre Gedanken. Ihr Glauben und Ihre Überzeugungen sind alterslos.
9. Ihre grauen Haare sind eine Auszeichnung. Sie künden von beruflicher Erfahrung, von Weisheit und Können.
10. Diät und Sport werden Sie nicht jung erhalten. Vielmehr gilt: *Wie ein Mensch denkt, so ist er.*
11. Angst vor dem Alter kann zu körperlichem und geistigem Verfall führen.
12. Sie werden alt, wenn Sie Ihre Träume aufgeben und das Interesse am Leben verlieren. Sie werden alt, wenn Sie reizbar, mürrisch und missmutig sind. Füllen Sie Ihren

Geist mit den Wahrheiten Gottes und strahlen Sie den Sonnenschein seiner Liebe aus – dann bleiben Sie jung.

13. Schauen Sie nach vorn, denn vor Ihnen liegt immer das ewige Leben.

14. Der Eintritt ins Rentenalter ist ein neues Abenteuer! Widmen Sie sich neuen Interessen. Bilden Sie sich weiter. Sie können jetzt all das tun, womit Sie sich immer schon gern beschäftigen wollten, wozu Ihnen aber während des Berufslebens die Zeit fehlte. Folgen Sie Ihrer Freude und leben Sie!

15. Sie werden gebraucht! Manche berühmten Philosophen, Künstler, Wissenschaftler und Schriftsteller vollbrachten ihre größten Leistungen jenseits des achtzigsten Lebensjahres.

16. Sie sind ein Kind des unendlichen Lebens. Sie sind ein Kind der Ewigkeit. Sie sind wundervoll!

36. Kapitel

Weltfrieden

*Wir alle sind diejenigen,
die Frieden schaffen,
indem wir unser Denken und Fühlen
verändern.*

Als ich einmal Vorträge in Palm Springs hielt, bat mich in der Hotelhalle ein Mann, eine Petition gegen den Krieg zu unterschreiben. Er sagte, es seien schon 20 000 Unterschriften gesammelt worden und dass sie hofften, noch Millionen weitere zu sammeln. Dann würde er die Unterschriftenlisten dem Kongress übergeben, der dann ein Gesetz zur Ächtung des Krieges verabschieden und hierfür auch andere Nationen gewinnen solle. Was für ein Unsinn!

Ich erklärte ihm, selbst wenn alle Parlamente auf der ganzen Welt Gesetze zur Ächtung des Krieges verabschieden würden, brächte das überhaupt nichts. Im Lauf der Geschichte sind viele Friedensabkommen und Dekrete von zahlreichen Nationen unterzeichnet worden, doch allzu oft wurden sie gebrochen, noch ehe die Tinte unter den Verträgen trocken war. Die Parlamente der Welt können Frieden, Harmonie, Sicherheit, Fülle oder Nächstenliebe nicht per Gesetz verordnen – all diese Qualitäten müssen im Herzen des Menschen verwirklicht werden. Der Frieden beginnt immer beim Individuum, und wenn ein Mensch inneren Frieden entwickelt, wird er sich auch friedfertig gegenüber seiner Frau, seinen Freunden und Geschäftspartnern und dem Rest der Welt verhalten.

Krieg wird durch Angst, Hass, Rachsucht, Zorn und Gier verursacht. Wenn ein Mensch von Verbitterung, Feindseligkeit und unterdrückter Wut durchdrungen ist, befindet er sich im Krieg mit sich selbst und seiner Welt.

Jede Nation ist eine Ansammlung von Individuen. Nur der einzelne Menschen kann den Frieden zu seinem inneren Gesetz machen, indem er sich auf den Gott des Friedens einstimmt und spürt, wie dieser Fluss des Friedens, der Liebe, Harmonie und Freude ihn durchströmt. Wenn ein Mensch sich an den unendlichen Geist in seinem Inneren wendet, wird er die Erfahrung machen, dass die göttliche Intelligenz auf seine Gebete antwortet. Dann wird er erkennen, dass er sich alle seine Wünsche erfüllen kann, ohne dafür einem einzigen lebenden Wesen auf Erden ein Haar krümmen zu müssen.

Eine bei meinen Vorträgen häufig gestellte Frage lautet: »Wenn Gott Liebe ist, wenn er das absolute Gute, allwissend und allmächtig ist, warum setzt er dann nicht einfach allen Kriegen, Verbrechen, Morden und Vergewaltigungen ein Ende? Warum lässt er zu, dass Tausende, ja Millionen Kinder verhungern oder durch den Irrsinn des Krieges verkrüppelt werden?«

Darauf gibt es nur eine Antwort: Gott – das universelle Sein, die kosmische Macht, die höchste und unendliche Intelligenz – wirkt im kosmischen Maßstab vom Standpunkt des Universellen aus. Mit anderen Worten, Gott ist auf der kosmischen Ebene gegenwärtig in Form von Einheit, Harmonie, Rhythmus, Ordnung, Schönheit und Ausgewogenheit.

Doch das Universelle kann auf der Ebene des Besonderen oder Individuellen nur agieren, indem es zum Individuum *wird*. Gott kann *für uns* nur *durch uns* tätig sein – durch unsere Gedanken, Gefühle und geistigen Bilder.

Gott kann Krieg, Verbrechen, Krankheit, Zwietracht und Unfälle nicht abschaffen.

Wir, Sie und ich, sind diejenigen, die Frieden schaffen, indem wir unser Denken und Fühlen verändern. Denn unsere Erfahrung gestaltet sich entsprechend unseren Gedanken und Gefühlen. Wenn wir friedvoll denken und fühlen, wird in unserer Welt Frieden herrschen.

Sie selbst sind der einzige Mensch, den Sie wirklich verändern können. Beginnen Sie damit *jetzt*!

Francesc Miralles
Héctor García (Kirai)

Ikigai
Gesund und glücklich hundert werden

Aus dem Spanischen von
Maria Hoffmann-Dartevelle.
Taschenbuch.
Auch als E-Book erhältlich.
www.ullstein-buchverlage.de

Das erste Buch zum neuen Trend IKIGAI

Worin liegt es, das Geheimnis für ein langes Leben? Den Japanern zufolge hat jeder Mensch ein Ikigai. Ikigai ist das, wofür es sich lohnt, morgens aufzustehen, oder auch ganz einfach: »der Sinn des Lebens«. Vorbild hierfür sind die Einwohner der japanischen Insel Okinawa, auf der die meisten Hundertjährigen leben.

Eine Offenbarung für jeden, der auf der Suche nach dem Sinn des Lebens ist und für den Gesundheit ein hohes Gut ist.

»*Was dem Leben eines Japaners Sinn gibt, heißt Ikigai. Nun entdeckt ein Buch diese Idee für Europäer.*«
Süddeutsche Zeitung

allegria

Die neue, erfolgreiche Methode jetzt als Buch

Enjoy this Life® ist der neue Kurs von Pascal Voggenhuber, in dem er zeigt, wie wir wieder mehr Freude ins Leben bringen. Die hier vorgestellte Methode basiert auf dem gleichnamigen erfolgreich gestarteten Online-Seminar des Autors. Mit einfachen, aber bewährten Übungen gibt er Hilfestellungen, das eigene Leben bewusst zu gestalten und seine wahre Bestimmung zu leben. Mit Einfühlungsvermögen und Achtsamkeit zeigt er dem Leser, wie er sich selbst neu kennenlernen und zum Schöpfer eines neuen Selbstbewusstseins werden kann. Ein neuartiges, modernes und sofort anwendbares Konzept für ein selbstbestimmtes Leben.

Ein neuartiges, modernes und sofort anwendbares Konzept für ein selbstbestimmtes Leben

Pascal Voggenhuber
Enjoy this Life®
Wie du dein ganzes Potential entfaltest

Taschenbuch
Auch als E-Book erhältlich
www.ullstein.de

ullstein